管理应用型财会专业人才培养系列教材

政府会计

主　编　林　文　李益兰
副主编　林慧妮

科学出版社
北　京

内 容 简 介

本书是以政府会计的基本理论为基础,与会计实务紧密结合,全面、完整、系统地反映了预算会计核算的内容,具有条理清晰、内容新颖、操作性强、适用面广等特点。本书根据与政府会计相关的会计制度编写而成,主要从政府财政预算会计、行政事业单位会计的角度对政府会计的相关内容进行介绍。以会计要素为线索,依次对会计要素、会计处理等方面进行了详尽的阐述,内容深入浅出,易学易懂。

本书适合经济管理类专业的学生,特别是会计专业、金融财政专业的学生,在完成专业理论课的学习后,可进行本专业课程的学习。

图书在版编目(CIP)数据

政府会计 / 林文,李益兰主编. —北京:科学出版社,2023.8
管理应用型财会专业人才培养系列教材
ISBN 978-7-03-071655-2

Ⅰ. ①政… Ⅱ. ①林… ②李… Ⅲ. ①预算会计-教材 Ⅳ. ①F810.6

中国版本图书馆 CIP 数据核字(2022)第 033986 号

责任编辑:王京苏 / 责任校对:姜丽策
责任印制:吴兆东 / 封面设计:蓝正设计

科学出版社 出版
北京东黄城根北街 16 号
邮政编码:100717
http://www.sciencep.com
北京中科印刷有限公司印刷
科学出版社发行　各地新华书店经销

*

2023 年 8 月第 一 版　开本:787×1092　1/16
2025 年 7 月第四次印刷　印张:24
字数:570 000
定价:58.00 元
(如有印装质量问题,我社负责调换)

前　言

政府会计是国家预算管理、行政单位和事业单位财务管理的一项重要基础工作，是以政府预算资金核算为核心任务的专业会计，是会计学领域中的一个重要组成部分。

近年来我国政府会计发生了很大的变化，随着我国财政、预算、国库等管理制度改革的不断深入，预算会计改革也在不断地向前推进，具体表现在政府采购、部门预算、财政国库集中支付等方面管理制度的改革，这些改革都对预算管理观念、模式和方法提出了新的、更高的要求。

为了规范行政事业单位的会计核算，保证会计信息质量，根据《中华人民共和国会计法》《中华人民共和国预算法》《政府会计准则——基本准则》等法律、行政法规和规章，财政部等部门于2018年颁布的《政府会计制度——行政事业单位会计科目和报表》于2019年1月1日生效。

《政府会计制度》颁布后，不再执行《行政单位会计制度》（财库〔2013〕218号）和《事业单位会计制度》（财会〔2012〕22号）等制度。

本教材依据现行的《财政总预算会计制度》《政府会计制度》编写。在编写过程中，将新的制度变化与政府会计知识体系有机地结合起来，包括总论、财政总预算会计、政府会计制三个部分，既系统全面，又新颖实用，便于学生学习和掌握。

党的二十大强调实施科教兴国战略，强化现代化建设人才支撑。在本次教材编写过程中，我们始终坚持为党育人、为国育才，全面提高人才自主培养质量，着力造就拔尖创新人才的原则，以为各行业领域培养高质量的会计人才，支撑现代化建设，服务经济和社会发展，助推科技强国建设为目标精心编写教材，力争打造符合新时代发展需要的精品会计专业教材。

本教材将预算会计的基本理论与实务紧密结合，全面、完整、系统地反映了预算会计核算的内容，具有条理清晰、内容新颖、操作性强、适用面广等特点。本教材共分三篇十九章。第一篇是总论，介绍政府会计的基本理论和会计核算基础知识；第二篇是财政总预算会计，介绍财政总预算的资产、负债、净资产、收入和支出的会计核算；第三篇是政府会计，介绍行政事业单位资产、负债、净资产、收入和支出的会计核算。

本教材由贵州财经大学会计学院林文和贵州商学院会计学院李益兰担任主编，香港中文大学（深圳）2018级会计专业的林慧妮担任副主编。由林文和李益兰拟定全书的总体结构和写作大纲，并对全书进行统稿。各章编写分工如下：第一篇由林慧妮编写；第二篇由李益兰编写；第三篇由林文编写。本教材的编写得到贵州财经大学会计学院、贵州商学院会计学院、贵州财经大学商务学院、科学出版社的大力支持。在编写过程中参阅了大量书籍、有关通知和文献资料，恕未一一列明，在此，一并表示衷心的感谢！

限于时间和作者对政府会计的认识，本教材很可能存在不足。对于本教材的疏漏之处，恳请读者批评指正，以便再版时更正。

编　者

2023年1月

目　录

第一篇　总　论

第一章
政府会计概述 ………………………………………………………………… 3
第一节　政府会计体系 ………………………………………………………… 3
第二节　政府会计要素和原则 ………………………………………………… 7

第二章
会计核算方法 …………………………………………………………………… 12
第一节　会计核算方法的基本理念 …………………………………………… 12
第二节　会计凭证和会计账簿 ………………………………………………… 15

第二篇　财政总预算会计

第三章
财政总预算会计概述 …………………………………………………………… 23
第一节　财政总预算会计与会计信息质量要求 ……………………………… 23
第二节　财政总预算会计的科目设置 ………………………………………… 24
第三节　财政国库管理制度 …………………………………………………… 26

第四章
财政总预算会计资产 …………………………………………………………… 28
第一节　财政存款 ……………………………………………………………… 28
第二节　有价证券与在途款 …………………………………………………… 32
第三节　预拨经费与借出款项 ………………………………………………… 34

第四节　暂付及应收款项 ·· 36
　　第五节　股权投资与应收股利 ·· 38
　　第六节　应收转贷款 ··· 42

第五章
财政总预算会计负债 ·· 46
　　第一节　应付政府债券 ·· 46
　　第二节　应付国库集中支付结余 ···································· 49
　　第三节　暂收及应付款项 ··· 50
　　第四节　借入款项 ··· 53
　　第五节　应付转贷款 ·· 56
　　第六节　应付代管资金与其他负债 ································ 63

第六章
财政总预算会计收入 ·· 64
　　第一节　一般公共预算本级收入 ···································· 64
　　第二节　政府性基金预算本级收入 ································ 67
　　第三节　国有资本经营预算本级收入 ···························· 68
　　第四节　专用基金收入 ·· 69
　　第五节　财政专户管理资金收入 ···································· 70
　　第六节　转移性收入 ·· 71
　　第七节　债务与债务转贷收入 ······································· 76

第七章
财政总预算会计支出 ·· 82
　　第一节　一般公共预算本级支出 ···································· 82
　　第二节　政府性基金预算本级支出 ································ 85
　　第三节　国有资本经营预算本级支出 ···························· 86
　　第四节　专用基金支出 ·· 87
　　第五节　财政专户管理资金支出 ···································· 88
　　第六节　转移性支出 ·· 89
　　第七节　债务还本支出与债务转贷支出 ························· 94

第八章
财政总预算会计净资产 ··· 98
　　第一节　结转结余 ··· 98
　　第二节　其他净资产的核算 ·· 104

第九章 财政总预算会计报表

第一节	财政总预算会计报表的分类和编制程序	107
第二节	资产负债表	109
第三节	收入支出表	113
第四节	预算执行情况表与收支情况表	117
第五节	会计报表附注与决算草案编审	121

第三篇 行政事业单位会计

第十章 行政事业单位会计核算

第一节	行政事业单位预算和财务管理	125
第二节	行政事业单位会计概述	127

第十一章 资产的会计核算

第一节	货币资金	132
第二节	短期投资	145
第三节	应收及预付款项	147
第四节	存货	159
第五节	待摊费用	170
第六节	长期股权投资	171
第七节	长期债券投资	176
第八节	固定资产	178
第九节	无形资产	195
第十节	其他资产	202

第十二章 负债的会计核算

第一节	短期借款	217
第二节	应缴财政款	218
第三节	应交税费	220
第四节	应付职工薪酬	231
第五节	应付及暂收款项	234
第六节	长期应付款项	242

第十三章

净资产的会计核算 ... 248
第一节　净资产概述 ... 248
第二节　净资产的会计核算 ... 249

第十四章

行政事业单位收入核算 ... 260
第一节　行政事业单位收入概述 ... 260
第二节　财政拨款收入 ... 261
第三节　其他收入 ... 264
第四节　事业单位专有收入会计核算 ... 266
第五节　经营收入 ... 268
第六节　上级补助收入 ... 273

第十五章

费用的会计核算 ... 277
第一节　费用概述 ... 277
第二节　费用的核算 ... 278
第三节　事业单位专有费用的会计核算 ... 283

第十六章

预算收入的会计核算 ... 287
第一节　预算收入概述 ... 287
第二节　会计核算 ... 288
第三节　事业单位专有预算收入的会计核算 ... 292

第十七章

预算支出的会计核算 ... 300
第一节　预算支出概述 ... 300
第二节　行政支出会计核算 ... 301
第三节　事业单位专有预算支出会计核算 ... 303
第四节　其他支出 ... 309

第十八章

预算结余的会计核算 ... 311
第一节　资金结存的会计核算 ... 311
第二节　事业单位专有结余资金的会计核算 ... 326
第三节　其他结余 ... 327

第四节　非财政拨款结余分配 ·· 328

第十九章

政府会计报表 ··· 330

第一节　会计报表的概述 ·· 330
第二节　资产负债表 ··· 333
第三节　收入费用表 ··· 342
第四节　净资产变动表 ··· 346
第五节　现金流量表 ··· 349
第六节　预算收入支出表 ·· 357
第七节　预算结转结余变动表 ··· 361
第八节　财政拨款预算收入支出表 ·· 366
第九节　附注 ·· 369
第十节　会计报表的审核、汇总 ··· 370

参考文献 ··· 372

第一篇　总　论

第一章

政府会计概述

第一节 政府会计体系

一、政府会计的概念

政府会计是与企业会计相对应的另一分支,是适用于各级政府部门、行政事业单位和各类非营利组织的会计体系。政府会计的主体是各级政府、行政事业单位和各类非营利组织,其客体则是政府及行政事业单位预算资金的运动过程及其结果。政府会计这一词汇在我国与西方有着不同的定义。在我国,政府会计以财政预算资金管理为中心,以经济和社会事业发展为目的,以预算收支核算为重点,用于核算财政资金分配领域的各级政府部门、行政事业单位、非营利组织预算资金运动过程和结果的会计体系。

政府会计是反映和监督政府组织掌握与使用公共经济资源及其活动情况的会计。它以货币为主要计量单位,对政府财政资金和非财政资金活动的过程和结果,进行完整、连续、系统的反映和监督,借以加强政府的预算管理和财务管理,提高公共经济资源使用效益。政府会计活动是政府管理活动的重要组成部分。

二、政府会计的特点

政府会计通常被称为非营利性会计,因为与企业会计相比,政府会计一般不计算盈亏,不进行成本核算。与企业会计相比,政府会计存在以下几个特点。

(1)非营利性。政府会计的适用对象具有明显的非营利性,其适用于各级政府财政部门、行政事业单位,因此也常被称为非营利组织会计。而企业则是以营利为目标,因此企业会计又被称为营利性组织会计。

(2)以收付实现制为主,兼有权责发生制的记账基础。企业会计在日常工作中,必须采用权责发生制作为记账基础。而政府会计通常是以收付实现制为主,兼有权责发生制的记账基础。比如,在政府财政部门、行政单位及不从事生产经营的事业单位通常使用收付实现制；还有一些从事生产经营活动的事业单位通常使用权责发生制。

（3）与财政预算管理相适应，主要核算预算收支和余超。政府会计是以预算管理为中心，还应与预算管理相适应。政府会计主要核算预算收支和余超，且预算单位一般不进行成本核算。

（4）公共性与财政性。政府会计的公共性体现在其主体属于公共部门，其核算目的、核算对象、核算依据等都存在一定的公共性；财政性则体现在政府会计与国家财政之间存在一定的资金领拨关系。

（5）社会性与公开性。社会性体现在政府会计是以社会效益为考核目标的管理活动，并且政府会计要向全体公民报账，从一定程度上来说，也体现了很强的公开性。

三、政府会计的组成体系与分级

（一）政府会计的组成体系

会计按照其适用范围和核算对象，分为企业会计和政府会计两大类。企业会计是营利性会计，其反映和监督社会再生产过程中生产、流通领域中的企业经营资金的活动，其会计核算是以经营盈亏核算为中心。政府会计的组成体系主要包括财政总预算会计、行政事业单位会计以及非营利组织会计（图1-1）。本书主要侧重介绍政府会计中的财政总预算会计和行政事业单位会计，对于非营利组织会计将不再进行介绍。

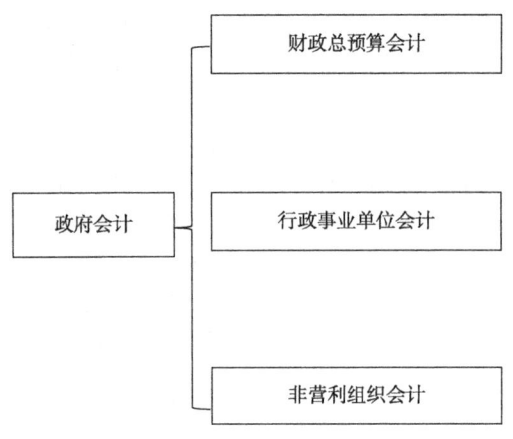

图1-1　政府会计组成体系

1. 财政总预算会计

财政总预算会计是指各级政府财政部门核算、反映、监督政府预算执行及国家各项财政性资金活动的专业会计。

2. 行政事业单位会计

行政事业单位会计是指各级行政单位核算和监督单位预算执行过程及其结果的会计。

（二）政府会计的分级

1. 财政总预算会计分级

财政总预算会计的管理体系与国家预算管理相适应，分为中央预算和地方预算两类。中央预算就是国家财政部设立中央财政总会计；地方预算则包括省、市、县、乡四级预算，中央预算与省、市、县、乡预算共同构成财政总预算会计的五级预算体系（图1-2）。

国家财政部—设立—中央财政总会计
省财政厅—设立—省级财政总会计
市财政局—设立—市级财政总会计
县财政局—设立—县级财政总会计
乡财政所—设立—乡级财政总会计

图1-2　财政总预算会计分级

2. 行政事业单位会计分级

行政事业单位会计分为三级，主要包括以下三个部分。

（1）一级会计单位。向同级财政部门申报预算的行政单位，为一级会计单位。一级会计单位有下级会计单位的，为主管会计单位。

（2）二级会计单位。向上一级预算单位申报预算并有下级会计单位的行政单位，为二级会计单位。二级会计单位没有下级会计单位的，视同基层会计单位。

（3）基层会计单位。向上一级预算单位申报预算，且没有下级会计单位的行政事业单位，视为基层会计单位（图1-3）。

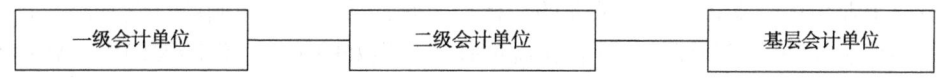

图1-3　行政事业单位会计分级

以上的行政事业单位会计都应建立独立的单位预算，实行完整的会计核算制度。不具备独立核算条件的，实行单据报账制度，作为"报账单位"管理。

3. 财政总预算会计与行政事业单位会计的关系

财政总预算会计与行政事业单位会计联系紧密。

（1）行政事业单位财务收支：是同级行政事业单位预算的重要组成部分。行政事业单位财政总预算核拨的行政经费、事业经费和从财政专户核拨的款项，是同级行政事业单位收入的主要来源。

（2）财政预算拨款：行政事业单位财政总预算对行政事业单位进行拨款。行政事业单位应上缴财政的相关收入，要按照规定缴入国家金库；应上缴财政专户的资金，要按时纳入同级财政专户。

（3）行政事业单位在预算执行过程中，平时要向主管部门和同级财政部门编制月报、季报，年终要编制年报。同级财政总预算会计要对各单位或主管部门的月报、季报、年报进行审核，并据以编制预算执行月报、季报和财政决算报表。

(4) 行政事业单位作为会计主体，具有一定的自主权，但必须接受同级财政总预算会计的管理和监督，执行本级财政部门提出的检查意见。

财政总预算会计与行政事业单位会计的关系见图 1-4。

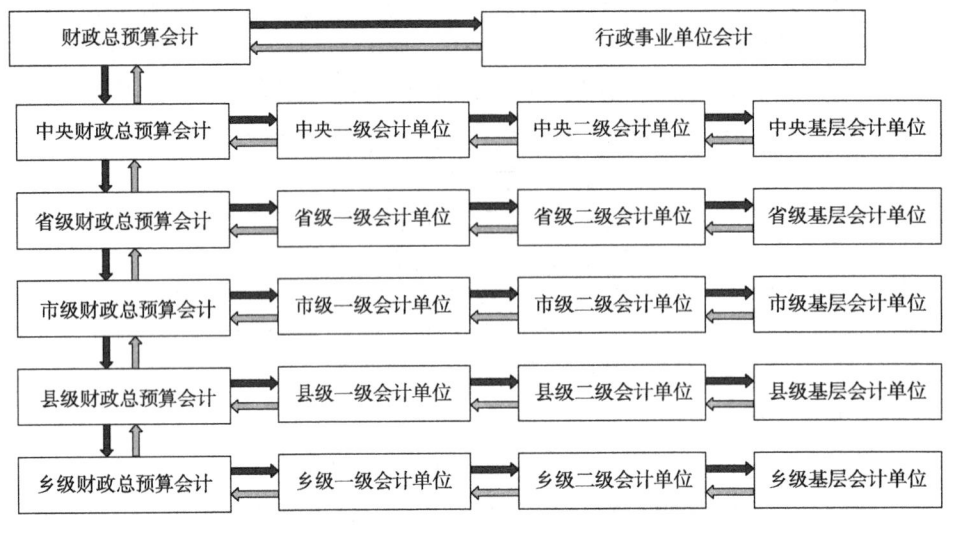

图 1-4　财政总预算会计与行政事业单位会计的关系

四、政府会计核算的任务

（1）核算、反映国家预算收支执行情况，确保预算收支计划的实施。政府会计是以预算管理为中心的宏观管理信息系统和管理手段，是核算、反映和监督中央与地方预算以及行政事业单位收支预算执行情况的会计。因此，从定义上我们就可以看出，政府会计具有核算、反映国家预算收支执行情况的任务，良好的预算工作能够确保预算收支计划的实施。

（2）监督、检查预算资金的使用及执行质量。政府会计的核算还具有监督的功能及任务。通过对预算执行及资金使用情况的监督和检查，能够提高资金的使用效果及质量。

五、政府会计的目标

政府会计目标是指会计主体对外提供会计信息的目的。会计目标会影响到会计主体会计报表体系的设计，提供信息的范围和质量规范，进而影响到会计要素确认和计量等会计政策的选择。因此，它是会计的重要理论问题，许多国家把它列为会计准则理论框架的首要问题。

1. 基本目标

政府会计的基本目标通常包括两方面的内容：一是政府会计信息使用者是谁；二是政府会计信息满足何种需求，即政府会计主要提供哪些信息。

（1）政府会计的信息使用者主要有：各级人民代表大会及其常务委员会、各级政府及其有关部门、政府会计主体自身、债权人、审计机关和其他监督机关、社会公众、其他利益相关者。

（2）政府会计信息使用者的信息需求主要是：政府预算执行情况的信息；政府财务状况的信息；政府运行情况的信息；政府现金流量情况的信息等。

2. 具体目标

政府会计为实现上述基本目标，还必须将基本目标细分为以下具体目标。

（1）核算财政财务收支情况。政府会计要利用其专门的核算方法，对政府和行政事业单位的财政资金情况进行连续、全面、系统的反映，为国家预算管理和单位财务管理提供可靠的数据资料。

（2）分析财政财务收支执行进度，合理调度资金，调节资金供需关系。经常保持资金需求与供应的协调、平衡，经常保持适当数量的财政库存和单位库存，是保证年度总预算和单位预算顺利执行的必要条件。由于各种收入和支出在年度期间内是有波动的，在年度预算安排收支平衡的条件下，每个季度，每个月份，甚至每旬的收入和支出，不可能都是平衡的。

（3）检查财政财务收支计划执行结果，实行会计监督，维护国家财经纪律。国家财政资金和事业单位业务资金的收支，反映着行政事业单位活动的范围和方向，反映国家财政方针、政策的执行情况。

（4）加强资产负债管理，客观反映政府会计主体的运行成本。政府会计的财务报告除按照权责发生制核算原则准确反映政府会计主体的运行成本外，还扩大了资产负债的核算范围，使得行政事业单位各项经济业务和事项的会计处理得以全面规范，准确反映行政事业单位"家底"信息，为相关决策提供更加有用的信息。

（5）政府会计财务报告的具体目标是向财务报告使用者提供与政府与行政事业单位的财务状况、运行情况和现金流量等有关信息，反映政府会计主体公共受托责任履行情况，有助于政府会计信息使用者作出决策或者进行监督和管理。

第二节 政府会计要素和原则

一、政府会计核算的对象

政府会计核算的对象是对政府掌控的资源的预算内外的经济业务活动引起的资金运动。

二、政府会计要素

政府会计的要素主要包括政府预算会计的基本要素和政府财务会计的基本要素。

（一）政府预算会计的基本要素

（1）预算收入。预算收入是指政府会计主体在预算年度内依法取得的并纳入预算管理的现金流入。预算收入一般在实际收到时予以确认,以实际收到的金额计量。

（2）预算支出。预算支出是指政府会计主体在预算年度内依法发生并纳入预算管理的现金流出。预算支出一般在实际支付时予以确认,以实际支付的金额计量。

（3）预算结余。预算结余是指政府会计主体预算年度内预算收入扣除预算支出后的资金余额,以及历年滚存的资金余额。预算结余包括结余资金和结转资金：结余资金是指年度预算执行终了,预算收入实际完成数扣除预算支出和结转资金后剩余的资金；结转资金是指预算安排项目的支出年终尚未执行完毕或者因故未执行,且下年需要按原用途继续使用的资金。

（二）政府财务会计的基本要素

政府财务会计要素分为资产、负债、净资产、收入和支出五类。

1. 资产

资产是指政府会计主体过去的经济业务或者事项形成的,由政府会计主体控制的,预期能够产生服务潜力或者带来经济利益流入的经济资源。资产具有以下几个特征。

（1）资产是由政府会计主体过去的经济业务或事项形成的。

（2）资产是政府会计主体控制的。

（3）资产能够为政府会计主体带来经济利益或服务潜力。

2. 负债

负债是指政府会计主体过去的经济业务或者事项形成的,预期会导致经济资源流出,是政府会计主体承担的现时义务。负债具有以下特征。

（1）负债是由政府会计主体过去的经济业务或事项形成的。

（2）负债是政府会计主体承担的现时义务。

（3）负债的清偿将导致含有服务潜力或者经济利益的经济资源流出政府会计主体。

3. 净资产

净资产是指资产减去负债的差额。净资产的特征是：政府会计主体净资产增加时,其表现形式为资产增加或负债减少；政府会计主体净资产减少时,其表现形式为资产减少或负债增加。

4. 收入

收入是指报告期内导致政府会计主体净资产增加的、含有服务潜力或者经济利益的经济资源的流入。收入具有以下几个特征：①政府会计主体收入的增加将导致净资产增加,进而导致资产增加或负债减少（或两者兼而有之）,并且最终导致政府会计主体经济利益的增加或服务潜力增强。②政府会计主体收入确认是建立在收付实现制原则和权责发生制原则基础之上的。

5. 支出

费用是指报告期内导致政府会计主体净资产减少的、含有服务潜力或者经济利益的经济资源的流出。支出具有以下几个特征：①政府会计主体支出的增加将导致净资产减少,进而导致资产减少或负债增加（或两者兼而有之）,并且最终导致政府会计主体经济利益的减少或服务潜力减弱。②政府会计主体的费用确认是建立在收付实现制原则和权责发生制原则基础之上的。

其中，资产、负债和净资产三个要素构成资产负债表，所以也称资产负债表要素；收入和支出两个要素构成收入支出表，所以也称收入支出表要素。

三、政府会计原则

（一）政府会计基本原则

会计核算的基本前提是在组织核算工作之前，首先要解决与确立核算主体有关的一系列重要的问题，这是全部会计工作的基础。政府会计的基本原则同企业会计基本原则一样，包括会计主体、持续经营、会计分期和货币计量四个基本原则。

根据《政府会计准则——基本准则》，政府会计核算应当以政府会计主体持续运行为前提；政府会计的主体包括各级政府、各部门、各单位，具体来说是指与本级政府财政部门直接或者间接发生预算拨款关系的国家机关、军队、政党组织、社会团体、事业单位和其他单位，但不包括已纳入企业财务管理体系的单位和执行《民间非营利组织会计制度》的社会团体。政府会计核算应当划分会计期间，分期结算账目，按规定编制决算报告和财务报告。会计期间至少分为年度和月度。会计年度、月度等会计期间的起讫日期采用公历日期；政府会计核算应当以人民币作为记账本位币。发生外币业务时，应当将有关外币金额折算为人民币金额计量，同时登记外币金额。

（二）政府会计信息质量要求原则

会计信息质量要求是利益相关者选择适用的会计准则、程序和方法的衡量标准，从某种程度上来说是财务目标的具体化，可以通过会计信息质量来判断有助于决策的会计信息。《政府会计准则——基本准则》中规定的政府会计信息质量要求如图 1-3 所示。

1. 可靠性

可靠性是指政府会计主体应当以实际发生的经济业务或者事项为依据进行会计核算，如实反映各项会计要素的情况和结果，保证会计信息真实可靠。可靠性要求政府会计主体在报表中反映的各项信息不能误导信息使用者的判断，不得进行虚假陈述或者误导性陈述。

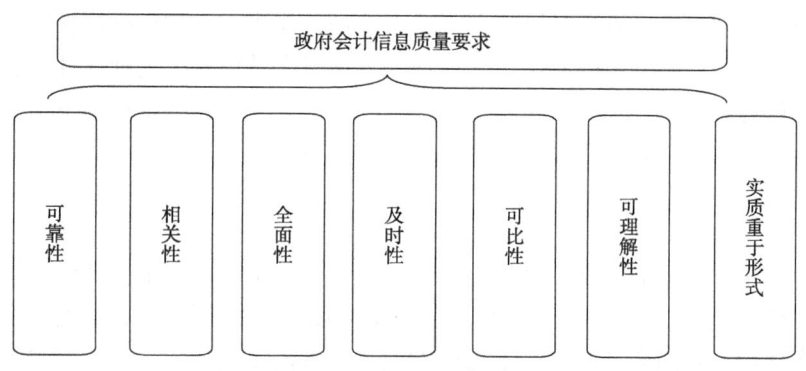

图 1-3 政府会计信息质量要求

可靠性是会计的本质属性，其在国际会计准则中的内涵为"信息没有重要错误或偏向，并且能够如实反映其拟反映或该反映的情况，供使用者作为依据"。该概念涵盖了可靠性的三个方面：如实反映即真实性，没有重要错误即可验证性，没有偏向即中立性。其中真实性是可靠性的核心，强调会计信息与实际相符，但是由于客观条件的限制约束及主观专业判断的存在，会计信息的真实性具有相对性；可验证性主要针对的是会计信息的客观真实性，其要求会计反映的经济业务等由其他人员通过检查相同的证据、数据和记录，能够得出相同的或相近的结论信息以保证不同利益相关者均能够信赖会计信息，即对会计原始数据的获取、核算方法的选择等都是可以再次验证的；中立性要求会计反映的信息不失公允，不存在企图取得预定结果或诱发特定行为的偏向，不以任何人的主观意志为转移，不能通过刻意地选择信息披露影响利益相关者的判断与决策。

2. 相关性

政府会计主体提供的会计信息，应当与反映政府会计主体公共受托责任履行情况，以及报告使用者决策或者监督、管理的需要相关，有助于报告使用者对政府会计主体过去、现在或者未来的情况作出评价或者预测。

当前政府会计信息主要服务于政府债务管理的规范化，权责发生制下的政府会计核算能全面准确地反映政府会计信息，为国家宏观管理、单位内部管理和政府举债融资提供更加有用的信息。

3. 全面性

政府会计主体应当将发生的各项经济业务或者事项统一纳入会计核算，确保会计信息能够全面反映政府会计主体预算执行情况和财务状况、运行情况、现金流量等。不全面的会计信息无法达到可靠性的质量要求，全面性要求政府会计主体在符合重要性和成本效益性的原则下，对其无论是有利信息还是不利信息均进行反映，不能按照主观判断任意取舍，随意遗漏或者减少应该披露的信息。

《政府会计制度》中要求对固定资产、公共基础设施、保障性住房和无形资产计提折旧或摊销，引入坏账准备等减值概念，确认预计负债、待摊费用和预提费用以及对基本建设投资按照本制度规定统一进行会计核算等都是会计信息全面性质量要求的体现。

4. 及时性

政府会计主体对已经发生的经济业务或者事项，应当及时进行会计核算，不得提前或者延后。及时性原则要求政府会计主体在收集记录会计信息、处理会计信息、传递和报告会计信息时要及时，企业在实践中往往要在及时性和可靠性中找到平衡点。及时的会计信息能够帮助管理者发现潜在问题，提早采取行动纠正偏差，滞后的会计信息会大大降低其对信息使用者的有用性。

5. 可比性

政府会计主体提供的会计信息应当具有可比性，该可比性要求包括纵向和横向的口径一致。从横向上看，同一政府会计主体不同时期发生的相同或者相似的经济业务或者事项，应当采用一致的会计政策，不得随意变更。确需变更的，应当将变更的内容、理由和对单位财务状况、预算执行情况的影响在附注中予以说明。从纵向上看，不同政府会计主体发生的相同或者相似的经济业务或者事项，应当采用统一的会计政策，确保不同行政、事业单位之间会计信息口径一致、相互可比。

6. 可理解性

政府会计主体提供的会计信息应当清晰明了，便于会计信息使用者理解和使用。可理解性要求政府会计主体提供能够使除了在该领域拥有一定知识的专业人士之外的一般人群看懂和运用的会计信息，只有这样才能达到会计信息的可理解性，满足向投资者等财务报告使用者提供对其决策有用的信息的要求。

7. 实质重于形式

实质重于形式是指政府会计主体应当按照经济业务或者事项的经济实质进行会计核算，不限于以经济业务或者事项的法律形式为依据。

（三）政府会计的其他原则

1. 限制性原则

限制性原则是指对于有指定用途的资金应按照规定的用途使用，并单独反映，即专款专用原则。

在政府会计主体中，出资者对所提供的资产不具有资本收益和资本回收的要求，但具有按预定用途使用的要求。这样在资金管理和核算上就要有限制性。行政事业单位中的固定基金、留本基金、专用基金等具有指定用途，就是事业基金实际上也规定有具体的使用范围，不能移作他用，特别是不能用于生产经营。政府财政会计方面的各项收入虽可由本级政府统筹分配使用，但在实行复式预算的条件下，有关收入要分别按照规定用于经常性支出和建设性支出中，也具有一定的限制性。专款专用使得会计主体的资金使用权限有所减弱，但这也不失为控制资金使用的一种办法，是对不要求投资回报的非营利性资金使用的一种约束。按规定用途使用资金是政府会计原则方面的又一个重要特点。

2. 历史成本原则

历史成本原则是指政府会计主体中需要核算记录的财产物资应当按照取得或购建时的实际成本核算，而不论市场上有多少种不同价格，不采用现行市价、重置价值、变现价值等其他计价方法。采用历史成本原则是以整个经济活动中的币值基本稳定为前提的，如果物价发生巨大波动，历史成本就不能确切反映会计主体财产物资的状况。虽然历史成本原则有这种局限性，但它依然是目前比较可行的办法。当物价变动时，除国家另有规定外，不得调整账面价值。

第二章

会计核算方法

第一节 会计核算方法的基本理念

一、政府会计的核算基础

政府会计的核算基础即会计处理时,以何种标准确认、计量和报告会计要素,是处理会计信息的基本方法和程序,是确认和计量会计要素的基本原则,实际上也规范着会计报表列示的原则。会计要素确认和计量的要求,同政府会计主体的经济业务和会计要素的具体内容有很紧密的联系,因而企业会计与政府会计的核算基础有着较大的差别。

我国实行适度分离的双体系政府会计,即财务会计采用权责发生制,预算会计采用收付实现制,国务院另有规定的,依照其规定。

(一)权责发生制

权责发生制是指以取得收取款项的权利或支付款项的义务为标志来确定本期收入和支出的会计核算基础。凡是当期已经实现的收入和已经发生的或应当负担的支出,不论款项是否收付,都应当作为当期的收入和支出;凡是不属于当期的收入和支出,即使款项已在当期收付,也不应当作为当期的收入和支出。

(二)收付实现制

收付实现制是指以现金的实际收付为标志来确定本期收入和支出的会计核算基础。凡在当期实际收到的现金收入和支出,均应作为当期的收入和支出;凡是不属于当期的现金收入和支出,均不应当作为当期的收入和支出。

二、会计等式

我国政府会计包括预算会计和财务会计,预算会计要素分为预算收入、预算支出与预算结余，财务会计要素分为资产、负债、净资产、收入和支出。企业会计的会计要素则是资产、负债、所有者权益、收入、支出和利润。

由于会计核算基础不同，政府会计比企业会计多了预算会计要素，与企业会计相比，政府会计要素主要存在以下不同。一是政府会计不存在所有者权益。对于资产与负债的差额用什么要素来确认，曾经有净资产、基金、基金余额、单位权益等观点，《财政总预算会计制度》最后确定了差额即净资产，采用了"定义反映数量、分类反映内容"的方法。二是政府会计没有利润要素。政府会计投资的主要目的是社会效益，不以营利为目的，仅核算收支相抵合的结余。三是政府会计与企业会计主体下的会计等式也是有所区别的，两者的会计等式如表2-1所示。

表 2-1 不同会计主体下的会计等式

会计主体	会计等式
政府会计	预算结余=预算收入-预算支出+结转资金（预算会计）
	资产=负债+净资产（财务会计）
企业会计	资产=负债+所有者权益（静态）
	资产+费用=负债+收入+所有者权益（动态）

三、会计记账方法

会计记账方法是用来核算和监督会计对象，执行会计职能，实现会计目标的手段。政府会计记账方法是完成政府与非营利组织会计任务的基本手段，包括设置会计科目、确定记账方法、填制审核凭证、登记会计账簿和编制会计报表等。建立了会计账户之后，势必就要通过一定的会计记账方法来记录和反映资金运行情况。政府会计采用的是"借贷记账法"，其具有以下几个属性。

（一）借贷记账法

1. 借贷记账法的概念

借贷记账法是以"借""贷"为记账符号，以"有借必有贷，借贷必相等"为记账规则，对每一笔经济业务，在相互联系的两个或两个以上账户中进行登记，用来反映会计主体、资金运动的复式记账法。

2. 借贷记账法内容：记账符号——借、贷

账户的借方与贷方保持平衡关系如下。

资产部类期末借方余额=期初借方余额+本期借方发生额-本期贷方发生额

负债类期末贷方余额=期初贷方余额+本期贷方发生额

3. 记账方向

借贷记账法下各类账户的记账方向如表2-2所示。

表 2-2　各类账户的记账方向

账户类别	借方	贷方	余额方向
资产类账户	+	−	借方
负债类账户	−	+	贷方
净资产账户	−	+	贷方
收入账户	−	+	平时余额在贷方，年终结账后一般无余额
费用账户	+	−	平时余额在借方，年终结账后一般无余额

具有双重性质账户的结构如表 2-3 所示。

表 2-3　双重性质账户结构

借方	贷方
应收款项期初余额×××（1）	预收款项期初余额×××（5）
应收款项增加额×××（2）	应收款项减少额×××（6）
预收款项减少额×××（3）	预收款项增加额×××（7）
应收款项期末余额×××（4）	预收款项期末余额×××（8）

（二）记账规则

1. 遵循"有借必有贷，借贷必相等"的记账基本原则

"有借必有贷，借贷必相等"是借贷记账法的记账规则，即无论哪种类型的经济业务，都可以按照资金运动的方向来记账，一方面记入一个或几个借方账户，另一方面必然要记入一个或几个账户的贷方，并且借方与贷方的金额是必定相等的。不论是资金流入单位的业务，还是资金流出单位的业务，或者是资金在单位中循环周转的业务，都遵循这个记账规则。

2. 财务会计的记账规则

在借贷记账法中，"借"表示资产和支出类账户的增加，以及负债、净资产和收入类账户的减少或转销；"贷"表示资产和支出类账户的减少或转销，以及负债、净资产和收入类账户的增加。在确定了借贷方向和会计科目后，就在两个或多个会计科目后面登记相同的经济业务金额。

3. 预算会计的记账规则

按照最新的政府会计制度，行政事业单位需要在同一会计核算系统中实现财务会计和预算会计双功能，因此政府会计主体所发生的各种经济业务，除了从资产和负债的增减变动的角度进行核算外，还需要从预算收入、预算支出及预算结余的增减变动角度进行核算。

【例 2-1】 某政府会计主体收到应缴财政款 680 000 元存入银行。

借：银行存款　　　　　　680 000
　　贷：应缴财政款　　　　　　680 000

【例 2-2】 某政府会计主体借现金 6 000 元作差旅费。

借：其他应收款　　　　　6 000
　　贷：库存现金　　　　　　　6 000

(三) 试算平衡

在日常业务中，我们要检验账户记录是否正确，检验账户余额正确与否的试算平衡公式有两个：发生额平衡法和余额平衡法。其中发生额平衡法是指在一定时期内，全部账户本期借方发生额合计与全部账户本期贷方发生额合计平衡；余额平衡法则是指在一定时期内全部账户期末借方余额合计与全部账户期末贷方余额合计平衡。具体公式如下：

全部账户本期借方发生额合计＝全部账户本期贷方发生额合计
全部账户期末借方余额合计＝全部账户期末贷方余额合计

通常，当满足以上两个条件时，说明记账工作基本无误，反之则表示记账发生了错误。

第二节 会计凭证和会计账簿

一、会计凭证

对会计信息进行记录和处理，必须通过会计凭证来完成。会计凭证是指记录经济业务、明确经济责任、按一定格式编制的据以登记会计账簿的书面证明，是记录经济信息的载体和桥梁。单位的每一项业务都应做到"收有凭、付有据"，都应严格按照要求来填制会计凭证。按照编制程序和用途来划分，会计凭证包括原始凭证和记账凭证两种。

（一）原始凭证

原始凭证是在发生或完成经济业务时取得和填制的，是进行会计核算的第一手资料，只有当原始凭证经过严格的审核并确定无误时，才能将其作为记账凭证的依据。

1. 原始凭证的种类

从原始凭证的来源来看，财政总预算会计、事业单位会计和行政单位会计的原始凭证稍有不同。财政总预算会计由于一般不直接办理预算收支，其原始凭证大部分是国库和单位政府会计及基建财务管理部门报送的会计报表。事业单位、行政单位会计是直接办理预算支出的，其原始凭证大部分是外来单据，如发票、收款收据等。

各级财政总预算会计的原始凭证包括：国库报来的各种收入日报表及其附件，如各种缴款书、收入退还书、更正通知书等；各种拨款和转账收款凭证，如预算拨款凭证、各种银行汇款凭证等；其他足以证明会计事项发生经过的凭证和文件等。

政府会计的原始凭证包括：收款收据，借款凭证，预算拨款凭证，各种税票，材料出入库单，固定资产出入库单，开户银行转来的收付款凭证，资金到账通知，往来结算凭证，其他足以说明会计事项发生经过的凭证和文件等。行政事业单位的原始凭证格式多种多样，但是不管格式是哪种，其必须满足以下几点：①凭证的名称必须齐全；②凭证的填制日期必须完备；③接受凭证单位的名称必须完整。

2. 原始凭证的填制与审核

填制和审核原始凭证时应注意以下几个要求。

（1）认真地记录各项经济业务的真实情况，数字要准确，大写小写金额必须相符。原始凭证要以实际发生的经济业务为凭据，不得虚构；对银行支票、收货票、收据等，必须按照连续编号进行填写和使用，当写错或者作废时，应加盖作废戳记，连同存根全部保存，不得撕毁；支付款项的原始凭证要有收款单位和收款人签单的收款证明；购买实物的原始凭证要有验收证明。

（2）从外单位取得的原始凭证，必须盖有该填制单位的公章。从个人取得的原始凭证，必须有填制人员的签章；自制原始凭证必须有经办单位负责人或指定人员的签章。

（3）填制原始凭证要遵循及时、清晰、完整原则。当经济业务发生后，要及时、准确地按规定的凭证格式和内容逐项填写，同时要有经办部门和人员的签章；原始凭证上的数据等都要填写清晰、工整，更不得涂改，如发生错误，应按照规定的手续进行作废，重新填制正确的原始凭证；经过上级批准的经济业务，应将批准文件作为原始凭证附件，如果批准文件需要另行单独归档，应在凭证上注明批准机关名称、日期和文件字号。

（二）记账凭证

记账凭证是由会计人员根据审核无误的原始凭证，按照会计核算要求加以归类而填制的，用以简单记载经济业务，确定会计分录并据以记账的会计凭证。政府会计使用的记账凭证按照是否涉及货币资金可以分为收款凭证、付款凭证和转账凭证，也可以使用通用记账凭证。记账凭证格式参见表 2-4。编制好记账凭证后，要对一定数目的记账凭证进行汇总，编制会计科目汇总表，又称记账凭证汇总表，其具体格式参见表 2-5。汇总完毕后，为了方便保管及日后查阅，还要将一定数目的会计凭证装订成册，需要填制记账凭证封面，具体格式参见表 2-6。

表 2-4 记账凭证
年 月 日

摘要	结算方式	票号	借方		贷方		金额	记账符号
			总账科目	明细科目	总账科目	明细科目		
附单据 张				合 计				

会计主管　　记账　　稽核　　制单　　出纳　　缴领款人

表 2-5　会计科目汇总表

年　　月　　日

会计科目	金额		总账页次
	借方	贷方	

附记账凭证　　　张

会计主管　　　　记账　　　　稽核　　　　制单

表 2-6　记账凭证封面

（单位名称）

时间	年　　月	
册数	本月共　　册	本册是第　　册
张数	本册自第　　号至第　　号	

记账凭证的编制应注意以下几点。

（1）记账凭证应该根据审核无误的原始凭证归类整理编制。记账凭证的各项内容必须填列完整，制单人或制证人必须签名或盖章。

（2）记账凭证必须根据原始凭证编制，并将原始凭证附在其后（除结转外）。如果一张原始凭证涉及几张记账凭证，可以将原始凭证附在主要的一张记账凭证后面，其他涉及这张原始凭证的记账凭证上面可以注明原始凭证的记账凭证编号，以便查询。

（3）记账凭证必须清晰、公正，不得潦草。记账凭证由制定人员复核，并经主管会计人员签章后据以记账。

（4）记账凭证应按照会计事项发生的先后顺序整理制证记账，且记账凭证号码必须按照顺序号整理，不得断号、缺号。

二、会计账簿

（一）会计账簿的概念

会计账簿简称账簿，是根据会计科目设置的，以会计核算过程中的会计凭证为依据，运用账户全面、系统、连续地记录预算资金和其他资金活动及结果的簿证。同时，会计账簿也是反映和监督各项收支、往来款项及库存资金物资的核算手段和监督手段，并为办理结算和清理债权债务及时提供信息，也为编制会计报表提供数据。

在日常核算中，由于记账凭证数量比较多且每张凭证只能记载个别经济业务的内容，不能全面系统地反映和监督一个经济单位在一定时期内某一类和全部经济业务活动情况，而且不方便日后查阅。因此，设置账簿十分重要。

（二）会计账簿的种类及格式

1. 会计账簿的种类

会计账簿的种类主要分为总账、明细账两种，具体如下。

（1）总账是根据会计科目设置的，用来记录资产、负债、净资产、收入和支出各类所属科目增减和结存情况的账簿。总账能够全面系统和综合地反映组织资金活动情况，是编制资产负债表的主要依据；总账要与明细账平行登记。

（2）明细账则是根据明细科目和核算需要而设置的，是对总账科目进行明细核算的账簿。每一个会计要素都有相应的明细账簿，其中涉及现金和银行存款的明细账又称日记账，包括现金日记账和银行日记账。

2. 会计账簿的格式

会计账簿的格式主要分为三栏式和多栏式，其中三栏式账簿又分为金额三栏式和数量金额三栏式。其中，金额三栏式账簿通常用在普通的明细账和总账中；数量金额三栏式账簿通常用在材料、固定资产类明细账中；多栏式账簿则通常用在支出费用类明细账中。金额三栏式、数量金额三栏式及多栏式账簿具体格式见表 2-7、表 2-8 及表 2-9。

表 2-7　金额三栏式账簿

科目编号_____　科目名称_____　　　　　　　　　　第　页

年		凭证号	摘要	借方余额	贷方余额	余额	
月	日					借或贷	金额

表 2-8　数量金额三栏式账簿

科目编号_____　科目名称_____　　　　　　　　　　第　页

年		凭证号	摘要	借方			贷方			核对号	金额		
月	日			数量	单价	金额	数量	单价	金额		数量	单价	金额

表 2-9　多栏式账簿

科目编号_____　科目名称_____　　　　　　　　　　第　页

年		凭证号	摘要	借方发生额				贷方发生额	余额	
月	日			××××	××××	××××	××××		借或贷	金额

(三)会计账簿的记账结账及错账更正

1. 会计账簿的记账结账

会计人员在记账时应注意以下几点。

(1)必须根据审核无误的会计凭证登记账簿。记账时,应将会计凭证的日期、编号、摘要、金额及其他有关资料逐项记入账内,遵守准确、清晰、及时原则(在上机记账时,记账通常可理解为过账)。

(2)记账完毕后,要在记账凭单上签名或盖章,并注明已经登记入账的符号"√",表示已经过账(在上机记账时,可以把凭证列表列示出来,已经过账的凭证在过账栏会显示过账人信息,也可以直接查询已过账凭证)。

(3)记账时必须使用蓝黑墨水书写,不能使用圆珠笔或铅笔书写。发生以下几种情况时可以用红墨水记录:①按照红字冲账的记账凭单,冲销错误的金额记录。②在不设多栏式账户的余额栏前,如未印明余额的方向(如借、贷),在余额栏内登记负数金额。③会计制度中规定用红字登记的其他记录。

(4)账簿中书写的文字和数字在格内要留适当的空距,不要写满格,一般应占格宽的1/2,以便于发生错账时更正。

(5)各种账簿按页次顺序连续登记,不能跳行、隔页。如果发生跳行、隔页,应将空行、空页划线注销,或在空行、空页的摘要栏内注明"此行空白"或"此页空白"字样,并由记账人员签名或盖章。

(6)每一张账页登记完毕结转下页时,应结出本页合计数及金额,写在本页最后一行和下页第一行的有关栏内,并在摘要栏中注明"过次页"和"承前页"字样。

(7)账簿记录发生错误,不能涂改、挖补、刮擦或用化学药水消除字迹,应按正规方法进行更正。

(8)会计人员应按照要求定期(按月、年)将各种会计账簿记录进行结账:①结转前必须将本期内发生的各项经济业务全部登记入账。②结账时应结出每个账户的期末余额。结出余额后,应在账户的"借或贷"栏内写明"借"或"贷"字样,以表示本账户的余额方向。没有余额的账户,应在"借或贷"栏内写"平"字,并在余额栏内用"0"表示。③年度终了时,要把各账户的余额结转下年,并在摘要栏中注明"结转下年";在下年新账第一行余额栏内,填写上年结转的余额,并在摘要栏中注明"上年结转"字样。

2. 政府会计的错账更正

错账更正的方法有划线更正法、红字更正法及补充登记法三种。

(1)划线更正法。在月份结账以前,如发现账簿中文字或数字书写有误,或者数字计算有误,而记账凭单无误,一般可以使用划线更正法进行更正。更正时,应先在错误的文字或数字上画一条红线加以注销,但必须使原有的数字仍可辨认,然后在划线上面填写正确的文字或数字,并由记账人员在更正处盖章。

(2)红字更正法。①不论是月份结账前还是结账后,如果发现记账凭证中科目对应关系或金额有错误,致使账簿上错记账,这种情况可以用红字更正法更正。更正时,需要填制两张记账凭证,其中一张记账凭证上用红笔填写会计分录,冲销原账户的错误(用计算机记账时，直接把错误的那张凭证选中，点击凭证冲销后会自动生成一张红字凭证，其科目与错误的那张凭证相同，金额是错误凭证的负数）。②如果发现原记账凭证中会计分录没有错，只是所记金额大于应记金额，出现了多记金额现象，那么此时可以按照正确数与错误数的差额，用红笔填写一张记账凭证，以冲销多记金额。

（3）补充登记法。如果发现记账凭证所记金额小于应记金额，出现少记现象，此时可以使用补记登记法将少记金额补足。

目前会计电算化已经逐渐普遍，发生错误的环节往往都在记账凭证环节，也就是计算机记账中的过账环节。一般财务软件都没有反过账功能，因此如果已经过了账发现存在错误凭证的话，应该选中这张有误的凭证，生成一张与有误凭证科目相同、金额为负的凭证，并在摘要栏内注明要冲销凭证的编号、业务发生日期及主要业务活动等内容，此时便完成了冲账，然后再填制一张正确的记账凭证对经济业务作出正确的会计记录。

三、会计报表

（一）会计报表的概念

会计报表是传递会计信息的重要载体，是会计黑匣子通过会计记录输出的核算结果。会计报表是综合反映企业某一特定日期财务状况和某一会计期间经营成果、现金流量的总结性书面文件。因此，会计报表的准确性、及时性和完整性至关重要。

（二）政府会计主体报表的种类及编制要求

1. 政府会计主体会计报表的种类

财务报表是反映政府会计主体财务状况、运行状况和现金流量等的书面文件，由会计报表及其附注构成，其编制主要以权责发生制为基础。根据反映经济内容的不同，政府会计主体财务报表分为以下几种：①资产负债表；②收入费用表；③净资产变动表；④现金流量表；⑤附注。

2. 政府会计主体预算会计报表的种类

预算会计报表是反映政府会计主体预算执行情况的书面文件，其编制主要以收付实现制为基础。根据反映经济内容的不同，政府会计主体的预算会计报表分为以下几种：①预算收入支出表；②预算结转结余变动表；③财政拨款预算收入支出表；④政府会计的会计报表。

3. 政府会计主体报表的编制要求

政府会计主体的财务报表和预算会计报表是单位经济业务的基本反映，也是供上级考核的基本依据。单位编制财务报表和预算会计报表时必须遵循以下要求。

（1）报表中的数字必须真实、完整。

（2）报表中的数字运算必须准确。

（3）报送及时。

第二篇　财政总预算会计

第三章

财政总预算会计概述

第一节 财政总预算会计与会计信息质量要求

一、财政总预算会计的分级

财政总预算会计是各级政府财政核算、反映、监督政府一般公共预算资金、政府性基金预算资金、国有资本经营预算资金、社会保险基金预算资金及财政专户管理资金、专用基金和代管资金等资金活动的专业会计。

财政总预算会计的分级是由国家总预算的分级所决定的,国家总预算分为中央预算和地方预算,地方预算又分为省级、市级、县级、乡或镇级四级。因此,财政总预算会计也分为中央财政总预算会计和地方财政总预算会计,地方财政总预算会计又分为省级、市级、县级、乡或镇级四级。中央财政总预算会计核算和监督中央预算的执行情况,由财政部办理。地方财政总预算会计核算和监督地方预算的执行情况,由各地财政部门办理。

财政总预算会计的分级如表 3-1 所示。

表 3-1 财政总预算会计分级表

政府部门	职能部门	财政总预算会计分级
中央人民政府	财政部	中央级
省级人民政府	财政厅	省级
市级人民政府	财政局	市级
县级人民政府	财政局	县级
乡或镇级人民政府	财政所	乡或镇级

财政总预算会计的主体是各级政府,而不是各级政府的财政部门。财政部门本身的行政经费收支,属于行政单位会计管理的范畴,财政总预算会计不能兼办自身的行政单位会计核算业务。

二、财政总预算会计的特点

财政总预算会计与行政和事业单位会计相比有以下特点。
（1）与预算管理有着密切的联系，受预算管理制度的制约。
（2）没有现金收付和材料、固定资产等实物资产的核算业务。
（3）一般不进行成本核算，不计算损益。
（4）以收付实现制为主要核算基础，部分事项采用权责发生制核算。

三、财政总预算会计的工作任务

财政总预算会计的核算任务是向会计信息使用者提供政府财政预算执行情况、财务状况等会计信息，反映政府财政受托责任履行情况。财政总预算会计信息使用者包括：人民代表大会、政府及其有关部门、政府财政部门自身和其他会计信息使用者。

财政总预算会计的工作任务主要包括以下几点。
（1）进行会计核算。办理政府财政各项收支、资产负债的会计核算工作，反映政府财政预算执行情况和财务状况。
（2）严格财政资金调度管理。组织办理财政资金的收付、调拨，在确保资金安全性、规范性、流动性的前提下，合理调度管理资金，提高资金使用效益。
（3）规范账户管理。加强对国库单一账户、财政专户、零余额账户和预算单位银行账户等的管理。
（4）实行会计监督，参与预算管理。通过会计核算和反映，进行预算执行情况分析，并对总预算、部门预算和单位预算实行会计监督。
（5）协调预算收入征收部门、国家金库、国库集中收付代理银行、财政专户开户银行和其他有关部门之间的业务关系。
（6）组织本地区财政总决算、部门决算编审和汇总工作。
（7）组织和指导下级政府财政总预算会计工作。

第二节 财政总预算会计的科目设置

一、会计科目的分类

会计科目是对会计对象的具体内容按照一定的原则进行科学分类的一种方法，是对会计要素进一步分类的项目。每个会计科目都要规定一定的名称、编号和核算内容。会计科目是设置账户和处理账务的依据。会计科目的设置在很大程度上还决定着会计报表的内容和结构。会计报表中的数据是由按会计科目设置的各种账簿来提供的，报表项目的分类方法及分类的详细程度都与会计科目设置密切相关。科学地设置和使用会计科目，是做好预算会计核算工作的重要条件。

会计科目按其核算层次分为总账科目和明细科目。总账科目是对其核算对象的总分类科目，是设置总账的依据。明细科目是对某总账科目核算内容进一步分类的科目，是设置明细账的依据。

财政总预算会计科目按其反映的经济内容分为五大类：资产类科目、负债类科目、净资产类科目、收入类科目、支出类科目。

二、会计科目设置原则

各级财政总预算会计应当按照下列规定运用会计科目。

（1）各级财政总预算会计应当对有关法律、法规允许进行的经济活动，按照《政府会计制度》的规定使用会计科目进行核算；不得以《政府会计制度》规定的会计科目及使用说明作为进行有关经济活动的依据。

（2）各级财政总预算会计应当按照《政府会计制度》的规定设置和使用会计科目，不需使用的总账科目可以不用；在不影响会计处理和编报会计报表的前提下，各级财政总预算会计可以根据实际情况自行增设《政府会计制度》规定以外的明细科目，或者自行减少、合并本制度规定的明细科目。

（3）各级财政总预算会计应当使用《政府会计制度》统一规定的会计科目编号，不得随意打乱重编。

三、会计科目设置情况

财政总预算会计共有59个会计科目，其中包括15个资产类科目、11个负债类科目、9个净资产类科目、12个收入类科目和12个支出类科目，详见表3-2。

表 3-2　财政总预算会计科目

序号	编号	会计科目名称	序号	编号	会计科目名称
一、资产类			二、负债类		
1	1001	国库存款	16	2001	应付短期政府债券
2	1003	国库现金管理存款	17	2011	应付国库集中支付结余
3	1004	其他财政存款	18	2012	与上级往来
4	1005	财政零余额账户存款	19	2015	其他应付款
5	1006	有价证券	20	2017	应付代管资金
6	1007	在途款	21	2012	应付长期政府债券
7	1011	预拨经费	22	2022	借入款项
8	1021	借出款项	23	2026	应付地方政府债券转贷款
9	1022	应收股利	24	2027	应付主权外债转贷款
10	1031	与下级往来	25	2045	其他负债
11	1036	其他应收款	26	2091	已结报支出
12	1041	应收地方政府债券转贷款	三、净资产类		
13	1045	应收主权外债转贷款	27	3001	一般公共预算结转结余
14	1071	股权投资	28	3002	政府性基金预算结转结余
15	1081	待发国债	29	3003	国有资本经营预算结转结余

续表

序号	编号	会计科目名称	序号	编号	会计科目名称
30	3005	财政专户管理资金结余	40	4007	专用基金收入
31	3007	专用基金结余	41	4011	补助收入
32	3031	预算稳定调节基金	42	4012	上解收入
33	3033	预算周转金	43	4013	地区间援助收入
34	3081	资产基金	44	4021	调入资金
	308101	应收地方政府债券转贷款	45	4031	动用预算稳定调节基金
	308102	应收主权外债转贷款	46	4041	债务收入
	308103	股权投资	47	4042	债务转贷收入
	308104	应收股利	五、支出类		
35	3082	待偿债净资产	48	5001	一般公共预算本级支出
	308201	应付短期政府债券	49	5002	政府性基金预算本级支出
	308202	应付长期政府债券	50	5003	国有资本经营预算本级支出
	308203	借入款项	51	5005	财政专户管理资金支出
	308204	应付地方政府债券转贷款	52	5007	专用基金收入
	308205	应付主权外债转贷款	53	5011	补助支出
	308206	其他负债	54	5012	上解支出
四、收入类			55	5013	地区间援助支出
36	4001	一般公共预算本级收入	56	5021	调出资金
37	4002	政府性基金预算本级收入	57	5031	安排预算稳定调节基金
38	4003	国有资本经营预算本级收入	58	5041	债务还本支出
39	4005	财政专户管理资金收入	59	5042	债务转贷支出

第三节 财政国库管理制度

根据《财政国库管理制度改革试点方案》，财政国库管理制度包括以下基本内容。

（一）国库单一账户制度

国库单一账户制度是指政府所有财政资金都集中在中国人民银行的国库存款账户，其他银行存款账户下不存放财政资金的管理制度。实施国库单一账户制度后，从收入角度讲，是指所有财政收入都直接缴入国库存款账户，不再通过有关部门或单位在商业银行开设的收入过渡账户；从支出角度讲，是指所有财政支出都直接从国库存款账户支付给货品和劳务的提供者或用款单位，也不再通过有关部门或单位在商业银行开设的支出过渡账户。建立国库单一账户制度对于从源头上解决有关部门或单位截留和挪用财政资金、滥设财政资金收支过渡账户和财政资金统一调度效率不高等问题，具有重要的现实意义。

（二）国库单一账户体系

1. 财政部门开设的银行存款账户

（1）国库存款。财政部门在中国人民银行开设"国库存款"账户。该账户用来核算纳入财政预算管理的财政收入和财政支出，并用于与财政部门在商业银行开设的"财政零余额账户存款"和财政部门为预算单位在商业银行开设的"零余额账户用款额度"账户进行清算，实现支付。

（2）财政零余额账户存款。财政部门按资金使用性质在商业银行开设"财政零余额账户存款"账户。该账户用于财政直接支付，以及与"国库存款"账户进行清算，为过渡性质的账户。当商业银行根据财政部门开具的支付指令通过该账户向有关商品或劳务提供者支付款项，并按日向"国库存款"账户申请清算收回支付款项后，该账户的余额为零，因此被称为"财政零余额账户存款"。"财政零余额账户存款"账户不实存财政资金。

（3）特设银行存款。特设银行存款是经国务院和省级人民政府批准或授权财政部门开设的特殊过渡性专户。该账户用来核算预算单位的特殊专项支出活动，并用于与国库单一账户清算。一般情况下，该账户为实存资金账户。

2. 财政部门为预算单位开设的银行存款账户

财政部门为预算单位在商业银行开设"零余额账户用款额度"账户。该账户用于财政直接支付，以及与"国库存款"账户进行清算，也为过渡性质的账户。当商业银行根据预算单位开具的支付指令，向有关商品或劳务提供者支付款项，并按日向"国库存款"账户申请清算收回支付款项后，该账户的余额为零，因此被称为预算单位零余额账户。

第四章

财政总预算会计资产

财政总预算会计的资产是指政府财政占有或控制的，能以货币计量的经济资源。财政总预算会计核算的资产按照流动性分为流动资产和非流动资产。流动资产是指预计在1年内（含1年）变现的资产；非流动资产是指流动资产以外的资产。

财政总预算会计核算的资产具体包括：财政存款、有价证券与在途款、预拨经费、借出款项、暂付及应收款项、股权投资、应收股利、应收转贷款等。

财政总预算会计本身没有库存现金和固定资产、材料等实物资产的核算。

第一节 财政存款

财政存款是指政府财政部门代表政府管理的国库存款、国库现金管理存款及其他财政存款等。财政存款的支配权属于同级政府财政部门，并由财政总预算会计负责管理，统一在国库或选定的银行开立存款账户，统一收付，不得透支，不得提取现金。

一、国库存款

（一）国库存款的管理要求

国库存款是指各级政府财政部门存放在中国人民银行国库单一账户的财政预算资金存款，如一般公共预算资金存款、政府性基金预算资金存款和国有资本经营预算资金存款等。财政总预算会计在管理国库存款时，应当遵循以下原则。

1. 集中支付，统一调度

国库存款由财政总预算会计集中支付，统一调度。其他任何政府职能部门都不能支付国库存款和调度国库存款中的资金。在资金调度过程中，应根据事业进度和资金使用情况，首先满足计划内各项正常支出的需要，其次要充分发挥资金的使用效益，把资金用活用好。

2. 严格控制国库存款开户

国库存款由财政总预算会计统一在中国人民银行开立国库存款账户，严禁在国家规定之外将国库存款转存于其他金融机构的存款账户中。

3. 按预算计划和用款进度拨款

财政总预算会计应当根据核定的年度预算计划或季度、月度用款计划从国库存款中拨付资金，不得办理无预算计划或超预算计划的资金拨款。

4. 转账结算，不提现金

财政总预算会计的各种拨款凭证只能用于转账业务，不得用于从国库存款中提取现金。财政总预算会计的职能是行使财政资金的分配，其不是财政资金的直接使用者。特别说明，财政机关自身的行政经费属于单位预算会计核算的内容。

5. 在存款余额内支付，不得透支

财政总预算会计在使用筹集的国库存款时，只能在国库存款余额内办理资金拨付，不能透支办理资金拨付。

6. 凭借特定的合法凭证拨款

财政总预算会计的国库存款不同于一般单位的银行存款，它不能提取现金，又有多种用途，因而财政总预算会计支拨库款要使用特定的专用拨款凭证。

（二）国库存款的核算

（1）为了反映和监督国库存款的增减变化及其结存情况，各级财政总预算会计应设置"国库存款"账户。该账户借方登记国库存款的增加数，贷方登记国库存款的减少数，余额在借方，反映国库存款的结存数。该账户可按存款的性质和种类等分户进行明细核算。

（2）会计核算：国库存款主要账务处理如下。

当收到预算收入国库存款增加时，借记"国库存款"账户，贷记"一般公共预算本级收入""政府性基金预算本级收入""国有资本经营预算本级收入"等账户。当日收入数为负数时，以红字记入，采用计算机记账的，用负数反映。

【例 4-1】 中央财政发生下列国库存款业务，分别编制会计分录如下。

（1）收到国库报来的"一般公共预算收入日报表"及缴款书，内列当日一般公共预算收入 4 000 000 元。

借：国库存款——一般公共预算存款　　　　　4 000 000
　　贷：一般公共预算本级收入　　　　　　　　　　4 000 000

（2）收到国库报来的"政府性基金预算收入日报表"，内列当日政府性基金预算收入 2 800 000 元。

借：国库存款——政府性基金预算存款　　　　2 800 000
　　贷：政府性基金预算本级收入　　　　　　　　　2 800 000

（3）收到国库报来的"国有资本经营预算收入日报表"，内列当日政府收入 400 000 元。

借：国库存款——国有资本经营预算存款　　　400 000
　　贷：国有资本经营预算本级收入　　　　　　　　400 000

收到国库存款利息收入时，借记"国库存款"账户，贷记"一般公共预算本级收入"

等账户。

【例 4-2】 某市财政收到本月国库存款利息 4 000 元。

借：国库存款　　　　　　　　　　　　4 000
　　贷：一般公共预算本级收入　　　　　　　4 000

收到缴入国库来源不清的款项时，借记"国库存款"账户，贷记"其他应付款"账户。

【例 4-3】 某市财政收到缴入国库来源不清的款项 10 000 元。

借：国库存款　　　　　　　　　　　　100 000
　　贷：其他应付款——收入项目待查款　　　100 000

国库存款减少时，按照实际支付的金额，借记"一般公共预算本级支出""政府性基金预算本级支出""国有资本经营预算本级支出"等账户，贷记"国库存款"账户。

【例 4-4】 某市财政开出拨款凭证从国库存款账户拨付市教育局专项设备购置款 250 000 元。

借：一般公共预算本级支出　　　　　　　250 000
　　贷：国库存款——一般公共预算存款　　　250 000

二、国库现金管理存款

（一）国库现金及国库现金管理的概念

国库现金管理存款是指政府财政实行国库现金管理业务存放在商业银行的款项。

国库现金管理是指在确保国库现金安全和资金支付需要的前提下，为提高财政资金使用效率，运用金融工具有效运作国库存款的管理活动。

中央国库现金管理的操作方式主要有商业银行定期存款和买回国债等，地方国库现金管理的主要操作方式是商业银行定期存款。

商业银行定期存款是指将暂时闲置的国库现金按一定期限存放商业银行，商业银行提供足额质押并向财政部门支付利息的交易行为。商业银行定期存款的期限一般在 1 年（含 1 年）以内。买回国债是指财政部门利用国库现金从国债市场买回未到期的可流通国债，并予以注销或持有至到期的交易行为。

（二）会计核算

国库现金管理存款主要账务处理如下。

（1）按照国库现金管理有关规定，将国库现金转存商业银行时，按照存入商业银行的金额，借记"国库现金管理存款"账户，贷记"国库存款"账户。

【例 4-5】 某市政府财政将一般公共预算库款 40 000 000 元，转存商业银行定期存款，期限一年，年利息率 2%。

借：国库现金管理存款——商业银行定期存款　　　40 000 000
　　贷：国库存款——一般公共预算存款　　　　　　40 000 000

（2）国库现金管理存款收回国库时，按照实际收回的金额，借记"国库存款"账户，按照原存入商业银行的存款本金金额，贷记"国库现金管理存款"账户，按照两者的差额，贷记"一般公共预算本级收入"账户。

【例 4-6】 接【例 4-5】，由国库转存的商业银行定期存款到期，收回本金和利息共计金额 40 800 000 元。

借：国库存款——一般公共预算存款　　　　　　　40 800 000
　　贷：国库现金管理存款——商业银行定期存款　　　40 000 000
　　　　一般公共预算本级收入　　　　　　　　　　　　800 000

三、其他财政存款

（一）其他财政存款的概念

其他财政存款是指各级政府财政未列入"国库存款""国库现金管理存款"核算的各项存款，包括专用基金存款、财政专户管理资金存款、代管资金存款、特设账户存款、未设国库的乡（镇）财政在商业银行的预算资金存款等。

（二）会计科目设置

财政总预算设置"其他财政存款"账户用来核算各级财政总预算会计未列入"国库存款"和"国库现金管理存款"账户反映的各项财政存款的增减变化及结存情况。该账户的借方登记其他财政存款的增加数，贷方登记其他财政存款的减少数，余额在借方，反映政府财政持有的其他财政存款数。

（三）会计核算

其他财政存款主要账务处理如下。

（1）收到其他财政存款时，按照实际收到的金额、借记"其他财政存款"账户，贷记"专用基金收入""财政专户管理资金收入"等账户。

（2）其他财政存款产生的利息收入，除规定作为专户资金收入外，其他利息收入都应缴入国库纳入一般公共预算管理。取得其他财政存款利息收入时，按照实际获得的利息金额，根据以下情况分别处理：①按规定作为专户资金收入的，借记"其他财政存款"账户，贷记"应付代管资金""财政专户管理资金收入"等账户。②按规定应缴入国库的，借记"其他财政存款"账户，贷记"其他应付款"账户，将其他财政存款利息收入缴入国库时，借记"其他应付款"账户，贷记"其他财政存款"账户；同时，借记"国库存款"账户，贷记"一般公共预算本级收入"账户。

【例 4-7】 某市政府财政发生下列其他财政存款业务，分别编制会计分录如下。

①收到为某预算单位代管预算资金 400 000 元，存入指定的商业银行。

借：其他财政存款——代管资金存款　　　　400 000
　　贷：应付代管资金——某预算单位　　　　　　400 000

②收到财政专户管理资金 200 000 元，存入指定的商业银行。

借：其他财政存款——财政专户管理资金存款　　200 000

贷：财政专户管理资金收入　　　　　　　　　　　　　　　　　200 000

③收到上级财政拨入的专用基金240 000元，款项存入指定的商业银行。

　　借：其他财政存款——专用基金存款　　　　240 000
　　　　贷：专用基金收入　　　　　　　　　　　　　　240 000

④收到上述代管资金存款利息8 000元。

　　借：其他财政存款——代管资金存款　　　　8 000
　　　　贷：应付代管资金——某预算单位　　　　　　8 000

⑤收到上述专用基金存款利息4 800元，按规定缴入国库。

　　借：其他财政存款——专用基金存款　　　　4 800
　　　　贷：其他应付款——专用基金存款利息　　　4 800

⑥上述专用基金存款利息转作一般公共预算收入。

　　借：其他应付款——专用基金存款利息　　　4 800
　　　　贷：其他财政存款——专用基金存款　　　　4 800
　　借：国库存款——一般公共预算存款　　　　4 800
　　　　贷：一般公共预算本级收入　　　　　　　　　4 800

（3）其他财政存款减少时，按照实际支付的金额，借记"应付代管资金""财政专户管理资金支出"等账户，贷记"其他财政存款"账户。

【例4-8】　某县财政国库安排一般公共预算支出270 000元，款项由其他财政存款支付。

　　借：一般公共预算本级支出　　　　　　　　270 000
　　　　贷：其他财政存款——一般公共预算存款　　　270 000

第二节　有价证券与在途款

一、有价证券

（一）有价证券的管理要求

有价证券是指政府财政按照有关规定取得并持有的政府债券，有价证券由国家指定的证券发行部门依照法定程序发行，并约定在一定期限内还本付息。各级财政部门只能用财政结余资金购买国家指定由地方各级政府购买的有价证券，如国库券、国家重点建设债等，一般不得购买股票。有价证券的管理要求为以下几点。

（1）购入的有价证券视同货币资金妥善保管，保证账券相符。
（2）购入的有价证券作为政府持有的资产，不得作预算支出核算。
（3）只能用财政结余资金购买国家指定的有价证券。
（4）有价证券到期兑换时，其本金按原资金渠道恢复相应的预算结余。当期取得的有价证券的兑付利息及转让有价证券取得的收入与账面成本的差额，区别资金性质记入当期收入。

（二）会计科目设置

为了反映和监督各级财政部门有价证券的购买、转让、兑付及结存情况，需设置"有价证券"账户。该账户的借方登记各级政府按国家规定用各项财政结余购买的有价证券款，贷方登记转让或到期兑付的有价证券款，余额在借方，反映政府财政持有的有价证券金额。

（三）有价证券的核算

该账户应按有价证券的种类和资金性质分户，进行明细核算有价证券的主要账务处理如下。

（1）购入有价证券时，按照实际支付的金额，借记"有价证券"账户，贷记"国库存款""其他财政存款"等账户。

【例 4-9】 某市财政局用一般公共预算结余资金购买国债 200 000 元。

借：有价证券——一般公共预算资金购买　　　　200 000
　　贷：国库存款——一般公共预算存款　　　　　　　　200 000

（2）转让或到期兑付有价证券时，按照实际收到的金额，借记"国库存款""其他财政存款"等账户，按照该有价证券的账面余额，贷记"有价证券"账户，按其差额，贷记"一般公共预算本级收入"等账户。

【例 4-10】 某市财政以前年度用政府性基金预算结余资金购买的国债到期兑付本金 60 000 元，利息 12 000 元。

借：国库存款——政府性基金预算存款　　　　72 000
　　贷：有价证券——政府性基金预算资金购买　　　　60 000
　　　　政府性基金预算本级收入　　　　　　　　　　　12 000

二、在途款

（一）在途款的概念

在途款是指在决算清理期和库款报解整理期内，财政总预算会计收到的属于上年度的收入、收回的不属于上年度的支出和其他需要作为在途款过渡的款项。财政总预算会计在决算清理期和库款报解整理期内收到的属于上年度的预算收入应当记入上年度的账项，上年度已经拨付的不属于上年度的支出应当予以收回。这些经济业务发生在新会计年度，发生时虽然款已收到，但会计事项属于上个会计年度，从上个会计年度来讲，这些款尚未到达，需要用"在途款"进行过渡核算。财政总预算会计在国库存款的报解整理期内应认真分析整理上年度财政收支的具体情况，确定上年度末在途款及财政收支的数额。

（二）会计科目设置

财政总预算会计应设置"在途款"账户，用来核算各种在途款的增减变化情况。借方登记在途款的增加数,贷方登记在途款的减少数,期末余额在借方,反映政府财政持有的在途款数额。

(三)会计核算

在途款的主要账务处理如下:①决算清理期和库款报解整理期内收到属于上年度的收入时,在上年度账务中,借记"在途款"账户,贷记"一般公共预算本级收入"等账户。②收回属于上年度的拨款或支出时,在上年度账务中,借记"在途款"账户,贷记"预拨经费"或"一般公共预算本级支出"等有关账户。③冲转在途款时,在本年度账务中,借记"国库存款"账户,贷记"在途款"账户。

【例4-11】 某市财政局发生下列在途款业务,分别编制会计分录如下。

(1)在决算清理期和库款报解整理期内收到属于上年度的一般公共预算收入96 000元。

借:在途款——上年度一般公共预算收入　　　　96 000
　　贷:一般公共预算本级收入　　　　　　　　　　96 000

同时在本年度作账务处理。

借:国库存款——一般公共预算存款　　　　　　96 000
　　贷:在途款——上年度一般公共预算收入　　　96 000

(2)在决算清理期和库款报解整理期内收回属于上年度多拨的经费400 000元。

借:在途款　　　　400 000
　　贷:预拨经费　　　　400 000

同时,在本年度作账务处理。

借:国库存款　　　　400 000
　　贷:在途款　　　　　400 000

第三节 预拨经费与借出款项

一、预拨经费

(一)预拨经费的管理

预拨经费是财政部门用预算资金预拨给行政事业单位的尚未列入预算支出的经费。预拨经费包括以下两项内容:一是年度预算执行中预拨给用款单位应在以后各期列支的经费,该预拨经费应在年终前转列支出或清理收回;二是年度终了前预拨给用款单位下年度的经费款。

预拨经费属于待结算资金,是预算资金再分配的开始,虽已从国库存款中拨出,但并没有实际使用,原则上不能作为预算支出。各级财政总预算会计不得以拨作支,领款单位不得以领代报。

（二）预拨经费的核算

1. 会计科目设置

财政总预算会计设置"预拨经费"账户，用来核算财政部门预拨给行政事业单位的尚未列作预算支出的经费的增减变化情况。借方登记预拨经费的增加数，贷方登记预拨经费的转销或收回减少数，期末余额在借方，反映尚未转列支出或尚待收回的预拨经费数。该账户应按预拨款单位、预拨经费的种类分户进行明细核算。

2. 会计核算

预拨经费的主要财务处理如下。

（1）财政总预算会计预拨经费时，借记"预拨经费"账户，贷记"国库存款"账户。

【例 4-12】 某市财政局根据用款计划预拨给市教育局一般公共预算经费 450 000 元。

借：预拨经费——市教育局——一般公共预算经费　　　450 000
　　贷：国库存款——一般公共预算存款　　　　　　　　　　450 000

（2）转列支出或收回预拨款项时，借记"一般公共预算本级支出"或"国库存款"等账户，贷记"预拨经费"账户。

【例 4-13】 接【例 4-12】，前预拨给市教育局的一般公共预算经费转列预算支出 400 000 元，收回 50 000 元。

借：一般公共预算本级支出　　　　　　　　　　　　　　400 000
　　国库存款——一般公共预算存款　　　　　　　　　　 50 000
　　贷：预拨经费——市教育局——一般公共预算经费　　　　450 000

二、借出款项

（一）借出款项的管理

借出款项是指政府财政按照对外借款管理的相关规定借给预算单位的临时急需的，并须按期收回的款项。财政借出款项须与借款单位签订借款协议，内容主要包括借款金额、借款用途、借款期限、还款来源、还款方式等。

（二）借出款项的核算

会计科目设置：财政总预算会计设置"借出款项"账户，用来核算财政部门借出款项的增减变化情况，借方登记借出款项的增加数，贷方登记借出款项的收回减少数，期末余额在借方，反映政府财政借给预算单位尚待收回的款项数。该账户应按借款单位分户进行明细核算。

借出款项的主要账务处理如下。

（1）将款项借出时，按照实际支付的金额，借记"借出款项"账户，贷记"国库存款"等账户。

【例 4-14】 某县财政局按规定借给某预算单位特殊工作急需资金 468 000 元，款由一般公共预算存款支付。

借：借出款项　　　　　　　　　　　　　　　468 000
　　贷：国库存款——一般公共预算存款　　　　　468 000

（2）收回借款时，按照实际收到的金额，借记"国库存款"等账户，贷记"借出款项"账户。

【例 4-15】 某县财政局到期收回某预算单位前重大重点工作借款 200 000 元，款存一般公共预算存款。

借：国库存款——一般公共预算存款　　　　　200 000
　　贷：借出款项　　　　　　　　　　　　　　　200 000

第四节　暂付及应收款项

暂付及应收款项是指政府在财政业务活动中形成的债权，包括与下级往来和其他应收款等。暂付及应收款项应当及时清理结算，不得长期挂账。

一、与下级往来

（一）与下级往来的概念

与下级往来是指上级财政部门与下级财政部门的往来待结算款项，主要包括借给下级财政部门的临时款项、体制结算中下级财政应上缴的收入款项、体制结算中应付给下级财政的补助款项等。

（二）会计科目设置

财政总预算会计应设置"与下级往来"账户，用来核算与下级往来款的增减变动情况。该账户是一个双重性质的账户：借方登记借给下级财政的款项和下级财政应上缴款项的增加数及应付给下级财政款项的减少数；贷方登记应付给下级财政款项的增加数及借给下级财政款项的收回减少数和下级财政应缴款项的上缴减少数。借方余额反映下级财政欠本级财政的款项，贷方余额反映本级财政欠下级财政的款项。本账户应按资金性质和下级财政部门名称分户进行明细核算。县级及县级以上财政总预算会计应设置"与下级往来"账户，乡镇财政总预算会计不设"与下级往来"账户。

该账户应及时进行清理结算，转作有关收入或支出的部分应在当年清算，其他年终未能清算的余额应结转至下年。当该账户出现贷方余额时，在资产负债表中以负数反映。

（三）会计核算

与下级往来的主要账务处理如下：①借给下级政府财政款项时，借记"与下级往来"账户，贷记"国库存款"账户。②在体制结算中应由下级政府财政上缴的收入数，借记"与下级往来"账户，贷记"上解收入"账户。③借款收回、转作补助支出或体制结算应当补助下级政府财政的支出，借记"国库存款""补助支出"等有关账户，贷记"与下级往来"账户。④发生上解多缴应当退回的，按照应当退回的金额，借记"上解收入"账户，贷记"与下级往来"账户。⑤发生补助多补应当退回的，按照应当退回的金额，借记"与下级往来"账户，贷记"补助支出"账户。

【例4-16】 某市财政局发生下列与下级往来业务，分别编制会计分录如下。

（1）借给下级财政部门临时用款500 000元。

借：与下级往来　　　　　　　　　　　500 000
　　贷：国库存款——一般公共预算存款　　　500 000

（2）因体制结算应收下级财政部门款项380 000元。

借：与下级往来　　　　380 000
　　贷：上解收入　　　　　380 000

（3）因体制结算应付给下级财政款项400 000元。

借：补助支出　　　　400 000
　　贷：与下级往来　　　400 000

（4）收回借给下级财政部门的临时借款800 000元。

借：国库存款——一般公共预算存款　　　800 000
　　贷：与下级往来　　　　　　　　　　　800 000

（5）拨付体制结算应付给下级财政款项900 000元。

借：与下级往来　　　　　　　　　　　900 000
　　贷：国库存款——一般公共预算存款　　　900 000

二、其他应收款

（一）其他应收款的概念

其他应收款是指政府财政临时发生的其他应收、暂付、垫付款项。项目单位拖欠外国政府和国际金融组织贷款本息及相关费用导致相关政府财政履行担保责任，代偿的贷款本息费也作为其他应收款核算。

（二）会计科目设置

财政总预算会计应设置"其他应收款"账户，用来核算其他应收款的增减变化情况。借方登记发生数，贷方登记结算收回或核销数，平时余额在借方，反映其他应收款的结存数。本账户应及时清理结算，年终原则上应无余额。本账户应按资金性质和债务单位分户进行明细核算。

（三）会计核算

其他应收款的主要账务处理如下。

（1）发生其他应收款项时，借记"其他应收款"账户，贷记"国库存款""其他财政存款"等账户。

【例4-17】 某县财政局经批准临时借给某预算单位一般公共预算款800 000元。

借：其他应收款 800 000
　　贷：国库存款——一般公共预算存款 800 000

（2）收回或转作预算支出时，借记"国库存款""其他财政存款"或有关支出账户，贷记"其他应收款"账户。

【例 4-18】 某县财政局经批准借给某预算单位的一般公共预算款 600 000 元，收回 200 000 元存入国库，其余部分转作经费拨款。

借：国库存款——一般公共预算存款 200 000
　　一般公共预算本级支出 400 000
　　贷：其他应收款 600 000

（3）政府财政对使用外国政府和国际金融组织贷款资金的项目单位履行担保责任，代偿贷款本息费时，借记"其他应收款"账户，贷记"国库存款""其他财政存款"等账户。政府财政行使追索权，收回项目单位贷款本息费时，借记"国库存款""其他财政存款"等账户，贷记"其他应收款"账户。政府财政最终未收回项目单位贷款本息费，经核准列支时，借记"一般公共预算本级支出"等账户，贷记"其他应收款"账户。

【例 4-19】 某县财政局为某预算单位代偿提供担保的国际金融组织贷款 70 000 000 元，利息 1 000 000 元。

借：其他应收款 71 000 000
　　贷：国库存款——一般公共预算存款 71 000 000

【例 4-20】 接【例 4-19】，某县财政局向某预算单位追索收回代偿担保借款 50 000 000 元，其余批准列入一般公共预算本级支出。

借：国库存款——一般公共预算存款 50 000 000
　　一般公共预算本级支出 21 000 000
　　贷：其他应收款 71 000 000

第五节　股权投资与应收股利

一、股权投资

（一）股权投资的概念

股权投资是指政府持有的各类股权投资资产，包括国际金融组织股权投资、投资基金股权投资、企业股权投资等。

（二）会计科目设置

财政总预算会计设置"股权投资"账户，用来核算财政部门股权投资的增减变化情况。借方登记股权投资的增加数，贷方登记股权投资的减少数，期末余额在借方，反映政府持有的各种股权投资的资金额。

本账户应按照"国际金融组织股权投资""投资基金股权投资""企业股权投资"设置一级明细账户,在一级明细账户下,可根据管理需要,按照被投资主体进行明细核算。对每一个被投资主体还可按"投资成本""收益转增投资""损益调整""其他权益变动"进行明细核算。

(三)会计核算

股权投资一般采用权益法进行核算。

股权投资应区别以下不同投资分别进行不同的账务处理。

1. 国际金融组织股权投资

(1)政府财政代表政府认缴国际金融组织股本时,按照实际支付的金额,借记"一般公共预算本级支出"等账户,贷记"国库存款"账户;根据股权投资确认相关资料,按照确定的股权投资成本,借记"股权投资"账户,贷记"资产基金——股权投资"账户。

【例4-21】 中央财政代表中华人民共和国政府认缴亚洲基础设施投资银行(以下简称亚投行)股本,首期支付100亿美元,折合人民币668亿元,并以一般公共预算资金支付(设实际投资即投资成本)。

  借:一般公共预算本级支出 66 800 000 000
   贷:国库存款 66 800 000 000
  借:股权投资——国际金融组织股权投资——亚投行——投资成本
                 66 800 000 000
   贷:资产基金——股权投资 66 800 000 000

(2)从国际金融组织撤出股本时,按照收回的金额,借记"国库存款"账户,贷记"一般公共预算本级支出"账户;根据股权投资清算相关资料,按照实际撤出的股本,借记"资产基金——股权投资"账户,贷记"股权投资"账户。

【例4-22】 接【例4-20】,经亚投行初始成员国协商,中国减少亚投行股本10亿美元贷,折合人民币66.8亿元,并收款存入国库(设实际投资即投资成本)。

  借:国库存款 6 680 000 000
   贷:一般公共预算本级支出 6 680 000 000
  借:资产基金——股权投资 6 680 000 000
   贷:股权投资——国际金融组织股权投资——亚投行——投资成本
              6 680 000 000

2. 投资基金股权投资

(1)政府财政对投资基金进行股权投资时,按照实际支付的金额,借记"一般公共预算本级支出"等账户,贷记"国库存款"等账户;根据股权投资确认相关资料,按照实际支付的金额,借记"股权投资"账户(投资成本),按照确定的在被投资基金中占有的权益金额与实际支付金额的差额,借记或贷记"股权投资"账户(其他权益变动),按照确定的在被投资基金中占有的权益金额,贷记"资产基金——股权投资"账户。

（2）年末，根据政府财政在被投资基金当期净利润或净亏损中占有的份额，借记或贷记"股权投资"账户（损益调整），贷记或借记"资产基金——股权投资"账户。

（3）政府财政将归属财政的收益留作基金滚动使用时，借记"股权投资"账户（收益转增投资），贷记"股权投资"账户（损益调整）。

（4）被投资基金宣告发放现金股利或利润时，按照应上缴政府财政的部分，借记"应收股利"账户，贷记"资产基金——应收股利"账户；同时按照相同的金额，借记"资产基金——股权投资"账户，贷记"股权投资"账户（损益调整）。

（5）被投资基金发生除净损益以外的其他权益变动时，按照政府财政持股比例计算应享有的部分，借记或贷记"股权投资"账户（其他权益变动），贷记或借记"资产基金——股权投资"账户。

（6）投资基金存续期满、清算或政府财政从投资基金退出而收回出资时，政府财政按照实际收到的资金，借记"国库存款"等账户，按照收回的原实际出资部分，贷记"一般公共预算本级支出"等账户，按照超出原实际出资的部分，贷记"一般公共预算本级收入"等账户，根据股权投资清算相关资料，按照因收回股权投资而减少在被投资基金中占有的权益金额，借记"资产基金——股权投资"账户，贷记"股权投资"账户。

【例4-23】 某市财政发生下列股权投资业务，分别编制会计分录如下。

（1）向某投资基金进行股权投资，实际投资款项60 000 000元，占该投资基金总权益金额的10%（总权益金额600 000 000元）。

借：一般公共预算本级支出　　　　　　　　　60 000 000
　　贷：国库存款——一般公共预算存款　　　　　　60 000 000
借：股权投资——投资基金股权投资（投资成本）　60 000 000
　　贷：股权投资——投资基金股权投资（其他权益变动）　10 000 000
　　　　资产基金——股权投资　　　　　　　　　50 000 000

（2）年末，上述被投资基金实现利润20 000 000元，政府财政投资应占有的份额2 000 000元。

借：股权投资——投资基金股权投资（损益调整）　2 000 000
　　贷：资产基金——股权投资　　　　　　　　　2 000 000

（3）将上述（2）中归属政府财政的利润1 000 000元留作基金继续使用。

借：股权投资——投资基金股权投资（收益转增投资）　1 000 000
　　贷：股权投资——投资基金股权投资（损益调整）　1 000 000

（4）被投资基金宣告发放现金股利5 000 000元，政府财政投资应得10%的份额，即500 000元。

借：应收股利——某投资基金　　　　500 000
　　贷：资产基金——应收股利　　　　　　500 000
借：资产基金——股权投资　　　　　500 000
　　贷：股权投资——（损益调整）　　　　500 000

（5）被投资基金发生除净损益以外的其他权益变动8 000 000元，政府财政投资应享有800 000元。

  借：股权投资——投资基金股权投资（其他权益变动） 800 000
   贷：资产基金——股权投资   800 000

（6）收到上述投资基金现金股利。

  借：国库存款——一般公共预算存款 500 000
   贷：一般公共预算本级收入   500 000
  借：资产基金——应收股利   500 000
   贷：应收股利——某投资基金   500 000

（7）上述投资基金到期，实际收回资金60 000 000元。

  借：国库存款——一般公共预算存款 60 500 000
   贷：一般公共预算本级支出   60 000 000
    一般公共预算本级收入   500 000
  借：资产基金——股权投资   52 300 000
    股权投资——其他权益变动   9 200 000
   贷：股权投资——投资成本   60 000 000
    ——损益调整   500 000
    ——损益转增投资   1 000 000

3. 企业股权投资

企业股权投资的账务处理，根据管理条件和管理需要，参照投资基金股权投资进行账务处理。

二、应收股利

（一）应收股利的概念

应收股利是指政府因持有股权投资，应当收取的现金股利或利润。

（二）会计科目设置

财政总预算会计设置"应收股利"账户，用来核算应收股利的增减变化情况。借方登记应收股利的增加数，贷方登记应收股利的减少数，期末余额在借方，反映政府尚未收回的现金股利或利润。"应收股利"科目应当按照被投资主体进行明细核算。

（三）会计核算

应收股利的主要账务处理如下。

（1）持有股权投资期间被投资主体宣告发放现金股利或利润的，按应上缴政府财政的部分，借记"应收股利"账户，贷记"资产基金——应收股利"账户；按照相同的金额，借记"资产基金——股权投资"账户，贷记"股权投资"（损益调整）账户。

（2）实际收到现金股利或利润，借记"国库存款"等账户，贷记"一般公共预算本级收入"等账户；按照相同的金额，借记"资产基金——应收股利"账户，贷记"应收股利"账户。

【例 4-24】 某政府财政发生应收股利业务核算举例,参见【例 4-23】中业务（4）、（6）。

第六节 应收转贷款

应收转贷款是指政府财政将借入的资金转贷给下级政府财政的款项,包括应收地方政府债券转贷款、应收主权外债转贷款等。

一、应收地方政府债券转贷款

（一）应收地方政府债券转贷款的概念

应收地方政府债券转贷款是指本级政府财政转贷给下级政府财政的地方政府债券资金。

（二）会计科目设置

财政总预算会计设置"应收地方政府债券转贷款"账户,用来核算本级政府财政转贷给下级政府财政的地方政府债券资金的本金及利息。借方登记应收地方政府债券转贷款的增加数,贷方登记应收地方政府债券转贷款的减少数,期末余额在借方,反映政府财政应收未收的地方政府债券转贷款的本金及利息。本账户应按照"应收地方政府一般债券转贷款""应收地方政府专项债券转贷款"明细账户,其下分设"应收本金""应收利息"两个明细账户,并按照转贷对象进行明细核算。

（三）会计核算

应收地方政府债券转贷款的主要账务处理如下。

（1）向下级政府财政转贷地方政府债券资金时,按照转贷的金额,借记"债务转贷支出"账户,贷记"国库存款"账户,根据债务管理部门转来的相关资料,按照到期应收回的转贷本金金额,借记"应收地方政府债券转贷款"账户,贷记"资产基金——应收地方政府债券转贷款"账户。

【例 4-25】 中央财政为 B 省的某建设项目发行专项债券 14 亿元,现向 B 省转贷。

借：债务转贷支出　　　　　1 400 000 000
　　贷：国库存款　　　　　　　1 400 000 000
借：应收地方政府债券转贷款——应收地方政府专项债券转贷款（本金）
　　　　　　　　　　　　　　　　　　　　1 400 000 000
　　贷：资产基金——应收地方政府债券转贷款　　1 400 000 000

（2）期末确认地方政府债券转贷款的应收利息时,根据债务管理部门计算出的转贷款本期应收未收利息金额,借记"应收地方政府债券转贷款"账户,贷记"资产基金——应收地方政府债券转贷款"账户。

【例 4-26】 期末计算上述地方政府债券转贷款的利息 500 000 元。

借：应收地方政府债券转贷款——应收地方政府专项债券转贷款（应收利息）

                   500 000

 贷：资产基金——应收地方政府债券转贷款   500 000

（3）收回下级政府财政偿还的转贷款本息时，按照收回的金额，借记"国库存款"等账户，贷记"其他应付款"或"其他应收款"账户；根据债务管理部门转来的相关资料，按照收回的转贷款本金及已确认的应收利息金额，借记"资产基金——应收地方政府债券转贷款"账户，贷记"应收地方政府债券转贷款"账户。

【例 4-27】 到期收回上述 B 省财政偿还的转贷款本息共计 1 000 000 000 元，根据债务管理部门转来的相关资料，其中本金 920 000 000 元，利息 80 000 000 元。

借：国库存款   1 000 000 000

 贷：其他应付款   1 000 000 000

借：资产基金——应收地方政府债券转贷款

        1 000 000 000

 贷：应收地方政府债券转贷款——应收地方政府专项债券转贷款（应收本金）

        920 000 000

      ——应收地方政府专项债券转贷款（应收利息）

        80 000 000

（4）扣缴下级政府财政的转贷款本息时，按照扣缴的金额，借记"与下级往来"账户，贷记"其他应付款"或"其他应收款"账户；根据债务管理部门转来的相关资料，按照扣缴的转贷款本金及已确认的应收利息金额，借记"资产基金——应收地方政府债券转贷款"账户，贷记"应收地方政府债券转贷款"账户。

【例 4-28】 接【例 4-24】至【例 4-26】，年末体制结算，中央财政从对 B 省的补助中扣缴转贷款 550 000 000 元，债务管理部门转来的相关资料显示，扣缴的转贷款本金为 480 000 000 元，应收利息为 70 000 000 元。

借：与下级往来   550 000 000

 贷：其他应付款   550 000 000

借：资产基金——应收地方政府债券转贷款

        550 000 000

 贷：应收地方政府债券转贷款——应收地方政府专项债券转贷款（应收本金）

        480 000 000

      ——应收地方政府专项债券转贷款（应收利息）

        70 000 000

二、应收主权外债转贷款

（一）应收主权外债转贷款的概念

应收主权外债转贷款是指本级政府财政转贷给下级政府财政的外国政府和国际金融

组织贷款等主权外债资金。

（二）会计科目设置

财政总预算会计设置"应收主权外债转贷款"账户，用来核算本级政府财政转贷给下级政府财政的主权外债资金的本金及利息。借方登记应收主权外债转贷款的增加数，贷方登记应收主权外债转贷款的减少数，期末余额在借方，反映政府财政应收未收的主权外债转贷款的本金及利息。

本账户应按照分设"应收本金""应收利息"两个明细账户，并按照转贷对象进行明细核算。

（三）会计核算

应收主权外债转贷款的主要账务处理如下。

（1）本级政府财政向下级政府财政转贷主权外债资金，且主权外债最终还款责任由下级政府财政承担的，本级政府财政支付转贷资金时，根据转贷资金支付相关资料，借记"债务转贷支出"账户，贷记"其他财政存款"账户；根据债务管理部门转来的相关资料，按照实际持有的债权金额，借记"应收主权外债转贷款"账户，贷记"资产基金——应收主权外债转贷款"账户。

外方将贷款资金直接支付给用款单位或供应商时，本级政府财政根据转贷资金支付相关资料，借记"债务转贷支出"账户，贷记"债务收入"或"债务转贷收入"账户；根据债务管理部门转来的相关资料，按照实际持有的债权金额，借记"应收主权外债转贷款"账户，贷记"资产基金——应收主权外债转贷款"账户；同时，借记"待偿债净资产"账户，贷记"借入款项"或"应付主权外债转贷款"账户。

（2）期末确认主权外债转贷款的应收利息时，根据债务管理部门计算出的转贷款本期应收未收利息金额，借记"应收主权外债转贷款"账户，贷记"资产基金——应收主权外债转贷款"账户。同时，借记"待偿债净资产"账户，贷记"借入款项"或"应付主权外债转贷款"账户。

（3）收回转贷给下级政府财政主权外债的本息时，按照收回的金额，借记"其他财政存款"账户，贷记"其他应付款"或"其他应收款"账户，根据债务管理部门转来的相关资料，按照实际收回的转贷款本金及已确认的应收利息金额，借记"资产基金——应收主权外债转贷款"账户，贷记"应收主权外债转贷款"账户。

（4）扣缴下级政府财政的转贷款本息时，按照扣缴的金额，借记"与下级往来"账户，贷记"其他应付款"或"其他应收款"账户，根据债务管理部门转来的相关资料，按照扣缴的转贷款本金及已确认的应收利息金额，借记"资产基金——应收主权外债转贷款"账户，贷记"应收主权外债转贷款"账户。

【例 4-29】 某省政府财政发生以下应收主权外债转贷款业务，分别编制会计如下。

（1）向 B 市政府财政转贷向外国政府贷款资金 9 000 000 元，外方将资金直接支付给用款单位。

借：债务转贷支出　　　　　　9 000 000

贷：债务收入　　　　　　　　　　　　　　9 000 000
借：应收主权外债转贷款——应收本金——B市　　9 000 000
　　贷：资产基金——应收主权外债转贷款　　　　9 000 000
借：待偿债净资产　　　　9 000 000
　　贷：借入款项　　　　9 000 000

（2）期末按2%的利率计算上述主权外债券转贷款的利息180 000元。
借：应收主权外债转贷款——应收利息——B市　　180 000
　　贷：资产基金——应收主权外债转贷款　　　　180 000
借：待偿债净资产　　　　180 000
　　贷：借入款项　　　　180 000

（3）到期收回上述B市政府偿还的转贷款本息。
借：其他财政存款　　　　　　　　　　　　　9 180 000
　　贷：其他应付款——待偿还主权外债本息　　　9 180 000
借：资产基金——应收主权外债转贷款　　　　　9 180 000
　　贷：应收主权外债转贷款——应收本金——B市　9 000 000
　　　　　　　　　　　　——应收利息——B市　　180 000

如在下级地方政府预算中扣缴应收主权外债转贷款本息，则将上述会计分录中的"其他财政存款"账户改为"与下级往来"账户，其他账户核算相同。

第五章

财政总预算会计负债

财政总预算会计核算的负债是指政府财政承担的能以货币计量、需以资产偿付的债务。负债按照流动性分为流动负债和非流动负债。流动负债是指预计在1年内（含1年）偿还的负债；非流动负债是指流动负债以外的负债。

财政总预算会计核算的负债具体包括应付政府债券、应付国库集中支付结余、暂收及应付款项、借入款项、应付转贷款、应付代管资金与其他负债等。

第一节 应付政府债券

应付政府债券是指政府财政采用发行政府债券方式筹集资金而形成的负债。应付政府债券按发行主体分为国债和地方政府债券。按发行债券种类分为一般债券和专项债券。按债券的偿付时间分为应付短期政府债券和应付长期政府债券。

一、应付短期政府债券

应付短期政府债券是指政府财政部门以政府名义发行的期限不超过1年（含1年）的国债和地方政府债券。

财政总预算会计应设置"应付短期政府债券"科目，用来核算应付短期政府债券的应付本金和利息。贷方登记应付本金和利息的增加数，借方登记冲转和退还减少数，期末余额在贷方，反映财政尚未偿还的短期政府债券本金和利息。该科目应当设置"应付国债""应付地方政府一般债券""应付地方政府专项债券"等一级明细科目，在一级明细科目下，再分别设置"应付本金""应付利息"明细科目，分别核算政府债券的应付本金和利息。债务管理部门应当设置相应的辅助账，详细记录每期政府债券的金额、种类、期限、发行日、到期日、票面利率、偿还本金及付息情况等。

应付短期政府债券的主要账务处理如下。

（1）实际收到短期政府债券发行收入时，按照实际收到的金额，借记"国库存款"科目，按照短期政府债券实际发行额，贷记"债务收入"科目，按照发行收入和发行额的差额，借记或贷记有关支出科目；根据债券发行确认文件等相关债券管理资料，按照到期应付的短期政府债券本金金额，借记"待偿债净资产——应付短期政府债券"科目，贷记"应付短期政府债券"科目。

【例5-1】 某省政府财政按年度预算计划发行政府一般债券500 000 000元，支付发行费用5 000 000元，实际收到发行款495 000 000元，存入国库。

借：国库存款　　　　　　　　　495 000 000
　　一般公共预算本级支出　　　　5 000 000
　　贷：债务收入　　　　　　　　　　　　500 000 000
借：待偿债净资产——应付短期政府债券
　　　　　　　　　　　　　　　　　500 000 000
　　贷：应付短期政府债券——应付地方政府一般债券（应付本金）
　　　　　　　　　　　　　　　　　500 000 000

（2）期末确认短期政府债券的应付利息时，根据债务管理部门计算出的本期应付未付利息金额，借记"待偿债净资产——应付短期政府债券"科目，贷记"应付短期政府债券"科目。

【例5-2】 期末确认上述政府一般债券应付利息7 500 000元。

借：待偿债净资产——应付短期政府债券　　　7 500 000
　　贷：应付短期政府债券——应付地方政府一般债券（应付利息）
　　　　　　　　　　　　　　　　　7 500 000

（3）实际支付本级政府财政承担的短期政府债券利息时，借记"一般公共预算本级支出"或"政府性基金预算本级支出"科目，贷记"国库存款"等科目；实际支付利息金额中属于已确认的应付利息部分，还应根据债券兑付确认文件等相关债券管理资料，借记"应付短期政府债券"科目，贷记"待偿债净资产——应付短期政府债券"科目。

【例5-3】 接【例5-2】，实际支付上述政府一般债券应付利息15 000 000元。

借：一般公共预算本级支出　　　15 000 000
　　贷：国库存款　　　　　　　　　　　15 000 000
借：应付短期政府债券——应付地方政府一般债券（应付利息）
　　　　　　　　　　　　　　　　　7 500 000
　　贷：待偿债净资产——应付短期政府债券　　7 500 000

（4）实际偿还本级政府财政承担的短期政府债券本金时，借记"债务还本支出"科目，贷记"国库存款"等科目；根据债券兑付确认文件等相关债券管理资料，借记"应付短期政府债券"科目，贷记"待偿债净资产——应付短期政府债券"科目。

【例5-4】 到期偿还上述发行的政府一般债券本金500 000 000元。

借：债务还本支出　　　　　　　500 000 000
　　贷：国库存款　　　　　　　　　　500 000 000

借：应付短期政府债券——应付地方政府一般债券（应付本金）
　　　　　　　　　　　　　　　　　　　　　　　500 000 000
　　贷：待偿债净资产——应付短期政府债券　　　500 000 000

二、应付长期政府债券

应付长期政府债券是指政府财政部门以政府名义发行的期限超过 1 年的国债和地方政府债券。

财政总预算会计应设置"应付长期政府债券"科目，用来核算应付长期政府债券的应付本金和利息。贷方登记应付本金和利息的增加数，借方登记冲转和退还减少数，期末余额在贷方，反映财政尚未偿还的长期政府债券本金和利息。该科目应当设置"应付国债""应付地方政府一般债券""应付地方政府专项债券"等一级明细科目，在一级明细科目下，再分别设置"应付本金""应付利息"明细科目，分别核算政府债券的应付本金和利息。债务管理部门应当设置相应的辅助账，详细记录每期政府债券金额、种类、期限、发行日、到期日、票面利率、偿还本金及付息情况等。

应付长期政府债券的主要账务处理如下。

（1）实际收到长期政府债券发行收入时，按照实际收到的金额，借记"国库存款"科目，按照长期政府债券实际发行额，贷记"债务收入"科目，按照发行收入和发行额的差额，借记或贷记有关支出科目；根据债券发行确认文件等相关债券管理资料，按照到期应付的长期政府债券本金金额，借记"待偿债净资产——应付长期政府债券"科目，贷记"应付长期政府债券"科目。

【例 5-5】 某省财政发行五年期政府专项债券 200 000 000 元，支付发行费用 2 000 000 元，实际收到发行款 198 000 000 元，存入国库。

借：国库存款　　　　　　　　　　　198 000 000
　　政府性基金预算本级支出　　　　　2 000 000
　　贷：债务收入　　　　　　　　　　　200 000 000
借：待偿债净资产——应付长期政府债券　　200 000 000
　　贷：应付长期政府债券——应付地方政府专项债券（应付本金）
　　　　　　　　　　　　　　　　　　　　　　　200 000 000

（2）期末确认长期政府债券的应付利息时，根据债务管理部门计算出的本期应付未付利息金额，借记"待偿债净资产——应付长期政府债券"科目，贷记"应付长期政府债券"科目。

【例 5-6】 接【例 5-5】，每年期末确认上述长期政府专项债券应付利息 6 000 000 元。

借：待偿债净资产——应付长期政府债券　　　6 000 000
　　贷：应付长期政府债券——应付地方政府专项债券（应付利息）
　　　　　　　　　　　　　　　　　　　　　　　6 000 000

（3）实际支付本级政府财政承担的长期政府债券利息时，借记"一般公共预算本级支出"或"政府性基金预算本级支出"科目，贷记"国库存款"等科目；实际支付利息金额中属于已确认的应付利息部分,还应根据债券兑付确认文件等相关债券管理资料,借记"应付长期政府债券"科目,贷记"待偿债净资产——应付长期政府债券"科目。

【例 5-7】 接【例 5-5】、【例 5-6】到期实际支付上述长期政府专项债券应付利息 3 000 000 元。

　　借:政府性基金预算本级支出　　　　3 000 000
　　　贷:国库存款　　　　　　　　　　　　　3 000 000
　　借:待偿债净资产——应付短期政府债券　3 000 000
　　　贷:应付长期政府债券——应付地方政府专项债券(应付利息)
　　　　　　　　　　　　　　　　　　　　　　3 000 000

(4)实际偿还本级政府财政承担的长期政府债券本金时,借记"债务还本支出"科目,贷记"国库存款"等科目;根据债券兑付确认文件等相关债券管理资料,借记"应付长期政府债券"科目,贷记"待偿债净资产——应付长期政府债券"科目。

【例 5-8】 到期偿还上述发行的长期政府专项债券本金 200 000 000 元。

　　借:债务还本支出　　　　200 000 000
　　　贷:国库存款　　　　　　　　200 000 000
　　借:应付长期政府债券——应付地方政府专项债券(应付本金)
　　　　　　　　　　　　　　　　　　　　　　200 000 000
　　　贷:待偿债净资产——应付长期政府债券　　200 000 000

(5)本级政府财政偿还下级政府财政承担的地方政府债券本息时,借记"其他应付款"或"其他应收款"科目,贷记"国库存款"科目;根据债券兑付确认文件等相关债券管理资料按照实际偿还的长期政府债券本金及已确认的应付利息金额,借记"应付长期政府债券"科目,贷记"待偿债净资产——应付长期政府债券"科目。

第二节　应付国库集中支付结余

一、应付国库集中支付结余的概念

应付国库集中支付结余是指在国库集中支付中,按照财政部门批复的部门预算,当年未支而需结转下一年度支付的款项采用权责发生制列支后形成的债务。

二、应付国库集中支付结余的核算

财政总预算会计应设置"应付国库集中支付结余"科目,用来核算政府财政采用权责发生制列支,预算单位尚未使用的国库集中支付结余资金。贷方登记应付国库集中支付结余的增加数,借方登记以后年度实际支付减少数,期末余额在贷方,反映政府财政尚未支付的国库集中支付结余。该科目应当根据管理需要,按照政府收支分类科目等进行相应明细核算。

应付国库集中支付结余的主要账务处理如下。

年末，对当年形成的国库集中支付结余采用权责发生制列支时，借记"一般公共预算本级支出"等科目，贷记"应付国库集中支付结余"科目。

【例5-9】 某市政府财政国库集中支付的本年度一般公共预算支出500 000元，预算单位尚未使用，具体项目为：节能环保支出——自然生态保护——生态保护500 000元。

借：一般公共预算本级支出——节能环保支出——自然生态保护——生态保护

                     500 000

  贷：应付国库集中支付结余——节能环保支出   500 000

以后年度实际支付国库集中支付结余资金时，分以下情况处理。

（1）按原结转预算科目支出的，借记"应付国库集中支付结余"科目，贷记"国库存款"科目。

【例5-10】 接【例5-9】，下年度按原结转科目支付上述国库集中支付结余资金。

借：应付国库集中支付结余——节能环保支出 500 000

  贷：国库存款   500 000

（2）调整支出预算科目的，应当按原结转预算科目作冲销处理，借记"应付国库集中支付结余"科目，贷记"有关支出"科目。同时，按实际支出预算科目作列支账务处理，借记有关支出科目，贷记"国库存款"科目。

【例5-11】 接【例5-9】，如上述国库集中支付结余调整支出预算科目为：节能环保支出——污染防治——大气，并支付款项。

借：应付国库集中支付结余——节能环保支出   500 000

  贷：一般公共预算本级支出——节能环保支出——自然生态保护——生态保护

                      500 000

借：一般公共预算本级支出——节能环保支出——污染防治——大气

                      500 000

  贷：国库存款   500 000

第三节 暂收及应付款项

暂收及应付款项是指政府财政业务活动中形成的债务，包括与上级往来和其他应付款等，暂收及应付款项应当及时清理结算。

一、与上级往来

与上级往来是指本级财政与上级财政之间的往来待结算的款项，包括从上级财政无偿借入的款项、体制结算应上缴上级财政的款项、体制结算应由上级财政补助的款项。

各级财政总预算会计应设置"与上级往来"科目,用来核算与上级财政的往来待结算款项。贷方登记从上级财政借入款项和体制结算应上缴上级财政款项的增加数及应由上级财政补助款项的减少数,借方登记从上级财政借入款项和体制结算应上缴上级财政款项的减少数及应由上级财政补助款项的增加数,期末贷方余额反映本级财政欠上级财政的款项,而期末借方余额则为上级财政欠本级财政的款项。该科目应按有往来款项的类别和项目分户进行明细核算。

本科目应及时进行清理结算,年终未能结清的余额,结转下年。期末余额如在借方,在编制"资产负债表"时,应以负数反映。

与上级往来的主要账务处理如下。

(1)本级政府财政从上级政府财政借入款或在体制结算中发生应上缴上级政府财政款项时,借记"国库存款""上解支出"等科目,贷记"与上级往来"科目。

【例5-12】 某市政府财政向上级财政借入一般公共预算临时用款500 000元。

借:国库存款——一般公共预算存款　　　　　500 000
　　贷:与上级往来——一般公共预算借款　　　　500 000

【例5-13】 某市政府财政体制结算发生应上缴上级财政的款项200 000元。

借:上解支出　　　　　　　　　　　　　　　200 000
　　贷:与上级往来——体制结算上缴款　　　　　200 000

实际上缴上述款项。

借:与上级往来——体制结算上缴款　　　　　200 000
　　贷:国库存款——一般公共预算存款　　　　　200 000

(2)在本级政府财政归还借款转作上级补助收入或体制结算中应由上级补给款项的时候,借记"与上级往来"科目,贷记"国库存款""补助收入"等科目。

【例5-14】 接【例5-12】,前向上级财政借入的一般公共预算临时用款,其中300 000元归还上级财政,200 000元转作本市预算补助款。

借:与上级往来——一般公共预算借款　　　　500 000
　　贷:国库存款——一般公共预算存款　　　　　300 000
　　　　补助收入　　　　　　　　　　　　　　200 000

二、其他应付款

其他应付款是指政府财政临时发生的暂收、应付和收到的不明性质款项。税务机关代征入库的社会保险费、项目单位使用并承担还款责任的外国政府和国际金融组织贷款,也视为其他应付款核算。

财政总预算会计应设置"其他应付款"科目,用来核算政府财政其他应付款的增减变化情况。贷方登记其他应付款的增加数,借方登记其他应付款减少数,期末贷方余额反映政府财政尚未结清的其他应付款项。本科目应当按照债权单位或资金来源等进行明细核算。

其他应付款的主要账务处理如下。

（1）收到暂存款项时，借记"国库存款""其他财政存款"等科目，贷记"其他应付款"科目。

【例 5-15】 某县财政收到性质不明的预算款项 20 000 元。

借：国库存款　　　　　　　　20 000
　　贷：其他应付款　　　　　　　　20 000

（2）将暂存款项清理退还或转作收入时，借记"其他应付款"科目，贷记"国库存款""其他财政存款"或有关收入科目。

【例 5-16】 接【例 5-15】，经查上述款项是工商罚没收入款，予以转销。

借：其他应付款　　　　　　　　20 000
　　贷：一般公共预算本级收入　　　　20 000

（3）社会保险费国库缴存社保基金财政专户时，借记"其他应付款"科目，贷记"国库存款"科目。

【例 5-17】 某县财政代收社会保险费 500 000 元，款项暂入国库。

借：国库存款　　　　　　　　　　　　　　500 000
　　贷：其他应付款——代收社会保险费　　　500 000

实际缴存社保基金财政专户。

借：其他应付款——代收社会保险费　　　500 000
　　贷：国库存款　　　　　　　　　　　　500 000

（4）收到项目单位承担还款责任的外国政府和国际金融组织贷款资金时，借记"其他财政存款"科目，贷记"其他应付款"科目；付给项目单位时，借记"其他应付款"科目，贷记"其他财政存款"科目。收到项目单位偿还贷款资金时，借记"其他财政存款"科目，贷记"其他应付款"科目；付给外国政府和国际金融组织项目单位还款资金时，借记"其他应付款"科目，贷记"其他财政存款"科目。

【例 5-18】 某省财政收到项目用款单位承担还款责任的外国政府借款资金 700 000 元。

借：其他财政存款　　　　　　　　　　　　　　700 000
　　贷：其他应付款——项目单位外国政府借款　　700 000

实际支付给项目单位款项。

借：其他应付款——项目单位外国政府借款　　700 000
　　贷：其他财政存款　　　　　　　　　　　　700 000

收回项目单位偿还借款资金。

借：其他财政存款　　　　　　　　　　　　700 000
　　贷：其他应付款——某外国政府借款　　　700 000

归还外国政府借款。

借：其他应付款——某外国政府借款　　　700 000
　　贷：其他财政存款　　　　　　　　　　700 000

第四节 借入款项

借入款项是指政府财政部门以政府名义向外国政府、国际金融组织等借入的款项，以及通过经国务院批准的其他方式借款形成的负债。

财政总预算会计应设置"借入款项"科目，用来核算政府财政各种借入款项本金和利息的增减变化情况。贷方登记借入款项本金和利息的增加数，借方登记借入款项本金和利息的减少数，期末余额在贷方，反映本级政府财政尚未偿还的借入款项本金和利息。本科目下应当设置"应付本金""应付利息"明细科目，分别对借入款项的应付本金和利息进行明细核算，还应当按照债权人进行明细核算。债务管理部门应当设置相应的辅助账，详细记录每笔借入款项的期限、借入日期、利率、偿还及付息情况等。

一、借入主权外债的账务处理

本级政府财政收到借入的主权外债资金时，借记"其他财政存款"科目，贷记"债务收入"科目；根据债务管理部门转来的相关资料，按照实际承担的债务金额，借记"待偿债净资产——借入款项"科目，贷记"借入款项"科目。

【例 5-19】 本级政府财政借入主权外债，收到借入的主权外债资金 60 000 000 元，作为其他财政存款。

借：其他财政存款　　　　　　　60 000 000
　　贷：债务收入　　　　　　　　　　60 000 000
借：待偿债净资产——借入款项　　60 000 000
　　贷：借入款项——应付本金（某外国政府）　60 000 000

本级政府财政借入主权外债，且由外方将贷款资金直接支付给用款单位或供应商时，分以下几种情况作不同处理。

（1）本级政府财政承担还款责任，贷款资金由本级政府财政同级部门（单位）使用的，本级政府财政部门根据贷款资金支付相关资料，借记"一般公共预算本级支出"等科目，贷记"债务收入"科目；根据债务管理部门转来的相关资料，按照实际承担的债务金额，借记"待偿债净资产——借入款项"科目，贷记"借入款项"科目。

【例 5-20】 某市政府财政借入主权外债 50 000 000 元，本级政府承担还款责任，外方将贷款资金直接支付给本级政府财政同级使用部门。

借：一般公共预算本级支出　　　50 000 000
　　贷：债务收入　　　　　　　　　　50 000 000
借：待偿债净资产——借入款项　　50 000 000
　　贷：借入款项——应付本金（某外国政府）　50 000 000

（2）本级政府财政承担还款责任，贷款资金由下级政府财政同级部门（单位）使用的，本级政府财政部门根据贷款资金支付相关资料及预算指标文件，借记"补助支出"

科目，贷记"债务收入"科目；根据债务管理部门转来的相关资料，按照实际承担的债务金额，借记"待偿债净资产——借入款项"科目，贷记"借入款项"科目。

【例 5-21】 某市政府财政借入主权外债 40 000 000 元，本级政府承担还款责任，外方将贷款资金直接支付给下级政府财政同级使用部门。

  借：补助支出　　　　　　　40 000 000
    贷：债务收入　　　　　　　40 000 000
  借：待偿债净资产——借入款项　　　　　　　40 000 000
    贷：借入款项——应付本金（某外国政府）　　　　　　　40 000 000

（3）下级政府财政承担还款责任，贷款资金由下级政府财政同级部门（单位）使用的，本级政府财政部门根据贷款资金支付相关资料，借记"债务转贷支出"科目，贷记"债务收入"科目；根据债务管理部门转来的相关资料，按照实际承担的债务金额，借记"待偿债净资产——借入款项"科目，贷记"借入款项"科目；同时，借记"应收主权外债转贷款"科目，贷记"资产基金——应收主权外债转贷款"科目。

期末确认借入主权外债的应付利息时，根据债务管理部门计算出的本期应付未付利息金额，借记"待偿债净资产——借入款项"科目，贷记"借入款项"科目。

【例 5-22】 接【例 5-19】、【例 5-20】、【例 5-21】，期末确认上述各项借入主权外债应付利息 4 500 000 元。

  借：待偿债净资产——借入款项　　　　　　　4 500 000
    贷：借入款项——应付利息（某外国政府）　　　　　　　4 500 000

偿还本级政府财政承担的借入主权外债本金时，借记"债务还本支出"科目，贷记"国库存款""其他财政存款"等科目；根据债务管理部门转来的相关资料，按照实际偿还的本金金额，借记"借入款项"科目，贷记"待偿债净资产——借入款项"科目。

【例 5-23】 接【例 5-19】、【例 5-20】、【例 5-21】，到期偿还上述各项借入主权外债本金，款由国库存款支付。

  借：债务还本支出　　　　　　　150 000 000
    贷：国库存款　　　　　　　150 000 000
  借：借入款项——应付本金（某外国政府）　　　　　　　150 000 000
    贷：待偿债净资产——借入款项　　　　　　　150 000 000

偿还本级政府财政承担的借入主权外债利息时，借记"一般公共预算本级支出"等科目，贷记"国库存款""其他财政存款"等科目；实际偿还利息金额中属于已确认的应付利息部分，还应根据债务管理部门转来的相关资料，借记"借入款项"科目，贷记"待偿债净资产借入款项"科目。

【例 5-24】 接【例 5-22】，到期偿还上述各项借入主权外债利息 9 000 000 元，款由国库存款支付。

  借：一般公共预算本级支出　　　　　　　9 000 000
    贷：国库存款　　　　　　　9 000 000
  借：借入款项——应付利息　　　　　　　4 500 000
    贷：待偿债净资产——借入款项　　　　　　　4 500 000

偿还下级政府财政承担的借入主权外债的本息时，借记"其他应付款"或"其他应收款"科目，贷记"国库存款""其他财政存款"等科目，根据债务管理部门转来的相关资料，按照实际偿还的本金及已确认的应付利息金额，借记"借入款项"科目，贷记"待偿债净资产借入款项"科目。

被上级政府财政扣缴借入主权外债的本息时，借记"其他应收款"科目，贷记"与上级往来"科目；根据债务管理部门转来的相关资料，按照实际扣缴的本金及已确认的应付利息金额，借记"借入款项"科目，贷记"待偿债净资产——借入款项"科目。列报支出时，对应由本级政府财政承担的还本支出，借记"债务还本支出"科目，贷记"其他应收款"科目；对应由本级政府财政承担的利息支出，借记"一般公共预算本级支出"等科目，贷记"其他应收款"科目。

债权人豁免本级政府财政承担偿还责任的借入主权外债本息时，根据债务管理部门转来的相关资料，按照被豁免的本金及已确认的应付利息金额，借记"借入款项"科目，贷记"待偿债净资产——借入款项"科目。债权人豁免下级政府财政承担偿还责任的借入主权外债本息时，根据债务管理部门转来的相关资料，按照被豁免的本金及已确认的应付利息金额，借记"借入款项"科目，贷记"待偿债净资产——借入款项"科目；同时，借记"资产基金——应收主权外债转贷款"科目，贷记"应收主权外债转贷款"科目。

【例5-25】 本级政府财政借入主权外债，外方直接将贷款资金支付给下级财政同级使用部门，下级政府财政承担还款责任业务。

（1）根据主权外债贷款资金相关凭证，借入主权外债资金70 000 000元。

借：债务转贷支出　　　　　　　　70 000 000
　　贷：债务收入　　　　　　　　　　70 000 000
借：待偿债净资产——借入款项　　　70 000 000
　　贷：借入款项——应付本金（某外国政府）　70 000 000
借：应收主权外债转贷款——应收本金（某下级财政）　70 000 000
　　贷：资产基金——应收主权外债转贷款　　　70 000 000

（2）期末确认上项借入主权外债的利息2 100 000元。

借：待偿债净资产——借入款项　　　2 100 000
　　贷：借入款项——应付利息（某外国政府）　2 100 000
借：应收主权外债转贷款——应收本金（某下级财政）　2 100 000
　　贷：资产基金——应收主权外债转贷款　　　2 100 000

（3）代下级政府财政偿还上项借入主权外债本息74 200 000元，款由其他财政存款支付。

借：其他应收款　　　　74 200 000
　　贷：其他财政存款　　　74 200 000
借：借入款项——应付本金（某外国政府）　70 000 000
　　　　　　　——应付利息（某外国政府）　2 100 000
　　贷：待偿债净资产——借入款项　　　72 100 000

（4）收回上述转贷给下级政府财政主权外债本息74 200 000元。

借：其他财政存款　　　　　　　　74 200 000
　　贷：其他应收款　　　　　　　74 200 000
借：资产基金——应收主权外债转贷款　　　　　72 100 000
　　贷：应收主权外债转贷款——应收本金（某下级财政）　　70 000 000
　　　　　　　　　　　　　　　——应收利息（某下级财政）　　2 100 000

（5）假设上项借入主权外债本息得到债权人全部豁免，则上（3）、（4）两会计分录应改为

借：借入款项——应付本金（某外国政府）　　　70 000 000
　　　　　　——应付利息（某外国政府）　　　2 100 000
　　贷：待偿债净资产——借入款项　　　　　　　72 100 000
借：资产基金——应收主权外债转贷款　　　　　72 100 000
　　贷：应收主权外债转贷款——应收本金（某下级财政）　　70 000 000
　　　　　　　　　　　　　　　——应收利息（某下级财政）　　2 100 000

二、其他借入款项的账务处理

除借入主权外债以外的其他借入款项的账务处理，参照借入主权外债业务的账务处理进行。

第五节　应付转贷款

应付转贷款是指地方政府财政向上级政府财政借入转贷资金而形成的负债，包括应付地方政府债券转贷款和应付主权外债转贷款等。

一、应付地方政府债券转贷款

应付地方政府债券转贷款是指地方政府财政应付的从上级政府财政借入的地方政府债券转贷款的本金和利息。

财政总预算会计应设置"应付地方政府债券转贷款"科目，用来核算地方政府财政从上级政府财政借入的地方政府债券转贷款的本金和利息。贷方登记应付地方政府债券转贷款本金和利息的增加数，借方登记应付地方政府债券转贷款本金和利息的减少数，期末余额在贷方，反映本级政府财政尚未偿还的应付地方政府债券转贷款本金和利息。"应付地方政府债券转贷款"科目下应当设置"应付地方政府一般债券转贷款"和"应付地方政府专项债券转贷款"一级明细科目，在一级明细科目下再分别设置"应付本金"和"应付利息"两个明细科目，分别对应付本金和利息进行明细核算。

应付地方政府债券转贷款的主要账务处理如下。

（1）收到上级政府财政转贷的地方政府债券资金时，借记"国库存款"科目，贷记"债务转贷收入"科目。根据债务管理部门转来的相关资料，按照到期应偿还的转贷款

本金金额，借记"待偿债净资产——应付地方政府债券转贷款"科目，贷记"应付地方政府债券转贷款"科目。

【例 5-26】 某市政府财政收到上级政府财政转贷的地方政府一般债券资金 60 000 000 元，款转入本级政府国库存款，本级政府承担还款责任。

  借：国库存款   60 000 000
    贷：债务转贷收入   60 000 000
  借：待偿债净资产——应付地方政府债券转贷款   60 000 000
    贷：应付地方政府债券转贷款——应付地方政府一般债券转贷款——应付本金
                        60 000 000

（2）期末确认地方政府债券转贷款的应付利息时，根据债务管理部门计算出的本期应付未付利息金额，借记"待偿债净资产——应付地方政府债券转贷款"科目，贷记"应付地方政府债券转贷款"科目。

【例 5-27】 接【例 5-26】，期末确认上述上级财政转贷的地方政府一般债券利息 1 800 000 元。

  借：待偿债净资产——应付地方政府债券转贷款   1 800 000
    贷：应付地方政府债券转贷款——应付地方政府一般债券转贷款——应付利息
                        1 800 000

（3）偿还本级政府财政承担的地方政府债券转贷款本金时，借记"债务还本支出"科目，贷记"国库存款"等科目，根据债务管理部门转来的相关资料，按照实际偿还的本金金额，借记"应付地方政府债券转贷款"科目，贷记"待偿债净资产——应付地方政府债券转贷款"科目。

【例 5-28】 接【例 5-26】，偿还上述上级财政转贷的地方政府一般债券本金。款由国库存款支付。

  借：债务还本支出   60 000 000
    贷：国库存款   60 000 000
  借：应付地方政府债券转贷款——应付地方政府一般债券转贷款——应付本金
                        60 000 000
    贷：待偿债净资产——应付地方政府债券转贷款   60 000 000

（4）偿还本级政府财政承担的地方政府债券转贷款的利息时，借记"一般公共预算本级支出"或"政府性基金预算本级支出"科目，贷记"国库存款"等科目；实际支付利息金额中属于已确认的应付利息部分，还应根据债务管理部门转来的相关资料，借记"应付地方政府债券转贷款"科目，贷记"待偿债净资产——应付地方政府债券转贷款"科目。

【例 5-29】 接【例 5-27】，偿还上述上级财政转贷的地方政府一般债券利息 3 200 000 元，款由国库存款支付。

  借：一般公共预算本级支出   3 200 000
    贷：国库存款   3 200 000
  借：应付地方政府债券转贷款

　　　　　——应付地方政府一般债券转贷款——应付利息　　　　1 800 000
　　贷：待偿债净资产——应付地方政府债券转贷款　　　　　　　　1 800 000

（5）偿还下级政府财政承担的地方政府债券转贷款的本息时，借记"其他应付款"或"其他应收款"科目，贷记"国库存款"等科目，根据债务管理部门转来的相关资料，按照实际偿还的本金及已确认的应付利息金额，借记"应付地方政府债券转贷款"科目，贷记"待偿债净资产——应付地方政府债券转贷款"科目。

【例 5-30】 A 市财政获得省级财政转贷，该贷款由所属 B 县财政使用并承担债券贷款本息。现偿还转贷款本金 140 000 000 元，利息 20 000 000 元，共计 160 000 000 元。

　　借：其他应付款　　　　　160 000 000
　　　　贷：国库存款　　　　　　　160 000 000
　　借：应付地方政府债券转贷款——应付地方政府专项债券转贷款——应付本金
　　　　　　　　　　　　　　　　　　　　　　　　　　140 000 000
　　　　　——应付利息　　　　　　　　　　　　　　　 20 000 000
　　　　贷：待偿债净资产——应付地方政府债券转贷款　　160 000 000

（6）被上级政府财政扣缴地方政府债券转贷款本息时，借记"其他应收款"科目，贷记"与上级往来"科目；根据债务管理部门转来的相关资料，按照实际扣缴的本金及已确认的应付利息金额，借记"应付地方政府债券转贷款"科目，贷记"待偿债净资产——应付地方政府债券转贷款"科目。列报支出时，对本级政府财政承担的还本支出，借记"债务还本支出"科目，贷记"其他应收款"科目；对本级政府财政承担的利息支出，借记"一般公共预算本级支出"或"政府性基金预算本级支出"科目，贷记"其他应收款"科目。

【例 5-31】 接【例 5-30】，A 市财政所属的 B 县财政，因资金困难，在偿还的 160 000 000 元中有 60 000 000 元是由市财政垫付的，年末，被市财政扣缴。经确认，本金 47 000 000 元，利息为 13 000 000 元。

　　借：其他应收款　　　　　60 000 000
　　　　贷：与上级往来　　　　　60 000 000
　　借：应付地方政府债券转贷款——应付地方政府一般债券转贷款——应付本金
　　　　　　　　　　　　　　　　　　　　　　　　　　47 000 000
　　　　　——应付利息　　　　　　　　　　　　　　　13 000 000
　　　　贷：待偿债净资产——应付地方政府债券转贷款　　60 000 000
列报支出。
　　借：债务还本支出　　　　47 000 000
　　　　贷：其他应收款　　　　　47 000 000
　　借：一般公共预算本级支出　　　13 000 000
　　　　贷：其他应收款　　　　　　　13 000 000

（7）采用定向承销方式发行地方政府债券置换存量债务时，省级以下（不含省级）财政部门根据上级财政部门提供的债权债务确认相关资料，按照置换本级政府存量债务的额度，借记"债务还本支出"科目，按照置换下级政府存量债务的额度，借记"债务转贷支出"科目，按照置换存量债务的总额度，贷记"债务转贷收入"科目；根据债务管理部门转来的相关资料，按照置换存量债务的总额度，借记"待偿债净资产——应付地方政府债券转贷款"科目，贷记"应付地方政府债券转贷款"科目。同时，按照置换下级政府存量债务额度，借记"应收地方政府债券转贷款"科目，贷记"资产基金——应收地方政府债券转贷款"科目。

【例5-32】 A市财政采用定向承销方式发行地方政府债券置换存量债务，省财政提供的债权债务确认相关资料显示置换本级政府存量债务的额度为70 000 000元。其中，A市本级置换债务50 000 000元，置换下级政府H县存量债务的额度为20 000 000元。

借：债务还本支出　　　　　50 000 000
　　债务转贷支出　　　　　20 000 000
　　贷：债务转贷收入　　　　　　　70 000 000
借：待偿债净资产——应付地方政府债券转贷款　　70 000 000
　　贷：应付地方政府债券转贷款　　　　　　　　70 000 000
借：应收地方政府债券转贷款　　　　　　　　　10 000 000
　　贷：资产基金——应收地方政府债券转贷款　　10 000 000

二、应付主权外债转贷款

应付主权外债转贷款是指本级政府财政应付的从上级政府财政借入的主权外债转贷款的本金和利息。财政总预算会计应设置"应付主权外债转贷款"科目，用来核算本级政府财政从上级政府财政借入的主权外债转贷款的本金和利息。贷方登记应付主权外债转贷款本金和利息的增加数，借方登记应付主权外债转贷款本金和利息的减少数，期末余额在贷方，反映本级政府财政尚未偿还的应付主权外债转贷款本金和利息。

本科目下应当设置"应付本金"和"应付利息"两个明细科目，分别对应付本金和利息进行明细核算。主要账务处理如下。

收到上级政府财政转贷的主权外债资金时，借记"其他财政存款"科目，贷记"债务转贷收入"科目；根据债务管理部门转来的相关资料，按照实际承担的债务金额，借记"待偿债净资产——应付主权外债转贷款"科目，贷记"应付主权外债转贷款——应付本金"科目

【例5-33】 A省收到中央政府财政转贷的主权外债资金30 000 000元，作为其他财政存款。

借：其他财政存款　　　　　30 000 000
　　贷：债务转贷收入　　　　　30 000 000
借：待偿债净资产——应付主权外债转贷款　　30 000 000
　　贷：应付主权外债转贷款——应付本金　　30 000 000

从上级政府财政借入主权外债转贷款，且由外方将贷款资金直接支付给用款单位或供应商时，应根据以下情况分别处理。

（1）本级政府财政承担还款责任，贷款资金由本级政府财政同级部门（单位）使用

的，本级政府财政根据贷款资金支付相关资料，借记"一般公共预算本级支出"等科目，贷记"债务转贷收入"科目；根据债务管理部门转来的相关资料，按照实际承担的债务金额，借记"待偿债净资产——应付主权外债转贷款"科目，贷记"应付主权外债转贷款——应付本金"科目。

【例 5-34】 B 省从中央政府财政借入主权外债转贷款资金 60 000 000 元，外方直接将贷款资金支付给用款单位，其中，本级政府承担还款责任，贷款资金由本级政府财政同级部门使用的资金额度为 30 000 000 元。

借：一般公共预算本级支出　　　　　　30 000 000
　　贷：债务转贷收入　　　　　　　　　　　30 000 000
借：待偿债净资产——应付主权外债转贷款　　30 000 000
　　贷：应付主权外债转贷款——应付本金　　　　30 000 000

（2）本级政府财政承担还款责任，贷款资金由下级政府财政同级部门（单位）使用的，本级政府财政部门根据贷款资金支付相关资料及预算指标文件，借记"补助支出"科目，贷记"债务转贷收入"科目；根据债务管理部门转来的相关资料，按照实际承担的债务金额，借记"待偿债净资产——应付主权外债转贷款"科目，贷记"应付主权外债转贷款——应付本金"科目。

【例 5-35】 接【例 5-34】，B 省从中央政府财政借入主权外债转贷款资金 60 000 000 元，外方直接将贷款资金支付给用款单位，其中，本级政府承担还款责任，贷款资金由下级政府财政同级部门使用的资金额度为 20 000 000 元。

借：补助支出　　　　　　20 000 000
　　贷：债务转贷收入　　　　20 000 000
借：待偿债净资产——应付主权外债转贷款　　20 000 000
　　贷：应付主权外债转贷款——应付本金　　　　20 000 000

（3）下级政府财政承担还款责任，贷款资金由下级政府财政同级部门（单位）使用的，本级政府财政部门根据贷款资金支付相关资料，借记"债务转贷支出"科目，贷记"债务转贷收入"科目；根据债务管理部门转来的相关资料，按照实际承担的债务金额，借记"待偿债净资——应付主权外债转贷款"科目，贷记"应付主权外债转贷款"科目；同时，借记"应收主权外债转贷款"科目，贷记"资产基金——应收主权外债转贷款"科目。

【例 5-36】 接【例 5-34】和【例 5-35】，B 省从中央政府财政借入主权外债转贷款资金 60 000 000 元，外方直接将贷款资金支付给用款单位，其中，下级 D 市政府承担还款责任，贷款资金由下级政府财政同级部门使用的资金额度为 10 000 000 元。

借：债务转贷支出　　　　10 000 000
　　贷：债务转贷收入　　　　10 000 000
借：待偿债净资产——应付主权外债转贷款　　10 000 000
　　贷：应付主权外债转贷款——应付本金　　　　10 000 000
借：应收主权外债转贷款——应收本金　　10 000 000
　　贷：资产基金——应收主权外债转贷款　　　　10 000 000

期末确认主权外债转贷款的应付利息时，按照债务管理部门计算出的本期应付未付利息金额，借记"待偿债净资产——应付主权外债转贷款"科目，贷记"应付主权外债转贷款"科目。

【例 5-37】 接【例 5-33】，A 省确认中央政府财政转贷的主权外债资金的应付利息 4 000 000 元，作为其他财政存款。

借：待偿债净资产——应付主权外债转贷款　　　　　4 000 000
　　贷：应付主权外债转贷款——应付利息　　　　　　　4 000 000

偿还本级政府财政承担的借入主权外债转贷款的本金时，借记"债务还本支出"科目，贷记"其他财政存款"等科目；根据债务管理部门转来的相关资料，按照实际偿还的本金金额，借记"应付主权外债转贷款"科目，贷记"待偿债净资产——应付主权外债转贷款"科目。

【例 5-38】 接【例 5-33】，A 省到期偿还本级政府承担的主权外债转贷款本金 30 000 000 元，款由其他财政存款支付。

借：债务还本支出　　　　30 000 000
　　贷：其他财政存款　　　　30 000 000
借：应付主权外债转贷款——应付本金　　　　30 000 000
　　贷：待偿债净资产——应付主权外债转贷款　　　　30 000 000

偿还本级政府财政承担的借入主权外债转贷款的利息时，借记"一般公共预算本级支出"等科目，贷记"其他财政存款"等科目；实际偿还利息金额中已确认的应付利息部分，还应根据债务管理部门转来的相关资料，借记"应付主权外债转贷款"科目，贷记"待偿债净资产——应付主权外债转贷款"科目。

【例 5-39】 接【例 5-37】，A 省到期偿还本级政府承担的主权外债转贷款利息 4 000 000 元，款由其他财政存款支付。

借：一般公共预算本级支出　　　　4 000 000
　　贷：其他财政存款　　　　　　　　4 000 000
借：应付主权外债转贷款——应付利息　　　　4 000 000
　　贷：待偿债净资产——应付主权外债转贷款　　　　4 000 000

偿还下级政府财政承担的借入主权外债转贷款的本息时，借记"其他应付款"或"其他应收款"科目，贷记"其他财政存款"等科目；根据债务管理部门转来的相关资料，按照实际偿还的本金及已确认的应付利息金额，借记"应付主权外债转贷款"科目，贷记"待偿债净资产——应付主权外债转贷款"科目。

【例 5-40】 接【例 5-36】，B 省代下级 D 市政府财政偿还主权外债转贷款本息 10 500 000 元，款由其他财政存款支付。

借：其他应收款　　　　10 500 000
　　贷：其他财政存款　　　　10 500 000
借：应付主权外债转贷款——应付本金　　　　10 000 000
　　　　　　　　　　　　——应付利息　　　　　　500 000
　　贷：待偿债净资产——应付主权外债转贷款　　　　10 500 000

被上级政府财政扣缴借入主权外债转贷款的本息时,借记"其他应收款"科目,贷记"与上级往来"科目;根据债务管理部门转来的相关资料,按照被扣缴的本金及已确认的应付利息金额,借记"应付主权外债转贷款"科目,贷记"待偿债净资产——应付主权外债转贷款"科目。列报支出时,对本级政府财政承担的还本支出,借记"债务还本支出"科目,贷记"其他应收款"科目;对本级政府财政承担的利息支出,借记"一般公共预算本级支出"等科目,贷记"其他应收款"科目。

【例 5-41】 接【例 5-40】,因资金困难,B 省的下级 D 市政府财政偿还主权外债转贷款的本息中 2 100 000 元是由省财政垫付的,年末,被 B 省财政扣回,其中应付本金 2 000 000 元,应付利息 100 000 元。

借：其他应收款　　　　　2 100 000
　　贷：与上级往来　　　　2 100 000
借：应付主权外债转贷款——应付本金　　　2 000 000
　　　　　　　　　　　　——应付利息　　　100 000
　　贷：待偿债净资产——应付主权外债债券转贷款　　2 100 000

列报支出。

借：债务还本支出　　　　2 000 000
　　贷：其他应收款　　　　2 000 000
借：一般公共预算本级支出　　100 000
　　贷：其他应收款　　　　100 000

上级政府财政豁免主权外债转贷款本息时,根据以下情况分别处理。

(1) 豁免本级政府财政承担偿还责任的主权外债转贷款本息时,根据债务管理部门转来的相关资料,按照豁免转贷款的本金及已确认的应付利息金额,借记"应付主权外债转贷款"科目,贷记"待偿债净资产——应付主权外债转贷款"科目。

【例 5-42】 接【例 5-41】,D 市政府财政偿还主权外债转贷款的本息中 2 100 000 元是由省财政垫付的,其中应付本金 2 000 000 元,应付利息 100 000 元,B 省财政豁免该笔资金。D 市财政的账务处理如下。

借：应付主权外债转贷款——应付本金　　　2 000 000
　　　　　　　　　　　　——应付利息　　　100 000
　　贷：待偿债净资产——应付主权外债转贷款　　2 100 000

(2) 豁免下级政府财政承担偿还责任的主权外债转贷款本息时,根据债务管理部门转来的相关资料,按照豁免转贷款的本金及已确认的应付利息金额,借记"应付主权外债转贷款"科目,贷记"待偿债净资产——应付主权外债转贷款"科目同时,借记"资产基金——应收主权外债转贷款"科目,贷记"应收主权外债转贷款"科目。

【例 5-43】 接【例 5-42】,D 市政府财政偿还主权外债转贷款的本息中 2 100 000 元是由省财政垫付的,其中应付本金 2 000 000 元,应付利息 100 000 元,B 省财政豁免该笔资金。B 省财政的账务处理如下。

借：应付主权外债转贷款——应付本金　　　2 000 000
　　　　　　　　　　　　——应付利息　　　100 000

　　　　贷：待偿债净资产——应付主权外债转贷款　　　　2 100 000
　　借：资产基金——应收主权外债转贷款　　2 100 000
　　　　贷：应收主权外债转贷款——应收本金　　　　2 000 000
　　　　　　　　　　　　　　　——应收利息　　　　　100 000

第六节　应付代管资金与其他负债

一、应付代管资金

应付代管资金是指政府财政代为管理的使用权属于被代管主体的资金。应设置"应付代管资金"科目，用来核算应付代管资金的增减变化。贷方登记应付代管资金的增加数，借方登记应付代管资金的减少数，期末贷方余额反映政府财政尚未支付的代管资金数额。本科目可按应付代管资金的主体进行相关的核算。主要账务处理如下。

（1）收到代管资金时，借记"其他财政存款"等科目，贷记"应付代管资金"科目。

【例5-44】　某市政府财政收到某市教育局汇来代管款项300 000元。
　　借：其他财政存款　　　　　　　　　　　300 000
　　　　贷：应付代管资金——某市教育局　　　　　300 000

（2）代管资金产生的利息收入按照相关规定仍属于代管资金的，借记"其他财政存款"等科目，贷记"应付代管资金"科目。

【例5-45】　上项代管资金产生存款利息收入6 000元。
　　借：其他财政存款　　　　　　　　　　　　6 000
　　　　贷：应付代管资金——某市教育局　　　　　　6 000

（3）支付代管资金时，借记"应付代管资金"科目，贷记"其他财政存款"等科目。

【例5-46】　退还某市教育局汇来代管款项306 000元。
　　借：应付代管资金——某市教育局　　　　306 000
　　　　贷：其他财政存款　　　　　　　　　　　　306 000

二、其他负债

其他负债是指政府财政因有关政策明确要求其承担支出责任的事项而形成的应付未付款项。应设置"其他负债"科目，用来核算其他负债的增减变化。贷方登记其他负债的增加数，借方登记其他负债的减少数，期末余额在贷方，反映政府财政尚未支付的其他负债数额。本科目可按债权单位和项目进行相关明细核算。主要账务处理如下。

（1）有关政策已明确政府财政承担的支出责任，按照确定应承担的负债金额，借记"待偿债净资产"科目，贷记"其他负债"科目。

（2）实际偿还负债时，借记有关支出等科目，贷记"国库存款"等科目，同时，按照相同的金额，借记"其他负债"科目，贷记"待偿债净资产"科目。

第六章

财政总预算会计收入

收入是指政府财政为实现政府职能，根据法律法规等所筹集的资金。

财政总预算会计核算的收入包括一般公共预算本级收入、政府性基金预算本级收入、国有资本经营预算本级收入、专用基金收入、财政专户管理资金收入、转移性收入、债务与债务转贷收入等。

财政总预算会计应当加强各项收入的管理，严格会计核算手续。对于各项收入的账务处理必须以审核无误的国库入库凭证、预算收入日报表和其他合法凭证为依据。发现错误应当按照相关规定及时通知有关单位共同更正。对于已缴入国库和财政专户的收入退库（付），要严格把关，强化监督。凡不属于国家规定的退库（付）项目，一律不得冲退收入。属于国家规定的退库（付）事项，具体退库（付）程序按财政部有关规定办理。

第一节 一般公共预算本级收入

一、一般公共预算本级收入的分类与管理

（一）一般公共预算本级收入的分类

一般公共预算本级收入是指政府财政筹集的纳入本级一般公共预算管理的税收收入和非税收入。

1. 税收收入

税收收入反映政府从开征的各种税收中取得的收入，其在一般预算收入中占最主要的份额，体现政府与纳税人之间的非交换性交易关系。该类分设20款，具体为：增值税、消费税、企业所得税、企业所得税退税、个人所得税、资源税、城市维护建设税、房产税、印花税、城镇土地使用税、土地增值税、车船税、船舶吨税、车辆购置税、关税、

耕地占用税、契税、烟叶税、环境保护税和其他税收收入。

2. 非税收入

非税收入是指除税收外，由各级政府、国家机关、事业单位、代行政府职能的社会团体及其他组织依法利用政府权力、政府信誉、国家资源、国有资产或提供特定公共服务、准公共服务取得用于满足社会公共需要或准公共需要的财政性资金。

该类财政收入分设以下7款内容。

（1）专项收入。专项收入是反映纳入公共预算管理的有专项用途的非税收入，如环保部门按照《排污费征收使用管理条例》征收的排污费收入、有关部门按规定征收的水资源费收入等。

（2）行政事业性收费收入。行政事业性收费收入是指国家机关、事业单位、代行政府职能的社会团体及其他组织根据法律、行政法规、地方性法规等有关规定，依照国务院规定程序批准，在向公民、法人提供特定服务的过程中，按照成本补偿和非营利原则向特定服务对象收取的费用，如公安部门收取的外籍人员签证费、法院收取的诉讼费等。

（3）罚没收入。罚没收入是反映执法机关依法收缴的罚款（罚金）、没收款、赃款、没收物资等财物的变价款收入，如公安罚没收入、工商罚没收入等。

（4）国有资源（资产）有偿使用收入。国有资源（资产）有偿使用收入是反映有偿转让国有资源（资产）使用权而取得的收入，如海域使用金收入、场地和矿区使用费收入等。

（5）国有资本经营收入。国有资本经营收入是反映各级人民政府及其部门、机构履行出资人职责的企业（即一级企业）上缴的国有资本收益，如中国人民银行、国有独资企业等按规定上缴国家的利润等，该部分国有资本经营收入纳入一般公共预算管理。

（6）捐赠收入。捐赠收入是反映按国家相关规定以政府名义接受的捐赠收入，如国外捐赠收入、国内捐赠收入等。

（7）其他收入。其他收入是反映除上述项目以外的其他非税收入，如差别电价收入、债务管理收入等。

（二）一般公共预算本级收入的收缴方式与程序

为了保证各项预算收入及时、足额征集入库，加强各项预算收入的监督管理，国家专门设立了征收机关，即负责预算收入的征收管理的机构，包括财政机关、税务机关和海关。征收机关在预算收入征收过程中的具体分工为：①财政机关主要负责征收国有资本经营预算收入和规定由其征收的其他预算收入等；②税务机关主要负责国家各项税收的征收和规定由其征收的其他预算收入等；③海关主要负责关税的征收和国家指定其负责征收的其他预算收入等；④不属于以上范围的预算收入以国家规定负责管理的征收单位为征收机关，未经国家批准不得自行增设征收机关。

根据财政国库管理制度改革规定，一般公共预算收入都应直接缴入财政部门在中国人民银行开设的国库存款科目。收缴的方式有直接缴库、集中缴库和征收单位自收汇缴三种。

二、一般公共预算收入的划分和报解

财政国库收到一般公共预算收入，应按照国家财政管理体制的规定，在中央财政和地方财政之间，以及地方各级财政之间进行划分，划分方法如下。

（1）中央财政固定收入包括消费税、关税等。

（2）地方财政固定收入包括房产税、车船税等。

（3）中央财政与地方财政共享收入，如增值税中央财政与地方财政分享比例为50∶50。

地方财政的划分是上一级财政部门制定本级财政与下级财政之间的财政分享比例。

各级财政收到的一般公共预算收入款项解入相应级别的财政国库存款账户。

中央财政国库和地方财政国库，分别对中央财政和地方财政负责。

三、一般公共预算本级收入的核算

（一）会计科目设置

财政总预算会计设置"一般公共预算本级收入"科目，该科目属于收入类科目，用来核算各级政府财政的一般公共预算本级收入。贷方登记财政国库报来的各项预算收入数，当日预算收入为负数时，以红字记入，采用计算机记账的以负数反映，借方登记年终转销数，平时贷方余额反映年度内一般公共预算本级收入的累计数，年终结转"一般公共预算结转结余"科目后无余额。

（二）会计核算

（1）收到款项时，根据当日预算收入日报表所列一般公共预算本级收入数，借记"国库存款"等科目，贷记"一般公共预算本级收入"科目。

【例 6-1】 某市财政收到国库报来的预算收入日报表，内列非税收入——专项收入——地方教育费附加收入 180 000 元、非税收入——专项收入——水资源费收入 20 000 元、非税收入——行政事业性收费收入——卫生行政事业性收费收入 60 000 元。

借：国库存款——一般公共预算存款　　　　260 000
　　贷：一般公共预算本级收入　　　　　　　　260 000

（2）年终转账时，将"一般公共预算本级收入"科目的贷方余额全数转入"一般公共预算结转结余"科目，借记"一般公共预算本级收入"科目，贷记"一般公共预算结转结余"科目。

【例 6-2】 年终将"一般公共预算本级收入"科目贷方余额 6 880 000 元结转"一般公共预算结转结余"科目

借：一般公共预算本级收入　　　6 880 000
　　贷：一般公共预算结转结余　　　　6 880 000

第二节 政府性基金预算本级收入

一、政府性基金预算本级收入的概念与管理要求

（一）概念

政府性基金预算本级收入是指政府财政筹集的纳入本级政府性基金预算管理的非税收入。

（二）管理要求

根据我国现行财政预算资金的管理要求，一般预算与基金预算分别管理并分别平衡。在基金预算中，各项基金预算也要分别管理分别平衡。经批准在一般预算资金与基金预算资金之间进行调剂时，并分别在一般预算资金和基金预算资金中作为转移性收入或转移性支出核算。

各项基金预算收入的核算以缴入国库数额记账。基金预算收入全额纳入预算，收入全部上缴国库，实行收支两条线管理。财政总预算会计在办理基金预算支出时，支出数额必须控制在已有的基金预算收入数额范围内。基金预算收入与基金预算支出应当做到自求平衡。

分项核算，专款专用。财政总预算会计应按基金预算收支科目的分类分项核算各项基金的收入、支出和结余情况，不能相互混淆。相应的基金预算收入应用于相应的基金预算支出，各项基金预算收入与基金预算支出之间不能相互调剂。

政府性基金预算本级收入的收缴方式和程序、划分和报解方法参照一般公共预算收入执行。

二、政府性基金预算本级收入的核算

（一）会计科目设置

财政总预算会计设置"政府性基金预算本级收入"科目，"政府性基金预算本级收入"属于收入类科目，用来核算各级财政部门管理的政府性基金预算本级收入。贷方登记收到的基金预算收入，借方登记转销数，平时贷方余额反映当年政府性基金预算本级收入的累计数，年终其贷方余额全部转入"政府性基金预算结转结余"科目，结转后本科目应无余额。

（二）会计核算

（1）收到款项时，根据当日预算收入日报表所列政府性基金预算本级收入数，借记"国库存款"等科目，贷记"政府性基金预算本级收入"科目。

【例6-3】 某市财政收到国库报来政府性基金预算收入日报表，内列地方农网还贷

资金收入——地方农网还贷资金收入 200 000 元、铁路建设基金收入 150 000 元。

借：国库存款——政府性基金预算存款　　　　350 000
　　贷：政府性基金预算本级收入　　　　　　　　350 000

（2）年终转账时，"政府性基金预算本级收入"科目贷方余额全数转入"政府性基金预算结转结余"科目，借记"政府性基金预算本级收入"科目，贷记"政府性基金预算结转结余"科目。

【例 6-4】 年终，某市财政将"政府性基金预算本级收入"科目贷方余额 700 000 元，结转"政府性基金预算结转结余"科目。

借：政府性基金预算本级收入　　　700 000
　　贷：政府性基金预算结转结余　　　　700 000

第三节　国有资本经营预算本级收入

一、国有资本经营预算本级收入的概念

国有资本经营预算本级收入是指政府财政筹集的纳入本级国有资本经营预算管理的非税收入。

二、会计科目设置

财政总预算会计设置"国有资本经营预算本级收入"科目，"国有资本经营预算本级收入"属于收入类科目，用来核算各级财政部门管理的国有资本经营预算本级收入。贷方登记收到的国有资本经营预算收入，借方登记国有资本经营预算收入转销数，平时贷方余额反映当年国有资本经营预算本级收入的累计数，年终其贷方余额全部转入"国有资本经营预算结转结余"科目，结转后本科目应无余额。

三、会计核算

收到款项时，根据当日预算收入日报表所列国有资本经营预算本级收入数，借记"国库存款"等科目，贷记"国有资本经营预算本级收入"科目。

【例 6-5】 某省财政收到国库报来预算收入日报表，内列国有资本经营预算本级收入合计 380 000 元，其中，清算收入——国有独资企业清算收入 160 000 元、产权转让收入——金融企业产权转让收入 220 000 元。

借：国库存款——国有资本经营预算存款　　　380 000
　　贷：国有资本经营预算本级收入　　　　　　　380 000

年终转账时，"国有资本经营预算本级收入"科目的贷方余额全数转入"国有资本经营预算结转结余"科目，借记"国有资本经营预算本级收入"科目，贷记"国有资本经营预算结转结余"科目。

【例 6-6】 年终，某省财政将"国有资本经营预算本级收入"科目贷方余额 600 000 元，结转"国有资本经营预算结转结余"科目。

借：国有资本经营预算本级收入　　　　600 000
　　贷：国有资本经营预算结转结余　　　　　　600 000

第四节　专用基金收入

一、专用基金收入的管理要求

专用基金收入是指政府财政按照法律法规和国务院、财政部规定设置或取得的各项具有专门用途的资金收入，如粮食风险基金收入等。

专用基金收入的管理要求与政府性基金预算收入管理要求相比较，相同之处是都需要专款专用，不能随意改变用途，都必须做到先收后支，量入为出。两者相比的不同点是政府性基金预算收入是财政部门按规定收取的纳入预算管理的资金收入，而专用基金收入是财政部门按规定设置或取得的在基金预算收入之外单独管理的资金收入；基金预算收入一般需要缴入国库，而专用基金收入一般要求开立专户。

专用基金收入来源主要有以下两个方面：一是上级财政拨入的专用基金收入；二是本级财政预算安排的专用基金收入。专用基金收入的核算以总预算会计实际收到的数额记账。

二、专用基金收入的核算

"专用基金收入"属于收入类科目，用来核算财政部门按规定设置和取得的专用基金收入。贷方登记专用基金收入的增加数，借方登记转销或冲减数，本科目平时贷方余额反映年度内专用基金收入的累计数，年终结转"专用基金结余"科目后，本科目无余额。

（1）收到上级财政拨入专用基金收入时，借记"其他财政存款"科目，贷记"专用基金收入"科目。

【例 6-7】 某市财政收到上级财政拨入粮食风险基金 200 000 元。

借：其他财政存款——专用基金存款　　200 000
　　贷：专用基金收入　　　　　　　　　　　　200 000

（2）超过预算支出安排取得专用基金收入转入财政专户的，借记"其他财政存款"科目，贷记"专用基金收入"科目，同时，借记"一般公共预算本级支出"等科目，贷记"国库存款"等科目。当退回专用基金收入时，借记"专用基金收入"科目，贷记"其他财政存款"科目。

【例 6-8】 某市财政经批准在本级一般公共预算中安排粮食风险基金 300 000 元，转入财政专户。

借：一般公共预算本级支出　　　　　　300 000
　　贷：国库存款——一般公共预算存款　　　　300 000

借：其他财政存款——专用基金存款　　　　　　300 000
　　贷：专用基金收入——粮食风险基金收入　　　　　　300 000

（3）通过预算支出安排取得专用基金收入仍存在国库的，借记"一般公共预算本级支出"等科目，贷记"专用基金收入"科目。

【例6-9】　某市财政经批准在本级一般公共预算中安排粮食风险基金300 000元，资金仍在国库。

借：一般公共预算本级支出　　　　　　300 000
　　贷：专用基金收入——粮食风险基金收入　　　　　　300 000

（4）年终转账时，"专用基金收入"科目贷方余额全数转入"专用基金结余"科目，借记"专用基金收入"科目，贷记"专用基金结余"科目。

【例6-10】　年终，某市财政将"专用基金收入"科目贷方余额600 000元，结转"专用基金结余"科目。

借：专用基金收入　　　　　　600 000
　　贷：专用基金结余　　　　　　600 000

第五节　财政专户管理资金收入

一、财政专户管理资金收入的概念

财政专户管理资金收入是指未纳入预算并实行财政专户管理的资金收入。财政专户管理资金收入包括教育收费、彩票发行机构和彩票销售机构的业务费用等。当年《政府收支分类科目》规定，纳入财政专户管理的资金收入包括高中以上学费、住宿费，高校委托培训费、函大、夜大、电大等教育收费。

财政专户资金实行收支两条线管理，既不纳入一般公共预算和政府性基金预算的范围，也不用于与有关财政预算资金之间的调剂。收到有关单位和部门交来的财政专户资金时，确认财政专户管理资金收入。

二、会计科目设置

财政总预算会计设置"财政专户管理资金收入"科目，属于收入类科目，用来核算财政专户管理资金收入业务。贷方登记当年财政专户管理资金收入的增加数，借方登记年终转入"财政专户管理资金结余"的转出数，年终转账后该科目无余额。

三、会计核算

（1）收到财政专户管理的资金收入时，借记"其他财政存款"科目，贷记"财政专户管理资金收入"科目。

【例6-11】　某市财政收到教育行政事业性收费收入——高等学校学费 1 000 000

元，工商行政事业性收费收入——教育收费 800 000 元，款交入财政专户。

  借：其他财政存款——财政专户管理资金存款   1 800 000
    贷：财政专户管理资金收入   1 800 000

  （2）年终转账时，将"财政专户管理资金收入"科目的贷方余额，全部转入"财政专户管理资金结余"科目，借记"财政专户管理资金收入"科目，贷记"财政专户管理资金结余"科目。

  【例 6-12】 年终，某市财政将"财政专户管理资金收入"科目余额 1 800 000 元结转至"财政专户管理资金结余"科目。

  借：财政专户管理资金收入   1 800 000
    贷：财政专户管理资金结余   1 800 000

第六节 转移性收入

一、转移性收入的概念

  转移性收入又称资金调拨收入，是指根据财政管理体制规定在上下级财政之间进行的资金调拨，以及在本级财政各项资金之间的调剂所形成的收入，包括补助收入、上解收入、调入资金、地区间援助收入等。转移性收入按上级财政部门的规定或实际发生数记账。

二、补助收入

（一）补助收入的概念

  补助收入是指上级财政按财政管理体制的规定或因专项、临时资金需要补助给本级财政的款项。主要包括以下内容：返还性补助收入、一般性转移支付补助收入、专项转移支付补助收入、政府性基金转移支付补助收入等。

  补助收入属于上级财政对本级财政的资金转移，其结果是减少上级财政的资金，增加本级财政的资金，但上级财政和本级财政的资金合计数不变。

（二）会计科目设置

  财政总预算会计设置"补助收入"属于收入类科目，用来核算上级财政部门拨来的补助款。贷方登记补助收入的增加数，借方登记补助收入的冲减和转销数，本科目平时贷方余额反映年度内上级补助收入的累计数，年终结转"一般公共预算结转结余"等科目后无余额。该科目应按资金性质设置"一般公共预算补助收入""政府性基金预算补助收入"等明细科目。

（三）会计核算

  （1）收到上级政府财政拨入的补助款时，借记"国库存款""其他财政存款"等科目,贷记"补助收入"科目。

【例6-13】 某市财政收到省财政拨入的一般公共预算补助款350 000元,存入国库。

借:国库存款　　　　　　　　　　　　　　350 000
　　贷:补助收入——一般公共预算补助收入　　　　350 000

(2)专项转移支付资金实行特设专户管理的,政府财政应当根据上级政府财政下达的预算文件确认补助收入。在年度当中收到资金时,借记"其他财政存款"科目,贷记"与上级往来"等科目;年度终了,根据专项转移支付资金预算文件,借记"与上级往来"科目,贷记"补助收入"科目。

【例6-14】 H市获得"太阳科技创新发展"专项转移支付资金9 900 000元,并按省的要求存入特设专户。该专项转移支付资金由省政府性基金预算收入设立。

借:其他财政存款　　9 900 000
　　贷:与上级往来　　9 900 000

年度终了,根据专项转移支付资金预算文件确认收入。

借:与上级往来　　　　　　　　　　　　　9 900 000
　　贷:补助收入——政府性基金预算补助收入　　　9 900 000

(3)从"与上级往来"科目转入时,借记"与上级往来"科目,贷记"补助收入"科目。

【例6-15】 某市财政因资金周转困难向省财政借款2 600 000元记入"与上级往来"科目,经省领导批准,该笔借款转为省对市的补助。

借:与上级往来　　　　　　　　　　　　　2 600 000
　　贷:补助收入——一般公共预算补助收入　　　　2 600 000

(4)有主权外债业务的财政部门,贷款资金由本级政府财政同级部门(单位)使用,且贷款的最终还款责任由上级政府财政承担的,本级政府财政部门收到贷款资金时,借记"其他财政存款"科目,贷记"补助收入"科目;外方将贷款资金直接支付给供应商或用款单位时,借记"一般公共预算本级支出"科目,贷记"补助收入"科目。

【例6-16】 A市有两笔主权外债业务,均为贷款资金由本级政府财政同级单位使用,且贷款的最终还款责任由省政府财政承担。第一笔主权外债业务收到贷款资金6 450 000元;第二笔主权外债业务外方将贷款资金直接支付给用款单位,金额为32 000 000元。

财政部门收到贷款资金:

借:其他财政存款　　6 450 000
　　贷:补助收入　　6 450 000

外方将贷款资金直接支付给用款单位:

借:一般公共预算本级支出　　32 000 000
　　贷:补助收入　　32 000 000

(5)年终与上级政府财政结算时,根据预算文件,按照尚未收到的补助款金额,借记"与上级往来"科目,贷记"补助收入"科目。退还或核减补助收入时,借记"补助收入"科目,贷记"国库存款""与上级往来"等科目。

【例 6-17】 年终与省财政结算，A 市应收但尚未收到补助款 1 500 000 元；B 市应退还补助收入 800 000 元。

A 市：
借：与上级往来　　　　　　　　1 500 000
　　贷：补助收入　　　　　　　　　　　1 500 000

B 市：
借：补助收入　　　　　　　　　　800 000
　　贷：与上级往来　　　　　　　　　　　800 000

（6）年终转账时，"补助收入"科目贷方余额应根据不同资金性质分别转入对应的结转结余科目，借记"补助收入"科目，贷记"一般公共预算结转结余""政府性基金预算结转结余"等科目。

【例 6-18】 年终，A 省财政"补助收入——一般公共预算补助收入"科目贷方余额 6 600 000 元，"补助收入——政府性基金预算补助收入"科目贷方余额 3 000 000 元，分别转入"一般公共预算结转结余"和"政府性基金预算结转结余"科目

借：补助收入——一般公共预算补助收入　　6 600 000
　　贷：一般公共预算结转结余　　　　　　　　　　6 600 000
借：补助收入——政府性基金预算补助收入　　3 000 000
　　贷：政府性基金预算结转结余　　　　　　　　　3 000 000

三、上解收入

（一）上解收入的概念

上解收入是指按财政管理体制规定由下级财政上缴给本级财政的款项，主要包括一般性转移支付上解收入、专项转移支付上解收入、政府性基金转移支付上解收入等。

（二）会计科目设置

财政总预算会计设置"上解收入"科目，该科目属于收入类科目，用来核算下级财政上缴的各种上解收入。贷方登记上解收入的增加数，借方登记上解收入的冲减或转销数，平时余额在贷方反映下级上解收入的累计数。年终结账转入"一般公共预算结转结余""政府性基金预算结转结余"等科目后无余额。该科目应按上解款项的性质设置一般公共预算上解收入、政府性基金预算上解收入明细科目进行明细核算。

（三）会计核算

（1）收到下级财政部门上解款项时，借记"国库存款"科目，贷记"上解收入"科目。退回下级上解款时，做相反方向的会计分录。

【例 6-19】 某市财政收到下级财政部门一般性转移支付收入——体制上解收入 200 000 元、专项转移支付收入——专项上解收入 300 000 元。

借：国库存款——一般公共预算存款　　　　500 000

贷：上解收入　　　　　　　　　　　　　　　　500 000

（2）年终与下级政府财政结算时，根据预算文件，按照尚未收到的上解款金额，借记"与下级往来"科目，贷记"上解收入"科目。退还或核减上解收入时，借记"上解收入"科目，贷记"国库存款""与上级往来"等科目。

【例6-20】　年终，A市财政与F县财政结算，F县应上解未上解一般公共预算资金收入金额是700 000元，作往来处理。

　　借：与下级往来　　　　　　　　　　　　　　　700 000
　　　　贷：上解收入——一般公共预算上解收入F县　　700 000

（3）年终结账时，借记"上解收入"科目，贷记"一般公共预算结转结余""政府性基金预算结转结余"等科目。

【例6-21】　年终，A市财政"上解收入——一般公共预算上解收入"科目贷方余额6 560 000元，"上解收入——政府性基金预算上解收入"科目贷方余额700 000元，分别转入"一般公共预算结转结余"和"政府性基金预算结转结余"科目。

　　借：上解收入——一般公共预算上解收入　　　　6 560 000
　　　　贷：一般公共预算结转结余　　　　　　　　　6 560 000
　　借：上解收入——政府性基金预算上解收入　　　　700 000
　　　　贷：政府性基金预算结转结余　　　　　　　　　700 000

四、调入资金

（一）调入资金的概念

调入资金是指一级政府财政中不同性质的资金之间的调入收入，包括一般公共预算调入资金、政府性基金预算调入资金等。调入资金发生在一般公共预算中，或者发生在政府性基金预算中，调入资金的目的是平衡一般预算或基金预算，如当一般公共预算发生收入缺口造成收支不平衡时，可考虑从政府性基金预算结转结余中调入一部分资金，弥补一般公共预算发生的收入缺口。调入资金不影响本级财政和上下级财政的预算资金数额，但会使本级财政不同性质的财政资金发生数额变化。

（二）会计科目设置

财政总预算会计设置"调入资金"科目。该科目属于收入类科目，用来核算各级财政部门因平衡一般公共预算收支或政府性基金预算收支从其他预算中调入的资金。贷方登记调入资金增加数，借方登记冲减或转销数，平时贷方余额反映年度内调入资金的累计数。年终结转"一般公共预算结转结余""政府性基金预算结转结余"等科目后，该科目无余额。该科目可按调入资金的性质设置一般公共预算调入资金、政府性基金预算调入资金明细科目进行明细核算。

（三）会计核算

（1）发生调入资金时，借记"国库存款"科目，贷记"调入资金"科目，同时，借记"调出资金"科目，贷记"国库存款——政府性基金预算存款"或"其他财政存款"科目。

【例 6-22】 某市财政按规定从政府性基金预算结余中调入资金 80 000 元，用于平衡一般预算收支。

借：国库存款——一般公共预算存款　　　　80 000
　　贷：调入资金　　　　　　　　　　　　　　80 000
借：调出资金　　　　　　　　　　　　　　80 000
　　贷：国库存款——政府性基金预算存款　　　80 000

（2）年终结账时，借记"调入资金"科目，贷记"一般公共预算结转结余"或"政府性基金预算结转结余"科目。

【例 6-23】 年终，某市财政将"调入资金"科目贷方余额 80 000 元转入"一般公共预算结转结余"科目。

借：调入资金——一般公共预算调入资金　　80 000
　　贷：一般公共预算结转结余　　　　　　　　80 000

五、地区间援助收入

（一）地区间援助收入的概念

地区间援助收入是指受援方政府财政收到援助方政府财政援助的可统筹使用的各类援助、捐赠等资金收入。地区间援助收入以受援方政府名义接受，使用主体为各级财政部门，其他部门不能使用。接受援助资金的性质为一般公共预算资金，其他性质的资金和各地按照国家统一要求对口援助西藏、新疆、青海等地的资金除外。

（二）会计科目设置

财政总预算会计设置"地区间援助收入"科目，该科目属于收入类科目，用来核算地区间的援助收入。贷方登记援助收入的增加数，借方登记援助收入的冲减或转销数。平时余额在贷方反映年度内援助收入的累计数。年终结账转入"一般公共预算结转结余"科目后无余额。

（三）会计核算

（1）收到援助方政府财政转来的资金时，借记"国库存款"科目，贷记"地区间援助收入"科目。

【例 6-24】 H 省收到 M 省政府财政转来的援助资金 100 000 000 元，存入国库。

借：国库存款　　　　　100 000 000
　　贷：地区间援助收入　　　100 000 000

（2）年终转账时，"地区间援助收入"科目贷方余额全数转入"一般公共预算结转结余"科目，借记"地区间援助收入"科目，贷记"一般公共预算结转结余"科目。

【例 6-25】 年终，H 省财政"地区间援助收入"科目贷方余额 150 000 000 元，全数转入"一般公共预算结转结余"科目。

　　借：地区间援助收入　　　　　　　150 000 000
　　　　贷：一般公共预算结转结余　　　　　150 000 000

六、动用预算稳定调节基金

（一）动用预算稳定调节基金的概念

动用预算稳定调节基金是财政部门为弥补财政短收年份预算执行收支缺口，调用预算稳定调节基金而形成的收入。

（二）会计科目设置

财政总预算会计设置"动用预算稳定调节基金"科目，该科目属于收入类科目。

（三）会计核算

（1）在财政短收年份，为弥补预算执行收支缺口调用预算稳定调节基金时，借记"预算稳定调节基金"科目，贷记"动用预算稳定调节基金"科目。

【例6-26】　某市财政调用预算稳定调节基金2 000 000元，用于弥补本年度预算资金的不足。

　　借：预算稳定调节基金　　　　　　　2 000 000
　　　　贷：动用预算稳定调节基金　　　　　2 000 000

（2）年终转账时将"动用预算稳定调节基金"科目贷方余额全部转入"一般公共预算结转结余"科目，借记"动用预算稳定调节基金"科目，贷记"一般公共预算结转结余"科目。

【例6-27】　接【例6-26】，年终，该省"动用预算稳定调节基金"科目贷方余额2 000 000元，全数转入"一般公共预算结转结余"科目。

　　借：动用预算稳定调节基金　　　　　2 000 000
　　　　贷：一般公共预算结转结余　　　　　2 000 000

第七节　债务与债务转贷收入

一、债务收入

（一）债务收入的概念

债务收入是指政府财政根据法律法规等，通过发行债券、向外国政府和国际金融组织借款等方式筹集的纳入预算管理的资金收入。

(二)会计科目设置

财政总预算会计设置"债务收入"科目,该科目属于收入类科目,用来核算政府财政按照国家法律规定以发行债券等方式取得的收入,以及向外国政府、国际金融组织等机构借款取得的纳入预算管理的债务收入。贷方登记债务收入的增加数,借方登记债务收入的冲减或转销数,平时余额在贷方反映年度内债务收入的累计数。年终结账转入"一般公共预算结转结余""政府性基金预算结转结余"科目后无余额。该科目按照当年《政府收支分类科目》中"债务收入"科目的规定进行明细核算。

(三)会计核算

省级以上政府财政收到债券发行收入时,按照实际收到的金额,借记"国库存款"科目,按照政府债券实际发行额,贷记"债务收入"科目,按照发行收入和发行额的差额,借记或贷记有关支出科目;根据债务管理部门转来的债券发行确认文件等相关资料,按照到期应付的政府债券本金金额,借记"待偿债净资产——应付长期政府债券/应付短期政府债券"科目,贷记"应付长期政府债券""应付短期政府债券"等科目。

【例6-28】 某地方政府发行一般债券6 000 000元,期限两年,发行费用40 000元。举借污水处理专项债券收入3 000 000元,期限一年。

借:国库存款　　　　　　　　　　　8 960 000
　　一般公共预算本级支出　　　　　　40 000
　贷:债务收入——一般债务收入　　　　　　6 000 000
　　　　　　——专项债务收入　　　　　　　3 000 000
借:待偿债净资产——应付长期政府债　　6 000 000
　　　　　　　——应付短期政府债券　　3 000 000
　贷:应付长期政府债券　　　　　　　　　　　6 000 000
　　　应付短期政府债券　　　　　　　　　　　3 000 000

政府财政借入主权外债。

外方将借款资金支付给本级政府财政。

本级政府财政向外国政府、国际金融组织等机构借款,按照借入的金额,借记"国库存款""其他财政存款"等科目,贷记"债务收入"科目;根据债务管理部门转来的相关资料,按照实际承担的债务金额,借记"待偿债净资产——借入款项"科目,贷记"借入款项"科目。

【例6-29】 某省财政向某外国政府借款500 000 000元,向某国际组织借款80 000 000元,期限各为三年。

借:国库存款　　　　　　　　　　　　580 000 000
　贷:债务收入——一般债务收入　　　　　　580 000 000
借:待偿债净资产——借入款项　　　　　580 000 000
　贷:借入款项——应付本金——某外国政府　　500 000 000
　　　　　　——应付本金——某国际组织　　　80 000 000

外方将借款资金直接支付给用款单位或供应商，按以下情况分别进行账务处理。

（1）本级政府财政承担还款责任，资金由本级政府财政同级部门（单位）使用。

本级政府财政根据贷款资金支付相关资料，借记"一般公共预算本级支出"科目，贷记"债务收入"科目；根据债务管理部门转来的相关资料，按照实际承担的债务金额，借记"待偿债净资产——借入款项"科目，贷记"借入款项"科目。

【例6-30】 某省财政借入某国政府贷款3 000 000 000元，贷款资金由外方直接支付给用款单位，本级政府财政承担还款责任。

借：一般公共预算本级支出　　　　　3 000 000 000
　　贷：债务收入　　　　　　　　　　3 000 000 000
借：待偿债净资产——借入款项　　　　3 000 000 000
　　贷：借入款项　　　　　　　　　　3 000 000 000

（2）本级政府财政承担还款责任，资金由下级政府财政同级部门（单位）使用。

本级政府财政根据贷款资金支付相关资料及预算指标文件，借记"补助支出"科目，贷记"债务收入"科目；根据债务管理部门转来的相关资料，按照实际承担的债务金额，借记"待偿债净资产——借入款项"科目，贷记"借入款项"科目。

【例6-31】 某省级政府财政承担还款责任，贷款资金由下级政府财政同级部门使用。某省级政府财政借入某国政府贷款，金额5 000 000 000元，资金由外方直接支付给用款单位。

借：补助支出　　　　5 000 000 000
　　贷：债务收入　　　　5 000 000 000
借：待偿债净资产——借入款项　　　　5 000 000 000
　　贷：借入款项　　　　　　　　　　5 000 000 000

（3）下级政府财政承担还款，资金由下级政府财政同级部门（单位）使用。

本级政府财政根据贷款资金支付相关资料，借记"债务转贷支出"科目，贷记"债务收入"科目；根据债务管理部门转来的相关资料，按照实际承担的债务金额，借记"待偿债净资产——借入款项"科目，贷记"借入款项"科目；同时，借记"应收主权外债转贷款"科目，贷记"资产基金——应收主权外债转贷款"科目。

【例6-32】 A省获得某国政府贷款3 600 000 000元，贷款资金由所属J市政府财政同级部门使用，J市政府财政承担还款责任，资金由外方直接支付给用款单位。

借：债务转贷支出　　　　3 600 000 000
　　贷：债务收入　　　　3 600 000 000
借：待偿债净资产——借入款项　　　　3 600 000 000
　　贷：借入款项　　　　　　　　　　3 600 000 000
借：应收主权外债转贷款　　　　3 600 000 000
　　贷：资产基金——应收主权外债转贷款　　　　3 600 000 000

年终转账时，债务收入下"专项债务收入"明细科目的贷方余额应按照对应的政府性基金种类分别转入"政府性基金预算结转结余"相应明细科目，借记债务收入科目（专项债务收入明细科目），贷记"政府性基金预算结转结余"科目；债务收入科目下其他明细科目的贷方余额全数转入"一般公共预算结转结余"科目，借记债务收入科目（其他明细科目），贷记"一般公共预算结转结余"科目。结转后，本科目无余额。

【例 6-33】 年终，某省财政"债务收入——专项债务收入"科目贷方余额 3 000 000 元，"债务收入——一般债务收入"科目贷方余额 6 000 000 元，全数转入"政府性基金结余"和"一般公共预算结转结余"科目。

借：债务收入——一般债务收入　　　　　6 000 000
　　　　　　——专项债务收入　　　　　3 000 000
　贷：一般公共预算结转结余　　　　　　6 000 000
　　　政府性基金预算结转结余　　　　　3 000 000

二、债务转贷收入

（一）债务转贷收入的概念

债务转贷收入是指本级政府财政收到上级政府财政转贷的债务收入。

（二）会计科目设置

财政总预算会计设置"债务转贷收入"科目，该科目属于收入类科目，用来核算省级以下（不含省级）政府财政收到上级政府财政转贷的债务收入。贷方登记债务转贷收入的增加数，借方登记债务转贷收入的冲减或转销数，平时余额在贷方反映年度内债务转贷收入的累计数。年终结账转入"一般公共预算结转结余""政府性预算结转结余"科目后无余额。该科目应设置"地方政府一般债务转贷收入""地方政府专项债务转贷收入"明细科目进行明细核算。

（三）会计核算

1. 收到地方政府债券转贷收入

按照实际收到的金额，借记"国库存款"科目，贷记"债务转贷收入"科目；根据债务管理部门转来的相关资料，按到期应偿还的转贷款本金金额，借记"待偿债净资产——应付地方政府债券转贷款"科目，贷记"应付地方政府债券转贷款"科目。

【例 6-34】 某市财政收到上级政府财政转贷的一般债券资金 400 000 元，政府住房基金债券资金 250 000 元。

借：国库存款　　　　　　　　　　　　　　　　　　　650 000
　贷：债务转贷收入——地方政府一般债务转贷收入　　400 000
　　　　　　　　　——地方政府专项债务转贷收入　　250 000
借：待偿债净资产——应付地方政府债券转贷款　　　　650 000
　贷：应付地方政府债券转贷款　　　　　　　　　　　650 000

2. 收到主权外债转贷收入

1) 外方将贷款资金支付本级政府财政

本级政府财政收到主权外债转贷资金时，借记"其他财政存款"科目，贷记"债务转贷收入"科目；根据债务管理部门转来的相关资料，按照实际承担的债务金额，借记"待偿债净资产——应付主权外债转贷款"科目，贷记"应付主权外债转贷款"科目。

【例6-35】 某市财政收到上级政府财政向外国政府借款转贷收入700 000元，向国际组织借款转贷收入300 000元，共计1 000 000元。

借：其他财政存款　　　　　　　　　　　　　　　　1 000 000
　贷：债务转贷收入——地方政府主权外债转贷收入　　　　1 000 000
借：待偿债净资产——应付地方政府主权外债转贷款　　1 000 000
　贷：应付主权外债转贷款　　　　　　　　　　　　　　1 000 000

2）从上级财政借入主权外债转贷款

收到外方贷款，并将贷款资金直接支付给用款单位或供应商，区分以下情况分别进行不同账务处理。

(1) 本级政府财政承担还款责任，贷款资金由本级政府财政同级部门（单位）使用的，本级政府财政根据贷款资金支付相关资料，借记"一般公共预算本级支出"科目，贷记"债务转贷收入"科目。根据债务管理部门转来的相关资料，按照实际承担的债务金额，借记"待偿债净资产——应付主权外债转贷款"科目，贷记"应付主权外债转贷款"科目。

【例6-36】 A市通过省政府财政借入主权外债转贷款3 000 000 000元用于城市发展建设，贷款资金由本级政府财政同级城建单位使用，资金由外方将贷款资金直接支付给用款单位，A市政府财政承担还款责任。

借：一般公共预算本级支出　　　3 000 000 000
　贷：债务转贷收入　　　　　　　　　3 000 000 000
借：待偿债净资产——应付主权外债转贷款　　3 000 000 000
　贷：应付主权外债转贷款　　　　　　　　　3 000 000 000

(2) 本级政府财政承担还款责任，贷款资金由下级政府财政同级部门（单位）使用的，本级政府财政根据贷款资金支付相关资料及预算文件，借记"补助支出"科目，贷记"债务转贷收入"科目；根据债务管理部门转来的相关资料，按照实际承担的债务金额，借记"待偿债净资产——应付主权外债转贷款"科目，贷记"应付主权外债转贷款"科目。

【例6-37】 L市从省财政获得借入主权外债转贷款1 000 000 000元，用于所属S县农田水利建设。贷款资金由S县财政同级的农业局使用，资金由外方将贷款资金直接支付给用款部门，L市政府财政承担还款责任。

借：补助支出　　　1 000 000 000
　贷：债务转贷收入　　　1 000 000 000
借：待偿债净资产——应付主权外债转贷款　　1 000 000 000
　贷：应付主权外债转贷款　　　　　　　　　1 000 000 000

(3) 下级政府财政承担还款责任，贷款资金由下级政府财政同级部门（单位）使用的，本级政府财政根据转贷资金支付相关资料，借记"债务转贷支出"科目，贷记"债务转贷收入"科目；根据债务管理部门转来的相关资料，按照实际承担的债务金额，借记"待偿债净资产——应付主权外债转贷款"科目，贷记"应付主权外债转贷款"科目；同时，借记"应收主权外债转贷款"科目，贷记"资产基金——应收主权外债转贷款"科目。

下级政府财政根据贷款资金支付相关资料，借记"一般公共预算本级支出"科目，贷记"债务转贷收入"科目；根据债务管理部门转来的相关资料，按照实际承担的债务金额，借记"待偿债净资产——应付主权外债转贷款"科目，贷记"应付主权外债转贷款"科目。

【例6-38】 W市从省财政获得借入主权外债转贷款1 000 000 000元，用于所属M县经济技术开发区建设。贷款资金由M县财政同级的建委使用，资金由外方将贷款资金直接支付给用款部门，H县政府财政承担还款责任。

W市：
借：债务转贷支出　　　　　　1 000 000 000
　　贷：债务转贷收入　　　　　　1 000 000 000
借：待偿债净资产——应付主权外债转贷款　　1 000 000 000
　　贷：应付主权外债转贷款　　　　　　1 000 000 000
借：应收主权外债转贷款　　　　　　1 000 000 000
　　贷：资产基金——应收主权外债转贷款　　1 000 000 000

M县：
借：一般公共预算本级支出　　　　1 000 000 000
　　贷：债务转贷收入　　　　　　1 000 000 000
借：待偿债净资产——应付主权外债转贷款　　1 000 000 000
　　贷：应付主权外债转贷款　　　　　　1 000 000 000

3. 年终转账

年终转账时，债务转贷收入科目下"地方政府一般债务转贷收入"明细科目的贷方余额全数转入"一般公共预算结转结余"科目，借记"债务转贷收入"科目，贷记"一般公共预算结转结余"科目。"债务转贷收入"科目下"地方政府专项债务转贷收入"明细科目的贷方余额按照对应的政府性基金种类分别转入"政府性基金预算结转结余"相应明细科目，借记债务转贷收入科目，贷记"政府性基金预算结转结余"科目。结转后，本科目无余额。

【例6-39】 年终，某市财政"债务转贷收入——地方政府一般债务转贷收入"科目的贷款资金方余额为800 000 000元，"债务转贷收入——地方政府专项债务转贷收入"科目的贷方余额为政府财政700 000 000元，分别全数转入"一般公共预算结转结余"和"政府性基金预算结转结余"科目。

借：债务转贷收入——地方政府一般债务转贷收入　　800 000 000
　　　　　　　　——地方政府专项债务转贷收入　　700 000 000
　　贷：一般公共预算结转结余　　　　　　800 000 000
　　　　政府性基金预算结转结余　　　　　　700 000 000

第七章 财政总预算会计支出

财政总预算会计支出是指政府财政为实现政府职能，对财政资金的分配和使用。财政总预算会计核算的支出包括一般公共预算本级支出、政府性基金预算本级支出、国有资本经营预算本级支出、专用基金支出、财政专户管理资金支出、转移性支出、债务还本支出与债务转贷支出等。

第一节 一般公共预算本级支出

每年《政府收支分类科目》中的支出科目，按支出功能通常分为：一般公共预算支出科目、社会保险基金预算支出科目、政府性基金预算支出科目、国有资本经营预算支出科目和不属于上述四种预算支出科目的支出科目等。各部分预算支出科目分设类、款、项三级，三级科目逐级细化。

支出功能分类就是按政府主要职能活动分类。根据政府职能活动情况及国际通行做法，支出功能分类分为类、款、项三级。其中，类级科目反映政府主要职能，包括一般公共服务支出、国防支出、教育支出等；款级科目反映政府履行某项职能所要从事的主要活动，如教育支出类下的普通教育、职业教育、成人教育、特殊教育等；项级科目反映某项活动下的具体事项，如普通教育下的小学教育、初中教育、高中教育、高等教育等。

一、一般公共预算本级支出的概念

一般公共预算本级支出是指政府财政管理的由本级政府使用的列入一般公共预算的支出。涉及一般公共预算的项目中使用一般公共预算本级支出科目核算的各项目。

二、一般公共预算本级支出支付方式和程序

（一）财政直接支付

财政直接支付方式是指由财政部门开具支付令，通知国库单一科目体系，直接将一般预算支出款项支付给收款人的支付方式。这种支付方式主要适用于支付工资、工程采购款、物品和服务采购款、转移支付等。财政直接支付的具体项目由财政部门在审定单位预算和资金支付方式时予以规定。

在财政直接支付方式下，预算单位按照经批准的单位预算和资金使用计划，在需要使用一般预算资金时，向财政部门提出财政直接支付申请，财政部门在对预算单位提出的财政直接支付申请审核无误后，向其代理银行开具支付令，通过其在代理银行开设的财政零余额科目，将财政资金直接支付给收款人。代理银行于支付资金的当日向财政部门在中国人民银行开设的国库存款科目申请资金清算。中国人民银行国库审核后于当日向代理银行偿付其垫付的资金，并通知财政部门。财政部门按日编制预算支出结算清单，确定一般预算支出。

（二）财政授权支付

财政授权支付方式是指预算单位根据财政部门的授权，自行向其代理银行开具支付令，通过国库单一科目体系将预算资金支付给收款人的支付方式。这种支付方式主要适用于未纳入财政直接支付方式的零星支出和购买支出。财政授权支付的具体项目由财政部门在审定单位预算和资金支付方式时予以规定。

在财政授权支付方式下，预算单位按照经批准的单位预算和资金使用计划，在需要使用一般预算资金时，直接向其代理银行开具支付令，代理银行在对预算单位开具的支付令审核无误后，通过预算单位开设的单位零余额科目，将款项支付给收款人。代理银行当日向财政部门在中国人民银行开设的国库存款科目申请资金清算。

财政直接支付方式和财政授权支付方式统称为财政国库单一账户制度下的两种财政资金的集中支付方式。在财政国库单一账户制度下，财政资金的支付是由财政部门中的财政国库支付执行机构负责办理和管理的。设立在财政部门国库管理机构中的财政总预算会计与财政国库支付执行机构存在着密切的业务关系。

（三）财政实拨资金

财政实拨资金支付方式是指财政部门将预算资金拨付到预算单位在商业银行开设的银行存款科目上，预算单位实际使用预算资金是直接从其银行存款科目中进行支付的一种财政资金支付方式。在财政实拨资金支付方式下，预算单位根据经批准的单位预算和资金使用计划，按照规定的时间和程序向财政部门提交预算经费拨款申请。财政部门对预算单位提交的预算经费拨款申请审核无误后，将一般预算资金从中国人民银行的国库存款科目拨付至预算单位在商业银行开设的银行存款科目。预算单位需要使用一般预算资金时，再从其银行存款科目中提取或通过转账方式将款项支付给收款人。

在财政实拨资金方式下，从财政国库拨出而尚未实际使用的财政资金分散存放在各预算单位的银行存款科目上，在财政直接支付和财政授权支付方式下，尚未使用的财政资金集中存放在中国人民银行国库存款科目上。这是财政实拨资金方式与财政直接支付方式和财政授权支付方式的根本区别。

三、一般公共预算本级支出的核算

（一）会计科目设置

财政总预算会计设置"一般公共预算本级支出"科目，该科目属于支出类科目，用来核算各级财政一般公共预算本级支出的增减变化情况。借方登记一般公共预算本级支出列报的支出数，贷方登记冲减或转销数；本科目平时借方余额反映年度内一般公共预算本级支出的累计数。年终结转"一般公共预算结转结余"科目后无余额。该科目根据一般公共预算支出功能分类的类、款、项科目分设相应明细账进行明细核算。同时，根据管理需要，按照支出经济分类科目、部门等进行明细核算。

（二）会计核算

（1）实际发生一般公共预算本级支出时，借记"一般公共预算本级支出"科目，贷记"国库存款""其他财政存款"等科目。

【例7-1】 某市财政以财政直接支付方式向教育局支付教育支出280 000元。

借：一般公共预算本级支出　　　　　　　　280 000
　　贷：国库存款——一般公共预算存款　　280 000

（2）年度终了，对纳入国库集中支付管理的、当年未支而需结转下一年度支付的款项（国库集中支付结余），采用权责发生制确认支出时，借记"一般公共预算本级支出"科目，贷记"应付国库集中支付结余"科目。

【例7-2】 年度终了，A市财政对纳入国库集中支付管理的、当年未支而需结转下一年度支付的款项采用权责发生制确认支出。经与预算单位核对，工商局的行政运行费为370 000元。

借：一般公共预算本级支出　　　370 000
　　贷：应付国库集中支付结余　　370 000

（3）年终转账时，一般公共预算本级支出科目借方余额应全数转入"一般公共预算结转结余"科目，借记"一般公共预算结转结余"科目，贷记"一般公共预算本级支出"科目。

【例7-3】 某市财政年终将"一般公共预算本级支出"科目借方余额920 000元，全额结转"一般公共预算结转结余"科目。

借：一般公共预算结转结余　　　920 000
　　贷：一般公共预算本级支出　　920 000

第二节 政府性基金预算本级支出

一、政府性基金预算本级支出的概念

政府性基金预算本级支出是指政府财政管理的、由本级政府使用的、列入政府性基金预算外的支出。政府性基金预算支出与政府性基金预算收入及对应的专项债务收入存在着单项的对应关系，即各项政府性基金均实行专款专用管理，不得随意相互调剂使用。例如，铁路建设基金收入对应铁路建设基金支出、政府住房基金收入对应政府住房基金支出等。基金预算支出遵循先收后支，量入为出的原则。

二、政府性基金预算本级支出的核算

（一）会计科目设置

财政总预算会计设置"政府性基金预算本级支出"科目，该科目属于支出类科目，用来核算各级财政用政府性基金预算收入安排的支出。借方登记政府性基金预算本级支出的发生数，贷方登记支出收回或冲销数，平时借方余额反映年度内政府性基金预算本级支出的累计数。年终结转"政府性基金预算结转结余"科目后无余额。该科目应当按照当年《政府收支分类科目》中支出功能分类科目设置明细科目。同时，根据管理需要，按照支出经济分类科目、部门等进行明细核算。

（二）会计核算

（1）实际发生政府性基金预算本级支出时，借记"政府性基金预算本级支出"科目，贷记"国库存款"科目。

【例7-4】 某市财政以财政直接支付方式支付政府性基金预算资金400 000元，具体项目为：节能环保支出——可再生能源电价附加收入安排的支出——太阳能发电补助400 000元。

借：政府性基金预算本级支出　　　　　400 000
　　贷：国库存款——政府性基金预算存款　　　　400 000

（2）年度终了，对纳入国库集中支付管理的、当年未支而需结转下一年度支付的（不变）款项（国库集中支付结余），采用权责发生制确认支出时，借记"政府性基金预算本级支出"科目，贷记"应付国库集中支付结余"科目。

【例7-5】 年度终了，B市财政对纳入国库集中支付管理的、当年未支而需结转下一年度支付的政府性基金款项，采用权责发生制确认支出。经确认，市自然资源局的公共租赁住房费为20 000 000元。

借：政府性基金预算本级支出　　　　　20 000 000
　　贷：应付国库集中支付结余　　　　　　　　20 000 000

（3）年终转账时，政府性基金预算本级支出科目借方余额应全数转入"政府性基金预算结转结余"科目，借记"政府性基金预算结转结余"科目，贷记"政府性基金预算本级支出"科目。

【例7-6】 某市财政年终将"政府性基金预算本级支出"科目借方余额900 000元，全额转入"政府性基金预算结转结余"科目。

借：政府性基金预算结转结余　　　　900 000
　　贷：政府性基金预算本级支出　　　　　900 000

第三节　国有资本经营预算本级支出

一、国有资本经营预算本级支出概念

国有资本经营预算本级支出是指政府财政管理的、由本级政府使用的、列入国有资本经营预算的支出。国有资本经营预算单独编制，按照当年国有资本经营预算收入的规模安排国有资本经营预算支出，不编制赤字预算。

按照当年《政府收支科目分类》，国有资本经营预算支出按功能分设类、款、项三级，三级科目逐级递进细化。国有资本经营预算支出的支付方式参照一般公共预算支出方式。

二、国有资本经营预算本级支出的核算

（一）会计科目设置

财政总预算会计设置"国有资本经营预算本级支出"科目，该科目属于支出类科目，用来核算各级财政用国有资本经营预算收入安排的支出。借方登记国有资本经营预算本级支出的发生数，贷方登记支出收回或冲销数，平时借方余额反映年度内国有资本经营预算本级支出的累计数，年终结转"国有资本经营预算结转结余"科目后无余额。

该科目应当按照当年《政府收支分类科目》中支出功能分类科目设置明细科目。同时，根据管理需要，按照支出经济分类科目、部门等进行明细核算。

（二）会计核算

（1）实际发生国有资本经营预算本级支出时，借记"国有资本经营预算本级支出"科目，贷记"国库存款"科目。

【例7-7】 某市财政用国有资本经营预算资金400 000元，具体安排在"科学技术支出类"下的"产业升级与发展支出项"，以国库存款支付。

借：国有资本经营预算本级支出　　　　400 000
　　贷：国库存款　　　　　　　　　　　　400 000

（2）年度终了，对纳入国库集中支付管理的、当年未支而需结转下一年度支付的款

项（国库集中支付结余），采用权责发生制确认支出时，借记"国有资本经营预算本级支出"科目，贷记"应付国库集中支付结余"科目。

【例7-8】 年度终了，A市财政对纳入国库集中支付管理的、当年未支而需结转下一年度支付的国有资本经营预算款项，采用权责发生制确认支出。经确认，"科学技术支出类"下的"产业升级与发展支出项"资金为10 000 000元。

借：国有资本经营预算本级支出　　　　10 000 000
　　贷：应付国库集中支付结余　　　　　　10 000 000

（3）年终转账时，本科目借方余额应全数转入"国有资本经营预算结转结余"科目，借记"国有资本经营预算结转结余"账，贷记"国有资本经营预算本级支出"科目。

【例7-9】 某市财政年终将"国有资本经营预算本级支出"科目借方余额700 000元，全额转入"国有资本经营预算结转结余"科目。

借：国有资本经营预算结转结余　　　　700 000
　　贷：国有资本经营预算本级支出　　　　700 000

第四节　专用基金支出

一、专用基金支出的概念与管理

专用基金支出是指用专用基金收入安排的支出。专用基金支出与专用基金收入存在对应关系。财政总预算会计在安排各项专用基金支出时，应按规定的用途安排使用，并做到先收后支，量入为出。专用基金支出一般在其他财政存款户中支付。

二、专用基金支出的核算

（一）会计科目设置

财政总预算会计设置"专用基金支出"科目，该科目属于支出类科目，用来核算各级财政用专用基金收入安排的支出。借方登记各项专用基金的支出数，贷方登记冲减或转销数，平时借方余额反映年度内专用基金支出的累计数。年终结转"专用基金结余"科目后无余额。该科目按专用基金的种类设置明细科目，同时，根据管理需要，按部门等进行明细核算。

（二）会计核算

（1）发生专用基金支出时，借记"专用基金支出"科目，贷记"其他财政存款"等有关科目。退回专用基金支出时，做相反的会计分录。

【例7-10】 某市政府财政按照有关文件规定，从其他财政存款中安排粮食风险基金支出250 000元。

借：专用基金支出——粮食风险基金支出　　　　250 000

贷：其他财政存款　　　　　　　　　　　　　　250 000

（2）年终转账时，专用基金支出科目借方余额全数转入"专用基金结余"科目，借记"专用基金结余"科目，贷记"专用基金支出"科目。

【例7-11】　年终，某市政府财政将"专用基金支出"借方余额250 000元，全额转入"专用基金结余"。

　　借：专用基金结余　　　　　　　　　　　　　　250 000
　　　贷：专用基金支出——粮食风险基金支出　　　　250 000

第五节　财政专户管理资金支出

一、财政专户管理资金支出的概念

财政专户管理资金支出是指政府财政用纳入财政专户管理的教育收费等资金安排的支出。财政部门按照单位预算将财政专户管理资金拨付给有关单位或部门时，确认财政专户管理资金支出。

二、财政专户管理资金支出的核算

（一）会计科目设置

财政总预算会计设置"财政专户管理资金支出"科目。该科目属于支出类科目，用来核算财政专户管理资金支出业务。发生财政专户管理资金支出时记入该科目的借方，该科目平时借方余额反映当年财政专户管理资金支出的累计数。年终将该科目借方余额全部转入"财政专户管理资金结余"科目时记入该科目的贷方，结转后该科目无余额。该科目根据当年《政府收支分类科目》中的支出功能分类科目设置明细账，并根据管理需要、按部门进行明细核算。

（二）会计核算

（1）发生财政专户管理的资金支出时，借记"财政专户管理资金支出"科目，贷记"其他财政存款"科目。

【例7-12】　某市政府财政按规定用财政专户管理资金向某高校拨付经费1 000 000元。

　　借：财政专户管理资金支出　　　　　1 000 000
　　　贷：其他财政存款　　　　　　　　　　　1 000 000

（2）年终转账时，借记"财政专户管理资金结余"科目，贷记"财政专户管理资金支出"科目。

【例7-13】　年终，某市政府财政将"财政专户管理资金支出"科目余额1 000 000元结转至"财政专户管理资金结余"科目。

借：财政专户管理资金结余　　　　1 000 000
　　贷：财政专户管理资金支出　　　　　1 000 000

第六节　转移性支出

一、转移性支出的概念

转移性支出是指在各级政府财政之间进行资金调拨及在本级政府财政不同类型资金之间调剂所形成的支出，包括补助支出、上解支出、调出资金、地区间援助支出等。

二、转移性支出的核算

（一）补助支出

1. 补助支出的概念

补助支出是指本级政府财政按财政体制规定或因专项需要补助给下级政府财政的款项，包括对下级的税收返还、转移支付等。补助支出是本级财政对下级财政的资金转移，结果是减少本级财政的资金，增加下级财政的资金。本级财政的补助支出业务与下级财政的补助收入业务相对应。

2. 会计科目设置

财政总预算会计设置"补助支出"科目，该科目属于支出类科目，用来核算补助支出的增减变化情况，借方登记补助支出的增加数，贷方登记冲减和转销数，平时借方余额反映年度内补助支出的累计数。年终结转"一般公共预算结转结余""政府性基金预算结转结余""国有资本经营预算结转结余"等科目后无余额。该科目应当按照不同资金性质设置"一般公共预算补助支出""政府性基金预算补助支出"等明细科目，同时还应当按照补助地区进行明细核算。

3. 会计核算

（1）发生补助支出或从"与下级往来"科目转入时，借记"补助支出"科目，贷记"国库存款""其他财政存款""与下级往来"等科目。

【例7-14】　A市财政规定所属B县财政部门拨付一般公共预算补助600 000元，具体项目为：一般性转移支付——结算补助支出380 000元、专项转移支付220 000元。

借：补助支出　　　　　　600 000
　　贷：国库存款　　　　　　600 000

（2）专项转移支付资金实行特设专户管理的，本级政府财政应当根据本级政府财政下达的预算文件确认补助支出，借记"补助支出"科目，贷记"国库存款""与下级往来"等科目。

【例7-15】　义务教育专项转移支付实行特设专户管理，A市财政根据本级政府财政下达的预算文件确认对B县的补助支出3 000 000元。

借：补助支出　　　　　　　3 000 000
　　贷：国库存款　　　　　　　3 000 000

（3）有主权外债业务的财政部门，贷款资金由下级政府财政同级部门（单位）使用，且贷款最终还款责任由本级政府财政承担的，本级政府财政部门支付贷款资金时，借记"补助支出"科目，贷记"其他财政存款"科目；外方将贷款资金直接支付给用款单位或供应商时，借记"补助支出"科目，贷记"债务收入""债务转贷收入"等科目；根据债务管理部门转来的相关外债转贷管理资料，按照实际支付的金额，借记"待偿债净资产"科目，贷记"借入款项""应付主权外债转贷款"等科目。

【例7-16】 A市财政获得某国的主权外债，用于支持本市所属B县的教育事业发展，贷款最终还款责任由本级政府财政承担。收到某国转来的贷款资金4 000 000元，并转给B县3 000 000元。

收到款项时。

借：其他财政存款　　　　　　4 000 000
　　贷：债务收入　　　　　　　4 000 000

转给B县。

借：补助支出——B县　　　　　3 000 000
　　贷：其他财政存款　　　　　　3 000 000

（4）外方将贷款资金直接支付给用款单位或供应商时，借记"补助支出"科目，贷记"债务收入""债务转贷收入"等科目；根据债务管理部门转来的相关外债转贷管理资料，按照实际支付的金额，借记"待偿债净资产"科目，贷记"借入款项""应付主权外债转贷款"等科目。

【例7-17】 A市财政获得某国的主权外债，用于支持本市所属C县的教育事业发展，贷款最终还款责任由本级政府财政承担。贷款资金1 000 000元由某国直接支付给C县。

借：补助支出——C县　　　　　1 000 000
　　贷：债务收入　　　　　　　1 000 000
借：待偿债净资产　　　　　　　1 000 000
　　贷：应付主权外债转贷款　　　1 000 000

（5）年终与下级政府财政结算时，按照尚未拨付的补助金额，借记"补助支出"科目，贷记"与下级往来"科目，退还或核减补助交出时，借记"国库存款""与下级往来"等科目，贷记"补助支出"科目。

【例7-18】 接【例7-16】，年终结算时，A市财政尚未转拨给B县的1 000 000元被转入"与下级往来"科目。

借：补助支出——B县　　　　　1 000 000
　　贷：与下级往来　　　　　　　1 000 000

（6）年终转账时，补助支出科目借方余额应根据不同资金性质分别转入对应的结转结余科目，借记"一般公共预算结转结余""政府性基金预算结转结余"等科目，贷记"补助支出"科目。

【例 7-19】 年终转账时，A 市财政的"补助支出"科目借方余额 6 000 000 元全数转入"一般公共预算结转结余"科目。

借：一般公共预算结转结余　　　　6 000 000
　　贷：补助支出　　　　　　　　　　　　6 000 000

（二）上解支出

1. 上解支出的概念

上解支出是指本级财政按财政管理体制规定上缴给上级财政的款项。上解支出是本级财政对上级财政的资金转移，结果是减少本级财政的资金，增加上级财政的资金。本级财政的上解支出业务与上级财政的上解收入业务相对应。

2. 会计科目设置

财政总预算会计设置"上解支出"科目，该科目属于支出类科目，用来核算上解支出的增减变化情况。借方登记上解支出的增加数，贷方登记冲减或转销数，平时借方余额反映年度内上解支出的累计数。年终结转"一般公共预算结转结余""政府性基金预算结转结余"科目后无余额。该科目按照不同资金性质设置"一般公共预算上解支出""政府性基金预算上解支出"等明细科目。

（1）发生上解支出时，借记"上解支出"科目，贷记"国库存款""与上级往来"等科目。

【例 7-20】 某市财政经批准向该省财政上解一般公共预算款 2 000 000 元，具体项目为：一般性转移支付——体制上解支出 1 600 000 元、专项转移支付——专项上解支出 400 000 元。

借：上解支出　　　　　　　　2 000 000
　　贷：国库存款　　　　　　　　　2 000 000

（2）年终与上级政府财政结算时，按照尚未支付的上解金额，借记"上解支出"科目，贷记"与上级往来"科目。退还或核减上解支出时，借记"国库存款""与上级往来"等科目，贷记"上解支出"科目。

【例 7-21】 年终，某市财政与该省财政结算，核减一般公共预算上解支出 400 000 元，计入"与上级往来"科目。

借：与上级往来　　　　　　　　　　　　　　　400 000
　　贷：上解支出——一般公共预算上解支出　　　　400 000

（3）年终转账时，上解支出科目借方余额应根据不同资金性质分别转入对应的结转结余科目，借记"一般公共预算结转结余""政府性基金预算结转结余"等科目，贷记"上解支出"科目。

【例 7-22】 年终转账时，某市财政的"上解支出——一般公共预算上解支出"借方余额 100 000 000 元，"上解支出——政府性基金预算上解支出" 50 000 000 元，分别转入"政府性基金预算结转结余"科目。

借：一般公共预算结转结余　　　　　　　　　　100 000 000
　　贷：上解支出——一般公共预算上解支出　　　　100 000 000

借：政府性基金预算结转结余　　　　　　　　　　　50 000 000
　　贷：上解支出——政府性基金预算上解支出　　　　50 000 000

（三）调出资金

1. 调出资金的概念

调出资金是指政府财政为平衡预算收支，从某类资金向其他类型预算调出的资金。包括一般公共预算调出资金、政府性基金预算调出资金、国有资本经营预算调出资金等。一般公共预算的调出资金可能是政府性基金预算的调入资金；反之，政府性基金预算的调出资金可能是一般公共预算的调入资金。调出资金的目的是平衡一般公共预算或政府性基金预算。调出资金业务不会影响上下级财政的资金数额变化，也不会影响本级财政的资金总数的变化，影响的只是本级财政的不同性质资金的数额。

2. 会计科目设置

财政总预算会计设置"调出资金"科目，该科目属于支出类科目，用来核算调出资金的增减变化情况。借方登记调出资金的增加数，贷方登记冲减或转销数，平时借方余额反映年内调出资金的累计数。年终结转有关结余科目后该科目无余额。该科目应当设置"一般公共预算调出资金""政府性基金预算调出资金""国有资本经营预算调出资金"等明细科目。

3. 会计核算

（1）从一般公共预算调出资金时，按照调出的金额，借记"调出资金"科目（一般公共预算调出资金），贷记"调入资金"相关明细科目。

【例7-23】　某市从一般公共预算调出资金1 800 000元，用于平衡政府性基金预算。

借：调出资金——一般公共预算调出资金　　　　　　1 800 000
　　贷：调入资金——政府性基金预算调入资金　　　　1 800 000

（2）从政府性基金预算调出资金时，按照调出的金额，借记"调出资金"科目（政府性基金预算调出资金），贷记"调入资金"相关明细科目。

【例7-24】　某市财政从政府性基金预算调出资金2 400 000元，用于一般公共预算。

借：调出资金——政府性基金预算调出资金　　　　　2 400 000
　　贷：调入资金——一般公共预算调入资金　　　　　2 400 000

（3）从国有资本经营预算调出资金时，按照调出的金额，借记"调出资金"科目（国有资本经营预算调出资金），贷记"调入资金"相关明细科目。

【例7-25】　某省财政从国有资本经营预算调出资金6 000 000元，用于平衡一般公共预算。

借：调出资金——国有资本经营预算调出资金　　　　6 000 000
　　贷：调入资金——一般公共预算调入资金　　　　　6 000 000

（4）年终转账时，本科目借方余额分别转入相应的结转结余科目，借记"一般公共预算结转结余""政府性基金预算结转结余""国有资本经营预算结转结余"等科目，贷记"调出资金"科目。

【例7-26】　年末，某市财政"调出资金——一般公共预算调出资金"科目借方余额 1 500 000 元被全数转入"一般公共预算结转结余"科目。

借：一般公共预算结转结余　　　　　　　　1 500 000
　　贷：调出资金———一般公共预算调出资金　　1 500 000

（四）地区间援助支出

1. 地区间援助支出的概念

地区间援助支出是指援助方政府财政安排的，由受援方政府财政统筹使用的各类援助、捐赠等资金支出。

地区间援助支出以受援方政府名义接受，使用主体为各级财政部门，其他部门不得使用；内容为一般公共预算资金，其他性质资金除外，如按照国家统一规定安排的对口援助西藏、新疆、青海地区的资金；援助方政府没有限定资金用途。

2. 会计科目设置

财政总预算会计设置"地区间援助支出"科目，该科目属于支出类科目，用来核算地区间援助支出的增减变化情况。借方登记援助支出的增加数，贷方登记冲减或转销数，平时借方余额反映年内援助支出的累计数。年终结转"一般公共预算结转结余"科目后该科目无余额。该科目应按受援地区及管理需要分户进行明细核算。

3. 会计核算

（1）发生地区间援助支出时，借记"地区间援助支出"科目，贷记"国库存款"科目。

【例 7-27】　M 市按规定向 B 省政府财政援助一般公共预算资金 600 000 元。

借：地区间援助支出　　　　　600 000
　　贷：国库存款　　　　　　　600 000

（2）年终转账时，本科目借方余额全数转入"一般公共预算结转结余"科目，借记"一般公共预算结转结余"科目，贷记"地区间援助支出"科目。

【例 7-28】　年终转账时，M 市将"地区间援助支出"科目借方余额 40 000 000 元全数转入"一般公共预算结转结余"科目。

借：一般公共预算结转结余　　　40 000 000
　　贷：地区间援助支出　　　　　40 000 000

（五）安排预算稳定调节基金

1. 安排预算稳定调节基金的概念

安排预算稳定调节基金是指从财政超收收入中提取形成预算稳定调节基金时，增加的一般公共预算资金支出。

2. 会计科目设置

财政总预算会计设置"安排预算稳定调节基金"科目，该科目属于支出类科目。借方登记安排预算稳定调节基金的增加数，贷方登记冲减或转销数，平时借方余额反映年安排预算稳定调节基金的累计数。年终结转"一般公共预算结转结余"科目后该科目无余额。

3. 会计核算

（1）在财政超收年份，从财政超收收入中提取形成预算稳定调节基金时，借记"安排预算稳定调节基金"科目，贷记"预算稳定调节基金"科目。

【例 7-29】 A 省财政根据财政超收情况安排 600 000 元的预算稳定调节基金。

借：安排预算稳定调节基金　　　　600 000
　　贷：预算稳定调节基金　　　　　　600 000

（2）年终转账时将"安排预算稳定调节基金"科目借方余额全部转入"一般公共预算结转结余"科目，借记"一般公共预算结转结余"科目，贷记"安排预算稳定调节基金"科目。

【例 7-30】 年终，A 省财政将"安排预算稳定调节基金"科目借方余额 600 000 元全数转入"一般公共预算结转结余"科目。

借：一般公共预算结转结余　　　　600 000
　　贷：安排预算稳定调节基金　　　　600 000

第七节　债务还本支出与债务转贷支出

一、债务还本支出

（一）债务还本支出的概念

债务还本支出是指政府财政偿还本级政府承担的债务本金支出。

（二）会计科目设置

财政总预算会计设置"债务还本支出"科目，该科目属于支出类科目，用来核算政府财政偿还本级政府财政承担的纳入预算管理的债务本金支出。借方登记债务还本支出的增加数，贷方登记冲减或转销数，平时借方余额反映年内债务还本支出的累计数。年终结转"一般公共预算结转结余""政府性基金预算结转结余"科目后该科目无余额。该科目应根据当年《政府收支分类科目》中"债务还本支出"有关规定设置"一般债务还本支出""专项债务还本支出"等明细科目进行明细核算。

（三）会计核算

（1）偿还本级政府财政承担的政府债券、主权外债等纳入预算管理的债务本金时，借记"债务还本支出"科目，贷记"国库存款""其他财政存款"等科目；根据债务管理部门转来的相关资料，按照实际偿还的本金金额，借记"应付短期政府债券""应付长期政府债券""借入款项""应付地方政府债券转贷款""应付主权外债转贷款"等科目，贷记"待偿债净资产"科目。

【例 7-31】 F 市政府财政归还到期债务本金 7 000 000 元。其中，地方政府一般债务还本支出 4 000 000 元，具体项目为地方政府一般债券本金 2 500 000 元（一年期），地方政府向外国政府借款本金 1 500 000 元；地方政府专项债务还本支出 3 000 000 元，具体项目为政府住房基金债务还本支出 3 000 000 元（三年期）。

借：债务还本支出　　　　　　　7 000 000
　　贷：国库存款　　　　　　　　7 000 000
借：应付短期政府债券　　　　　2 500 000
　　应付长期政府债券　　　　　3 000 000
　　借入款项　　　　　　　　　1 500 000
　　贷：待偿债净资产　　　　　　7 000 000

（2）年终转账时，债务还本支出科目下"专项债务还本支出"明细科目的借方余额应按照对应的政府性基金种类分别转入"政府性基金预算结转结余"相应明细科目，借记"政府性基金预算结转结余"科目，贷记"债务还本支出"科目（专项债务还本支出）。本科目下其他明细科目的借方余额全数转入"一般公共预算结转结余"科目，借记"一般公共预算结转结余"科目，贷记"债务还本支出"科目（其他明细科目）。

【例 7-32】　接【例 7-31】，年终将上述"债务还本支出"科目的借方余额结转相关的结转结余科目。

借：一般公共预算结转结余　　　4 000 000
　　政府性基金预算结转结余　　3 000 000
　　贷：债务还本支出　　　　　　7 000 000

二、债务转贷支出

（一）债务转贷支出的概念

债务转贷支出是指本级政府财政向下级政府财政转贷的债务支出。

（二）会计科目设置

财政总预算会计设置"债务转贷支出"科目，该科目属于支出类科目，用来核算本级政府财政向下级政府财政转贷的债务支出。借方登记债务还本支出的增加数，贷方登记冲减或转销数，平时借方余额反映年内债务转贷支出的累计数，年终结转"一般公共预算结转结余""政府性基金预算结转结余"科目后该科目无余额。该科目应当设置"地方政府一般债务转贷支出""地方政府专项债务转贷支出"明细科目，同时，还应当按照转贷地区进行明细核算。

（三）会计核算

债务转贷支出的核算根据以下情况做不同处理。

（1）本级政府财政向下级政府财政转贷地方政府债券资金。发生转贷时，借记"债务转贷支出"科目，贷记"国库存款"科目；根据债务管理部门转来的相关资料，按照到期应收回的转贷款本金金额，借记"应收地方政府债券转贷款"科目，贷记"资产基金——应收地方政府债券转贷款"科目。

【例 7-33】 A 省财政向所属 B 市政府财政转贷地方政府一般债券转贷资金 3 000 000 元，政府住房基金债务转贷资金 2 000 000 元。

借：债务转贷支出——地方政府一般债务转贷支出　　　　3 000 000
　　　　　　　　——地方政府专项债务转贷支出　　　　2 000 000
　　贷：国库存款　　　　　　　　　　　　　　　　　　5 000 000
借：应收地方政府债券转贷款　　　　　　　　　　　　　5 000 000
　　贷：资产基金——应收地方政府债券转贷款　　　　　5 000 000

（2）本级政府财政向下级政府财政转贷主权外债资金，主权外债由下级政府财政归还。本级政府财政支付转贷资金时，根据转贷资金支付相关资料，借记"债务转贷支出"科目，贷记"其他财政存款"科目；根据债务管理部门转来的相关资料，按照实际持有的债权金额，借记"应收主权外债转贷款"科目，贷记"资产基金——应收主权外债转贷款"科目。

【例 7-34】 A 省财政向所属 B 市政府财政转贷地方政府向外国政府借款资金 1 000 000 元。

借：债务转贷支出——地方政府一般债务转贷支出　　　　1 000 000
　　贷：其他财政存款　　　　　　　　　　　　　　　　1 000 000
借：应收主权外债转贷款　　　　　　　　　　　　　　　1 000 000
　　贷：资产基金——应收主权外债转贷款　　　　　　　1 000 000

外方将贷款资金直接支付给用款单位或供应商时，本级政府财政根据转贷资金支付相关资料，借记"债务转贷支出"科目，贷记"债务收入""债务转贷收入"科目；根据债务管理部门转来的相关资料，按照实际持有的债权金额，借记"应收主权外债转贷款"科目，贷记"资产基金——应收主权外债转贷款"科目；同时，借记"待偿债净资产"科目，贷记"借入款项""应付主权外债转贷款"等科目。

【例 7-35】 A 省财政向某国政府借款 1 000 000 元转贷给 B 市政府财政，由某国政府将资金直接支付给用款单位。

借：债务转贷支出——地方政府一般债务转贷支出　　　　1 000 000
　　贷：债务收入　　　　　　　　　　　　　　　　　　1 000 000
借：应收主权外债转贷款　　　　　　　　　　　　　　　1 000 000
　　贷：资产基金——应收主权外债转贷款　　　　　　　1 000 000
借：待偿债净资产　　　　1 000 000
　　贷：借入款项　　　　　　　1 000 000

（3）年终转账时，"债务转贷支出"科目下"地方政府一般债务转贷支出"明细科目的借方余额全数转入"一般公共预算结转结余"科目，借记"一般公共预算结转结余"科目，贷记"债务转贷支出（地方政府一般债务转贷支出）"科目。"债务转贷支出"科目下"地方政府专项债务转贷支出"明细科目的借方余额全数转入"政府性基金预算结转结余"科目，借记"政府性基金预算结转结余"科目，贷记"债务转贷支出（地方政府专项债务转贷支出）"科目。

【例 7-36】 年终,将"债务转贷支出"科目下"地方政府一般债务转贷支出"明细科目的借方余额 4 000 000 元,"地方政府专项债务转贷支出"明细科目的借方余额 2 000 000 元分别结转有关结转结余科目。

借:一般公共预算结转结余　　　　　4 000 000
　　政府性基金预算结转结余　　　　　2 000 000
　　贷:债务转贷支出　　　　　　　　　　　6 000 000

第八章

财政总预算会计净资产

净资产是指政府财政资产减去负债的差额。财政总预算会计核算的净资产包括一般公共预算结转结余、政府性基金预算结转结余、国有资本经营预算结转结余、专用基金结余、财政专户管理资金结余、预算周转金、预算稳定调节基金、资产基金和待偿债净资产等。

第一节 结转结余

结转结余是指收入减去支出后的差额,它是各级财政执行政府预算的结果。财政总预算会计核算的结转结余包括:一般公共预算结转结余、政府性基金预算结转结余、国有资本经营预算结转结余、财政专户管理资金结余和专用基金结余等。

各项结转结余必须分别核算,不得混淆。各项结转结余平时不结算,每年年终结算一次。年终将各项收入与支出抵消后,即成为该项资金的当年结转结余。当年结转结余加上上年末滚存结转结余,即本年末滚存结转结余。

一、一般公共预算结转结余

(一)一般公共预算结转结余的概念

一般公共预算结转结余是指一般公共预算收支的执行结果,表现为一般公共预算类收入减去一般公共预算类支出后的差额,它是各级政府财政执行政府一般公共预算的结果。

按照国家现行预算管理办法和预算会计制度的规定,一般公共预算类收入包括:一般公共预算本级收入、补助收入——一般公共预算补助收入、上解收入——一般公共预算上解收入、地区间援助收入、调入资金——一般公共预算调入资金、债务收入——一般债务收入、债务转贷收入——地方政府一般债务转贷收入、动用预算稳定调节基金等。

一般公共预算类支出包括：一般公共预算本级支出、上解支出——一般公共预算上解支出、补助支出——一般公共预算补助支出、地区间援助支出、调出资金——一般公共预算调出资金、安排预算稳定调节基金、债务转贷支出——地方政府一般债务转贷支出、债务还本支出——一般债务还本支出等。

（二）一般公共预算结转结余的核算

1. 会计科目设置

财政总预算会计设置"一般公共预算结转结余"科目，该科目属于净资产类科目，用来核算政府财政纳入一般公共预算管理的收支相抵形成的结转结余。贷方登记一般公共预算类收入科目贷方余额的转入数，借方登记一般公共预算类支出科目借方余额的转入数和增设预算周转金的转出数。该科目年终贷方余额反映本年度一般公共预算收支相抵后的滚存结转结余，转入下年度。

2. 会计核算

一般公共预算结转结余的主要账务处理如下。

年终转账时，将一般公共预算类的有关收入科目贷方余额转入"一般公共预算结转结余"科目的贷方，借记一般公共预算类有关收入科目，贷记"一般公共预算结转结余"科目。

【例 8-1】 年终，某市财政进行年终转账，将一般公共预算类收入有关科目的贷方余额转入"一般公共预算结转结余"科目的贷方，一般公共预算类收入有关科目的贷方余额分别为：一般公共预算本级收入 860 000 元、补助收入——一般公共预算补助收入 140 000 元、上解收入——一般公共预算上解收入 230 000 元、调入资金——一般公共预算调入资金 70 000 元、债务收入——一般债务收入 300 000 元、债务转贷收入——地方政府一般债务转贷收入 200 000 元。

借：一般公共预算本级收入	860 000
补助收入——一般公共预算补助收入	140 000
上解收入——一般公共预算上解收入	230 000
调入资金——一般公共预算调入资金	70 000
债务收入——一般债务收入	300 000
债务转贷收入——地方政府一般债务转贷收入	200 000
贷：一般公共预算结转结余	1 800 000

年终转账时，将一般公共预算类的有关支出科目借方余额转入"一般公共预算结转结余"科目的借方，借记"一般公共预算结转结余"科目，贷记一般公共预算类有关支出科目。

【例 8-2】 年终，某市财政进行年终转账，将一般公共预算类支出有关科目的借方余额转入"一般公共预算结转结余"科目的借方，一般公共预算类支出有关科目的借方余额分别为：一般公共预算本级支出 810 000 元、补助支出——一般公共预算补助支出 90 000 元、上解支出——一般公共预算上解支出 250 000 元、债务还本支出——一般债务还本支出 280 000 元、债务转贷支出——地方政府一般债务转贷支出 120 000 元、地区间援助支出 50 000 元、安排预算稳定调节基金 100 000 元。

借：一般公共预算结转结余　　　　　　　　　　　1 700 000
　　贷：一般公共预算本级支出　　　　　　　　　　　810 000
　　　　补助支出——一般公共预算补助支出　　　　　90 000
　　　　上解支出——一般公共预算上解支出　　　　　250 000
　　　　债务还本支出——一般债务还本支出　　　　　280 000
　　　　债务转贷支出——地方政府一般债务转贷支出　120 000
　　　　　　　　　——地区间援助支出　　　　　　　50 000
　　　　　　　　　——安排预算稳定调节基金　　　　100 000

设置和补充预算周转金时，借记"一般公共预算结转结余"科目，贷记"预算周转金"科目。

【例 8-3】 年终，某市财政依据财政结余情况，补充预算周转金 50 000 000 元。

借：一般公共预算结转结余　　　　50 000 000
　　贷：预算周转金　　　　　　　　50 000 000

二、政府性基金预算结转结余

（一）政府性基金预算结转结余的概念

政府性基金预算结转结余是指政府性基金预算收支的执行结果，即政府性基金预算类收入减去政府性基金预算类支出后的差额，它是各级财政执行政府基金预算的结果。

政府性基金预算类收入包括政府性基金预算本级收入、补助收入——政府性基金预算补助收入、上解收入——政府性基金预算上解收入、调入资金——政府性基金预算调入资金、债务收入——专项债务收入、债务转贷收入——地方政府专项债务转贷收入等。

政府性基金预算类支出包括政府性基金预算本级支出、上解支出——政府性基金预算上解支出、补助支出——政府性基金预算补助支出、调出资金——政府性基金预算调出资金、债务还本支出——专项债务还本支出、债务转贷支出——地方政府专项债务转贷支出等。

（二）政府性基金预算结转结余的核算

1. 会计科目设置

财政总预算会计设置"政府性基金预算结转结余"科目，该科目属于净资产类科目，用来核算政府财政纳入政府性基金预算管理的收支相抵形成的结转结余。贷方登记政府性基金预算类收入科目贷方余额转入数，借方登记政府性基金预算类支出科目借方余额的转入数，该科目年终贷方余额，反映政府性基金预算收支相抵后的滚存结转结余，转入下年度。本科目应当根据管理需要，按照政府性基金的种类进行明细核算。

2. 会计核算

政府性基金预算结转结余的主要账务处理如下。

（1）年终将政府性基金类预算的有关收入科目贷方余额按照政府性基金种类分别转入"政府性基金预算结转结余"科目下相应明细科目的贷方，借记政府性基金类预算的有关收入科目，贷记"政府性基金预算结转结余"科目。

【例8-4】 年终，某市财政进行年终转账，将政府性基金预算类收入有关科目的贷方余额转入"政府性基金预算结转结余"科目的贷方，政府性基金预算类收入有关科目的贷方余额分别为：政府性基金预算本级收入 450 000 元、补助收入——政府性基金预算补助收入 150 000 元、上解收入——政府性基金预算上解收入 100 000 元、债务收入——专项债务收入 160 000 元、债务转贷收入——地方政府专项债务转贷收入 140 000 元。

借：政府性基金预算本级收入　　　　　　　　　　450 000
　　补助收入——政府性基金预算补助收入　　　　150 000
　　上解收入——政府性基金预算上解收入　　　　100 000
　　债务收入——专项债务收入　　　　　　　　　160 000
　　债务转贷收入——地方政府专项债务转贷收入　140 000
　　贷：政府性基金预算结转结余　　　　　　　　　　　1 000 000

（2）年终将政府性基金类预算的有关支出科目借方余额按照政府性基金种类分别转入"政府性基金预算结转结余"科目下相应明细科目的借方，借记"政府性基金预算结转结余"科目，贷记政府性基金类预算的有关支出科目。

【例8-5】 年终，某市财政进行年终转账，将政府性基金预算类支出有关科目的借方余额转入"政府性基金预算结转结余"科目的借方，政府性基金预算类支出有关科目的借方余额分别为：政府性基金预算本级支出 420 000 元、补助支出——政府性基金预算补助支出 180 000 元、调出资金——政府性预算基金调出资金 150 000 元、债务还本支出——专项债务还本支出 120 000 元、债务转贷支出——地方政府专项债务转贷支出 110 000 元。

借：政府性基金预算结转结余　　　　　　　　　　980 000
　　贷：政府性基金预算本级支出　　　　　　　　　　420 000
　　　　补助支出——政府性基金预算补助支出　　　　180 000
　　　　调出资金——政府性预算基金调出资金　　　　150 000
　　　　债务还本支出——专项债务还本支出　　　　　120 000
　　　　债务转贷支出——地方政府专项债务转贷支出　110 000

三、国有资本经营预算结转结余

（一）国有资本经营预算结转结余的概念

国有资本经营预算结转结余是指国有资本经营预算收支的执行结果，即国有资本经营预算类收入减去国有资本经营预算类支出后的差额，它是各级财政执行国有资本经营预算的结果。

国有资本经营预算类收入包括国有资本经营预算本级收入等。国有资本经营预算类支出包括：国有资本经营预算本级支出、调出资金——国有资本经营预算调出资金等。

(二)国有资本经营预算结转结余的核算

1. 会计科目设置

财政总预算会计设置"国有资本经营预算结转结余"科目,该科目属于净资产类科目,用来核算政府财政纳入国有资本经营预算管理的收支相抵形成的结转结余。贷方登记国有资本经营预算类收入科目贷方余额的转入数,借方登记国有资本经营预算类支出科目借方余额的转入数,该科目年终贷方余额,反映国有资本经营预算收支相抵后的滚存结转结余,转入下年度。

2. 会计核算

国有资本经营预算结转结余的主要账务处理如下。

(1)年终将国有资本经营类收入有关科目贷方余额转入"国有资本经营预算结转结余"科目贷方,借记国有资本经营预算类有关收入科目,贷记"国有资本经营预算结转结余"科目。

【例8-6】 年终,某市财政进行年终转账,将"国有资本经营预算本级收入"的贷方余额转入"国有资本经营预算结转结余"科目的贷方,"国有资本经营预算本级收入"科目贷方余额98 000元

借:国有资本经营预算本级收入　　　　　　98 000
　　贷:国有资本经营预算结转结余　　　　　　　　98 000

(2)年终将国有资本经营预算类支出有关科目借方余额转入"国有资本经营预算结转结余"科目借方,借记"国有资本经营预算结转结余"科目,贷记"国有资本经营预算类有关支出"科目。

【例8-7】 年终,某市财政进行年终转账,将国有资本经营预算类支出有关科目的借方余额转入"国有资本经营预算结转结余"科目的借方,"国有资本经营预算本级支出"科目借方余额78 000元、"调出资金——国有资本经营预算调出资金"科目借方余额17 000元。

借:国有资本经营预算结转结余　　　　　　95 000
　　贷:国有资本经营预算本级支出　　　　　　　　78 000
　　　　调出资金——国有资本经营预算调出资金　　17 000

四、专用基金结余

(一)专用基金结余的概念

专用基金结余是指专用基金收支的执行结果,即专用基金收入减去专用基金支出后的差额,是各级财政总预算会计管理的专用基金收支的年终执行结果。

(二)专用基金结余的核算

1. 会计科目设置

财政总预算会计设置"专用基金结余"科目,该科目属于净资产类科目,用来核算

政府财政管理的专用基金收支相抵形成的结余。贷方登记专用基金收入科目贷方余额转入数，借方登记专用基金支出科目借方余额的转入数。该科目年终贷方余额反映政府财政管理的专用基金收支相抵后的滚存结余，转入下年度。本科目应当根据专用基金的种类进行明细核算。

财政总预算会计年终结转专用基金结余，将专用基金收入科目贷方余额转入时，借记"专用基金收入"科目，贷记"专用基金结余"科目。将专用基金支出科目借方余额转入时，借记"专用基金结余"科目，贷记"专用基金支出"科目。

2. 会计核算

【例8-8】 年终，某市财政将"专用基金收入"科目贷方余额68 000元转入"专用基金结余"。

  借：专用基金收入   68 000
    贷：专用基金结余 68 000

【例8-9】 年终，某市财政将"专用基金支出"科目借方余额66 000元转入"专用基金结余"。

  借：专用基金结余   66 000
    贷：专用基金支出 66 000

五、财政专户管理资金结余

（一）财政专户管理资金结余的概念

财政总预算会计设置是指纳入财政专户管理的教育收费等资金收支的执行结果。

（二）会计科目设置

财政总预算会计设置"财政专户资金结余"科目。该科目属于净资产类科目，用来核算政府财政纳入财政专户管理的教育收费等资金收支相抵后形成的结余。贷方登记财政专户管理资金收入科目贷方余额转入数，借方登记财政专户管理资金支出科目借方余额的转入数，该科目年终贷方余额反映政府财政纳入财政专户管理的资金收支相抵后的滚存结余，转入下年度。本科目应当根据管理需要，按照部门（单位）等进行明细核算。

年终转账时，将"财政专户管理资金收入"科目的贷方余额，全部转入"财政专户管理资金结余"科目，借记"财政专户管理资金收入"科目，贷记"财政专户管理资金结余"科目。将"财政专户管理资金支出"科目的借方余额，全部转入"财政专户管理资金结余"科目，借记"财政专户管理资金结余"科目，贷记"财政专户管理资金支出"科目。

（三）会计核算

【例8-10】 年终，某市财政将"财政专户管理资金收入"科目贷方余额40 000元转入"财政专户管理资金结余"。

  借：财政专户管理资金收入   40 000

贷：财政专户管理资金结余　　　　　　40 000
　　【例 8-11】　年终，某市财政将"财政专户管理资金支出"科目借方余额 38 000 元转入"财政专户管理资金结余"。
　　借：财政专户管理资金结余　　　　　　38 000
　　　　贷：财政专户管理资金支出　　　　　　38 000

第二节　其他净资产的核算

一、预算周转金

（一）预算周转金的概念

　　预算周转金是为了调剂预算年度内季节性收入与支出差额，保证及时用款而设置的周转资金。设置必要的财政周转金是各级财政灵活调度预算资金的重要保证。各级财政为了平衡季节性收支，必须设置相应的预算周转金。

　　预算周转金的来源渠道一般有两个：一个是从本级财政预算净结余中设置和补充的；另一个是由上级财政部门拨入的。一般说来，成立新的一级财政时，由于原来没有预算周转金，上级财政在财力许可的范围内给予若干一定金额的周转金，而后财政收支逐步增大，周转金需要逐步增加，本级财政应从本级的结余中逐步补充预算周转金。

　　预算周转金一般从年度预算结余中提取设置、补充或由上级财政部门拨入。预算周转金由本级政府财政部门管理，只供平衡预算收支的临时周转使用，不能由财政开支。已设置或补充的预算周转金，未经上级财政部门批准，不得随意减少。年终，必须保持原核定数额，逐年结转。预算周转金的数额应与预算支出规模相适应，随着预算支出的逐年增长，预算周转金也相应地补充。

（二）预算周转金的核算

1. 会计科目设置

　　财政总预算会计设置"预算周转金"科目，该科目属于净资产类科目，用来核算政府财政设置的用于调剂预算年度内季节性收支差额周转使用的资金，贷方登记用一般公共预算结转结余设置、补充的预算周转金时，借记"一般公共预算结转结余"等账户，贷记"预算周转金"科目。"预算周转金"科目贷方余额反映预算周转金的规模。

2. 会计核算

预算周转金的主要账务处理如下。

（1）设置和补充预算周转金时，借记"一般公共预算结转结余"科目，贷记"预算周转金"科目。

　　【例 8-12】　某市政府财政经批准用一般公共预算结转结余 175 000 元，补充预算周转金。

借：一般公共预算结转结余　　　　　　175 000
　　贷：预算周转金　　　　　　　　　　　　175 000

（2）将预算周转金调入预算稳定调节基金时，借记"预算周转金"科目，贷记"预算稳定调节基金"科目。

【例 8-13】　某市政府财政将预算周转金 100 000 元调入预算稳定调节基金。

借：预算周转金　　　　　　　　　　　100 000
　　贷：预算稳定调节基金　　　　　　　　　100 000

二、预算稳定调节基金

（一）预算稳定调节基金的概念

预算稳定调节基金是指各级财政为平衡各预算年度之间预算收支的差异，保证各年度预算资金的收支平衡和预算稳定而设置的调节基金。在数额上，预算稳定调节基金等于安排预算稳定调节基金减去调入预算稳定调节基金后的差额。

（二）预算稳定调节基金的核算

1. 会计科目设置

财政总预算会计设置"预算稳定调节基金"科目，该科目属于净资产类科目，用来核算政府财政设置的用于弥补以后年度预算资金不足的储备资金。年度终了，从财政超收收入中安排预算稳定调节基金时，借记"安排预算稳定调节基金"科目，贷记"预算稳定调节基金"科目。

2. 会计核算

预算稳定调节基金的主要账务处理如下。

（1）使用超收收入或一般公共预算结余补充预算稳定调节基金时，借记"安排预算稳定调节基金"科目，贷记"预算稳定调节基金"科目。

【例 8-14】　某市财政用一般公共预算超收收入补充预算稳定调节基金 200 000 元。

借：安排预算稳定调节基金　　　　　　200 000
　　贷：预算稳定调节基金　　　　　　　　　200 000

（2）将预算周转金调入预算稳定调节基金时，借记"预算周转金"科目，贷记"预算稳定调节基金"科目。

【例 8-15】　某市政府财政一般公共预算资金紧张，将预算周转金 100 000 元调入预算稳定调节基金。

借：预算周转金　　　　　　　　　　　100 000
　　贷：预算稳定调节基金　　　　　　　　　100 000

（3）调用预算稳定调节基金时，借记"预算稳定调节基金"科目，贷记"动用预算稳定调节基金"科目。

【例 8-16】　某市财政为平衡一般公共预算，调用预算稳定调节基金 250 000 元。

借：预算稳定调节基金　　　　　　　　250 000

贷：动用预算稳定调节基金　　　　　　　250 000

三、资产基金

资产基金是指政府财政持有的债权和股权投资等资产（与其相关的资金收支纳入预算管理）在净资产中占用的金额。

"资产基金"属于净资产类科目，用来核算政府财政管理的资产基金。贷方登记资产基金的增加数，借方登记资产基金的减少数，期末余额在贷方，反映政府财政持有应收地方政府债券转贷款、应收主权外债转贷款、股权投资和应收股利等资产（与其相关的资金收支纳入预算管理）在净资产中占用的金额。年终余额结转下年度。

本科目下应当设置"应收地方政府债券转贷款""应收主权外债转贷款""股权投资""应收股利"等明细科目进行明细核算。

资产基金的账务处理参见本书第四章"股权投资""应收股利""应收地方政府债券转贷款"和"应收主权外债转贷款"等账务处理说明。

四、待偿债净资产

待偿债净资产是指政府财政因承担应付短期政府债券、应付长期政府债券、借入款项、应付地方政府债券转贷款、应付主权外债转贷款、其他负债等负债（与其相关的资金收支纳入预算管理）而相应需在净资产中冲减的金额。

"待偿债净资产"属于净资产类科目，用来核算政府财政管理的待偿债净资产。借方登记需在净资产中冲减的金额，贷方登记已冲减的金额，期末余额在借方，反映政府财政因承担应付政府债券、借入款项、应付地方政府债券转贷款、应付主权外债转贷款和其他负债等负债（与其相关的资金收支纳入预算管理）而相应需冲减净资产的金额。年终余额结转下年度。

本科目下应当设置"应付短期政府债券""应付长期政府债券""借入款项""应付地方政府债券转贷款""应付主权外债转贷款""其他负债"等明细科目进行明细核算。

待偿债净资产的账务处理参见本书第五章"应付短期政府债券""应付长期政府债券""借入款项""应付地方政府债券转贷款""应付主权外债转贷款"和"其他负债"等业务处理的说明。

第九章

财政总预算会计报表

第一节 财政总预算会计报表的分类和编制程序

一、财政总预算会计报表的分类

（一）财政总预算会计报表的概念及分类

财政总预算会计报表是各级预算收支执行情况及其结果的定期书面报告及文件，是各级政府部门和财政部门指导预算执行工作的重要数据资料，也是编制下一年度预算的基础和参考。财政总预算会计报表按照不同的划分范围可分为不同的分类，主要有以下几类。

1. 按照编制时间分类

财政总预算会计报表按照其编制时间来划分，可分为旬报、月报和年报。

2. 按照编制单位分类

财政总预算会计报表按照编制单位来划分，主要分为本级报表和汇总报表两类。

3. 按照经济内容分类

财政总预算会计报表按照经济内容来划分，主要有资产负债表、收入支出表、预算执行情况表、政府性基金预算执行情况表、国有资本经营预算执行情况表、财政专户管理资金收支情况表、专用基金收支情况表等会计报表和附注。

（二）财政总预算会计报表的编制要求

财政总预算会计报表在编制时间和内容上均有不同的要求，具体如下。

（1）一般公共预算执行情况表、政府性基金预算执行情况表、国有资本经营预算执行情况表应当按旬、月度和年度编制，财政专户管理资金收支情况表和专用基金收支情况表应当按月度和年度编制，收入支出表按月度和年度编制，资产负债表和附注应当至少按年度编制。旬报、月报的报送期限及编报内容应当根据上级政府财政具体要求和本行政区域预算管理的需要办理。

（2）财政总预算会计应当根据总预算会计制度编制并提供真实、完整的会计报表，切实做到账表一致，不得估列代编，弄虚作假。

（3）财政总预算会计要严格按照统一规定的种类、格式、内容、计算方法和编制口径填制会计报表，以保证全国统一汇总和分析。汇总报表的单位，要把所属单位的报表汇集齐全，防止漏报。

二、财政总预算会计报表的编制程序

（一）年终清理

财政总预算会计应当按月进行会计结账，还应及时进行年终清理结算，年终清理结算的事项主要包括以下几点。

1. 核对年度预算

预算是预算执行和办理会计结算的依据。年终前，各级财政总预算会计应配合预算管理部门将本级政府财政全年预算指标与上下级政府财政总预算和本级部门预算进行核对，及时办理预算调整和转移支付事项。本年预算调整和对下转移支付一般截止到 11 底；各项预算拨款一般截止到 12 月 25 日。

2. 清理本年预算收支

认真清理本年预算收入，督促征收部门和国家金库年终前如数缴库。应在本年预算支领列报的款项，非特殊原因，应在年终前办理完毕。

清理财政专户管理资金和专用基金收支。凡属应列入本年的收入，应及时催收，并缴入国库或指定财政专户。

3. 组织征收部门和国家金库进行年度对账

财政总预算会计年度对账是指国库与财政、税务等机关之间的对账，就是指各级国库与财政、征收机关的预算收入（包括预算收入退库，下同）对账，应按财政部制定的预算收支科目，分级次进行。财政、征收机关统计入库数字和入库日期，都以国库实际收纳数额和入库日期为准。

4. 清理核对当年拨款支出

财政总预算会计对本级各单位的拨款支出应与单位的拨款收入核对无误。属于应收回的拨款，应及时将其收回，并按收回数相应冲减预算支出。属于预拨下年度的经费，不得列入当年预算支出。

5. 核实股权、债权和债务

财政部门内部相关资产、债务管理部门应于 12 月 20 日前向财政总预算会计提供与股权、债权、债务等核算和反映相关的资料。财政总预算会计对股权投资、借出款项、应收股利、应收地方政府债券转贷款、应收主权外债转贷款、借入款项、应付短期政府债券、应付长期政府债券、应付地方政府债券转贷款、应付主权外债转贷款、其他负债等余额应与相关管理部门进行核对，记录不一致的要及时查明原因，按规定调整账务，做到账实相符、账账相符。

6. 清理往来事项

政府财政要认真清理其他应收款、其他应付款等各种往来款项，在年度终了前予以收回或归还。应转作收入或支出的各种款项，要及时转入本年有关收支账。

7. 进行年终财政结算

进行年终财政结算见下文。

（二）年终结算和年终结账

1. 年终结算

财政预算管理部门要在年终清理的基础上，于次年1月底前结清上下级政府财政的转移支付收支和往来款项。财政总预算会计要按照财政管理体制的规定，根据预算结算单，与年度预算执行过程中已补助和已上解数额进行比较，结合往来款和借垫款情况，计算出全年最后应补或应退数额，填制"年终财政决算结算单"，经核对无误后，作为年终财政结算凭证，据以入账。

财政总预算会计对年终决算清理期内发生的会计事项，应当划清会计年度。属于清理上年度的会计事项，记入上年度会计账；属于新年度的会计事项，记入新年度会计账，防止错记漏记。

2. 年终结账

经过年终清理和结算，把各项结算收支入账后，即可办理年终结账。年终结账工作一般分为年终转账、结清旧账和记入新账三个步骤，依次做账。

（1）年终转账。计算出各科目12月份合计数和全年累计数，结出12月末余额，编制结账前的"资产负债表"，再根据收支余额填制记账凭证，将收支分别转入"一般公共预算结转结余""国有资本经营预算结转结余""专用基金结余""财政专户管理资金结余"等科目冲销。

（2）结清旧账。将收入和支出科目的借方、贷方结出全年总计数，对年终有余额的科目，在"摘要"栏内注明"结转下年"字样，表示转入新账。

（3）记入新账。根据年终转账后的总账和明细账余额编制年终"资产负债表"和有关明细表（不需填制记账凭证），将表列各科目余额直接记入新年度有关总账和明细账年初余额栏内，并在"摘要"栏注明"上年结转"字样，以区别新年度发生数。

决算经本级人民代表大会常务委员会（或人民代表大会）审查批准后，如需更正原报决算草案收入、支出，要相应调整有关账目，重新办理结账事项。

第二节 资产负债表

一、资产负债的概念和结构

资产负债表是反映政府财政在某一特定日期财务状况的报表。资产负债表按照资产、负债和净资产分类、分项列示，基本格式参考表9-1。

表9-1 资产负债表

会财政01表

编制单位：　　　　　　　　　　　年　月　日　　　　　　　　　　　单位：元

资产	年初余额	期末余额	负债和净资产	年初余额	期末余额
流动资产：			流动负债：		
国库存款			应付短期政府债券		
国库现金管理存款			应付利息		
其他财政存款			应付国库集中支付结余		
有价证券			与上级往来		
在途款			其他应付款		
预拨经费			应付代管资金		
借出款项			一年内到期的非流动负债		
应收股利			流动负债合计		
应收利息			非流动负债：		
与下级往来			应付长期政府债券		
其他应收款			借入款项		
流动资产合计			应付地方政府债券转贷款		
非流动资产：			应付主权外债转贷款		
应收地方政府债券转贷款			其他负债		
应收主权外债转贷款			非流动负债合计		
股权投资			负债合计		
待发国债			净资产：		
非流动资产合计			一般公共预算结转结余		
			政府性基金预算结转结余		
			国有资本经营预算结转结余		
			财政专户管理资金结余		
			专用基金结余		
			预算稳定调节基金		
			预算周转金		
			资产基金		
			减：待偿债净资产		
资产总计			净资产合计		
			负债和净资产总计		

一、资产负债表的编制方法

（一）"期初余额"填列方法

资产负债表的"年初余额"栏内的数字应根据上年末资产负债表的"期末余额"栏的数字来填列。简言之，上年末资产负债表的期末余额就是本年度资产负债表的年初余额。如果本年度资产负债表规定的各个项目的名称和内容同上年度不一致，则应对上年末资产负债表各项目的名称和数字按照本年度的规定进行调整，调整后填入本表"年初余额"栏内。

（二）"期末余额"填列方法

1. 资产类项目

（1）"国库存款"项目，反映政府财政期末存放在国库单一账户的款项金额。本项目应根据"国库存款"科目的期末余额填列。

（2）"国库现金管理存款"项目，反映政府财政期末实行国库现金管理业务持有的存款金额。本项目应当根据"国库现金管理存款"科目的余额填列。

（3）"其他财政存款"项目，反映政府财政期末持有的其他财政存款金额。本项目应当根据"其他财政存款"科目的期末余额填列。

（4）"有价证券"项目，反映政府财政期末持有的有价证券金额。本项目应当根据"有价证券"科目的期末余额填列。

（5）"在途款"项目，反映政府财政期末持有的在途款金额。本项目应当根据"在途款"科目的期末余额填列。

（6）"预拨经费"项目，反映政府财政期末尚未转列支出或尚待收回的预拨经费金额。本项目应当根据"预拨经费"科目的期末余额填列。

（7）"借出款项"项目，反映政府财政期末借给预算单位尚未收回的款项金额。本项目应当根据"借出款项"科目的期末余额填列。

（8）"应收股利"项目，反映政府期末尚未收回的现金股利或利润金额。本项目应当根据"应收股利"科目的期末余额填列。

（9）"应收利息"项目，反映政府财政期末尚未收回应收利息金额。本项目应当根据"应收地方政府债券转贷款"科目和"应收主权外债转贷款"科目下"应收利息"明细科目的期末余额合计数填列。

（10）"与下级往来"项目，余额为正数反映下级政府财政欠本级政府财政的款项金额；余额为负数反映本级政府财政欠下级政府财政的款项金额。本项目应当根据"与下级往来科目"的期末余额填列，期末余额如为借方则以正数填列；如为贷方则以负数填列。

（11）"其他应收款"项目，反映政府财政期末尚未收回的其他应收款的金额。本项目应当根据"其他应收款"科目的期末余额填列。

（12）"应收地方政府债券转贷款"项目，反映政府财政期末尚未收回的地方政府债券转贷款的本金金额。本项目应当根据"应收地方政府债券转贷款"科目下"应收本金"明细科目的期末余额填列。

（13）"应收主权外债转贷款"项目，反映政府财政期末尚未收回的主权外债转贷款的本金金额。本项目应当根据"应收主权外债转贷款"科目下的"应收本金"明细科目的期末余额填列。

（14）"股权投资"项目，反映政府期末持有的股权投资的金额。本项目应当根据"股权投资"科目的期末余额填列。

（15）"待发国债"项目，反映中央政府财政期末尚未使用的国债发行额度。本项目应当根据"待发国债"科目的期末余额填列。

2. 负债类项目

（1）"应付短期政府债券"项目，反映政府财政期末尚未偿还的发行期限不超过一年（含一年）的政府债券的本金金额。本项目应当根据"应付短期政府债券"科目下的"应付本金"明细科目的期末余额填列。

（2）"应付利息"项目，反映政府财政期末尚未支付的应付利息金额。本项目应当根据"应付短期政府债券""借入款项""应付地方政府债券转贷款""应付主权外债转贷款"科目下的"应付利息"明细科目期末余额及属于分期付息到期还本的"应付长期政府债券"的"应付利息"明细科目余额计算填列。

（3）"应付国库集中支付结余"项目，反映政府财政期末尚未支付的国库集中支付结余金额。本项目应当根据"应付国库集中支付结余"科目的期末余额填列。

（4）"与上级往来"项目，余额为正数反映本级政府财政期末欠上级政府财政的款项金额；余额为负数反映上级政府财政欠本级政府财政的款项金额。本项目应当根据"与上级往来"科目的期末余额填列，如为借方余额则以负数填列。

（5）"其他应付款"项目，反映政府财政期末尚未支付的其他应付款金额。本项目应当根据"其他应付款"科目的期末余额填列。

（6）"应付代管资金"项目，反映政府财政期末尚未支付的代管资金金额。本项目应当根据"应付代管资金"科目的期末余额填列。

（7）"一年内到期的非流动负债"项目，反映政府财政期末承担的一年以内（含一年）到偿还期的非流动负债。本项目应当根据"应付长期政府债券""借入款项""应付地方政府债券转贷款""应付主权外债转贷款""其他负债"等科目的期末余额及债务管理部门提供的资料分析填列。

（8）"应付长期政府债券"项目，反映政府财政期末承担的偿还期限超过一年的长期政府债券的本金金额及到期一次还本付息的长期政府债券的应付利息金额。本项目应当根据"应付长期政府债券"科目的期末余额分析填列。

（9）"应付地方政府债券转贷款"项目，反映政府财政期末承担的偿还期限超过一年的地方政府债券转贷款的本金金额。本项目应当根据"应付地方政府债券转贷款"科目下"应付本金"明细科目的期末余额分析填列。

（10）"应付主权外债转贷款"项目，反映政府期末承担的偿还期限超过一年的主权外债转贷款的本金金额。本项目应当根据"应付主权外债转贷款"科目下"应付本金"明细科目的期末余额分析填列。

（11）"借入款项"项目，反映政府财政期末承担的偿还期限超过一年的借入款项的本金金额。本项目应当根据"借入款项"科目下"应付本金"明细科目的期末余额分析填列。

（12）"其他负债"项目，反映政府财政期末承担的偿还期限超过一年的其他负债金额。本项目应当根据"其他负债"科目的期末余额分析填列。

3. 净资产类项目

（1）"一般公共预算结转结余"项目，反映政府财政期末滚存的一般公共预算结转金额。本项目应当根据"一般公共预算结转结余"科目的期末余额填列。

（2）"政府性基金预算结转结余"项目，反映政府财政期末滚存的政府性基金预算结转结余金额。本项目应当根据"政府性基金预算结转结余"科目的期末余额填列。

（3）"国有资本经营预算结转结余"项目，反映政府财政期末滚存的国有资本经营预算结转结余金额。本项目应当根据"国有资本经营预算结转结余"科目的期末余额填列。

（4）"财政专户管理资金结余"项目，反映政府财政期末滚存的财政专户管理资金结余金额。本项目应当根据"财政专户管理资金结余"科目的期末余额填列。

（5）"专用基金结余"项目，反映政府财政期末滚存的专用基金结余金额。本项目应当根据"专用基金结余"科目的期末余额填列。

（6）"预算稳定调节基金"项目，反映政府财政期末预算稳定调节基金的余额。本项目应当根据"预算稳定调节基金"科目的期末余额填列。

（7）"预算周转金"项目，反映政府财政期末预算周转金的余额。本项目应当根据"预算周转金"科目的期末余额填列。

（8）"资产基金"项目，反映政府财政期末持有的应收地方政府债券转贷款、应收主权外债转贷款、股权投资和应收股利等资产在净资产中占用的金额。本项目应当根据"资产基金"科目的期末余额填列。

（9）"待偿债净资产"项目，反映政府财政期末因承担应付短期政府债券、应付长期政府债券、借入款项、应付地方政府债券转贷款、应付主权外债转贷款、其他负债等负债相应需在净资产中冲减的金额。本项目应当根据"待偿债净资产"科目的期末借方余额以负数填列。

第三节 收入支出表

一、收入支出表的概念和结构

收入支出表示反映政府财政在某一会计期间各类财政资金收支余情况的报表。收入支出表根据资金性质按照收入、支出、结转结余的构成分类、分项列示，具体格式参考表9-2。

表9-2 收入支出表

会财政02表

编制单位： 年 月 单位：元

项目	一般公共预算		政府性基金预算		国有资本经营预算		财政专户管理资金		专用基金	
	本月数	本年累计数	本月数	本年累计数	本月数	本年累计数	本月数	本年累计数	本月数	本年累计数
年初结转结余										
收入合计										
本级收入										

续表

项目	一般公共预算 本月数	一般公共预算 本年累计数	政府性基金预算 本月数	政府性基金预算 本年累计数	国有资本经营预算 本月数	国有资本经营预算 本年累计数	财政专户管理资金 本月数	财政专户管理资金 本年累计数	专用基金 本月数	专用基金 本年累计数
其中：来自预算安排的收入	—	—	—	—	—	—	—	—	—	—
补助收入					—	—	—	—	—	—
上解收入					—	—	—	—	—	—
地区间援助收入			—	—	—	—	—	—	—	—
债务收入							—	—	—	—
债务转贷收入							—	—	—	—
动用预算稳定调节基金			—	—	—	—	—	—	—	—
调入资金									—	—
支出合计										
本级支出										
其中：权责发生制列支							—	—	—	—
预算安排专用基金的支出			—	—	—	—	—	—	—	—
补助支出							—	—	—	—
上解支出							—	—	—	—
地区间援助支出			—	—	—	—	—	—	—	—
债务还本支出							—	—	—	—
债务转贷支出							—	—	—	—
安排预算稳定调节基金			—	—	—	—	—	—	—	—
调出资金									—	—
结转结余										
其中：增设预算周转金			—	—	—	—	—	—	—	—
年末结转结余										

注：表中有"—"的部分表示不必填列

二、收入支出表的编制方法

（一）"本月数"栏和"本年累计数"栏的含义

1. "本月数"栏的含义

"本月数"栏表示各项目本月的实际发生数。编制年度收入支出表时，应将"本月数"栏改为"上年数"栏，反映上年度各项目的实际发生数；如果本年度收入支出表规定的各个项目名称和内容同上年度不一致，应对上年度收入支出表各项目的名称和数字按照本年度的规定进行调整，填入本年度收入支出表的"上年数"栏。

2. "本年累计数"栏的含义

"本年累计数"栏反映各项目自年初起至报告期末止的累计实际发生数。编制年度收入支出表时，应当将本栏改为"本年数"。

（二）"本月数"栏各项目的内容和填列方法

（1）"年初结转结余"项目，反映政府财政本年初各类资金结转结余的金额。其中，一般公共预算的"年初结转结余"应当根据"一般公共预算结转结余"科目的年初余额填列；政府性基金预算的"年初结转结余"应当根据"政府性基金预算结转结余"科目的年初余额填列；国有资本经营预算的"年初结转结余"应当根据"国有资本经营预算结转结余"科目的年初余额填列；财政专户管理资金的"年初结转结余"应当根据"财政专户管理资金结余"科目的年初余额填列；专用基金的"年初结转结余"应当根据"专用基金结余"科目的年初余额填列。

（2）"收入合计"项目，反映政府财政本期取得的各类资金的收入合计金额。其中，一般公共预算的"收入合计"应当根据属于一般公共预算的"本级收入""补助收入""上解收入""地区间援助收入""债务收入""债务转贷收入""动用预算稳定调节基金""调入资金"各行项目金额的合计填列；政府性基金预算的"收入合计"应当根据属于国有资本经营预算的"本级收入""补助收入""上解收入""债务收入""债务转贷收入""调入资金"各行项目金额的合计填列；国有资本经营预算的"收入合计"应当根据属于国有资本经营预算的"本级收入"项目的金额填列；财政专户管理资金的"收入合计"应当根据属于财政专户管理资金的"本级收入"项目的金额填列；专用基金的"收入合计"应当根据属于专用基金的"本级收入"项目的金额填列。

（3）"本级收入"项目，反映政府财政本期取得的各类资金的本级收入金额。其中，一般公共预算的"本级收入"应当根据"一般公共预算本级收入"科目的本期发生额填列；政府性基金预算的"本级收入"应当根据"政府性基金预算本级收入"科目的本期发生额填列；国有资本经营预算的"本级收入"应当根据"国有资本经营预算本级收入"科目的本期发生额填列；财政专户管理资金的"本级收入"应当根据"财政专户管理资金收入"科目的本期发生额填列；专用基金的"本级收入"应当根据"专用基金收入"科目的本期发生额填列。

（4）"补助收入"项目，反映政府财政本期取得的各类资金的补助收入金额。其中，一般公共预算的"补助收入"应当根据"补助收入"科目下的"一般公共预算补助收入"明细科目的本期发生额填列；政府性基金预算的"补助收入"应当根据"补助收入"科目下的"政府性基金预算补助收入"明细科目的本期发生额填列。

（5）"上解收入"项目，反映政府财政本期取得的各类资金的上解收入金额。其中，一般公共预算"上解收入"应当根据"上解收入"科目下的"一般公共预算上解收入"明细科目的本期发生额填列；政府性基金预算的"上解收入"应当根据"补助收入"科目下的"政府性基金预算上解收入"明细科目的本期发生额填列。

（6）"地区间援助收入"项目，反映政府财政本期取得的地区间援助收入金额。本项目应当根据"地区间援助收入"科目的本期发生额填列。

（7）"债务收入"项目，反映政府财政本期取得的债务收入金额。其中，一般公共预算的"债务收入"应当根据"债务收入"科目下除"专项债务收入"以外的其他明细科目的本期发生额填列；政府性基金预算的"债务收入"应当根据"债务收入"科目下的"专项债务收入"明细科目的本期发生额填列。

（8）"债务转贷收入"项目，反映政府财政本期取得的债务转贷收入金额。其中，一般公共预算的"债务转贷收入"应当根据"债务转贷收入"科目下"地方政府一般债务转贷收入"明细科目的本期发生额填列；政府性基金预算的"债务转贷收入"应当根据"债务转贷收入"科目下的"地方政府专项债务转贷收入"明细科目的本期发生额填列。

（9）"动用预算稳定调节基金"项目，反映政府财政本期调用的预算稳定调节基金金额。本项目应当根据"动用预算稳定调节基金"科目的本期发生额填列。

（10）"调入资金"项目，反映政府财政本期取得的调入资金金额。其中，一般公共预算的"调入资金"应当根据"调入资金"科目下的"一般公共预算调入资金"明细科目的本期发生额填列；政府性基金预算的"调入资金"应当根据"调入资金"科目下"政府性基金预算调入资金"明细科目的本期发生额填列。

（11）"支出合计"项目，反映政府财政本期发生的各类资金的支出合计金额。其中，一般公共预算的"支出合计"应当根据属于一般公共预算的"本级支出""补助支出""上解支出""地区间援助支出""债务还本支出""债务转贷支出""安排预算稳定调节基金""调出资金"各行项目金额的合计填列；政府性基金预算的"支出合计"应当根据属于政府性基金预算的"本级支出""补助支出""上解支出""债务还本支出""债务转贷支出""调出资金"项目金额的合计填列；国有资本经营预算的"支出合计"应当根据属于国有资本经营预算的"本级支出""调出资金"项目金额的合计填列；财政专户管理资金的"支出合计"应当根据属于财政专户管理资金的"本级支出"项目的金额填列；专用基金的"收支合计"应当根据属于专用基金的"本级支出"项目的金额填列。

（12）"补助支出"项目，反映政府财政本期发生的各类资金的补助支出金额。其中，一般公共预算的"补助支出"应当根据"补助支出"科目下的"一般公共预算补助支出"明细科目的本期发生额填列；政府性基金预算的"补助支出"应当根据"补助支出"科目下的"政府性基金预算补助支出"明细科目的本期发生额填列。

（13）"上解支出"项目，反映政府财政本期发生的各类资金的上解支出金额。其中，一般公共预算的"上解支出"应当根据"上解支出"科目下的"一般公共预算上解支出"明细科目的本期发生额填列；政府性基金预算的"上解支出"应当根据"上解支出"科目下的"政府性基金预算上解支出"明细科目的本期发生额填列。

（14）"地区间援助支出"项目，反映政府财政本期发生的地区间援助支出金额。本项目应当根据"地区间援助支出"科目的本期发生额填列。

（15）"债务还本支出"项目，反映政府财政本期发生的债务还本支出金额。其中，一般公共预算的"债务还本支出"应当根据"债务还本支出"科目下除"专项还本债务支出"以外的其他明细科目的本期发生额填列；政府性基金预算的"债务还本支出"应当根据"债务还本支出"科目下的"专项债务还本支出"明细科目的本期发生额填列。

（16）"债务转贷支出"项目，反映政府财政本期发生的债务转贷支出金额。其中，一般公共预算的"债务转贷支出"应当根据"债务转贷支出"科目下"地方政府一般债务转贷支出"明细科目的本期发生额填列；政府性基金预算的"债务转贷支出"应当根据"债务转贷支出"科目下的"地方政府专项债务转贷支出"明细科目的本期发生额填列。

（17）"安排预算稳定调节基金"项目，反映政府财政本期安排的预算稳定调节基金金额。本项目根据"安排预算稳定调节基金"科目的本期发生额填列。

（18）"调出资金"项目，反映政府财政本期发生的各类资金的调出资金金额。其中，一般公共预算的"调出金额"应当根据"调出资金"科目下"一般公共预算调出资金"明细科目的本期发生额填列；政府性基金预算的"调出资金"应当根据"调出资金"科目下的"政府性基金预算调出资金"明细科目的本期发生额填列；国有资本经营预算的"调出资金"应当根据"调出资金"科目下"国有资本经营预算调出资金"明细科目的本期发生额填列。

（19）"增设预算周转金"项目，反映政府财政本期设置和补充预算周转金的金额。本项目应当根据"预算周转金"科目的本期贷方发生额填列。

（20）"年末结转结余"项目，反映政府财政本年末的各类资金的结转结余金额。其中，一般公共预算的"年末结转结余"应当根据"一般公共预算结转结余"科目的年末余额填列；政府性基金预算的"年末结转结余"应当根据"政府性基金预算结转结余"科目的年末余额填列；国有资本经营预算的"年末结转结余"应当根据"国有资本经营预算结转结余"科目的年末余额填列；财政专户管理资金的"年末结转结余"应当根据"财政专户管理资金结余"科目的年末余额填列；专用基金的"年末结转结余"应当根据"专用基金结余"科目的年末余额填列。

第四节　预算执行情况表与收支情况表

一、预算执行情况表

预算执行情况表通常是反映政府财政年度预算收支执行情况的报表，包括一般公共预算执行情况表、政府性基金预算执行情况表和国有资本经营预算执行情况表等。

（一）一般公共预算执行情况表

1. 一般公共预算执行情况表的概念及结构

一般公共预算执行情况表是反映政府财政在某一会计期间一般公共预算收支执行结果的报表，按照当年《政府收支分类科目》中一般公共预算收支科目列示，具体格式参照表9-3。

表9-3　一般公共预算执行情况表

会财政03-1表

编制单位：　　　　　　　　　　年　月　旬　　　　　　　　　　单位：元

项目	本月（旬）数	本年（月）累计数
一般公共预算本级收入		
101 税收收入		

续表

项目	本月（句）数	本年（月）累计数
10101 增值税		
1010101 国内增值税		
……		
一般公共预算本级支出		
201 一般公共服务支出		
20101 人大事务		
2010101 行政运行		
……		

2. 一般公共预算执行情况表的编制方法及说明

（1）"一般公共预算本级收入"项目及所属各明细项目，根据"一般公共预算本级收入"科目及所属各明细科目的本期发生额填列。

（2）"一般公共预算本级支出"项目及所属各明细项目，根据"一般公共预算本级支出"科目及所属各明细科目的本期发生额填列。

（二）政府性基金预算执行情况表

1. 政府性基金预算执行情况表的概念及结构

政府性基金预算执行情况表是反映政府财政在某一会计期间政府性基金预算收支执行结果的报表，按照当年《政府收支分类科目》中政府性基金预算收支科目列示，具体格式参见表9-4。

表9-4 政府性基金预算执行情况表

会财政03-2表

编制单位： 　　　　　　　年　月　旬 　　　　　　　单位：元

项目	本月（句）数	本年（月）累计数
政府性基金预算本级收入		
10301 政府性基金收入		
1030102 农网还贷资金收入		
103010201 中央农网还贷资金收入		
……		
政府性基金预算本级支出		
206 科学技术支出		
20610 核电站乏燃料处理处置基金支出		
2061001 乏燃料运输		
……		

2. 政府性基金预算执行情况表的编制方法及说明

（1）"政府性基金预算本级收入"项目及所属各明细项目，根据"政府性基金预算本级收入"科目及所属各明细科目的本期发生额填列。

（2）"政府性基金预算本级支出"项目及所属各明细项目，应当根据"政府性基金预算本级支出"科目及所属各明细科目的本期发生额填列。

（三）国有资本经营预算执行情况表

1. 国有资本经营预算执行情况表的概念与结构

国有资本经营预算执行情况表是反映政府财政在某一会计期间国有资本经营预算收支执行结果的报表。按照当年《政府收支分类科目》中国有资本经营预算收支科目列示，具体格式参见表9-5。

表9-5 国有资本经营预算执行情况表

会财政03-3表
编制单位：　　　　　　　　　　　　年　月　旬　　　　　　　　　　　　单位：元

项　　目	本月（旬）数	本年（月）累计数
国有资本经营预算本级收入		
10306 国有资本经营收入		
1030601 利润收入		
103060103 烟草企业利润收入		
……		
国有资本经营预算本级支出		
208 社会保障和就业支出		
20804 补充全国社会保障基金		
2080451 国有资本经营预算补充社保基金支出		
……		

2. 国有资本经营预算执行情况表的编制方法及说明

（1）"国有资本经营预算本级收入"项目及所属各明细项目，应当根据"国有资本经营预算本级收入"科目及所属各明细科目的本期发生额填列。

（2）"国有资本经营预算本级支出"项目及所属各明细项目，应当根据"国有资本经营预算本级支出"科目及所属各明细科目的本期发生额填列。

二、收支情况表

收支情况表主要包括财政专户管理资金收支情况表和专用基金收支情况表等。

(一)财政专户管理资金收支情况表

1. 财政专户管理资金收支情况表的概念及结构

财政专户管理资金收支情况表是反映政府财政在某一会计期间纳入财政专户管理的财政专户管理资金全部收支情况的报表,按照相关政府收支分类科目列示,具体格式参见表9-6。

表 9-6 财政专户管理资金收支情况表

会财政04表

编制单位:　　　　　　　　　　　年　月　　　　　　　　　　　单位:元

项目	本月数	本年累计数
财政专户管理资金收入		
财政专户管理资金支出		

2. 财政专户管理资金收支情况表的编制方法及说明

(1)"财政专户管理资金收入"项目及所属各明细项目,应当根据"财政专户管理资金收入"科目及所属各明细科目的本期发生额填列。

(2)"财政专户管理资金支出"项目及所属各明细项目,应当根据"财政专户管理资金支出"科目及所属各明细科目的本期发生额填列。

(二)专用基金收支情况表

1. 专用基金收支情况表的概念及结构

专用基金收支情况表是反映政府财政在某一会计期间专用基金全部收支情况的报表,按照不同类型的专用基金分别列示,具体格式参见表9-7。

表 9-7 专用基金收支情况表

会财政05表

编制单位:　　　　　　　　　　　年　月　　　　　　　　　　　单位元

项目	本月数	本年累计数
专用基金收入		

续表

项　　目	本月数	本年累计数
粮食风险基金		
……		
专用基金支出		
粮食风险基金		
……		

2. 专用基金收支情况表的编制方法及说明

（1）"专用基金收入"项目及所属各明细项目，应当根据"专用基金收入"科目及所属各明细科目的本期发生额填列。

（2）"专用基金支出"项目及所属各明细项目，应当根据"专用基金支出"科目及所属各明细科目的本期发生额填列。

第五节　会计报表附注与决算草案编审

一、会计报表附注

会计报表附注是指对在报表中列示项目的文字描述或明细资料及对未能在会计报表中列示项目的说明。财政总预算会计报表附注应当至少披露下列内容。

（1）遵循《财政总预算会计制度》的声明。

（2）本级政府财政预算执行情况和财务状况的说明。

（3）会计报表中列示的重要项目的进一步说明，包括其主要构成、增减变动情况等。

（4）或有负债情况的说明。

（5）有助于理解和分析会计报表的其他需要说明的事项。

二、决算草案编审

财政总预算会计年度报表反映年度预算收支的最终结果和财务状况。财政总预算会计参与或具体负责组织下列决算草案编审工作。

（1）参与组织制定决算草案编审办法。根据上一级政府财政的统一要求和本行政区域预算管理的需要，提出年终收支清理、数字编列口径、决算审查和组织领导等具体要求，并对财政结算、结余处理等具体问题制定管理办法。

（2）根据上级政府财政的要求，结合本行政区域的具体情况制定本行政区域政府财政总预算统一表格。

（3）办理全年各项收支、预拨款项、往来款项等会计对账、结账工作。

（4）对下级政府财政布置决算草案编审工作，指导、监督其及时汇总报送决算。

（5）审核、汇总所属财政部门总决算草案，向上级政府财政部门报送本辖区汇总的财政总决算草案。

（6）编制决算说明和决算分析报告，向上级政府财政汇报决算编审工作情况，进行上下级政府财政之间的财政体制结算及财政总决算的文件归档工作。

（7）各级政府财政应将汇总编制的本级决算草案及时报本级政府审定。各级政府财政应按照上级政府财政部门的要求，将经本级人民政府审定的本行政区域决算草案逐级及时报送备案。计划单列市的财政决算，除按规定报送财政部外，应按所在省的规定报所在省。

具体的决算编审工作，按照财政决算管理部门的相关规定执行。

第三篇　行政事业单位会计

第十章

行政事业单位会计核算

第一节 行政事业单位预算和财务管理

一、行政事业单位的概念及其种类

在行政事业单位会计中,行政单位泛指各级各类国家机关和政党组织,其结构图如图10-1所示。

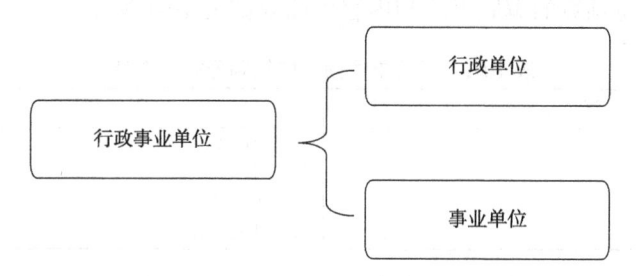

图 10-1 行政事业单位结构图

行政单位具体可以包括以下几类。
(1)各级人民代表大会及其常务委员会机关。
(2)各级人民政府及其所属工作机构。
(3)中国人民政治协商会议各级委员会机关。
(4)各级审判机关。
(5)各级检察机关。
(6)中国共产党各级机关。
(7)各民主党派和工商联的各级机关。

事业单位泛指由政府举办的各级各类向社会提供公益服务的组织。在现行实务中,按照不同的行业,常见的事业单位主要包括以下种类。

（1）中小学校。
（2）高等学校。
（3）医院。
（4）基层医疗卫生机构。
（5）文化事业单位。
（6）文物事业单位。
（7）科学事业单位。
（8）广播电视事业单位。
（9）体育事业单位。

二、行政事业单位预算

（1）行政事业单位预算收支构成如图10-2所示。

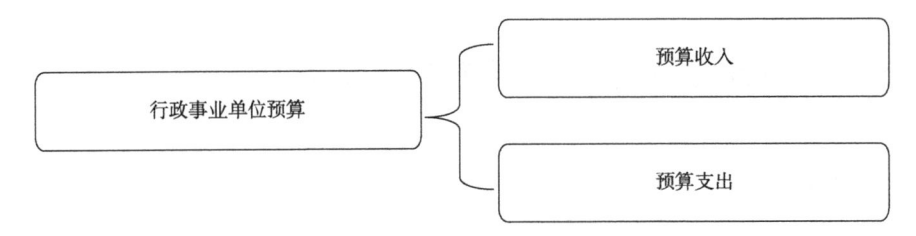

图 10-2　行政事业单位预算收支构成图

（2）行政单位预算的编制形式和内容可简要如表10-1所示。

表 10-1　行政单位预算的编制形式和内容

预算收入	预算支出
一、财政拨款预算收入 二、非同级财政拨款预算收入 三、其他预算收入	一、行政支出 1. 基本支出 2. 项目支出 二、其他支出

（3）事业单位预算的编制形式和内容可简要如表10-2所示。

表 10-2　事业单位预算的编制形式和内容

预算收入	预算支出
一、财政拨款预算收入 二、事业预算收入 三、上级补助预算收入 四、附属单位上缴预算收入 五、经营预算收入 六、债务预算收入 七、非同级财政拨款原始收入 八、投资预算收益 九、其他预算收入	一、事业支出 1. 基本支出 2. 项目支出 二、经营支出 三、上缴上级支出 四、对附属单位补助支出 五、投资支出 六、债务还本支出 七、其他支出

三、行政事业单位财务管理

行政事业单位财务管理可以包括单位预算管理、收入管理、支出管理、结转和结余管理、资产管理、负债管理及财务报告和财务分析等内容。

因此，行政事业单位财务管理涉及的范围比预算管理大，内容也相应比预算管理丰富。但行政事业单位预算管理是其进行财务管理的基本依据，如图10-3所示。

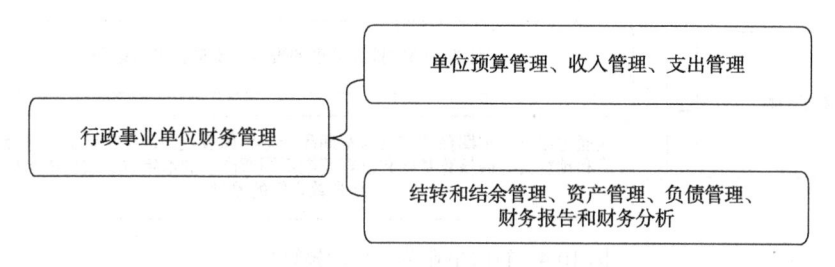

图10-3 财务管理构成图

第二节 行政事业单位会计概述

一、行政事业单位会计及其特点

行政事业单位会计是适用于各级各类行政事业单位财务活动的一门专业会计。行政事业单位会计具有以下主要特点。

（1）行政事业单位会计的主体是各级各类行政事业单位。

（2）行政事业单位会计需要详细反映单位预算执行情况。

（3）行政事业单位会计需要反映单位财务状况。

（4）行政事业单位会计采用财务会计和预算会计适度分离并相互衔接的会计核算模式。

其中，适度分离是指适度分离行政事业单位预算会计和财务会计功能。相互衔接是指在同一会计核算系统中，行政事业单位预算会计要素和相关财务会计要素相互协调，决算报告和财务报告相互补充，共同反映行政事业单位的预算执行信息和财务信息。

二、行政事业单位会计科目设置的特点

1. 行政事业单位会计核算模式

行政事业单位会计核算包括以下三种模式（图10-4）。

（1）双体系：会计核算具备财务会计和预算会计双重功能，实现了财务会计和预算会计适度分离和相互衔接。

（2）双基础：财务会计实行权责发生制，预算会计实行收付实现制。

（3）双目标：全面、清晰反映单位财务信息和预算执行信息。

```
┌─────────┐   ┌──────────────────────────────────────────────────┐
│         │───│ 双体系，即在同一会计核算系统中实现财务会计和预算会计双重功能 │
│         │   └──────────────────────────────────────────────────┘
│ 适度分离 │───┤ 双基础，即财务会计采用权责发生制，预算会计采用收付实现制 │
│         │   ┌──────────────────────────────────────────────────┐
│         │───│ 双目标，即通过财务会计核算形成财务报告，通过预算会计核算 │
│         │   │              形成决算报告                         │
└─────────┘   └──────────────────────────────────────────────────┘

┌─────────┐   ┌──────────────────────────────────────────────────┐
│         │───│ 对纳入部门预算管理的现金收支进行平行记账          │
│ 相互衔接 │   ┌──────────────────────────────────────────────────┐
│         │───│ 通过编制"本期预算结余与本期盈余差异调节表"，反映单位财务会计│
│         │   │ 和预算会计因核算基础和核算范围不同所产生的本年盈余数与本年预算│
│         │   │ 结余数之间的差异                                  │
└─────────┘   └──────────────────────────────────────────────────┘
```

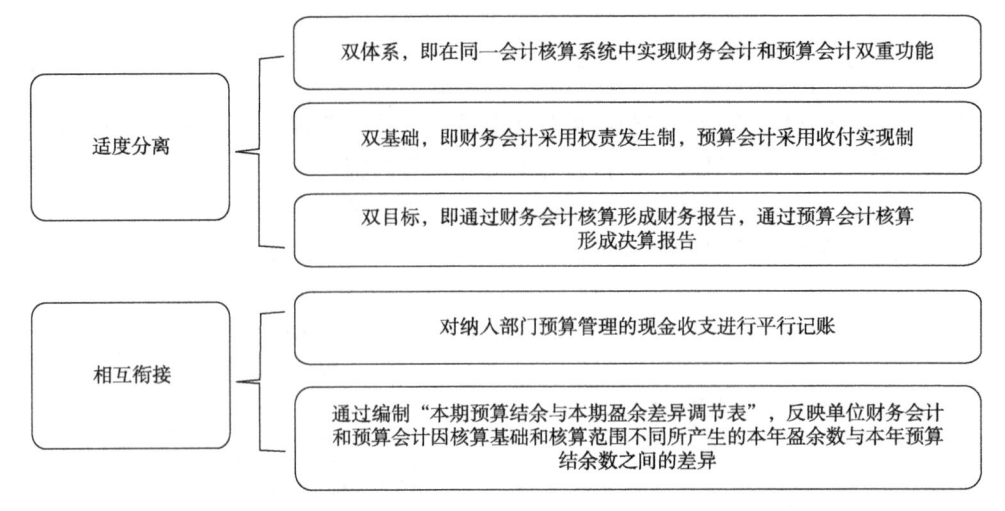

图 10-4 行政事业单位会计核算模式

2. 平行记账

所有的业务都需要进行财务核算。纳入预算管理的现金收支业务，在进行财务核算的同时，还需要进行预算会计核算。

特点：双体系下的"5+3"会计要素。

（1）财务会计要素：资产、负债、净资产、收入、支出。

（2）预算会计要素：预算收入、预算支出、预算结余。

（3）科目一共 103 个。其中财务会计科目 77 个，其中包括：资产类 35 个，负债类 16 个，净资产类 7 个，收入类 11 个，支出类 8 个。预算会计科目 26 个，其中包括：预算收入类 9 个，预算支出类 8 个，预算结余类 9 个，如表 10-3 所示。

表 10-3 行政事业单位会计科目

序号	科目编号	科目名称
一、财务会计科目		
（一）资产类		
1	1001	库存现金
2	1002	银行存款
3	1011	零余额账户用款额度
4	1021	其他货币资金
5	1101	短期投资
6	1201	财政应返还额度
7	1211	应收票据
8	1212	应收账款
9	1214	预付账款
10	1215	应收股利
11	1216	应收利息

续表

序号	科目编号	科目名称
12	1218	其他应收款
13	1219	坏账准备
14	1301	在途物品
15	1302	库存物品
16	1303	加工物品
17	1401	待摊费用
18	1501	长期股权投资
19	1502	长期债券投资
20	1601	固定资产
21	1602	固定资产累计折旧
22	1611	工程物资
23	1613	在建工程
24	1701	无形资产
25	1702	无形资产累计摊销
26	1703	研发支出
27	1801	公共基础设施
28	1802	公共基础设施累计折旧（摊销）
29	1811	政府储备物资
30	1821	文物文化资产
31	1831	保障性住房
32	1832	保障性住房累计折旧
33	1891	受托代理资产
34	1901	长期待摊费用
35	1902	待处理财产损溢
（二）负债类		
36	2001	短期借款
37	2101	应交增值税
38	2102	其他应交税费
39	2103	应缴财政款
40	2201	应付职工薪酬
41	2301	应付票据
42	2302	应付账款
43	2303	应付政府补贴款
44	2304	应付利息
45	2305	预收账款
46	2307	其他应付款
47	2401	预提费用
48	2501	长期借款

续表

序号	科目编号	科目名称
49	2502	长期应付款
50	2601	预计负债
51	2901	受托代理负债
(三) 净资产类		
52	3001	累计盈余
53	3101	专用基金
54	3201	权益法调整
55	3301	本期盈余
56	3302	本年盈余分配
57	3401	无偿调拨净资产
58	3501	以前年度盈余调整
(四) 收入类		
59	4001	财政拨款收入
60	4101	事业收入
61	4201	上级补助收入
62	4301	附属单位上缴收入
63	4401	经营收入
64	4601	非同级财政拨款收入
65	4602	投资收益
66	4603	捐赠收入
67	4604	利息收入
68	4605	租金收入
69	4609	其他收入
(五) 支出类		
70	5001	业务活动费用
71	5101	单位管理费用
72	5201	经营费用
73	5301	资产处置费用
74	5401	上缴上级费用
75	5501	对附属单位补助费用
76	5801	所得税费用
77	5901	其他费用
二、预算会计科目		
(一) 预算收入类		
1	6001	财政拨款预算收入
2	6101	事业预算收入
3	6201	上级补助预算收入
4	6301	附属单位上缴预算收入

续表

序号	科目编号	科目名称
5	6401	经营预算收入
6	6501	债务预算收入
7	6601	非同级财政拨款预算收入
8	6602	投资预算收益
9	6609	其他预算收入
（二）预算支出类		
10	7101	行政支出
11	7201	事业支出
12	7301	经营支出
13	7401	上缴上级支出
14	7501	对附属单位补助支出
15	7601	投资支出
16	7701	债务还本支出
17	7901	其他支出
（三）预算结余类		
18	8001	资金结存
19	8101	财政拨款结转
20	8102	财政拨款结余
21	8201	非财政拨款结转
22	8202	非财政拨款结余
23	8301	专业结余
24	8401	经营结余
25	8501	其他结余
26	8701	非财政拨款结余分配

第十一章

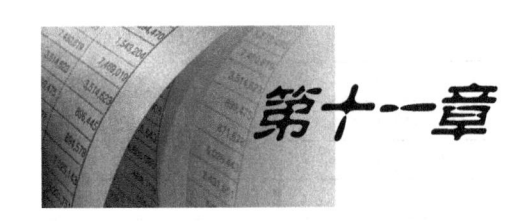

资产的会计核算

第一节 货币资金

行政事业单位的货币资金包括库存现金、银行存款、零余额账户用款额度和其他货币资金。

一、库存现金

（一）库存现金的管理

库存现金是指存于单位内部用于日常零星开支的货币资金。在行政事业单位的所有资产中，库存现金最容易直接转化为其他资产，流动性最强，因此加强现金的管理对保护其安全、完整，防止意外或损失有着极为重要的意义。行政事业单位对现金的管理包括外部约束制度和内部控制制度，共分为六方面内容。

1. 现金使用范围的限定

国务院《现金管理暂行条例》对现金的用途进行了规定，除该限定范围内的开支可以用现金支付外，其他开支必须通过银行转账支付。《现金管理暂行条例》规定的现金使用范围为以下几点。

（1）支付职工工资、各种工资性津贴。

（2）支付个人劳务报酬，包括稿费、讲课费及其他专门工作报酬。

（3）支付给个人的奖金，包括根据国家规定颁发给个人的各种科学技术、文化艺术、体育等各种奖金。

（4）各种劳保、福利费用及国家规定的对个人的其他现金支出。

（5）向个人收购农副产品和其他物资支付的价款。

（6）出差人员必须随身携带的差旅费。

（7）现金支付结算起点以下的零星支出。

（8）中国人民银行确定需要支付现金的其他支出。

目前行政事业单位的职工工资和各种津贴、奖金、福利费用等可以采用财政直接支付或授权支付方式支付，行政事业单位使用现金的范围越来越小。

2. 库存现金的限额管理

行政事业单位为了应付日常的零星开支，需要经常保持一定数量的库存现金。为防止现金积压，国家银行对各行政事业单位实行限额管理，各单位就库存现金的数量提出申请，经开户银行审批，核定限额。行政事业单位不得超出限额提取现金。库存现金限额原则上以5~11天的日常开支量为准。因单位业务量变化需调整库存现金时，应向开户银行申请报批。

3. 不准坐支现金

坐支现金是指从本单位现金收入中直接支付现金。按有关规定，行政事业单位每天收入的现金，必须当天送存银行，不能直接支用，不许任意支用，因特殊情况需要坐支现金的，应事先报开户银行审查批准，由开户银行核定坐支范围和限额，坐支单位应定期向银行报送坐支金额和使用情况。

4. 钱账分管

为了防止各种错误、弊端的发生，各行政事业单位现金的收付、结算、审核、登记等工作，不得由一人从事。应由专职或兼职的出纳员专门负责现金的收付工作，并登记现金日记账，不得兼管收入费用、债权债务的登记工作，也不得兼任稽核和档案保管工作。会计和出纳工作要实行分管，会计管账不管钱，出纳管钱不管账。

5. 严格现金收付手续

行政事业单位办理任何现金收支，都必须以合法的原始凭证作依据。收到现金时，属于各项收入的现金，应给交款人出具正式收据。属于暂付款结算后交回的多余现金，使用借款三联单的由会计人员退还原借据副联，出纳人员不给对方另开收据；不使用借款三联单的，由出纳人员另出具收据。付出现金时，出纳员要在付款的原始凭证上加盖"付讫"戳记，以防止凭证重复报销。在办理现金收付业务中，必须严密手续，防止漏洞，对于收付现金的各种原始单据，根据各单位具体情况，由会计或出纳人员审核，并由出纳人员按月连续编号，作为现金出纳账的顺序号，在现金收支当天入账。

6. 其他规定

行政事业单位现金收支存方面，除了遵守上述几个规定外，还需遵守现金不准借给私人；不准白条抵库；不能编造和谎报用途套取现金；不能将单位的现金收入作为个人储蓄存入银行；不准私设"小金库"保存账外现金；必须如实反映现金库存情况；收付现金时要及时记账；对于每天办理的业务，做到日清月结，保证账款相符。出纳人员在将账面库存与实际库存核对时，如发现长款或短款，应及时查明原因，作出处理等。

（二）库存现金的会计核算

1. 会计科目设置

行政事业单位应当设置"库存现金"科目，对行政事业单位现金的收支情况进行核算，本科目应当设置"受托代理资产"明细科目，核算单位受托代理、代管的现金。"库存现金"科目的借方反映当期行政事业单位库存现金的增加；贷方反映当期行政事业单位库存现金的减少；本科目期末借方余额，反映行政事业单位实际持有的库存现金。

从银行等金融机构提取现金，按照实际提取的金额，借记本科目，贷记"银行存款"科目；将现金存入银行等金融机构，按照实际存入金额，借记"银行存款"科目，贷记本科目。根据规定从单位零余额账户提取现金，按照实际提取的金额，借记本科目，贷记"零余额账户用款额度"科目。

2. 库存现金会计核算

（1）库存现金会计处理如图 11-1 所示。

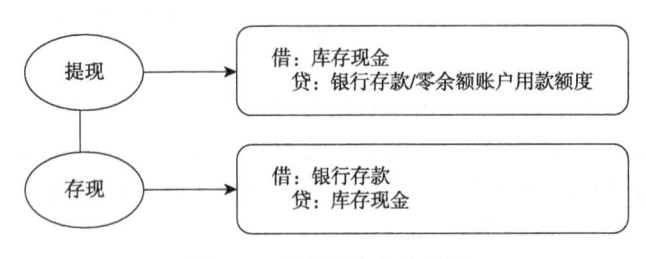

图 11-1 库存现金会计处理

（2）因内部职工出差等原因借出的现金，按照实际借出的现金金额，借记"其他应收款"科目，贷记本科目。出差人员报销差旅费时，按照实际报销的金额作以下会计分录。

借：业务活动费用/单位管理费用等科目
　　贷：其他应收款科目（按照实际借出的现金金额）
借记或贷记：库存现金

以库存现金对外捐赠，按照实际捐出的金额，借记"其他费用"科目，贷记本科目。

（3）因提供服务、物品或者其他事项收到现金，按照实际收到的金额，借记本科目，贷记"事业收入""应收账款"等相关科目。涉及增值税业务的，相关账务处理参见"应交增值税"科目。因购买服务、物品或者其他事项支付现金，按照实际支付的金额，借记"业务活动费用""单位管理费用""库存物品"等相关科目，贷记本科目。涉及增值税业务的，相关账务处理参见"应交增值税"科目，如图 11-2 所示。

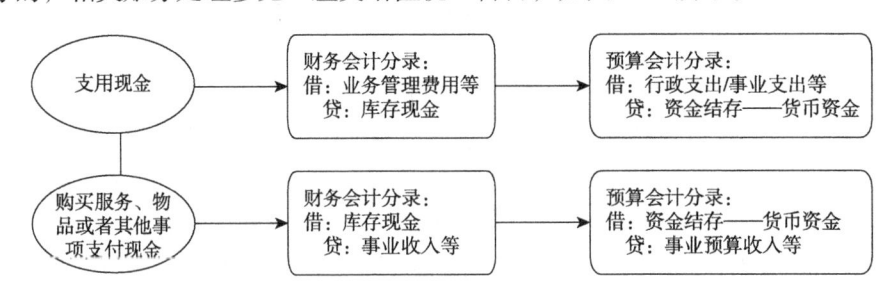

图 11-2 库存现金会计处理

收到受托代理、代管的现金，按照实际收到的金额，借记本科目（受托代理资产），贷记"受托代理负债"科目；支付受托代理、代管的现金，按照实际支付的金额，借记"受托代理负债"科目，贷记本科目（受托代理资产）。

【例 11-1】 某事业单位 2×20 年 6 月发生如下现金收支业务。

①6月5日，开出现金支票从银行提取现金2 200元作为备用金。
其会计分录为
借：库存现金　　　　　　2 200
　　贷：银行存款　　　　　　　2 200
②6月8日，本单位工作人员李宏因公出差预支现金2 000元。其会计分录为
借：其他应收款——李宏　　　2 000
　　贷：库存现金　　　　　　　2 000
③6月16日，用库存现金500元购买办公用品。其会计分录为
借：库存物品　　　　　　500
　　贷：库存现金　　　　　　　500
借：事业支出　　　　　　500
　　贷：资金结存——货币资金　　500
④6月20日，赵伟刚报销差旅费800元，退回现金200元。其会计分录为
借：业务活动费用　　　　800
　　库存现金　　　　　　200
　　贷：其他应收款——赵伟刚　　1000
借：事业支出　　　　　　800
　　贷：资金结存——货币资金　　800
⑤6月26日，将本日超库存现金560元送交银行。其会计分录为
借：银行存款　　　　　　560
　　贷：库存现金　　　　　　　560
⑥10月30日，收到A单位委托代理货币捐赠60 000元，专用于资助贵州经济困难的学生上学。其会计分录为
借：库存现金——受托代理资产　　60 000
　　贷：受托代理负债　　　　　　　60 000

（4）对于从银行提取现金的业务，一般只编制银行付款凭证，不再编制现金收款凭证；将现金存入银行，一般只编制现金付款凭证，不再编制银行收款凭证。行政事业单位应设置"现金日记账"，出纳人员根据收付款凭证逐笔顺序登记。每日业务终了，应计算出现金收入合计数，现金支出合计数和结余数，核对账面结余与实际库存相符后，编制"库存现金日报表"，连同原始凭证送交会计人员复核整理后，填制记账凭证。如果日常现金收支量较大，可以根据汇总记账凭证或科目汇总表定期或月终登记"现金"科目。

行政事业单位有外币现金的，应当分别按照人民币、外币种类设置"现金日记账"进行明细核算。有关外币现金业务的账务处理参见"银行存款"科目。

3. 现金的清查

为了及时准确地反映库存现金的余额，加强监督，保护现金的安全，出纳人员每天应对现金进行清点，单位内部审计人员也应定期检查并不定期地突击抽查清点，将现金实有数与账面金额核对。现金清查的主要手段是实地盘点。清查小组盘点现金时，出纳人员应当在场，盘点后将实存数与账存数核对，并编制"库存现金盘点报告表"，列明实存、账

存和余缺金额。如有余缺，应查明原因，并及时请领导审批。具体会计处理如图 11-3 所示。

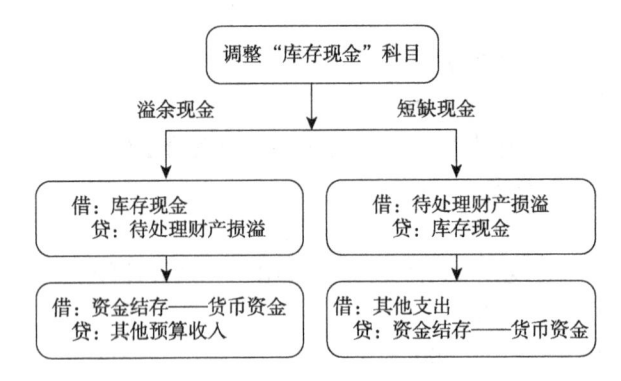

图 11-3　现金实有数与账面金额不符会计处理

二、银行存款

（一）银行存款的概念

银行存款是指核算单位存入银行或者其他金融机构的各种存款。

（二）银行存款的管理

行政事业单位应当严格按照国家有关支付结算办法的规定办理银行存款收支业务，并按照本制度规定核算银行存款的各项收支业务。

1. 银行存款账户的开立

按照《支付结算办法》规定，行政事业单位应在银行开立账户，以办理存款、取款和转账等结算。各单位在办理银行存款开户时，应按银行规定填写"开户申请表"，经上级主管部门或同级财政机关审查同意后，连同盖有单位公章和有权支配款项的个人名章的印鉴卡片一并送开户银行，再经银行审查同意后方可开户。

2. 银行存款账户的管理原则

各开户单位的管理原则如图 11-4 所示。

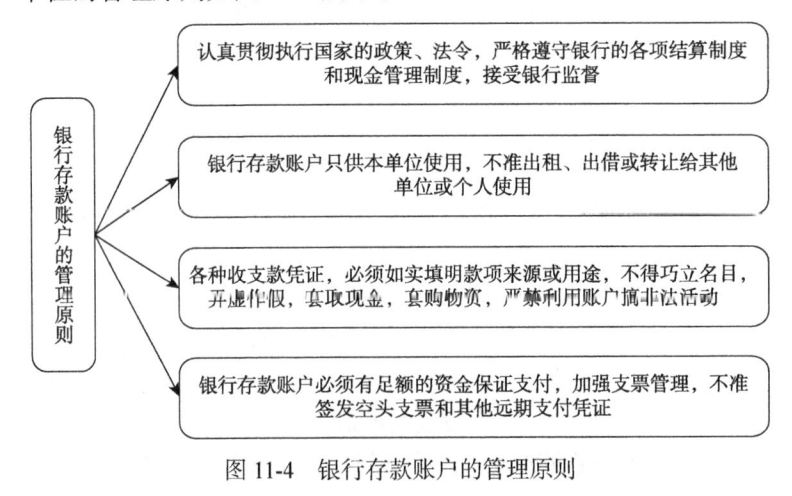

图 11-4　银行存款账户的管理原则

此外，还应重视和银行的对账工作，认真、及时地与银行对账单进行核对，保证账账相符，账款相符。如有不符，要及时与银行查对清楚。

3. 银行结算方式

中国人民银行总行发布的《支付结算办法》规定，现行结算方式有：支票、银行汇票、银行本票、商业汇票、汇兑、委托收款、托收承付七种结算方式。行政事业单位发生的大量资金收付业务，可根据《支付结算办法》的规定，通过上述七种结算方式进行结算。

（三）会计科目设置

行政事业单位设置"银行存款"科目，设置"受托代理资产"明细科目，核算单位受托代理、代管的银行存款。本科目核算单位存入银行或者其他金融机构的各种存款行政事业单位应当设置"银行存款"科目，对行政事业单位存入银行或其他金融机构的各种存款进行核算。"银行存款"科目借方反映当期行政事业单位各种存款的增加；贷方反映当期行政事业单位各种存款的减少；本科目期末借方余额，反映行政事业单位实际存放在银行或其他金融机构的款项。

（四）银行存款的会计核算

1. 核算内容
（1）将款项存入银行或者其他金融机构。
（2）从银行等金融机构提取现金。
（3）银行存款支付相关费用。
（4）收到受托代理、代管的银行存款。

2. 会计核算

具体会计处理如图11-5所示。

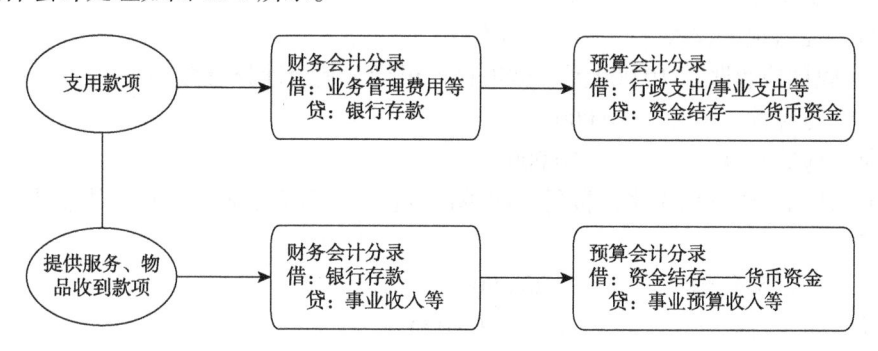

```
支用款项 → 财务会计分录          → 预算会计分录
           借：业务管理费用等         借：行政支出/事业支出等
           贷：银行存款              贷：资金结存——货币资金

提供服务、 → 财务会计分录          → 预算会计分录
物品收到     借：银行存款             借：资金结存——货币资金
款项         贷：事业收入等           贷：事业预算收入等
```

图11-5 银行存款会计处理

将款项存入银行或者其他金融机构，按照实际存入的金额，借记本科目，贷记"库存现金""应收账款""事业收入""经营收入""其他收入"等相关科目。涉及增值税业务的，相关账务处理参见"应交增值税"科目。

收到银行存款利息，按照实际收到的金额，借记本科目，贷记"利息收入"科目。从银行等金融机构提取现金,按照实际提取的金额,借记"库存现金"科目,贷记本科目。

以银行存款支付相关费用,按照实际支付的金额,借记"业务活动费用""单位管理费用""其他费用"等相关科目,贷记本科目。涉及增值税业务的,相关账务处理参见"应交增值税"科目。

以银行存款对外捐赠,按照实际捐出的金额,借记"其他费用"科目,贷记本科目。

收到受托代理、代管的银行存款,按照实际收到的金额,借记本科目(受托代理资产),贷记"受托代理负债"科目,支付受托。

代理、代管的银行存款,按照实际支付的金额,借记"受托代理负债"科目,贷记本科目(受托代理资产)。

【例 11-2】 某事业单位 2×20 年 3 月发生如下银行存款收入业务。

(1) 收到上级拨入事业经费 400 000 元。其会计分录为

财务:

借:银行存款　　　　　　　400 000
　　贷:上级补助收入　　　　　　　400 000

预算:

借:资金结存——货币资金　　　400 000
　　贷:上级补助预算收入　　　　　　　400 000

(2) 销售产品收到销货款 30 000 元,增值税 3 400 元。其会计分录为

财务:

借:银行存款　　　　　　　　　　　　33 400
　　贷:经营收入　　　　　　　　　　　　30 000
　　　　应缴税费——应缴增值税(销项税额)　　3 400

预算:

借:资金结存　　　　　　33 400
　　贷:经营预算收入　　　　　　33 400

(3) 收回应收账款 10 000 元,款项存入银行。其会计分录为

借:银行存款　　　10 000
　　贷:应收账款　　　　10 000

(4) 开出转账支票 1 张,拨付所属单位待核销的经费 200 000 元。其会计分录为

财务:

借:业务活动费用　　　200 000
　　贷:银行存款　　　　　　200 000

预算:

借:事业支出　　　　　　　　　　200 000
　　贷:资金结存——货币资金　　　　　200 000

(5) 开出转账支票 1 张,支付购材料所欠货款 8 500 元。其会计分录为

财务:

借:应付账款　　　8 500

贷：银行存款　　　　　　　8 500
预算：
借：经营支出　　　　　　　　8 500
　　贷：资金结存——货币资金　　8 500
（6）开出转账支票支付购买办公用品款计 2 000 元。其会计分录为
财务：
借：库存物品　　2 000
　　贷：银行存款　　2 000
预算：
借：事业支出　　　　　　　　2 000
　　贷：资金结存——货币资金　　2 000

【例 11-3】　某行政单位 2×20 年 9 月发生以下业务。
（1）9 月 5 日以普通支票转账方式购置办公用品，共计 6 000 元。其会计分录为
财务：
借：库存物品　　6 000
　　贷：银行存款　　6 000
预算：
借：行政支出　　　　　　　　6 000
　　贷：资金结存——货币资金　　6 000
（2）9 月 6 日收到银行存款利息共计 10 000 元。其会计分录为
财务：
借：银行存款　　10 000
　　贷：利息收入　　10 000
预算：
借：资金结存——货币资金　　　　　　10 000
　　贷：其他预算收入——利息预算收入　　10 000
（3）9 月 10 日因办理询证业务支付银行手续费 500 元。其会计分录为
财务：
借：业务活动费用　　500
　　贷：银行存款　　500
预算：
借：行政支出　　　　　　　　500
　　贷：资金结存——货币资金　　500

3. 银行存款日记账

单位应当按照开户银行或其他金融机构、存款种类及币种等，分别设置"银行存款日记账"，由出纳人员根据收付款凭证，按照业务的发生顺序逐笔登记，每日终了应结出余额。

"银行存款日记账"应定期与"银行对账单"核对，至少每月核对一次。月度终了，

单位银行存款日记账账面余额与银行对账单余额之间如有差额,应当逐笔查明原因并进行处理,按月编制"银行存款余额调节表",调节相符。

单位账面余额与银行对账单余额产生差额的原因有二:一是双方记账可能有错误;二是存在未达账项。未达账项是指因凭证在传递过程中,造成单位与银行之间入账时间不一致,一方已经入账而另一方尚未入账的账项。

4. 未达账项的类别

对未达账项进行调节的方法是将本单位"银行存款"的余额和"银行对账单"的余额各自加上对方已收而本单位未收的未达账项,减去对方已付而本单位未付的未达账项以后,检查两方余额是否相等,在实际工作中,对未达账项的调整是通过编制银行存款余额调节表进行的。单位银行存款日记账余额与银行对账单余额:

银行已收单位未收款项   单位已收银行未收款项
单位已付银行未付款项   银行已付单位未付款项

【例 11-4】 某行政单位 2020 年 11 月银行存款日记账余额 340 000 元,银行对账单余额 293 200 元,经过对账发现以下未达账项。

(1)11 月 29 日,单位收到的某制药厂转账支票,该厂捐赠资金 50 000 元,已取得银行进账单回单已入账,银行未收到对方银行的转账凭证,未记单位存款的增加。

(2)11 月 29 日,单位开现金支票支付个人劳务费 1 800 元,单位按支票存根记账,而银行尚未收到支票,未记单位存款的减少。

(3)11 月 30 日银行已经收取的利息费用 2 900 元入账,但单位未拿到银行的收款通知,未记银行存款的增加。

(4)11 月 30 日银行已经支付单位委托银行代付的网络费 1 500 元,银行已经付款入账,单位未收到付款凭证,未记银行存款的减少。

根据上述业务,编制银行存款余额调节表,是找出单位银行存款日记账余额与银行对账单余额不符的原因,不能作为编制记账凭证调整账簿记录的依据。账簿的调整,银行与单位都必须以实际到达的银行结算凭证为依据,只要单位与银行都全部入账了,且没有记账错误,银行存款日记账余额与银行对账单的余额一定相等。

5. 外币存款的会计核算

有外币存款的行政事业单位,应在"银行存款"科目下分人民币和各外币设置"银行存款日记账",进行明细核算。

行政事业单位发生外币业务的,应当按照业务发生当日的即期汇率,将外币金额折算为人民币金额记账,并登记外币金额和汇率。汇率有直接汇率和间接汇率两种表示方法。直接汇率是以一定单位的外国货币可兑换本国货币的金额表示;间接汇率是以一定单位的本国货币可兑换外国货币的金额表示。我国采用直接汇率。

期末(一般是年度终了,外币存款业务量大的机关可按季或月结算),各种外币账户的期末余额,应当按照期末的即期汇率折算为人民币,作为外币账户期末人民币余额。调整后的各种外币账户人民币余额与原账面余额的差额,作为汇兑损益计入当期费用。具体会计处理如图 11-6 所示。

第十一章 资产的会计核算

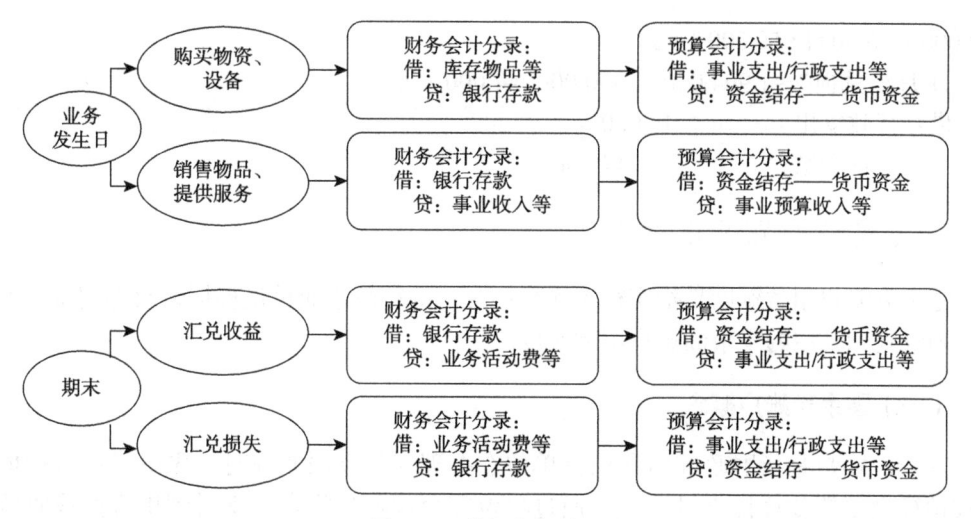

```
            ┌─ 购买物资、   → 财务会计分录:        → 预算会计分录:
            │  设备          借: 库存物品等        借: 事业支出/行政支出等
业务发生日 ─┤                 贷: 银行存款          贷: 资金结存——货币资金
            │
            └─ 销售物品、   → 财务会计分录:        → 预算会计分录:
               提供服务       借: 银行存款          借: 资金结存——货币资金
                              贷: 事业收入等        贷: 事业预算收入等

            ┌─ 汇兑收益     → 财务会计分录:        → 预算会计分录:
            │                 借: 银行存款          借: 资金结存——货币资金
            │                 贷: 业务活动费等      贷: 事业支出/行政支出等
期末 ──────┤
            │
            └─ 汇兑损失     → 财务会计分录:        → 预算会计分录:
                              借: 业务活动费等      借: 事业支出/行政支出等
                              贷: 银行存款          贷: 资金结存——货币资金
```

图 11-6 外汇业务处理

以外币购买物资、设备等，按照购入当日的即期汇率将支付的外币或应支付的外币折算为人民币金额，借记"库存物品"等科目，贷记本科目、"应付账款"等科目的外币账户。涉及增值税业务的，相关账务处理参见"应交增值税"科目。

销售物品、提供服务以外币收取相关款项等，按照收入确认当日的即期汇率，将收取的外币或应收取的外币折算为人民币金额，借记本科目、"应收账款"等科目的外币账户，贷记"事业收入"等相关科目。

期末，根据各外币银行存款账户按照期末汇率调整后的人民币余额与原账面人民币余额的差额，作为汇兑损益，借记或贷记本科目，贷记或借记"业务活动费用""单位管理费用"等科目。

"应收账款""应付账款"等科目有关外币账户期末汇率调整业务的账务处理参照本科目。

【例 11-5】 2×20 年 9 月 1 日某行政单位的美元银行存款账户余额 500 000 美元，共折合人民币 3 300 000 元；9 月 6 日该单位以 200 000 美元的价格从国外购进一批固定资产，当日的汇率为：1 美元=6.53 元人民币；9 月 30 日的汇率为 1 美元=6.50 元人民币。其会计分录为

（1）购进固定资产时：

财务：

借：固定资产　　　　　　　　1 306 000
　　贷：银行存款——美元户　　　　　1 306 000

预算：

借：行政支出　　　　　　　　1 306 000
　　贷：资金结存——货币资金　　　　1 306 000

（2）月底计算汇兑损益时：计算汇兑损益前"银行存款——美元户"的余额=3 300 000-1 306 000=1 994 000（元）；月末美元账户余额折合人民币金额=（500 000-

200 000）×6.50=1 950 000（元）

11月汇兑损失=1 994 000-1 950 000=44 000（元）

借：行政支出　　　　　44 000
　　贷：资金结存　　　　　44 000

三、零余额账户用款额度

零余额账户用款额度是指实行国库集中支付的行政事业单位根据财政部门批复的用款计划收到和支用的零余额账户用款额度。

（一）零余额账户概念

零余额账户是指财政部门和预算单位在办理支付款项业务时，先由代理银行根据财政预算批复拨款凭证支付指令，通过单位零余额账户将资金支付到供应商或收款人账户。支付的资金由代理银行在每天规定的时间内与人民银行通过国库账户进行清算，将当天支付的所有资金从人民银行国库划到代理银行账户，当天轧账后，账户的余额为零。

（二）零余额账户用款额度的会计核算

行政事业单位应当设置"零余额账户用款额度"科目，对实行国库集中支付的行政事业单位根据财政部门批复的用款计划收到和支用的零余额账户用款额度进行核算。本科目期末借方余额，反映行政事业单位尚未支用的零余额账户用款额度。年度终了注销单位零余额账户用款额度后，本科目应无余额。

1. 收到额度

单位收到"财政授权支付到账通知书"时，根据其所列金额，借记本科目，贷记"财政拨款收入"科目，如图11-7所示。

```
财政授权支付方式    财务会计分录：       预算会计分录：
下，收到"财政授权 → 借：零余额账户用款额度 → 借：资金结存——零余额账户用款额度
支付到账通知书"     贷：财政拨款收入      贷：财政拨款预算收入
```

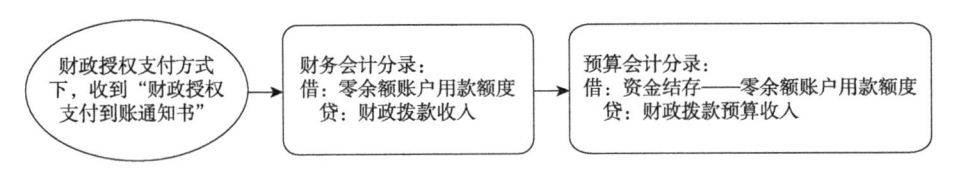

图11-7　财政授权支付方式下零余额账户用款额度会计核算

2. 支用额度

（1）支付日常活动费用时，按照支付的金额，借记"业务活动费用""单位管理费用"等科目，贷记本科目。

（2）购买库存物品或购建固定资产，按照实际发生的成本，借记"库存物品""固定资产""在建工程"等科目，按照实际支付或应付的金额，贷记本科目、"应付账款"等科目。

涉及增值税业务的，相关账务处理参见"应交增值税"科目。

（3）从零余额账户提取现金时，按照实际提取的金额，借记"库存现金"科目，贷记本科目。零余额账户用款额度的支取额度会计核算，如图11-8所示。

```
支用额度时 → 财务会计分录：          → 预算会计分录：
             借：业务活动费用/库存物品等    借：行政支出/事业支出等
             贷：零余额账户用款额度        贷：资金结存——零余额账户用款额度
```

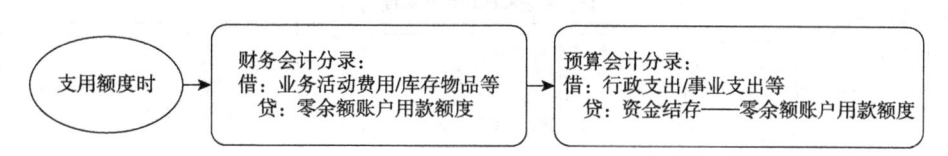

图11-8 零余额账户用款额度的支取额度会计核算

3. 支付额度退回

因购货退回等发生国库授权支付额度退回的，属于以前年度支付的款项，按照退回金额，借记本科目，贷记"以前年度盈余调整""库存物品"等有关科目；属于本年度支付的款项，按照退回额，借记本科目，贷记"库存物品"等有关科目，如图11-9所示。

```
购货退回等发生         财务会计分录：              预算会计分录：
国库授权支付额度  →    借：零余额账户用款额度    →  借：资金结存——零余额账户用款额度
退回的，属于以前年度    贷：以前年度盈余调整/库存物品等  贷：财政拨款结余——年初余额调整
支付的款项
    ↓
购货退回等发生         财务会计分录：              预算会计分录：
国库授权支付额度  →    借：零余额账户用款额度    →  借：资金结存——零余额账户用款额度
退回的，属于本年度     贷：库存物品等              贷：财政支出/事业支出等
支付的款项
```

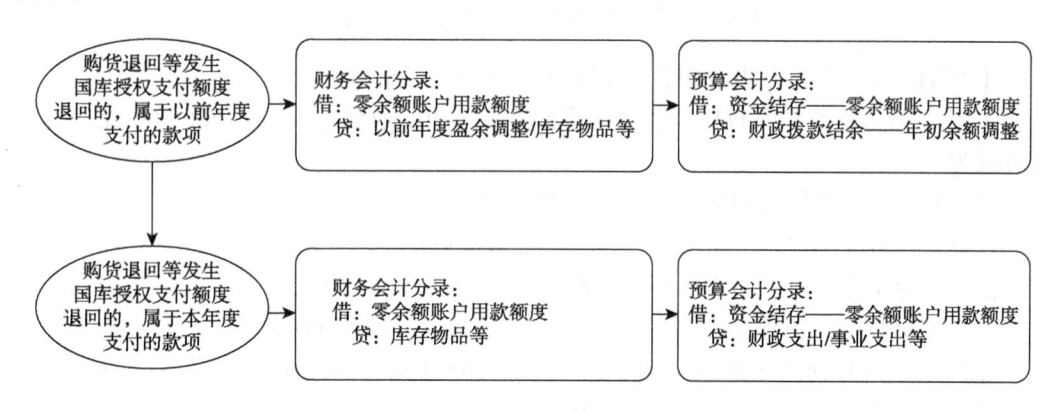

图11-9 零余额账户用款额度发生退回会计核算

4. 年末注销额度

年末，根据代理银行提供的对账单做注销额度的相关账务处理，借记"财政应返还额度——财政授权支付"科目，贷记本科目。

单位本年度财政授权支付预算指标数大于零余额账户用款额度下达数的，根据两者之间的差额，借记"财政应返还额度——财政授权支付"科目，贷记"财政拨款收入"科目。

5. 下年初恢复额度

下年初，单位根据代理银行提供的上年度注销额度恢复到账通知书作恢复额度的相关账务处理，借记本科目，贷记"财政应返还额度——财政授权支付"科目。单位收到财政部门批复的上年末下达零余额账户用款额度，借记本科目，贷记"财政应返还额度——财政授权支付"科目。零余额账户用款额度注销与恢复会计核算如图11-10所示。

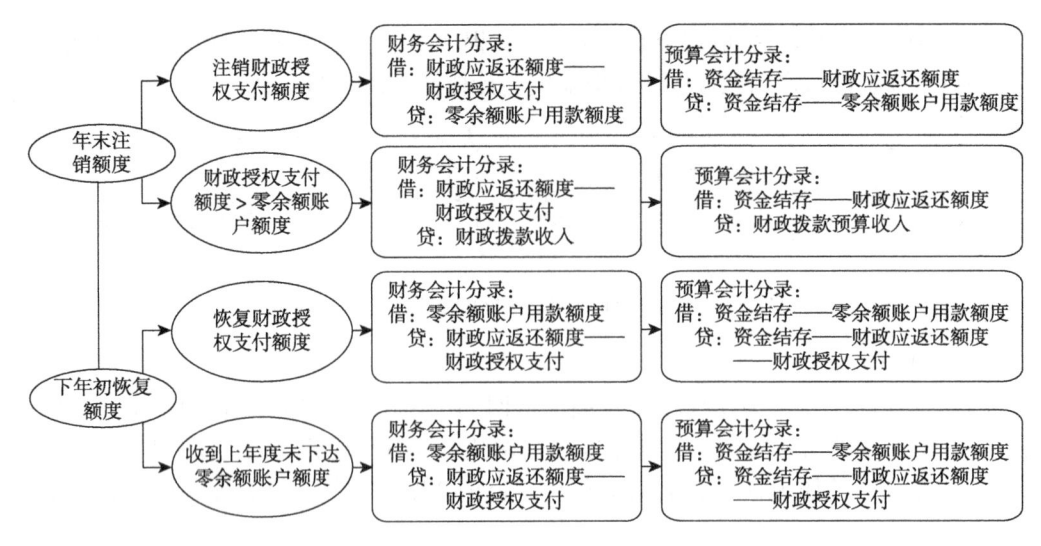

图 11-10 零余额账户用款额度注销与恢复会计核算

【例 11-6】 某行政事业单位 2×20 年 8 月发生以下业务。

（1）4 月 1 日收到财政授权支付额度到账通知书，收到财政拨款 700 000 元。其会计分录为

借：零余额账户用款额度　　　　　700 000
　　贷：财政拨款收入　　　　　　　　　　　700 000
借：资金结存——零余额账户用款额度　　700 000
　　贷：财政拨款预算收入　　　　　　　　　　700 000

（2）4 月 5 日使用零余额账户用款额度 50 000 元购进一批存货。其会计分录为

借：库存物品　　　　　　　　　　50 000
　　贷：零余额账户用款额度　　　　　　　50 000
借：行政支出　　　　　　　　　　　　　50 000
　　贷：资金结存——零余额账户用款额度　　50 000

四、其他货币资金

（一）其他货币资金的概念

其他货币资金是单位的外埠存款、银行本票存款、银行汇票存款、信用卡存款等各种其他货币资金。

（二）会计科目设置

行政事业单位设置"其他货币资金"科目，本科目应当设置"外埠存款""银行本票存款""银行汇票存款""信用卡存款"等明细科目，进行明细核算。本科目期末借方余额，反映单位实际持有的其他货币资金。单位应当加强对其他货币资金的管理，及时办理结算，对于逾期尚未办理结算的银行汇票、银行本票等，应当按照规定及时转回。

（三）会计核算

具体会计账务处理如图 11-11 所示。

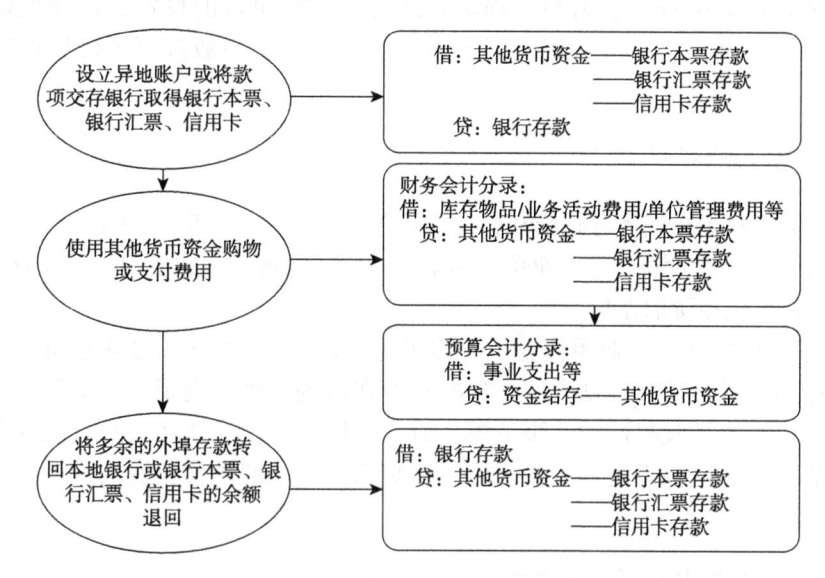

```
设立异地账户或将款          借：其他货币资金——银行本票存款
项交存银行取得银行本票、              ——银行汇票存款
银行汇票、信用卡                      ——信用卡存款
                          贷：银行存款
         ↓
                          财务会计分录：
使用其他货币资金购物         借：库存物品/业务活动费用/单位管理费用等
或支付费用                   贷：其他货币资金——银行本票存款
                                        ——银行汇票存款
                                        ——信用卡存款

                          预算会计分录：
                          借：事业支出等
                            贷：资金结存——其他货币资金
         ↓
将多余的外埠存款转         借：银行存款
回本地银行或银行本票、银     贷：其他货币资金——银行本票存款
行汇票、信用卡的余额                   ——银行汇票存款
退回                                  ——信用卡存款
```

图 11-11 "其他货币资金"账务处理

1. 形成货币资金

单位按照有关规定需要在异地开立银行账户，将款项委托本地银行汇往异地开立账户时，借记本科目，贷记"银行存款"科目；将款项交存银行取得银行本票、银行汇票，按照取得的银行本票、银行汇票金额，借记本科目，贷记"银行存款"科目；将款项交存银行取得信用卡，按照交存金额，借记本科目，贷记"银行存款"。

2. 账务处理

发生支付收到采购员交来供应单位发票账单等报销凭证或使用银行本票、银行汇票和信用卡购买购物时，借记"库存物品"等科目，贷记本科目。

3. 款退回

将多余的外埠存款转回本地银行时，根据银行的收账通知，借记"银行存款"科目，贷记本科目；如有余款或因本票、汇票超过付款期等原因而退回款项，按照退款金额，借记"银行存款"科目，贷记本科目。

第二节 短期投资

一、短期投资的概念

短期投资是指事业单位将暂时多余不用的资金购买各种能随时变现的持有时间不超过一年的有价证券及不超过一年的其他投资。

由于各种各样的原因，事业单位往往有多余的货币资金，为了获得比银行存款利息更高的收益，可购买在公开市场上可随时抛售的有价证券。至于不超过一年的其他投资是指以货币资金、材料、固定资产等向其他单位的投资，这种投资在一年内可以收回。在事业单位，短期投资主要是国债投资。一般按照国债投资的种类进行明细核算。

二、短期投资的特征

短期投资相对于长期债券投资和长期股权投资，通常具有以下特征。

（1）投资目的很明确，是事业单位为了提高暂时闲置资金的使用效率和效益而进行的对外投资，也包括赚取差价。

（2）投资时间短，事业单位为了能够实现及时变现的目的，通常投资于二级市场上公开交易的股票、债券、基金等，这些资产在市场上极易变现。这些资产既可能是债权性的，也可能是股权性的。事业单位应当严格遵守国家法律、行政法规及财政部门、主管部门关于对外投资的有关规定，对短期投资按照国债投资的种类等进行明细核算。

三、短期投资的会计核算

（一）短期投资的会计科目设置

事业单位应当设置"短期投资"科目，对事业单位按照规定取得的，持有时间不超过1年（含1年）的投资进行核算，本科目应当按照投资的种类等进行明细核算。"短期投资"科目的借方反映当期事业单位短期投资的增加；贷方反映当期事业单位出售或收回的短期投资；本科目期末借方余额，反映事业单位持有短期投资的成本。

（二）会计核算

具体会计处理如图11-12所示。

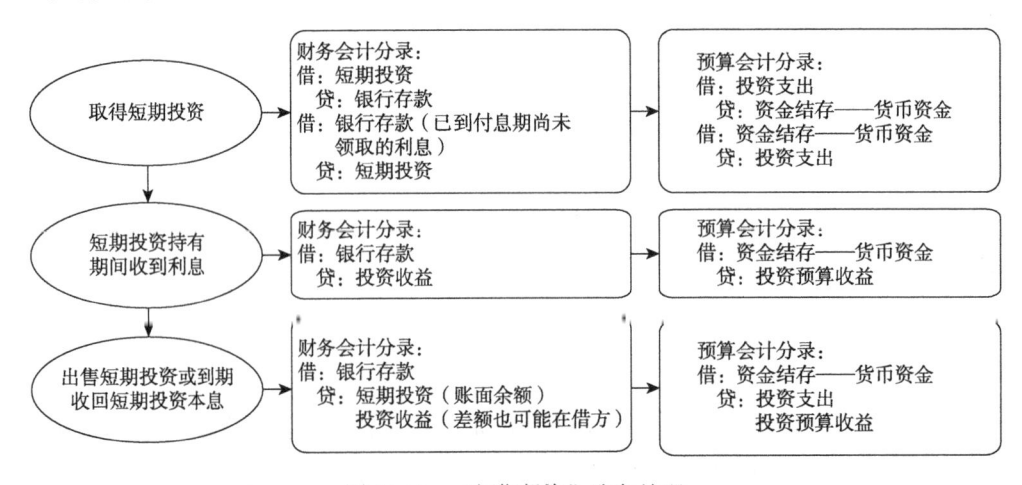

业务环节	财务会计分录	预算会计分录
取得短期投资	借：短期投资 　　贷：银行存款 借：银行存款（已到付息期尚未领取的利息） 　　贷：短期投资	借：投资支出 　　贷：资金结存——货币资金 借：资金结存——货币资金 　　贷：投资支出
短期投资持有期间收到利息	借：银行存款 　　贷：投资收益	借：资金结存——货币资金 　　贷：投资预算收益
出售短期投资或到期收回短期投资本息	借：银行存款 　　贷：短期投资（账面余额） 　　　　投资收益（差额也可能在借方）	借：资金结存——货币资金 　　贷：投资支出 　　　　投资预算收益

图11-12　"短期投资"账务处理

（1）取得短期投资，借记本科目，贷记"银行存款"等科目。收到取得投资时实际支付价款中包含的已到付息期但尚未领取的利息，按照实际收到的金额，借记"银行存款"科目，贷记本科目。

（2）短期投资持有期间收到利息，按照实际收到的金额，借记"银行存款"科目，贷记"投资收益"科目。

（3）出售短期投资或到期收回短期投资本息，按照实际收到的金额，借记"银行存款"科目，按照出售或收回短期投资的账面余额，贷记本科目，按照其差额，借记或贷记"投资收益"科目。涉及增值税业务的，相关账务处理参见"应交增值税"科目。

【例11-7】 某事业单位2×20年发生如下业务。

（1）3月1日，该单位以银行存款购买50 000元的有价债券，准备9个月之内出售。

借：短期投资　　　　　50 000
　　贷：银行存款　　　　　　50 000
借：投资支出　　　　　　　50 000
　　贷：资金结存——货币资金　　50 000

（2）6月1日，该单位收到持有该债券利息500元。

借：银行存款　　　　　500
　　贷：投资收益　　　　　　500
借：资金结存——货币资金　　500
　　贷：投资预算收益　　　　　　500

（3）12月1日，该单位出售该债券，收到52 000元，并收到持有期间的其他利息1 500元。

借：银行存款　　　　　52 000
　　贷：短期投资　　　　　　50 000
　　　　投资收益　　　　　　2 000
借：资金结存——货币资金　　52 000
　　贷：投资支出　　　　　　　50 000
　　　　投资预算收益　　　　　2 000

第三节　应收及预付款项

一、财政应返还额度

（一）财政应返还额度的概念

财政应返还额度是指实行国库集中支付的单位应收财政返还的资金额度。

(二)财政应返还额度的会计核算

(1)设置会计科目:行政事业单位应当设置"财政应返还额度"科目,对实行国库集中支付的行政事业单位应收财政返还的资金额度进行核算,包括可以使用的以前年度财政直接支付资金额度和财政应返还的财政授权支付资金额度。本科目应当设置"财政直接支付""财政授权支付"两个明细科目进行明细核算。本科目期末借方余额,反映行政事业单位应收财政返还的资金额度。

(2)会计核算 "财政应返还额度"科目的会计核算如表11-1所示。

表11-1 "财政应返还额度"科目会计核算

项目	财政直接支付	财政授权支付	
年末国库集中支付尚未使用的资金额度	根据本年度财政直接支付预算指标数与财政直接支付实际支出数的差额 财务会计分录: 借:财政应返还额度——财政直接支付 贷:财政拨款收入 预算会计分录: 借:资金结存——财政应返还额度 贷:财政拨款预算收入	根据代理银行提供的对账单作银行注销额度的相关账务处理	财务会计分录: 借:财政应返还额度——财政授权支付 贷:零余额账户用款额度 预算会计分录: 借:资金结存——财政应返还额度 贷:资金结存——零余额账户用款额度
		财政授权支付预算指标大于零余额账户用款额度	财务会计分录: 借:财政应返还额度——财政授权支付 贷:财政拨款收入 预算会计分录: 借:资金结存——财政应返还额度 贷:财政拨款预算收入

1)财政直接支付

年末,单位根据本年度财政直接支付预算指标数大于当年财政直接支付实际发生数的差额,借记本科目(财政直接支付),贷记"财政拨款收入"科目。单位使用以前年度财政直接支付额度支付款项时,借记"业务活动费用""单位管理费用"等科目,贷记本科目(财政直接支付)。

2)财政授权支付

年末,根据代理银行提供的对账单作注销额度的相关账务处理,借记本科目(财政授权支付),贷记"零余额账户用款额度"科目。年末,单位本年度财政授权支付预算指标数大于零余额账户用款额度,根据未下达的用款额度,借记本科目(财政授权支付),贷记"财政拨款收入"科目。

下年初,单位根据代理银行提供的上年度注销额度恢复到账通知书作恢复额度的相关账务处理,借记"零余额账户用款额度"科目,贷记本科目(财政授权支付)。单位收到财政部门批复的上年未下达零余额账户用款额度,借记"零余额账户用款额度"科目,贷记本科目(财政授权支付)。

【例11-8】 某行政单位2×20年度财政直接支付的预算指标数为1 000 000元,当年财政直接支付实际支出数为800 000元。其年末会计处理为

借:财政应返还额度——财政直接支付　　　200 000
　　贷:财政拨款收入　　　　　　　　　　　　　　200 000

借：资金结存——财政应返还额度　　　200 000
　　贷：财政拨款预算收入　　　　　　　　　　200 000

下一年该行政单位使用以前年度财政直接支付额度 30 000 元购买办公用品，其会计处理为

借：库存物品　　　　　　　　　　　　30 000
　　贷：财政应返还额度——财政直接支付　　　30 000
借：行政支出　　　　　　　　　　　　30 000
　　贷：资金结存——财政应返还额度　　　　　30 000

二、应收票据

（一）应收票据的概念及分类

应收票据是指事业单位因销售产品从事经营活动而收到的商业票据。商业票据是一种载有付款日期、付款地点、付款金额和付款人的无条件支付的流通证券，也是一种可以由持票人自由转让给他人的债权凭证。会计上作为应收票据处理的是指单位采用商业汇票结算方式销售商品、产品而收到的商业汇票。

商业汇票是由出票人签发的、指定付款人在一定日期支付一定金额给收款人或持票人的票据，通常涉及出票人、付款人、收款人三方。应收票据的分类如表 11-2 所示。

表 11-2　应收票据的分类表

分类标准	项目	主要内容
按承兑人分类	商业承兑汇票	商业承兑汇票是由收款人签发，经付款人承兑，或由付款人签发并承兑的票据
	银行承兑汇票	银行承兑汇票是由收款人或承兑申请人签发，并由承兑申请人向银行申请，由银行审查并承兑的票据
按是否计息分类	带息票据	带息票据是指注明利率及付息日期的票据，短期票据可在票据到期时一次计息
	不带息票据	不带息票据是指到期只按面额支付，无须支付利息的票据

（二）应收票据的会计核算

会计科目设置：事业单位应设置"应收票据"科目，核算事业单位因开展经营活动销售产品、提供有偿服务等而收到的商业汇票，包括银行承兑汇票和商业承兑汇票。本科目应当按照开出承兑商业汇票的单位等进行明细核算。本科目期末借方余额，反映事业单位持有的商业汇票票面金额。

会计核算：本科目会计处理方法如图 11-13 所示。

（1）因销售产品、提供服务等收到商业汇票，按照商业汇票的票面金额，借记本科目，按照确认的收入金额，贷记"经营收入"等科目。涉及增值税业务的，相关账务处理参见"应交增值税"科目。商业汇票到期时，应当分别按以下情况处理。

（2）收回票款时，按照实际收到的商业汇票票面金额，借记"银行存款"科目，贷

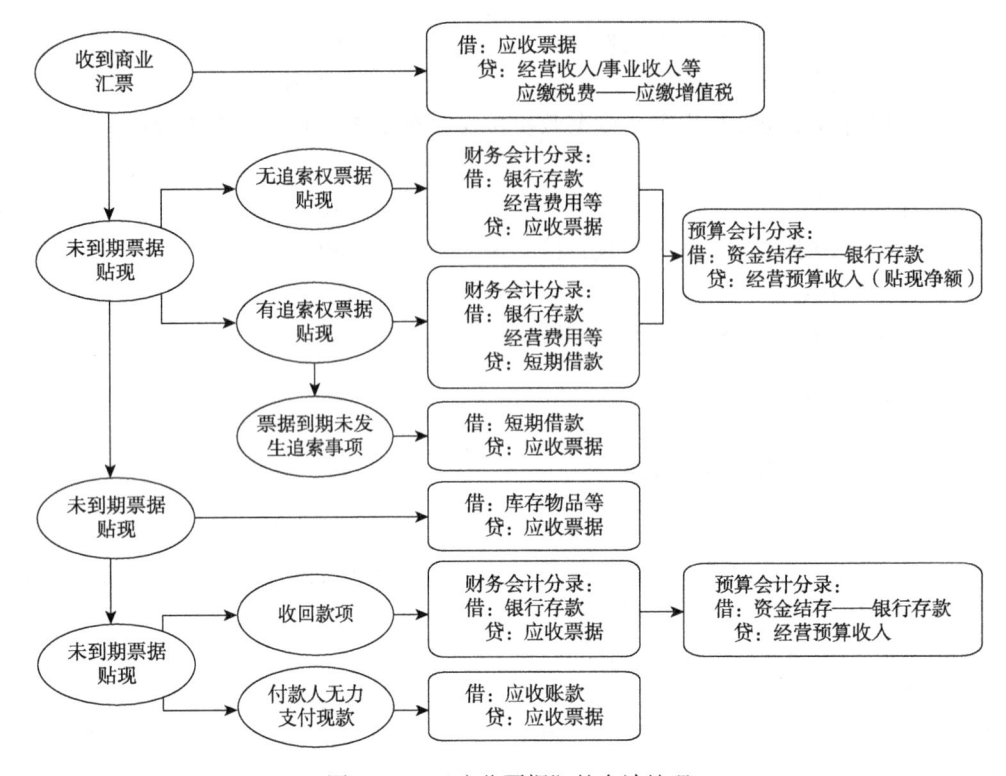

图 11-13 "应收票据"的会计处理

记本科目。

（3）因付款人无力支付票款，收到银行退回的商业承兑汇票、委托收款凭证、未付票款通知书或拒付款证明等，按照商业汇票的票面金额，借记"应收账款"科目，贷记本科目。

【例 11-9】 某事业单位发生以下会计业务：

销售 M 产品一批给甲公司，货已发出，价款 20 000 元，增值税款为 3 400 元。按合同约定 2 个月后付款，甲公司交给该事业单位 1 张 2 个月到期的商业承兑汇票，面值为 23 400 元。其会计分录为

  借：应收票据   23 400
    贷：经营收入   20 000
      应缴税费——应缴增值税（销项税额） 3 400

票据在 2 个月后到期，收回款项 23 400 元，存入银行。其会计分录为

  借：银行存款   23 400
    贷：应收票据   23 400
  借：资金结存——货币资金   23 400
    贷：经营预算收入   23 400

（4）事业单位持有的应收票据，在到期前可以用背书形式转让给银行。银行同意接受时，要预扣自贴现日至到期日的利息，将其余额，即贴现净值支付给企业。这种利用

票据向银行融资的做法，被称为应收票据贴现。银行所预扣的利息，称贴现息。计算贴现息的利率，称贴现率。计算贴现净值的步骤是

计算到期值：

$$票据到期值=面值×（1+利率×期限）$$

对于无息票据来说，到期值就是其面值。

计算贴现息：

$$贴现息=票据到期值×银行贴现率×贴现期限$$
$$贴现期限=票据有效天数-企业持有天数$$

（5）计算贴现净值：贴现净值=票据到期值-贴现息。持未到期的商业汇票向银行贴现，按照实际收到的金额（即扣贴现息后的净额），借记"银行存款"科目，按照贴现息金额，借记"经营费用"等科目，按照商业汇票的票面金额，贷记本科目（无追索权）或"短期借款"科目（有追索权）。附追索权的商业汇票到期未发生追索事项的，按照商业汇票的票面金额，借记"短期借款"科目，贷记本科目。

【例11-10】 事业单位销售M产品一批给乙公司，货已发出，货款40 000元，增值税款6 800元。按合同约定90天付款，乙公司交给该事业单位1张90天到期的商业承兑无息汇票，面值为46 800元。该事业单位60天后持此票据到银行贴现，贴现率12%，无追索权。其会计分录为

该事业单位收到票据时：

借：应收票据　　　　　　　　　　　　　　46 800
　　贷：经营收入　　　　　　　　　　　　　　40 000
　　　　应缴税费——应缴增值税（销项税额）　6 800

该事业单位办理贴现时：

$$贴现息=46\ 800×12\%×（30÷360）=468（元）$$
$$扣除贴现息后的净额=46\ 800-468=46\ 332（元）$$

借：银行存款　　　46 332
　　经营费用　　　　468
　　贷：应收票据　　　　　46 800
借：资金结存——货币资金　　　46 332
　　贷：经营预算收入　　　　　　46 332

将持有的商业汇票背书转让以取得所需物资时，按照取得物资的成本，借记"库存物品"等科目，按照商业汇票的票面金额，贷记本科目，如有差额，借记或贷记"银行存款"等科目。涉及增值税业务的，相关账务处理参见"应交增值税"科目。

事业单位应当设置"应收票据备查簿"，逐笔登记每一应收票据的种类、票号、出票日期、到期日、票面金额、交易合同号和付款人、承兑人、背书人姓名或单位名称、背书转让日、贴现日期、贴现率和贴现净额、收款日期、收回金额和退票情况等。应收票据到期结清票款或退票后，应当在备查簿内逐笔注销。

三、应收账款

（一）应收账款的概念

应收账款是指行政事业单位因销售产品、提供劳务、开展有偿服务等业务形成的应向客户收取的款项和行政事业单位出租资产、出售物资等应当收取而尚未收取的款项。不包括借出款、备用金、应向职工收取的各种垫付款项等。

（二）应收账款的会计核算

会计科目设置：应当设置"应收账款"科目，对行政事业单位因销售产品、提供劳务、开展有偿服务等业务而应收取的款项及行政事业单位出租资产、出售物资等应当收取的款项进行核算。

本科目应当按照债务单位（或个人）进行明细核算。"应收账款"科目借方反映当期单位应收账款的增加；贷方反映当期单位应收账款的减少；本科目期末借方余额，反映单位尚未收回的应收账款。

会计核算：具体会计处理如图11-14所示。

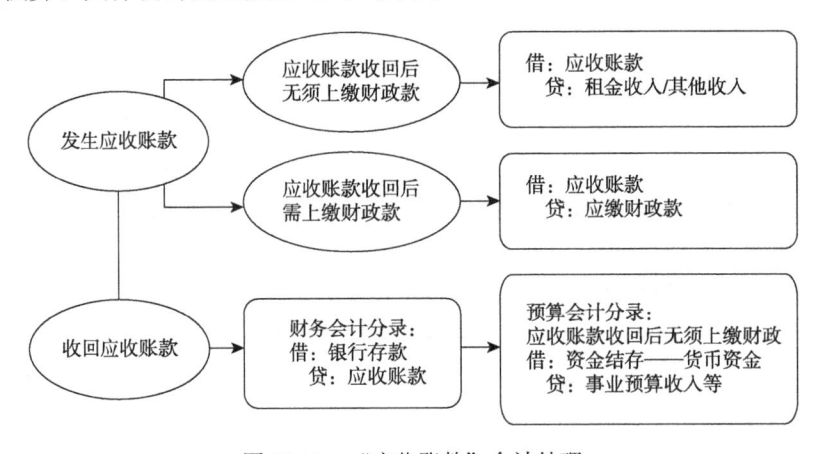

图11-14 "应收账款"会计处理

（1）应收账款收回后无须上缴财政款，财政单位发生应收账款时，按照应收未收金额，借记本科目，贷记"事业收入""经营收入""租金收入""其他收入"等科目。涉及增值税业务的，相关账务处理参见"应交增值税"科目。收回应收账款时，按照实际收到的金额，借记"银行存款"等科目，贷记本科目。

（2）应收账款收回后须上缴财政款，当财政单位出租资产、出售物资发生应收未收款项时，按照应收未收金额，借记本科目，贷记"应缴财政款"科目。

收回应收账款时，按照实际收到的金额，借记"银行存款"等科目，贷记本科目。涉及增值税业务的，相关账务处理参见"应交增值税"科目。

【例11-11】 某行政单位向外出租资产，月租金30 000元，2×20年8月9日收到租金。其月末确认租金的会计分录为

借：应收账款　　　　　30 000
　　贷：应缴财政款　　　　　30 000
收到租金时其会计分录为
借：银行存款　　　　　30 000
　　贷：应收账款　　　　　　30 000

（三）应收账款的核销

单位应当于每年末，对收回后应当上缴财政的应收账款进行全面检查。对于账龄超过规定年限、确认无法收回的应收账款，按照规定报经批准后予以核销。按照核销金额，借记"应缴财政款"科目，贷记本科目。

核销的应收账款应当在备查簿中保留登记。已核销的应收账款在以后期间又收回的，按照实际收回金额，借记"银行存款"等科目，贷记"应缴财政款"科目。

（四）事业单位坏账准备的会计处理事业单位应当设置"坏账准备"科目

事业单位应当于每年末，对收回后无须上缴财政的应收账款进行全面检查，如发生不能收回的迹象，应当计提坏账准备。"坏账准备"科目应当分应收账款和其他应收款进行明细核算。"坏账准备"科目的贷方登记当期计提的坏账准备金额，借方登记实际发生的坏账损失金额和冲减的坏账准备金额，期末余额一般在贷方，反映已计提但尚未转销的坏账准备。

1. 坏账准备的计提

事业单位应当于每年末，对收回后无须上缴财政的应收账款和其他应收款进行全面检查，分析其可收回性，对预计可能产生的坏账损失计提坏账准备，确认坏账损失。

事业单位可以采用应收款项余额百分比法、账龄分析法、个别认定法等方法计提坏账准备。坏账准备计提方法一经确定，不得随意变更。如需变更，应当按照规定报经批准，并在财务报表附注中予以说明。当期应补提或冲减的坏账准备金额的计算公式如下。

当期应补提或冲减的坏账准备=按照期末应收账款和其他应收款计算应计提的坏账准备金额－"坏账准备"科目期末贷方余额（或+"坏账准备"科目期末借方余额）

按照期末应收账款和其他应收款计算应计提的坏账准备金额大于"坏账准备"科目期末贷方余额时，当期计提坏账准备，借记"其他费用"科目，贷记"坏账准备"科目。按照期末应收账款和其他应收款计算应计提的坏账准备金额小于"坏账准备"科目期末贷方余额时，当期冲减坏账准备时，借记"坏账准备"科目，贷记"其他费用"科目。

2. 坏账损失实际发生

对于账龄超过规定年限并确认无法收回的应收账款、其他应收款，应当按照有关规定报经批准后，按照无法收回的金额，借记"坏账准备"科目，贷记"应收账款""其他应收款"科目。核销的应收款项应在备查簿中保留登记。

3. 已核销的应收账款在以后期间又收回

已核销的应收账款在以后期间又收回的，按照实际收回金额，借记"应收账款"，贷记"坏账准备"科目；同时，借记"银行存款"等科目，贷记"应收账款"。应收账款的核销和"坏账准备"的会计核算如图11-15所示。

```
收回后上缴财政的应收账款
  ├─ 收回已核销的应收账款 → 借：银行存款  贷：应缴财政款
  └─ 按规定报经批准后核销 → 借：应缴财政款  贷：应收账款

收回后无须上缴财政的应收账款
  ├─ 预计可能发生坏账损失
  │   ├─ 按照期末应收账款项计算应计提的坏账准备＞"坏账准备"科目期末贷方余额 → 借：其他费用  贷：坏账准备
  │   └─ 按照期末应收账款项计算应计提的坏账准备＜"坏账准备"科目期末贷方余额 → 借：坏账准备  贷：其他费用
  ├─ 实际发生坏账损失 → 借：坏账准备  贷：应收账款
  └─ 收回已核销的应收账款 → 财务会计分录：
                              借：应收账款
                                贷：坏账准备
                              借：银行存款
                                贷：应收账款
                          → 预算会计分录：
                              借：资金结存——货币资金
                                贷：财政拨款结余
```

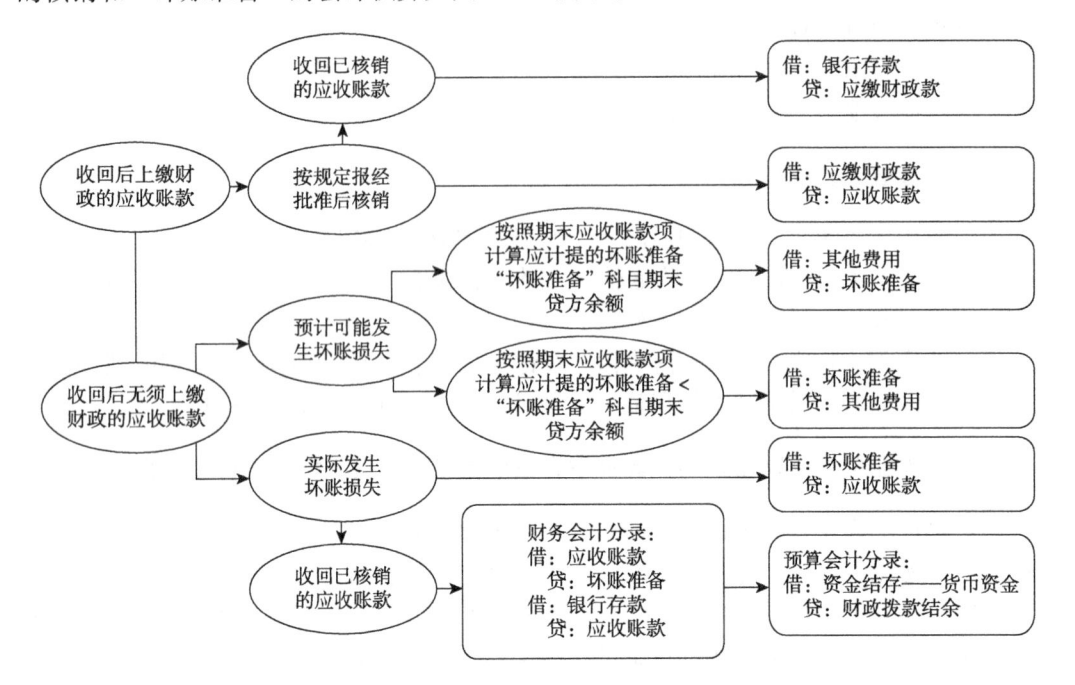

图 11-15 "应收账款"核销和"坏账准备"的会计核算

四、预付账款

（一）预付账款的概念

预付账款是指按照购货、服务（或个人）的款项，以及按照合同规定向承包工程的施工企业预付的备料款和工程款。预付账款与应收账款都属于流动资产，两者的主要区别是：预付账款是由购货引起的，反映单位处于购买方的债权地位；应收账款是由销货引起的，反映单位处于供应方的债权地位。

（二）预付账款的会计核算

会计科目设置：行政事业单位应当设置"预付账款"科目，核算单位按照购货、服务合同或协议规定预付给供应单位（或个人）的款项，以及按照合同规定向承包工程的施工企业预付的备料款和工程款。本科目应当按照供应单位（或个人）及具体项目进行明细核算；对于基本建设项目发生的预付账款，还应当在本科目所属基建项目明细科目下设置"预付备料款""预付工程款""其他预付款"等明细科目，进行明细核算。

"预付账款"科目借方反映当期行政事业单位预付账款的增加；贷方反映当期行政事业单位预付账款的减少；本科目期末借方余额，反映行政事业单位实际预付但尚未结算的款项。

会计核算："预付账款"的会计核算如图11-16所示。

第十一章 资产的会计核算

```
发生预付账款 → 财务会计分录：
              借：预付账款
                贷：财政拨款收入/银行存款等
              预算会计分录：
              借：行政支出/事业支出
                贷：财政拨款预算收入/资金结存等

收到物资或收回预付账款 → 收到物资 → 借：业务活动费用等
                                    贷：预付账款

                    → 预付账款退回 → 当年预付账款退回
                                    财务会计分录：
                                    借：财政拨款收入/银行存款等
                                      贷：预付账款
                                    预算会计分录：
                                    借：财政拨款预算收入/资金结存等
                                      贷：行政支出/事业支出等

                                    以前年度预付账款退回
                                    财务会计分录：
                                    借：财政应返还额度/银行存款等
                                      贷：预付账款
                                    预算会计分录：
                                    借：财政拨款预算收入/资金结存等
                                      贷：财政拨款结余/财政拨款结转—年初余额调整

预付账款核销 → 借：其他应收款
              贷：预付账款
```

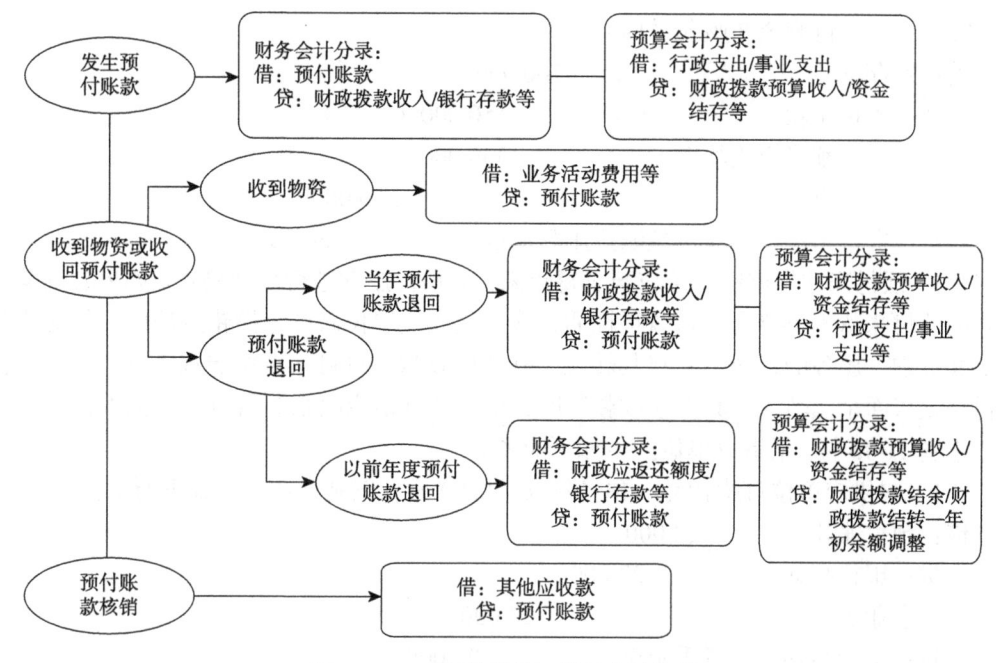

图 11-16 "预付账款"科目会计核算

（1）根据购货、服务合同或协议规定预付款项时，按照预付金额，借记本科目，贷记"财政拨款收入""零余额账户用款额度""银行存款"等科目。

（2）当收到所购资产或服务时，按照购入资产或服务的成本，借记"库存物品""固定资产""无形资产""业务活动费用"等相关科目，按照相关预付账款的账面余额，贷记本科目，按照实际补付的金额，贷记"财政拨款收入""零余额账户用款额度""银行存款"等科目。涉及增值税业务的，相关账务处理参见"应交增值税"科目。

（3）根据工程进度结算工程价款及备料款时，按照结算金额，借记"在建工程"科目，按照相关预付账款的账面余额，贷记本科目，按照实际补付的金额，贷记"财政拨款收入""零余额账户用款额度""银行存款"等科目。

（4）发生预付账款退回的，按照实际退回金额，借记"财政拨款收入"（本年直接支付）、"财政应返还额度"（以前年度直接支付）、"零余额账户用款额度"、"银行存款"等科目，贷记本科目。

【例 11-12】某行政单位与 A 公司签订购买合同，约定购买三台设备，价款共 500 000 元，该行政单位先使用财政授权方式预付 30%的款项，A 公司收到预付款后发货，该行政单位验货后支付剩余 70%的价款。其会计分录为

①预付 30%价款时：

借：预付账款　　　　　　　　　　150 000
　　贷：零余额账户用款额度　　　　　　150 000
借：行政支出　　　　　　　　　　150 000
　　贷：资金结存——零余额账户用款额度　　150 000

②验货后支付剩余70%价款时：

借：库存物品　　　　　　　　　　500 000
　　贷：预付账款　　　　　　　　　　　150 000
　　　　零余额账户用款额度　　　　　　350 000
借：行政支出　　　　　　　　　　　　　350 000
　　贷：资金结存——零余额账户用款额度　　　350 000

（5）预付账款的核销单位应当于每年末，对预付账款进行全面检查。如果有确凿证据表明预付账款不再符合预付款项性质，或者因供应单位破产、撤销等原因可能无法收到所购货物、服务的，应当先将其转入"其他应收款"科目，再按照规定进行处理。将预付账款账面余额转入"其他应收款"时，借记"其他应收款"科目，贷记本科目。

【例11-13】　某事业单位发生如下业务。

（1）向供应单位订购物品，预付货款22 000元。编制会计分录如下所示。

借：预付账款　　　22 000
　　贷：银行存款　　　22 000
借：事业支出　　　　　　　22 000
　　贷：资金结存——货币资金　　　22 000

（2）由于供应单位生产能力不足，先发出部分货物，该部分物品验收入库，根据发票货款金额为16 000元，增值税（进项税额）2 720元，余款用银行存款支付。编制会计分录如下：

借：库存物品　　　　　　　　　　16 000
　　应交增值税——进项税额　　　　2 720
　　银行存款　　　　　　　　　　　3 280
　　贷：预付账款　　　　　　　　　　　22 000
借：资金结存——货币资金　　　　3 280
　　贷：事业支出　　　　　　　　　　　3 280

五、其他应收款

（一）其他应收款的概念

其他应收款是指除财政应返还额度、应收票据、应收账款、预付账款、应收股利、应收利息以外的其他各项应收及暂付款项，如职工预借的差旅费、已经偿还银行尚未报销的本单位公务卡欠款、拨付给内部有关部门的备用金、应向职工收取的各种垫付款项、支付的可以收回的订金或押金、应收的上级补助和附属单位上缴款项等。其他应收款应按实际发生额入账。

（二）其他应收款的会计核算

（1）会计科目设置：行政事业单位应当设置"其他应收款"科目，核算单位除财政应返还额度、应收票据、应收账款、预付账款、应收股利、应收利息以外的其他各项应收及暂付款项。本科目应当按照其他应收款的类别及债务单位（或个人）进行明细核算。"其他应收款"科目借方反映当期单位其他应收款的增加；贷方反映当期单位其他应收款的减少；本科目期末借方余额，反映单位尚未收回的其他应收款。发生其他各种应收及暂付款项时，按照实际发生金额，借记本科目，贷记"零余额账户用款额度""银行存款""库存现金""上级补助收入""附属单位上缴收入"等科目。涉及增值税业务的，相关账务处理参见"应交增值税"科目。收回其他各种应收及暂付款项时，按照收回的金额，借记"库存现金""银行存款"等科目，贷记本科目。偿还尚未报销的本单位公务卡欠款时，按照偿还的款项，借记本科目，贷记"零余额账户用款额度""银行存款"等科目；持卡人报销时，按照报销金额，借记"业务活动费用""单位管理费用"等科目，贷记本科目。

（2）会计核算：行政事业单位"其他应收款"会计核算如图11-17所示。

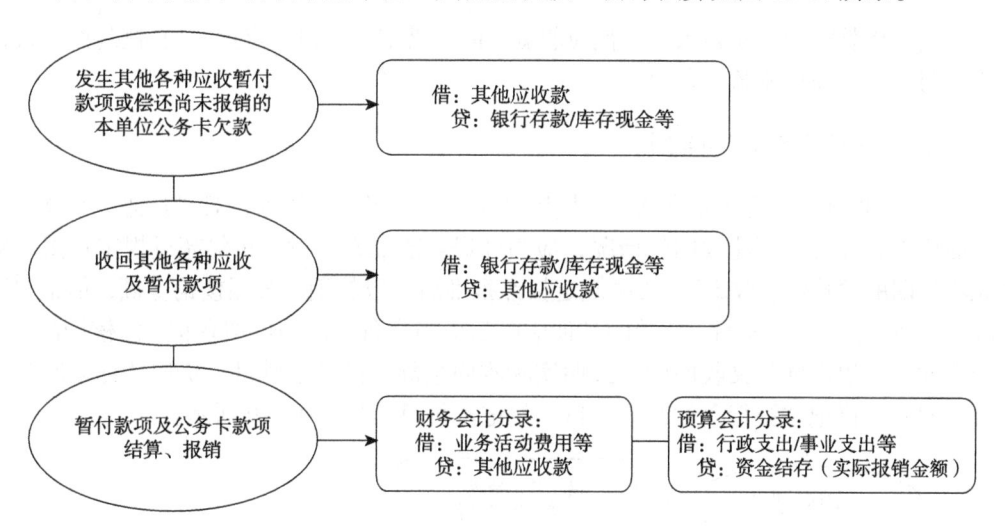

图 11-17　"其他应收款"科目的会计核算（一）

【例 11-14】　某行政单位为职工代垫房租和水电费 20 000 元，之后，该行政单位从应付工资中扣除代垫款项。其会计分录为

（1）代垫房租和水电费时：

借：其他应收款　　　　20 000
　　贷：银行存款　　　　　　20 000

（2）从应付工资中扣除代垫费用时：

借：应付职工薪酬　　　20 000
　　贷：其他应收款　　　　　20 000
借：行政支出　　　　　　　　　20 000
　　贷：资金结存——银行存款　　　20 000

单位内部实行备用金制度的，有关部门使用备用金以后应当及时到财务部门报销并补足备用金。财务部门核定并发放备用金时，按照实际发放金额，借记本科目，贷记"库存现金"等科目。根据报销金额用现金补足备用金定额时，借记"业务活动费用""单位管理费用"等科目，贷记"库存现金"等科目，报销数和拨补数都不再通过本科目核算，

如图 11-18 所示。

```
财务部门核定        →    借：其他应收款
并发放备用金              贷：库存现金

根据报销金额用现金  →    财务会计分录：              预算会计分录：
补足备用金定额           借：业务活动费用等          借：行政支出/事业支出等
                        贷：银行存款/库存现金等      贷：资金结存——货币资金
```

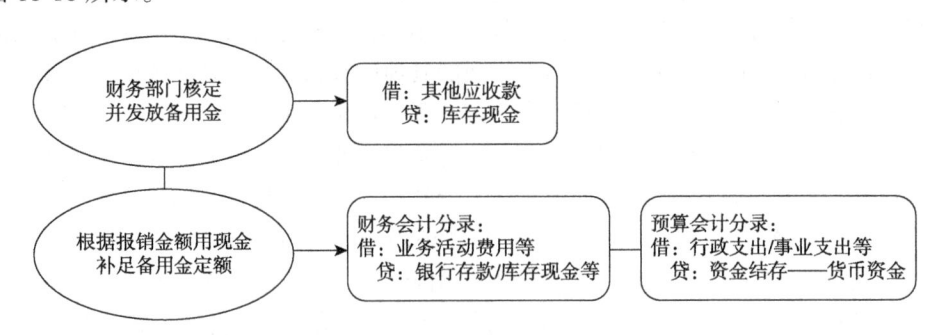

图 11-18　"其他应收款"科目的会计核算（二）

将预付账款账面余额转入"其他应收款"时，借记本科目，贷记"预付账款"科目。具体说明参见"预付账款"科目。

（三）"其他应收款"的核销

（1）事业单位"其他应收款"的核销事业单位应当于每年末，对"其他应收款"进行全面检查，如发生不能收回的情况，应当计提坏账准备。对于账龄超过规定年限、确认无法收回的"其他应收款"，按照规定报经批准后予以核销。按照核销金额，借记"坏账准备"科目，贷记本科目。核销的其他应收款应当在备查簿中保留登记。已核销的"其他应收款"在以后期间又收回的，按照实际收回金额，借记本科目，贷记"坏账准备"科目；同时，借记"银行存款"等科目，贷记本科目，如图 11-19 所示。

```
计提坏账准备          →    借：其他费用
                          贷：坏账准备

核销账龄超过规定      →    借：坏账准备
年限、确认无法收回的      贷：其他应收款
"其他应收款"

已核销的"其他应收    →    财务会计分录：         预算会计分录：
款"在以后期间又收回       借：其他应收款        借：资金结存——货币资金
                         贷：坏账准备          贷：其他预算收入
                         借：银行存款
                         贷：其他应收款
```

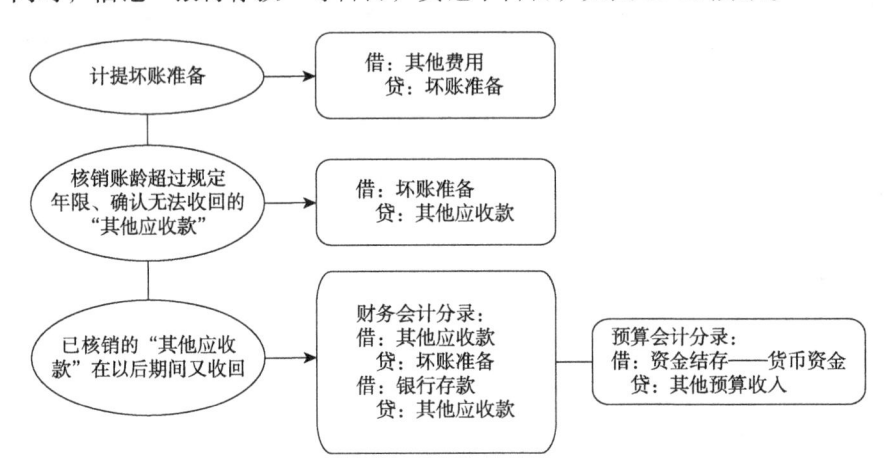

图 11-19　事业单位"其他应收款"核销的会计核算

（2）行政单位"其他应收款"的核销。单位应当于每年末，对"其他应收款"进行全面检查。对于超过规定年限、确认无法收回的"其他应收款"，应当按照有关规定报经批准后予以核销。核销的"其他应收款"应在备查簿中保留登记。经批准核销"其他应收款"时，按照核销金额，借记"资产处置费用"科目，贷记本科目。已核销的"其他应收款"在以后期间又收回的，按照收回金额，借记"银行存款"等科目，贷记"其他

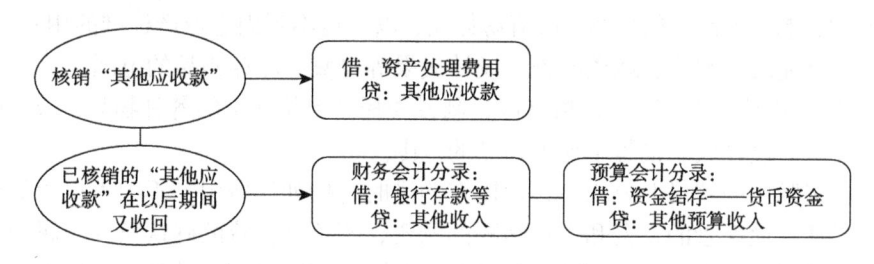

收入"科目,如图 11-20 所示。

图 11-20　行政单位"其他应收款"核销的会计核算

【例 11-15】 某事业单位发生如下业务。

（1）职工王某借差旅费 800 元。其会计分录为

借：其他应收款——王某　　　　800
　　贷：库存现金　　　　　　　　　　800

（2）向单位内部某部门发放定额备用金 900 元。其会计分录为

借：其他应收款——备用金　　　900
　　贷：库存现金　　　　　　　　　　900

（3）单位收到保险公司赔款 6 000 元。其会计分录为

借：银行存款　　　　　　　6 000
　　贷：其他应收款　　　　　　　6 000
借：资金结存——货币资金　　6 000
　　贷：其他预算收入　　　　　　6 000

（4）王某出差回来报账,差旅费 770 元,交回现金 30 元。其会计分录为

借：库存现金　　　　　　　　30
　　业务活动费用　　　　　　770
　　贷：其他应收款——王某　　　　800
借：事业支出　　　　　　　770
　　贷：资金结存——库存现金　　　770

第四节　存　货

一、存货的概念及其管理

（一）存货的概念

存货是指单位在开展业务活动其他活动中为耗用或出售而储存的资产,如材料、产品、包装物和低值易耗品等,以及未达到固定资产标准的用具、装具、动植物等。政府储备物资、收储土地等,不属于存货的范围。行政事业单位的存货的具体内容包括以下几类。

（1）库存物品。库存物品是指单位在开展业务活动及其他活动中为耗用或出售而储存的各种材料、产品、包装物、低值易耗品，以及达不到固定资产标准的用具、装具、动植物等。已完成的测绘、地质勘查、设计成果等也属于库存物品的范围。

（2）加工物品。加工物品是指单位自制或委托外单位加工的各种物品，未完成的测绘、地质勘查、设计成果也属于加工物品的范围。

单位随买随用的零星办公用品，可以在购进时直接列作费用，不纳入存货的核算范围。单位受托存储保管的物资和受托转赠的物资，不符合存货的确认条件，属于"受托代理资产"。单位控制的政府储备物资，属于"政府储备物资"，单位为在建工程购买和使用的材料物资，属于"工程物资"，不属于存货的核算范围。

（二）存货的管理

单位加强存货管理应注意以下几个方面。

1. 健全存货的管理机构

存货的管理通常由单位的后勤部门负责，各单位应配备专职或兼职的存货计划人员、采购人员和保管人员，做好存货的采购、入库、保管等工作。会计部门对存货管理工作要进行指导和监督，协助存货管理部门管理好存货。

2. 建立严格的存货管理责任制度

各单位应建立和健全存货计划、采购、验收、保管、领发的责任制度，明确各自的权限和责任，各司其职，各负其责。

3. 加强存货的清查盘点工作

单位的存货每年至少应当清点一次，保证存货的安全和完整，做到账实相符。如发生盘亏、盘盈，应当查明原因，分清责任。

4. 建立和完善存货的定额管理

为了促使单位合理储备、节约使用存货，各单位应当逐步建立存货的储备定额，有条件的单位，还可建立重点存货的定额消耗。

二、存货的确认和初始计量

（一）存货的确认

存货应当同时满足下列条件。

（1）与该存货相关的服务潜力很可能实现或者经济利益很可能流入政府会计主体。

（2）该存货的成本或者价值能够可靠地计量。

（二）存货的初始计量

下列各项应当在发生时确认为当期费用，不计入存货成本。

（1）非正常消耗的直接材料、直接人工和间接费用。

（2）仓储费用（不包括在加工过程中为达到下一个加工阶段所必需的费用）。

（3）不能归属于使存货达到目前场所和状态所发生的其他支出。

三、存货的取得

存货在取得时应当按照实际成本进行初始计量。存货的成本包括采购成本、加工成本和使存货达到目前场所和状态所发生的其他成本三个部分组成。存货按不同的取得方式，其初始成本的确定如表 11-3 所示。

表 11-3　存货实际成本的确定

取得方式	实际成本的确定
购买取得	成本包括购买价款、相关税费、运输费、装卸费、保险费及其他使存货达到目前场所和状态所发生的支出
自行加工	成本包括耗用的直接材料费用、发生的直接人工费用和按照一定方法分配的与存货加工有关的间接费用
委托加工	成本包括委托加工前存货成本、委托加工的成本（如委托加工费及按规定应计入委托加工存货成本的相关税费等）及使存货达到目前场所和状态所发生的归属于存货成本的其他支出
置换换入	成本按照换出资产的评估价值，加上支付的补价或减去收到的补价，加上为换入存货发生的其他相关支出确定
接受捐赠取得	按照有关凭据注明的金额加上相关税费、运输费等确定；没有相关凭据可供取得，但按规定经过资产评估的，其成本按照评估价值加上相关税费、运输费等确定；没有相关凭据可供取得，也未经资产评估的，其成本比照同类或类似资产的市场价格加上相关税费、运输费等确定；没有相关凭据且未经资产评估、同类或类似资产的市场价格也无法可靠取得的，按照名义金额入账，相关税费、运输费等计入当期费用
无偿调入	成本按照调出方账面价值加上相关税费、运输费等确定
盘盈取得	按规定经过资产评估的，其成本按照评估价值确定；未经资产评估的，其成本按照重置成本确定

四、存货的发出计价

确定存货的数量之后，还需确定其单价，在实际业务中，由于每次购进存货的单价不一样，则需要选择适用的单价。按照现行制度规定，单位按照实际成本核算存货时，领用或发出存货可采用先进先出法、加权平均法、后进先出法和个别计价法等方法确定其实际成本。由于我国会计核算不允许使用后进先出法，因此本节主要对先进先出法、加权平均法和个别计价法进行介绍，如表 11-4 所示。

表 11-4　发出存货的计价方法

计价方法	概念	内容	评价
先进先出法	先进先出法是以先购进的材料先消耗为假定前提，并根据这一假定对领用的材料及结存材料进行计价的一种方法	收入材料时要逐笔登记购进的每一批材料的数量、单价和金额；发出时按先进先出的原则确定单价，逐笔登记材料发出和结存金额	期末结存材料的账面价值，反映较后购进材料的实际成本。用于永续盘存制时，可确定材料存货数量
加权平均法	加权平均法是按收入各批材料的平均成本对材料进行计价	在计算平均成本时，以月初库存材料金额加上本月收入材料金额，除以月初库存材料数量加上本月收入材料数量，求得材料平均单价，作为本月发出材料和结存材料的单价	在存货品种、数量较多情况下，简化了核算，计价结果也较均衡；但是由于只在月末计算，不能随时计算、登记存货发出和结存成本，因此不利于单位对存货的日常管理
个别计价法	个别计价法，也称个别认定法、具体辨认法、分批实际法，把每一种存货的实际成本作为计算发出存货成本和期末存货成本的基础	注重所发出存货具体项目的实物流转与成本流转之间的联系，逐一辨认各批发出存货和期末存货所属的购进批别或生产批别，分别按其购入或生产时所确定的单位成本计算各批发出存货和期末存货的成本	对于不能替代使用的存货、为特定项目专门购入或制造的存货及提供的劳务，通常采用个别计价法确定发出存货的成本

【例 11-16】 某事业单位 2019 年 10 月 A 种材料明细账如表 11-5 所示。

表 11-5 材料明细账

材料类别：　　　　　　　　　　　　计量单位：千克
材料编号：　　　　　　　　　　　　最高存量：
名称：A　　　　　　　　　　　　　 最低存量：

2019年		凭证编号	摘要	收入			发出			结存		
月	日			数量	单价/元	金额/元	数量	单价/元	金额/元	数量	单价/元	金额/元
10	1	略	期初							60	5	300
	10		购入	180	6	1 080				60 180	5 6	300 1 080
	11		发出				60 100	5 6	300 600	80	6	480
	18		购入	120	7	840				80 120	6 7	480 840
	20		发出				80 80	6 7	480 560	40	7	280
	23		购入	40	8	320				40 40	7 8	280 320
1	31		合计	340		2 240	320		1 940	40 40	7 8	280 320

（1）在采用先进先出法时，11 日发出材料的会计分录为

借：业务活动费用　　　　　　900
　　贷：库存物品　　　　　　　　900

20 日发出材料的会计分录为

借：业务活动费用　　　　　　1 040
　　贷：库存物品　　　　　　　　1 040

（2）用全月一次加权平均法计算材料加权平均单价、本月发出材料成本、月末库存材料成本。材料加权平均单价=（300+1 080+840+320）÷（60+180+120+40）=6.35（元）

本月发出材料成本=320×6.35=2 032（元）

月末库存材料成本=80×6.35=508（元）

五、存货的会计核算

单位存货的会计核算通常由会计部门和存货管理部门共同进行。会计部门利用"存货"科目进行总分类核算，即核算存货的收入、发出、结存的金额总量；存货管理部门负责存货明细账的会计核算，登记存货收、付、结存的数量和金额。出租、出借的存货，应当设置备查簿进行登记。

（一）在途物品的会计核算

单位应当设置"在途物品"核算单位在采购材料等物资时货款已付或已开出商业汇票但尚未验收入库的在途物品的采购成本。本科目可按照供应单位和物品种类进行明细核算。本科目期末借方余额，反映单位在途物品的采购成本。具体会计处理如图 11-21 所示。

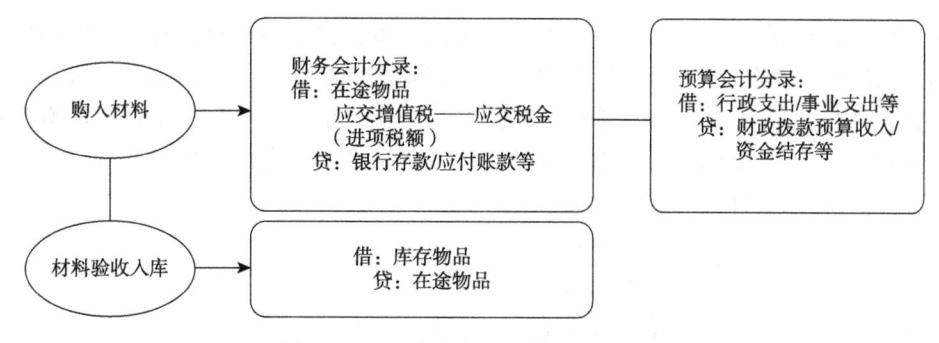

```
购入材料 → 财务会计分录:
           借:在途物品
             应交增值税——应交税金
               (进项税额)
             贷:银行存款/应付账款等

         → 预算会计分录:
           借:行政支出/事业支出等
             贷:财政拨款预算收入/
               资金结存等

材料验收入库 → 借:库存物品
             贷:在途物品
```

图 11-21 "在途物品"科目会计核算

单位购入材料等物品,按照确定的物品采购成本的金额,借记本科目,按照实际支付的金额,贷记"财政拨款收入""零余额账户用款额度""银行存款"等科目。涉及增值税业务的,相关账务处理参见"应交增值税"科目。

所购材料验收入库,按照确定的库存物品成本金额,借记"库存物品"科目,按照物品采购成本金额,贷记本科目,按照使入库物品达到目前场所和状态所发生的其他支出,贷记"银行存款"等科目。

(二)库存物品的会计核算

单位应当设置"库存物品"核算单位在开展业务活动及其他活动中,为耗用或出售而储存的各种材料、产品、包装物、低值易耗品,以及达不到固定资产标准的用具、装具、动植物等的成本,已完成的测绘、地质勘查、设计成果等的成本,也通过本科目核算。单位随买随用的零星办公用品,可以在购进时直接列作费用;单位控制的政府储备物资,应当通过"政府储备物资"科目核算;单位受托存储保管的物资和受托转赠的物资,应当通过"受托代理资产"科目核算;单位为在建工程购买和使用的材料物资,应当通过"工程物资"科目核算,以上均不通过本科目核算。本科目应当按照库存物品的种类、规格、保管地点等进行明细核算,单位储存的低值易耗品、包装物较多的,可以在本科目(低值易耗品、包装物)下按照"在库""在用"和"摊销"等进行明细核算。本科目期末借方余额,反映单位库存物品的实际成本。

(1)外购库存物品,应当按照其取得时的成本入账外购的库存物品验收入库,按照确定的成本,借记本科目,贷记"财政拨款收入""零余额账户用款额度""银行存款""应付账款""在途物品"等科目。涉及增值税业务的,相关账务处理参见"应交增值税"科目。具体会计处理如图 11-22 所示。

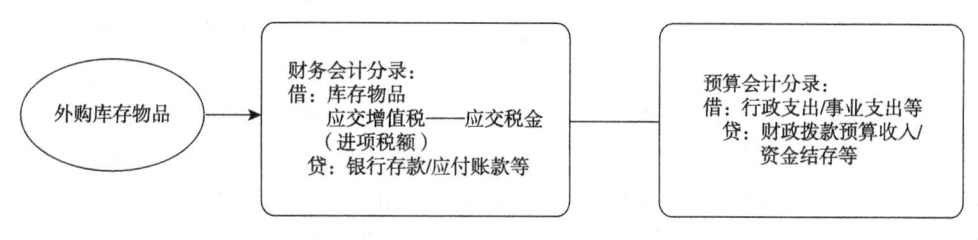

```
外购库存物品 → 财务会计分录:
              借:库存物品
                应交增值税——应交税金
                  (进项税额)
                贷:银行存款/应付账款等

            → 预算会计分录:
              借:行政支出/事业支出等
                贷:财政拨款预算收入/
                  资金结存等
```

图 11-22 外购库存商品的会计核算

接受捐赠的库存物品验收入库，按照确定的成本，借记本科目，按照发生的相关税费、运输费等，贷记"银行存款"等科目，按照其差额，贷记"捐赠收入"科目。接受捐赠的库存物品按照名义金额入账的，按照名义金额，借记本科目，贷记"捐赠收入"科目；同时，按照发生的相关税费、运输费等，借记"其他费用"科目，贷记"银行存款"等科目。具体会计处理如图11-23所示。

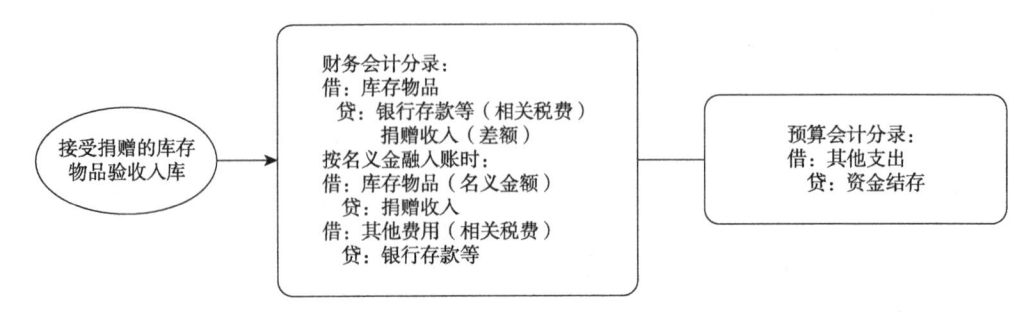

接受捐赠的库存物品验收入库 →
财务会计分录：
借：库存物品
　　贷：银行存款等（相关税费）
　　　　捐赠收入（差额）
按名义金融入账时：
借：库存物品（名义金额）
　　贷：捐赠收入
借：其他费用（相关税费）
　　贷：银行存款等
→
预算会计分录：
借：其他支出
　　贷：资金结存

图 11-23　捐赠取得库存商品的会计核算

无偿调入的库存物品验收入库，按照确定的成本，借记本科目，按照发生的相关税费、运输费等，贷记"银行存款"等科目，按照其差额，贷记"无偿调拨净资产"科目。具体会计处理如图11-24所示。

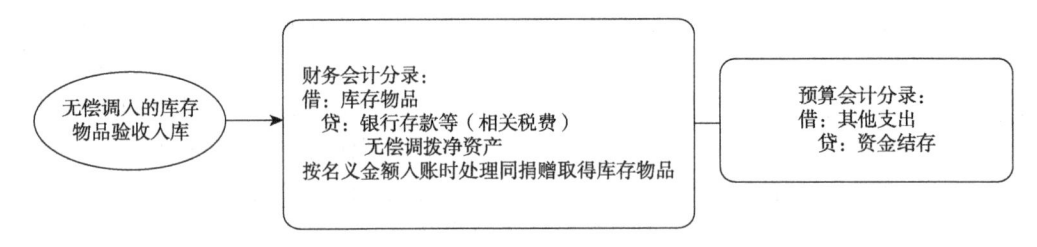

无偿调入的库存物品验收入库 →
财务会计分录：
借：库存物品
　　贷：银行存款等（相关税费）
　　　　无偿调拨净资产
按名义金额入账时处理同捐赠取得库存物品
→
预算会计分录：
借：其他支出
　　贷：资金结存

图 11-24　无偿调入库存商品的会计核算

置换换入的库存物品验收入库，按照确定的成本，借记本科目，按照换出资产的账面余额，贷记相关资产科目（换出资产为固定资产、无形资产的，还应当借记"固定资产累计折旧""无形资产累计摊销"科目），按照置换过程中发生的其他相关支出，贷记"银行存款"等科目，按照借贷方差额，借记"资产处置费用"科目或贷记"其他收入"科目。

涉及补价的，分别按以下情况处理：支付补价的，按照确定的成本，借记本科目，按照换出资产的账面余额，贷记相关资产科目（换出资产为固定资产、无形资产的，还应当借记"固定资产累计折旧""无形资产累计摊销"科目），按照支付的补价和置换过程中发生的其他相关支出，贷记"银行存款"等科目，按照借贷方差额，借记"资产处置费用"科目或贷记"其他收入"科目。收到补价的，按照确定的成本，借记本科目，按照收到的补价，借记"银行存款"等科目，按照换出资产的账面余额，贷记相关资产科目（换出资产为固定资产、无形资产的，还应当借记"固定资产累计折旧""无形资产累计摊销"科目），按照置换过程中发生的其他相关支出，贷记"银行存款"等科目，按照补价扣减其他相关支出后的净收入,贷记"应缴财政款"科目,按照借贷方差额,借记"资产处置费用"科目或贷记"其他收入"科目。具体会计处理如图11-25所示。

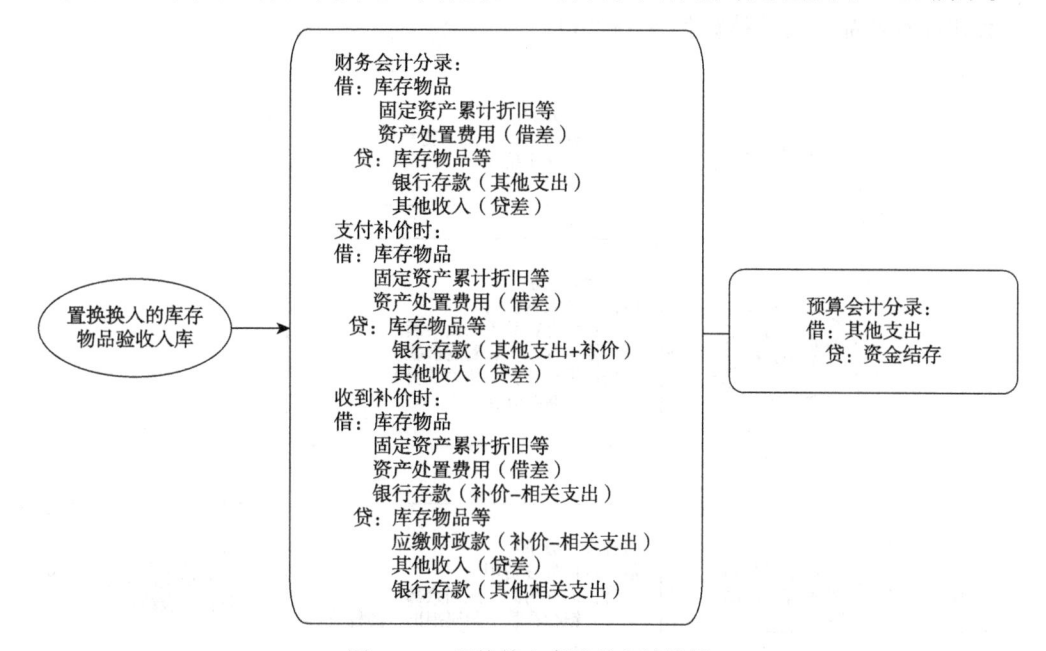

```
                    ┌─────────────────────────────┐
                    │ 财务会计分录：                │
                    │ 借：库存物品                  │
                    │     固定资产累计折旧等         │
                    │     资产处置费用（借差）       │
                    │   贷：库存物品等              │
                    │       银行存款（其他支出）     │
                    │       其他收入（贷差）         │
                    │ 支付补价时：                  │
  ┌──────────┐     │ 借：库存物品                  │    ┌──────────────┐
  │置换换入的 │     │     固定资产累计折旧等         │    │ 预算会计分录： │
  │库存物品   │────▶│     资产处置费用（借差）       │───▶│ 借：其他支出   │
  │验收入库   │     │   贷：库存物品等              │    │ 贷：资金结存   │
  └──────────┘     │       银行存款（其他支出+补价）│    └──────────────┘
                    │       其他收入（贷差）         │
                    │ 收到补价时：                  │
                    │ 借：库存物品                  │
                    │     固定资产累计折旧等         │
                    │     资产处置费用（借差）       │
                    │     银行存款（补价-相关支出）  │
                    │   贷：库存物品等              │
                    │       应缴财政款（补价-相关支出）│
                    │       其他收入（贷差）         │
                    │       银行存款（其他相关支出） │
                    └─────────────────────────────┘
```

图11-25 置换换入商品的会计核算

（2）库存物品在发出时的具体会计处理。单位开展业务活动等领用、按照规定自主出售发出或加工发出库存物品,按照领用、出售等发出物品的实际成本,借记"业务活动费用""单位管理费用""经营费用""加工物品"等科目,贷记本科目。采用一次转销法摊销低值易耗品、包装物的,在首次领用时将其账面余额一次性摊销计入有关成本费用,借记有关科目,贷记本科目。采用五五摊销法摊销低值易耗品、包装物的,首次领用时,将其账面余额的50%摊销计入有关成本费用,借记有关科目,贷记本科目;使用完时,将剩余的账面余额转销计入有关成本费用,借记有关科目,贷记本科目。

经批准对外出售的库存物品（不含可自主出售的库存物品）发出时,按照库存物品的账面余额,借记"资产处置费用"科目,贷记本科目;同时,按照收到的价款,借记"银行存款"等科目,按照处置过程中发生的相关费用,贷记"银行存款"等科目,按照其差额,贷记"应缴财政款"科目。

经批准对外捐赠的库存物品,发出时按照库存物品的账面余额和对外捐赠过程中发生的归属于捐出方的相关费用合计数,借记"资产处置费用"科目,按照库存物品账面余额,贷记本科目,按照对外捐赠过程中发生的归属于捐出方的相关费用,贷记"银行存款"等科目。

经批准无偿调出的库存物品发出时,按照库存物品的账面余额,借记"无偿调拨净资产"科目,贷记本科目;同时,按照无偿调出过程中发生的归属于调出方的相关费用,借记"资产处置费用"科目,贷记"银行存款"等科目。

经批准置换换出的库存物品，参照本科目有关置换换入库存物品的规定进行账务处理。

发出库存物品的会计核算如图 11-26 所示。

发出库存物品
- 自主出售或领用库存物品
  - 财务会计分录：
    借：业务活动费用/加工物品等
    　　贷：库存物品
- 经批准对外出售的库存物品
  - 财务会计分录：
    借：资产处置费用
    　　贷：库存物品（账面余额）
    借：银行存款（收到的价款）
    　　贷：银行存款（相关税费）
    　　　　应缴财政款
- 经批准对外捐赠的库存物品
  - 财务会计分录：
    借：资产处置费用
    　　贷：库存物品（账面余额）
    　　　　银行存款（归属捐出方的税费）
  - 预算会计分录：
    借：其他支出（相关税费）
    　　贷：资金结存
- 经批准无偿调拨出的库存物品
  - 财务会计分录：
    借：无偿调拨净资产
    　　贷：库存物品（账面余额）
    借：资产处置费用
    　　贷：银行存款（归属调出方的税费）
  - 预算会计分录：
    借：其他支出（相关税费）
    　　贷：资金结存
- 经批准置换换出的库存物品
  - 参照"库存物品"置换换入

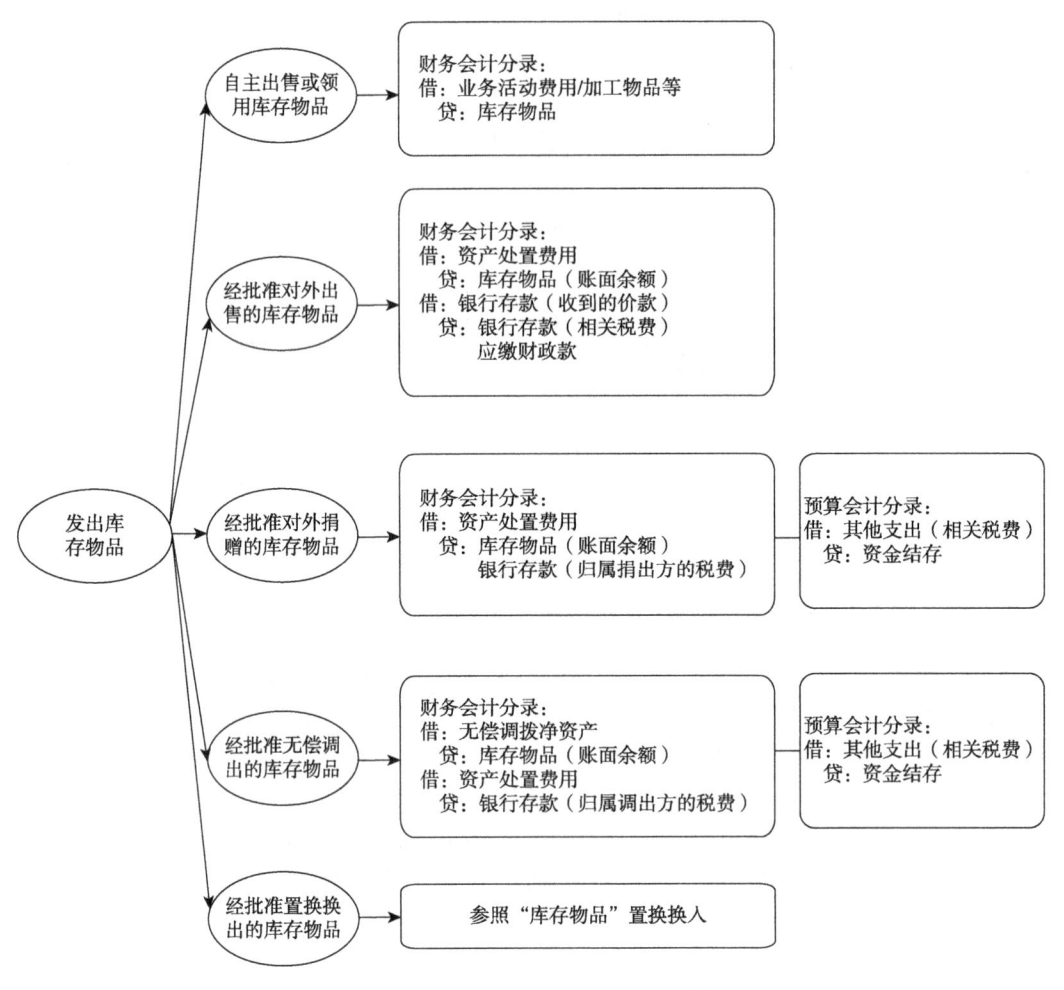

图 11-26 发出库存物品的会计核算

【例 11-17】 2×20 年某行政单位外购材料并验收合格入库。10 月 15 日，该行政单位领用该材料 30 000 元。其会计分录为：

（1）购入材料时：

借：库存物品　　　　　　　　　　　　80 000
　　贷：零余额账户用款额度　　　　　　　80 000
借：行政支出　　　　　　　　　　　　80 000
　　贷：资金结存——零余额账户用款额度　80 000

（2）领用材料时：

借：业务活动费用　　　　　　　　　　30 000
　　贷：库存物品　　　　　　　　　　　30 000

(三)加工物品的会计核算

单位应当设置"加工物品"科目核算单位自制或委托外单位加工的各种物品的实际成本,未完成的测绘、地质勘查、设计成果的实际成本,也通过本科目核算。本科目应当设置"自制物品""委托加工物品"两个一级明细科目,并按照物品类别、品种、项目等设置明细账,进行明细核算。

本科目"自制物品"一级明细科目下应当设置"直接材料""直接人工""其他直接费用"等二级明细科目归集自制物品发生的直接材料、直接人工(专门从事物品制造人员的人工费)等直接费用;对于自制物品发生的间接费用,应当在本科目"自制物品"一级明细科目下单独设置"间接费用"二级明细科目予以归集,期末,再按照一定的分配标准和方法,分配计入有关物品的成本。本科目期末借方余额,反映单位自制或委托外单位加工但尚未完工的各种物品的实际成本。自制物品的具体会计处理如图 11-27 所示。

```
                    财务会计分录:
                    直接材料:
                      借:加工物品——自制物品(直接材料)
                        贷:库存物品
                    直接人工:
         自制物品     借:加工物品——自制物品(直接人工)        预算会计分录:
         成本核算      贷:应付职工薪酬                     其他直接费用:
                    其他直接费用:                          借:其他支出
自制物品               借:加工物品——自制物品(直接人工)         贷:资金结存/财政
                      贷:零余额账户用款额度/银行存款等            拨款预算收入
                    间接费用:
                      借:加工物品——自制物品(间接费用)
                        贷:零余额账户用款额度/银行存款/
                           应付职工薪酬/固定资产累计折旧等

         自制物品     借:库存物品
         完工入库      贷:加工物品——自制物品
```

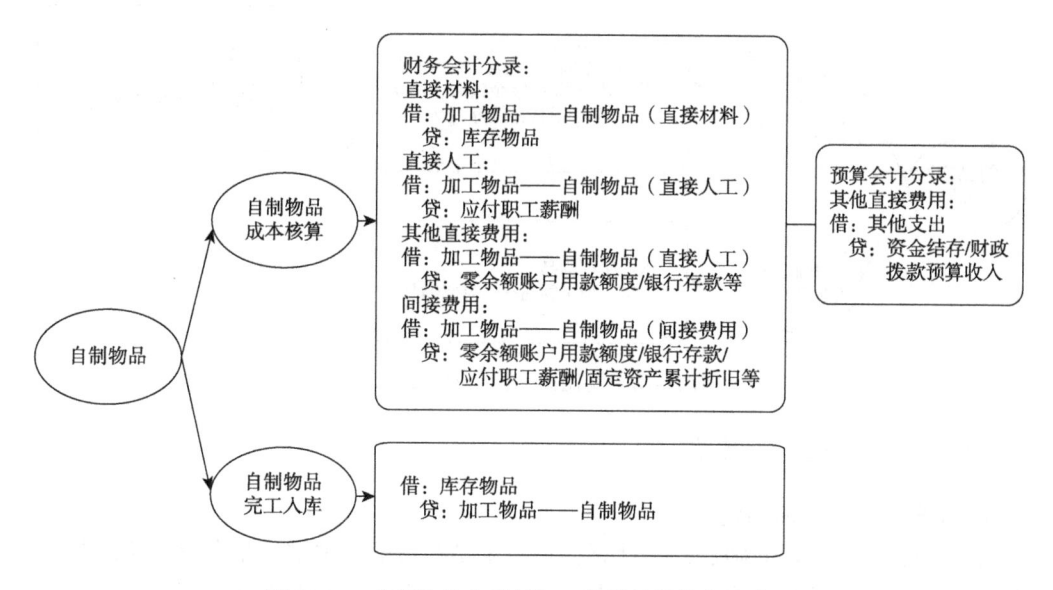

图 11-27 自制物品和委托加工物品的具体会计处理

(1)自制物品。为自制物品领用材料等,按照材料成本,借记本科目(自制物品——直接材料),贷记"库存物品"科目。专门从事物品制造的人员发生的直接人工费用,按照实际发生的金额,借记本科目(自制物品——直接人工),贷记"应付职工薪酬"科目。为自制物品发生的其他直接费用,按照实际发生的金额,借记本科目(自制物品——其他直接费用),贷记"零余额账户用款额度""银行存款"等科目。

为自制物品发生的间接费用,按照实际发生的金额,借记本科目(自制物品——间接费用),贷记"零余额账户用款额度""银行存款""应付职工薪酬""固定资产累计折旧""无形资产累计摊销"等科目。间接费用一般按照生产人员工资、生产人员工时、机器工时、耗用材料的数量或成本、直接费用(直接材料和直接人工)或产品产量等进行分配。单位可根据具体情况自行选择间接费用的分配方法。分配方法一经确定，不得随意变更。

已经制造完成并验收入库的物品，按照所发生的实际成本（包括耗用的直接材料费用、直接人工费用、其他直接费用和分配的间接费用），借记"库存物品"科目，贷记本科目（自制物品）。

（2）委托加工物品发给外单位加工的材料等，按照其实际成本，借记本科目（委托加工物品），贷记"库存物品"科目。支付加工费、运输费等费用，按照实际支付的金额，借记本科目（委托加工物品），贷记"零余额账户用款额度""银行存款"等科目。涉及增值税业务的，相关账务处理参见"应交增值税"科目。

委托加工完成的材料等验收入库，按照加工前发出材料的成本和加工、运输成本等，借记"库存物品"等科目，贷记本科目（委托加工物品）。委托加工物品的会计核算如图11-28所示。

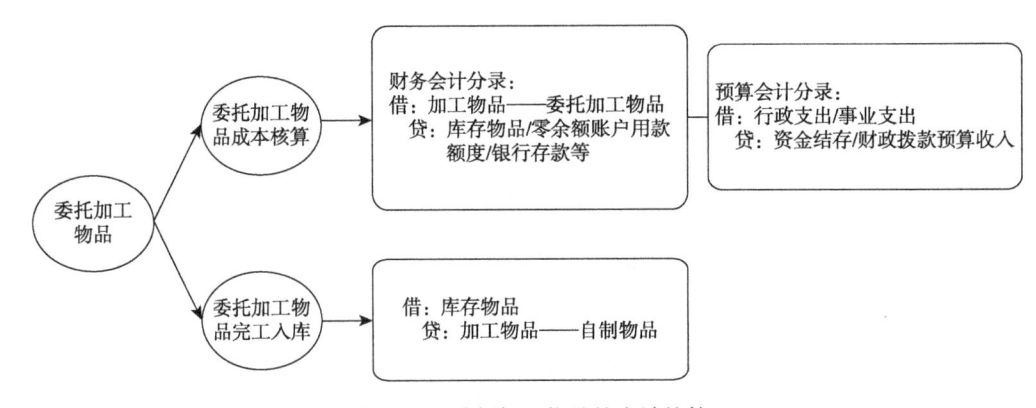

图 11-28 委托加工物品的会计核算

六、存货的清查盘点

1. 存货期末数量的确定

单位存货期末数量的确定，是计算存货期末结存金额的关键，是存货计价的基础。确定存货的实物数量有实地盘存制和永续盘存制两种方法，如表11-6所示。

表 11-6 实地盘存制与永续盘存制

数量确定方法	说明	公式
实地盘存制	实地盘存制又称定期盘存制，是根据对材料实物的定期清查盘点结果来确定材料期末数量的盘存核算方法。采用实地盘存制，应在收到材料时，依据有关原始凭证在材料明细账上逐笔登记，但对于材料发出，平时不进行账面记录。期末通过对材料实地盘点，将盘点结果作为材料期末结存数量和金额，并按一定计价方法计算期末材料金额，最后倒挤确定本期材料发出数量和金额	本期减少（发出）数量=期初账面结存数量+本期增加（收入）账面数量−期末账面结存数量
永续盘存制	永续盘存制又称账面盘存法，指用经常性的明细记录，对每种材料的收发进行逐笔或逐日登记，以便随时反映其结存数量	期末账面结存数量=期初账面结存数量+本期增加（收入）数量−本期减少（发出）数量

实地盘存法平时只记增加的金额,不登记材料减少金额,因此大大地简化了材料核算工作,但这种方法存在以下缺点。

(1)不能随时反映各种材料的收支结存数,只有通过定期盘点、计量才能计算发出数量,因此不利于材料的计划与控制。

(2)凡属于未计入期末材料结存数中的材料,都视为已经发出。任何由于浪费、盗窃和各种自然损耗等原因所发生的损失,都隐匿在材料发出数量之中(发出成本之中),因此不利于加强材料的管理。

采用永续盘存制,虽然工作量较大,但可弥补实地盘存制的缺点。采用永续盘存制,并不排除实地盘存制。为了确定账实相符情况和材料物资盈亏情况,单位仍需于会计期末对实物进行全面盘点。

2. 存货清查的会计核算

存货清查,是指通过对存货的实地盘点,确定存货的实有数量,并与账面结存数核对,从而确定存货实存数与账面结存数是否相符的一种专门方法。

单位应当定期对库存物品进行清查盘点,每年至少盘点一次。对于发生的库存物品盘盈、盘亏或者报废、盈溢科目,按照规定报经批准后及时进行后续账务处理。具体会计处理如图11-29所示。

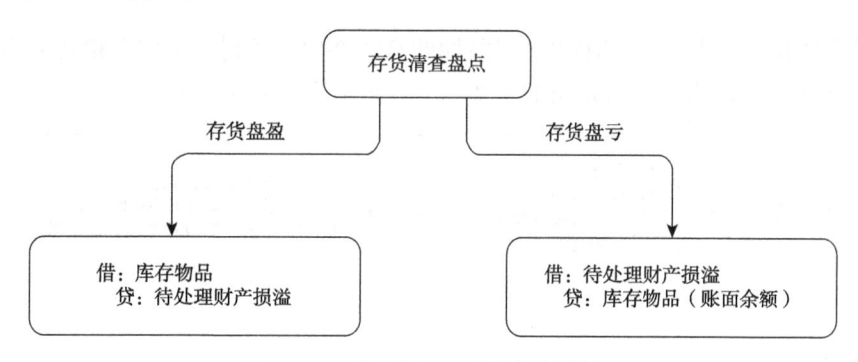

图 11-29 存货盘盈、盘亏的会计处理

(1)盘盈的库存物品,其成本按照有关凭据注明的金额确定;没有相关凭据,但按照规定经过资产评估的,其成本按照评估价值确定;没有相关凭据,也未经过评估的,其成本按照重置成本确定。如果无法采用上述方法确定盘盈的库存物品成本,按照名义金额入账。盘盈的库存物品,贷记"待处理财产损溢"科目。

(2)盘亏或者毁损、报废的库存物品,按照待处理库存物品的账面余额,借记"待处理财产损溢"科目,贷记本科目。

属于增值税一般纳税人的单位,若因非正常原因导致的库存物品盘亏或毁损,还应当将与该库存物品相关的增值税进项税额转出,按照其增值税进项税额,借记"待处理财产损溢"科目,贷记"应交增值税——应交税金(进项税额转出)"科目。

第五节 待摊费用

一、待摊费用的概念

待摊费用是指单位已经支付，但应当由本期和以后各期分别负担的分摊期在1年以内（含1年）的各项费用，如预付航空保险费、预付租金等。

二、待摊费用的会计科目设置

单位应当设置"待摊费用"科目，摊销期限在1年以上的租入固定资产改良支出和其他费用，应当通过"长期待摊费用"科目核算，不通过本科目核算。

本科目应当按照待摊费用种类进行明细核算。本科目期末借方余额，反映单位各种已支付但尚未摊销的且分摊期在1年以内（含1年）的费用。

三、待摊费用的会计核算

待摊费用应当在其受益期限内分保险期的有效期内、预付租金应在租赁期内分期平均摊销，计入当期费用。待摊费用的主要账务处理如图11-30所示。

发生待摊费用 → 财务会计分录：
借：待摊费用
贷：财政拨款收入/零余额账户用款额度/银行存款等

预算会计分录：
借：行政支出/事业支出
贷：财政拨款预算收入/资金结存

待摊费用摊销 → 借：业务活动费用/单位管理费用/经营费用等
贷：待摊费用

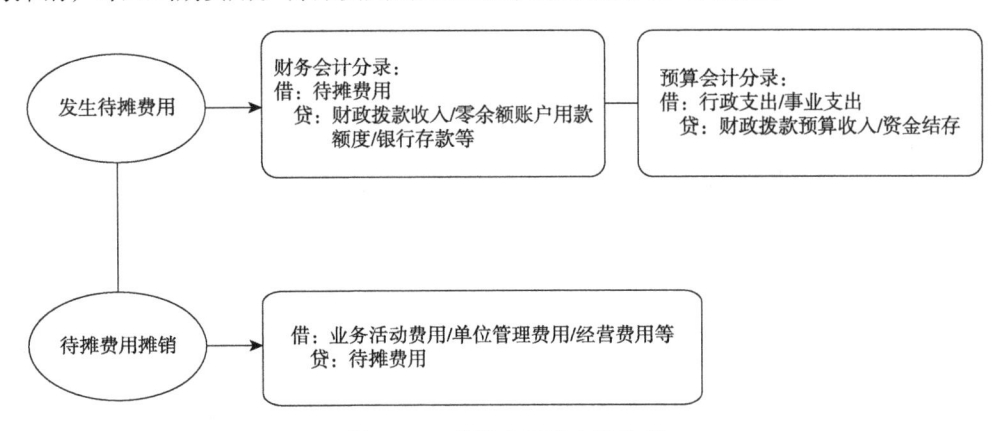

图11-30 待摊费用的会计处理

发生待摊费用时，按照实际预付的金额，借记本科目，贷记"财政拨款收入""零余额账户用款额度""银行存款"等科目。

按照受益期限分期平均摊销时，按照摊销金额，借记"业务活动费用""单位管理费用""经营费用"等科目，贷记本科目。如果某项待摊费用已经不能使单位受益，应当将其摊余金额一次全部转入当期费用。按照摊销金额，借记"业务活动费用""单位管理费用""经营费用"等科目，贷记本科目。

第六节 长期股权投资

一、长期股权投资的概念、会计科目设置及核算

(一)长期股权投资的概念

长期股权投资是指事业单位按照规定取得的,持有时间超过 1 年(不含 1 年)的股权性质的投资。长期股权投资的初始计长期股权投资在取得时,应当按照其实际成本作为初始投资成本。

(二)长期股权投资的会计科目设置

事业单位应当设置"长期股权投资"科目。

(三)长期股权投资的会计核算

(1)以货币资金取得的长期股权投资按照确定的投资成本,借记本科目或本科目(成本),按照支付的价款中包含的已宣告但尚未发放的现金股利,借记"应收股利"科目,按照实际支付的全部价款,贷记"银行存款"等科目。实际收到取得投资时所支付价款中包含的已宣告但尚未发放的现金股利时,借记"银行存款"科目,贷记"应收股利"科目。按照预算会计项目,借记"投资支出"科目,贷记"资金结存——货币资金"科目。相关会计核算如图 11-31 所示。

以货币资金取得的长期股权投资 → 财务会计分录:
借:长期股权投资——成本/长期股权投资
　　应收股利(支付价款中包含的已宣告尚未发放的股利/利息)
贷:银行存款

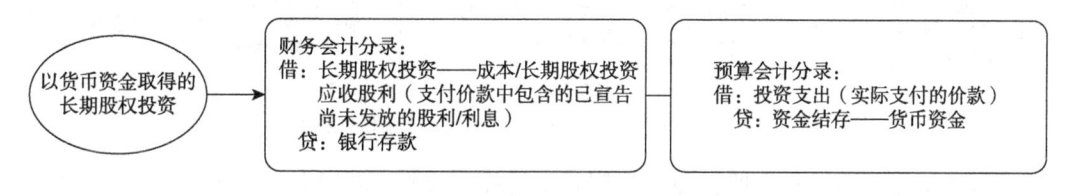

预算会计分录:
借:投资支出(实际支付的价款)
贷:资金结存——货币资金

图 11-31 以货币资金取得的长期股权投资

【例 11-18】 某事业单位 2×19 年花费 10 000 000 元购入乙单位 10%的股权。

借:长期股权投资　　　　　　10 000 000
　　贷:银行存款　　　　　　　　　　10 000 000
借:投资支出　　　　　　　　10 000 000
　　贷:资金结存——货币资金　　　　10 000 000

(2)以货币资金以外的其他资产置换取得的长期股权投资 参照"库存物品"科目中置换得库存物品的相关规定进行账务处理。相关会计处理如图 11-32 所示。

【例 11-19】 某事业单位 2×20 年 7 月 12 日将一台使用过的机器设备用于对外投资,双方协商作价 900 000 元,购入被投资单位 70%的股权。该机器设备为 2×19 年 7

172 政府会计

```
以货币资金以外    →    财务会计分录：              预算会计分录：
的其他资产置换         借：长期股权投资——成本/长期股权投资    借：其他支出（相关税费支出）
取得的长期股权              （换出资产评估价值+相关税费支出）      贷：资金结存——货币资金
投资                       固定资产累计折旧/无形资产累计摊销等
                          资产处置费用（借差）
                      贷：固定资产/无形资产/存货等
                          银行存款（相关税费支出）
                          其他收入（贷差）
```

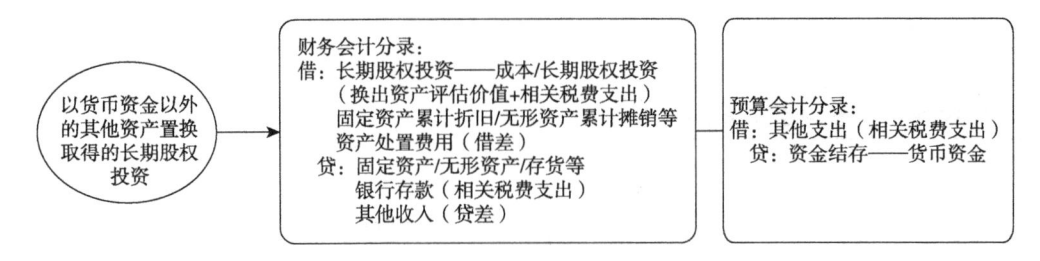

图 11-32　以货币资金以外的其他资产置换取得的长期股权投资

月购入，原始价值为 1 000 000 元，预计使用年限为 5 年。同时该机器的运费 20 000 元由该事业单位承担，用银行存款支付。

借：长期股权投资——成本　　　　　920 000
　　固定资产累计折旧　　　　　　　200 000
　　贷：固定资产　　　　　　　　　　　　1 000 000
　　　　银行存款　　　　　　　　　　　　　 20 000
　　　　其他收入　　　　　　　　　　　　　100 000
借：其他支出　　　　　　　　　　 20 000
　　贷：资金结存——货币资金　　　　　　　 20 000

（3）以未入账的无形资产取得的长期股权投资按照评估价值加相关税费作为投资成本，借记本科目，按照发生的相关税费，贷记"银行存款""其他应交税费"等科目，按其差额，贷记"其他收入"科目。按照预算会计项目，借记"其他支出"科目，贷记"资金结存"科目。相关会计处理如图 11-33 所示。

```
以未入账的无形   →   财务会计分录：              预算会计分录：
资产取得的长期        借：长期股权投资——成本/长期股权投资   借：其他支出（支付的相关税费）
股权投资              贷：银行存款/其他应交税费            贷：资金结存
                         其他收入
```

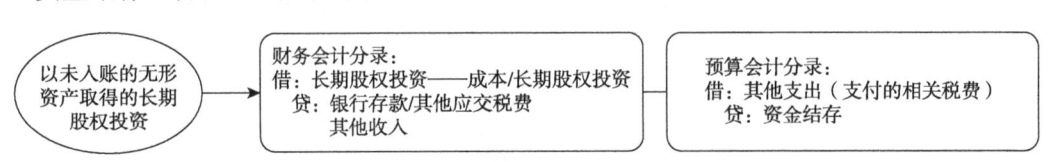

图 11-33　以未入账的无形资产取得的长期股权投资

（4）接受捐赠的长期股权投资按照确定的投资成本，借记本科目或本科目（成本），按照发生的相关税费，贷记"银行存款"等科目，按照其差额，贷记"捐赠收入"科目。

按照预算会计项目，借记"其他支出"科目，贷记"资金结存"科目。相关会计处理如图 11-34 所示。

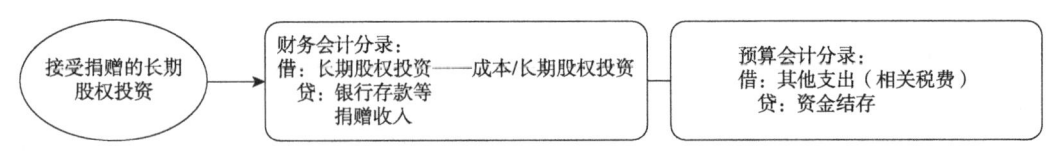

```
接受捐赠的长期   →   财务会计分录：              预算会计分录：
股权投资              借：长期股权投资——成本/长期股权投资   借：其他支出（相关税费）
                     贷：银行存款等                       贷：资金结存
                         捐赠收入
```

图 11-34　接受捐赠的长期股权投资

（5）无偿调入的长期股权投资按照确定的投资成本，借记本科目或本科目（成本），按照发生的相关税费，贷记"银行存款"等科目，按照其差额，贷记"无偿调拨净资产"科目。按照预算会计项目，借记"其他支出"科目，贷记"资金结存"科目。相关会计处理如图 11-35 所示。

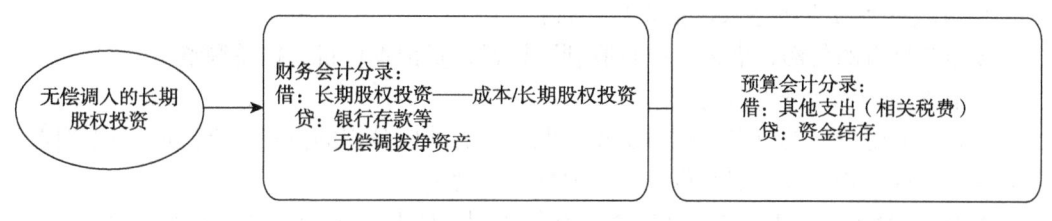

```
无偿调入的长期     财务会计分录：              预算会计分录：
股权投资    →    借：长期股权投资——成本/长期股权投资    借：其他支出（相关税费）
                 贷：银行存款等                 贷：资金结存
                    无偿调拨净资产
```

图 11-35　无偿调入的长期股权投资

二、长期股权投资的后续计量

（一）长期股权投资的成本法

成本法是指投资按照成本计量的方法。事业单位无权决定被投资单位的财务和经营政策或无权参与被投资单位的财务和经营政策决策的，应当采用成本法进行核算。采用成本法核算的长期股权投资，核算方法如下。

（1）初始投资或追加投资时，按照初始投资或追加投资时成本增加长期股权投资的账面价值。

（2）被投资单位宣告发放现金股利或利润时，按照应收的金额，借记"应收股利"科目，贷记"投资收益"科目。收到现金股利或利润时，按照实际收到的金额，借记"银行存款"等科目，贷记"应收股利"科目。按照预算会计项目，借记"资金结存——货币资金"科目，贷记"投资预算收益"科目。

【例 11-20】　承【例 11-18】，2×20 年 2 月 3 日，收到被投资单位宣告并发放的现金股利 500 000 元，款项存入银行账户。

借：应收股利　　　　　　500 000
　　贷：投资收益　　　　　　　500 000
借：银行存款　　　　　　500 000
　　贷：应收股利　　　　　　　500 000
借：资金结存——货币资金　　　500 000
　　贷：投资预算收益　　　　　　　500 000

（二）长期股权投资的权益法

事业单位自主决定被投资单位的财务和经营政策或参与被投资单位的财务和经营政策决策的，应当采用权益法进行核算。长期股权投资采用权益法核算的，还应当按照"成本""损益调整""其他权益变动"设置明细科目，进行明细核算。

1. 被投资单位实现净利润

按照应享有的份额，借记本科目（损益调整），贷记"投资收益"科目。被投资单位发生净亏损的，按照应分担的份额，借记"投资收益"科目，贷记本科目（损益调整），但以本科目的账面余额减记至零为限。

发生亏损的被投资单位以后年度又实现净利润的，按照收益分享额弥补未确认的亏损分担额等后的金额，借记本科目（损益调整），贷记"投资收益"科目。

2. 被投资单位宣告分派现金股利或利润

按照应享有的份额，借记"应收股利"科目，贷记本科目（损益调整）。

3. 被投资单位发生除净损益

除利润分配以外的所有者权益变动按照应享有或应分担的份额，借记或贷记"权益法调整"科目，贷记或借记本科目（其他权益变动）。

【例 11-21】 承【例 11-19】，2×20 年 12 月 31 日，被投资单位实现利润 300 000 元，除净损益和利润分配以外的所有者权益变动金额为 100 000 元，进行会计处理。

（1）按照对被投资单位实现净利润享有的份额：300 000×70%=210 000（元）。

借：长期股权投资——损益调整　　　　210 000
　　贷：投资收益　　　　　　　　　　　　　210 000

（2）按照对被投资单位除净损益和利润分配以外的所有者权益变动享有的份额：
100 000×70%=70 000（元）

借：长期股权投资——其他权益变动　　70 000
　　贷：权益法调整　　　　　　　　　　　　70 000

2×21 年 2 月 1 日，被投资单位宣告发放现金股利 100 000 元。按照对被投资单位分配股利享有的份额：100 000×70%=70 000 元，进行会计处理：

借：应收股利　　　　　　　　　　　　70 000
　　贷：长期股权投资——损益调整　　　　　70 000

（三）按照规定报经批准处置长期股权投资

（1）处置以现金取得的长期股权投资，按照实际取得的价款，借记"银行存款"等科目，按照被处置长期股权投资的账面余额，贷记本科目，按照尚未领取的现金股利或利润，贷记"应收股利"科目，按照发生的相关税费等支出，贷记"银行存款"等科目，按照借、贷方差额，借记或贷记"投资收益"科目。按照预算会计项目，借记"资金结存——货币资金"科目，贷记"投资支出""其他结余""投资预算收益"科目。

（2）处置除现金以外的其他资产取得的长期股权投资，按照被处置长期股权投资的账面余额，借记"资产处置费用"科目，贷记本科目；同时，按照实际取得的价款，借记"银行存款"等科目，按照尚未领取的现金股利或利润，贷记"应收股利"科目，按照发生的相关税费等支出，贷记"银行存款"等科目，按照贷方差额，贷记"应缴财政款"科目。按照规定将处置时取得的投资收益纳入本单位预算管理的，应当按照所取得价款大于被处置长期股权投资账面余额、应收股利账面余额和相关税费支出合计的差额，贷记"投资收益"科目。

【例 11-22】 承【例 11-21】，某事业单位 2×20 年 2 月 5 日对外出售被投资单位 35%的股权，获得收入 720 000 元。其中包括被投资单位已宣告未发放的 2×20 年现金股利 35 000 元。按照规定该投资收益纳入本单位预算管理，不考虑相关税费。被投资单位 35%占购入 70%股权的一半：

被处置长期股权投资——成本的账面余额=920 000÷2=460 000（元）
被处置长期股权投资——损益调整的账面余额=（210 000-70 000）÷2=70 000（元）
被处置长期股权投资——其他权益变动的账面余额=70 000÷2=35 000（元）

借：资产处置费用　　　　　　　565 000
　　贷：长期股权投资——成本　　　　565 000
借：资金结存——货币资金　　　155 000
　　贷：投资预算收益　　　　　　　　155 000

（3）因被投资单位破产清算等原因，有确凿证据表明长期股权投资发生损失，按照规定报经批准后予以核销时，按照予以核销的长期股权投资的账面余额，借记"资产处置费用"科目，贷记本科目。相关会计处理如图11-36所示。

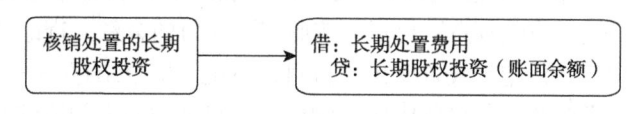

```
┌─────────────┐    ┌──────────────────────────┐
│核销处置的长期│ →  │借：长期处置费用          │
│股权投资     │    │   贷：长期股权投资（账面余额）│
└─────────────┘    └──────────────────────────┘
```

图11-36　长期股权投资发生损后核销

（4）报经批准置换转出长期股权投资时，参照"库存物品"科目中置换换入库存物品的规定进行账务处理。

（5）采用权益法核算的长期股权投资的处置，除进行上述账务处理外，还应结转原直接计入净资产的相关金额，借记或贷记"权益法调整"科目，贷记或借记"投资收益"科目。

（四）成本法与权益法的转换

（1）单位因处置部分长期股权投资等原因而对处置后的剩余股权投资由权益法改按成本法核算的，应当按照权益法下本科目账面余额作为成本法下本科目账面余额（成本）。其后，被投资单位宣告分派现金股利或利润时，属于单位已计入投资账面余额的部分，按照应分得的现金股利或利润份额，借记"应收股利"科目，贷记本科目。

（2）单位因追加投资等原因对长期股权投资的核算从成本法改为权益法的，应当按照成本法下本科目账面余额与追加投资成本的合计金额，借记本科目（成本），按照成本法下本科目账面余额，贷记本科目，按照追加投资的成本，贷记"银行存款"等科目。

【例11-23】　承【例11-22】，某事业单位2×21年2月5日对外出售35%的股权后，剩余部分长期股权投资按转为按成本法核算。

借：长期股权投资　　　　　　　565 000
　　贷：长期股权投资——成本　　　　460 000
　　　　长期股权投资——损益调整　　70 000
　　　　长期股权投资——其他权益变动　35 000

第七节 长期债券投资

长期债券投资是指事业单位按照规定取得的,持有时间超过1年(不含1年)的债券投资。

(一)长期债券投资的初始计量

长期债券投资在取得时,应当按照其实际成本作为初始投资成本。取得的长期债券投资,按照确定的投资成本,借记本科目(成本),按照支付的价款中包含的已到付息期但尚未领取的利息,借记"应收利息"科目,按照实际支付的金额,贷记"银行存款"等科目。按照预算会计项目,借记"投资支出"科目,贷记"资金结存——货币资金"科目。

实际收到取得债券时所支付价款中包含的已到付息期但尚未领取的利息时,借记"银行存款"科目,贷记"应收利息"科目。按照预算会计项目,借记"投资支出"科目,贷记"资金结存——货币资金"科目。相关会计处理如图11-37所示。

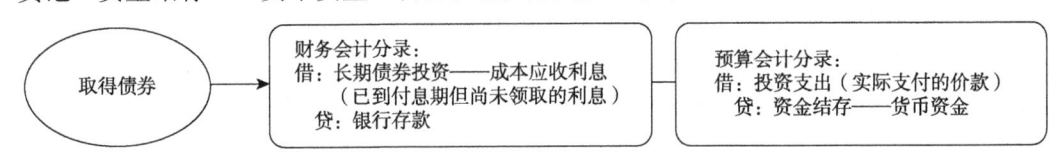

图11-37 长期债权投资取得会计核算

(二)长期债券投资的后续计量

1. 持有期间长期债券投资的后续计量

按期以债券票面金额与票面利率计算确认利息收入时,如为到期一次还本付息的债券投资,借记本科目(应计利息),贷记"投资收益"科目;如为分期付息、到期一次还本的债券投资,借记"应收利息"科目,贷记"投资收益"科目。

收到分期支付的利息时,按照实收的金额,借记"银行存款"等科目,贷记"应收利息"科目。按照预算会计项目,借记"资金结存——货币资金"科目,贷记"投资预算收益"科目。相关会计处理如图11-38所示。

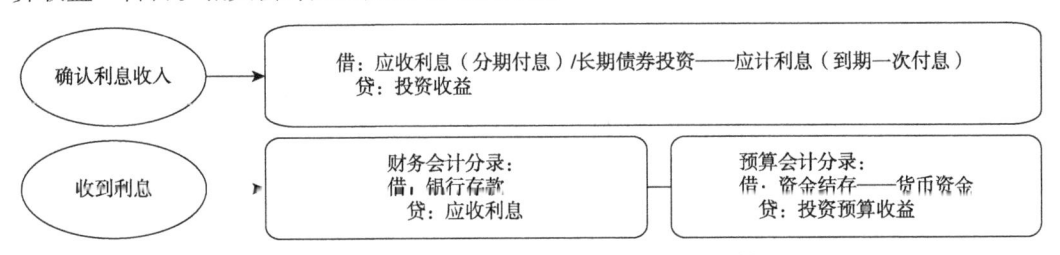

图11-38 长期债券投资持有期间的会计核算

2. 长期债券投资处置

(1)到期收回长期债券投资按照实际收到的金额,借记"银行存款"科目,按照长期债券投资的账面余额,贷记本科目,按照相关应收利息金额,贷记"应收利息"科目,按照其差额,贷记"投资收益"科目。按照预算会计项目,借记"资金结存——货币资金"科目,贷记"投资预算收益"科目。

(2)出售长期债券投资按照实际收到的金额,借记"银行存款"科目,按照长期债券投资的账面余额,贷记本科目,按照已记入"应收利息"科目但尚未收取的金额,贷记"应收利息"科目,按照其差额,贷记或借记"投资收益"科目。

涉及增值税业务的,相关账务处理参见"应交增值税"科目。按照预算会计项目,借记"资金结存——货币资金"科目,贷记"投资支出""其他结余""投资预算收益"科目。相关会计处理如图11-39所示。

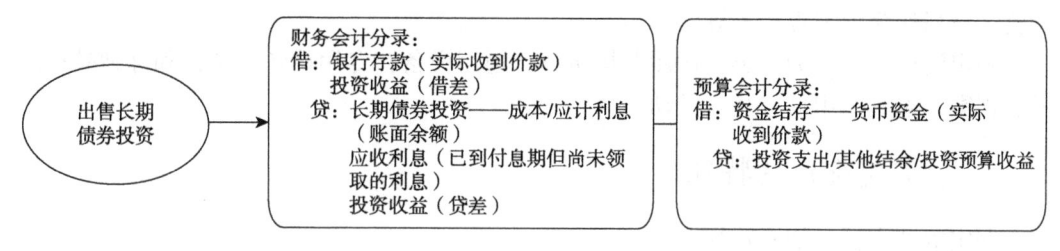

图 11-39 出售长期债券投资的会计核算

【例 11-24】 某事业单位发生的业务如下:2×20年,该单位取得长期债券投资,支付对价 70 000 元。

借:长期债券投资——成本　　　70 000
　　贷:银行存款　　　　　　　　　　70 000
借:投资支出　　　　　　　　　70 000
　　贷:资金结存——货币资金　　　　70 000

2×20 年 12 月 31 日,收到债券利息 5 000 元,款项存入银行账户。

借:应收利息　　　5 000
　　贷:投资收益　　　　5 000
借:银行存款　　　5 000
　　贷:应收利息　　　　5 000
借:资金结存——货币资金　　　5 000
　　贷:投资预算收益　　　　　　　5 000

2×21 年 2 月 1 日,该事业单位向外转让该长期债券投资,转让价格为 71 000 元。

借:银行存款　　　　　　　　　71 000
　　贷:长期债券投资——成本　　　　70 000
　　　　投资收益　　　　　　　　　　 1 000
借:资金结存——货币资金　　　71 000
　　贷:其他结余　　　　　　　　　　70 000
　　　　投资预算收益　　　　　　　　 1 000

第八节 固定资产

一、固定资产的概述

固定资产是指使用期限超过1年（不含1年），单位价值在规定标准以上（1 000元以上，其中专用设备单位价值在1 500元以上），并在使用过程中基本保持原有物质形态的资产。单位价值虽未达到规定标准，但是耐用时间超过1年（不含1年）的大批同类物资，应当作为固定资产核算。

固定资产一般分为六类：房屋及构筑物；通用设备；专用设备；文物和陈列品；图书、档案；家具、用具、装具及动植物。

二、固定资产的特征

固定资产主要有如下特征。

（1）固定资产是政府单位正常公务活动中拥有的实物资产，供单位使用，而不是供出售的资产。

（2）固定资产具有有限使用寿命，当寿命终结时必须废弃或进行重置。

（3）固定资产的价值来自取得合法财产使用权的交换能力。

（4）固定资产是非货币性资产，使用期限较长，一般在1年以上。固定资产能在连续若干生产周期中发挥作用，并保持其原有实物形态。

（5）固定资产单位价值比较大。

三、固定资产的分类

政府单位的固定资产种类较多，规格不一，为了加强对固定资产的管理，便于组织会计核算，有必要对其进行科学、合理的分类。固定资产的分类必须与日常管理结合起来，分类是否科学、合理，对固定资产的管理和核算都有直接影响。

政府单位的固定资产必须从管理需要和核算要求等方面进行分类，常用的分类方法有：按使用情况分类、按经济用途分类、按经营情况分类等，具体内容如表11-7所示。

表11-7 固定资产的分类

分类标准	主要内容	概念	评价
按使用情况分类	在用固定资产	在用固定资产是指使用中的固定资产，包括正在使用中的固定资产、修理中的固定资产及季节性暂时停用的固定资产	反映固定资产的实际利用情况，能发现固定资产使用中的浪费问题，有利于加强固定资产的管理，促使单位合理使用固定资产，发挥固定资产的使用效能
	闲置固定资产	闲置固定资产是指不使用的固定资产，包括多余的固定资产、不适用的固定资产和待报废固定资产	

续表

分类标准	主要内容	概念	评价
按经济用途分类	房屋及构筑物	房屋包括政府单位拥有的办公用房、生活用房（食堂、医务用房、职工宿舍等）、库房等；构筑物包括水塔、道路、围墙、雕塑等	反映政府单位固定资产的组成结构，已有的固定资产是否与单位公务活动相适应，有利于加强固定资产的合理配置，更好地使用预算资金
	通用设备	通用设备是指单位通用性设备，如电脑、打印机、复印机、传真机、家具、汽车、摩托车、电动车等	
	专用设备	专用设备是指因业务需要购置的具有特定专业用途的设备，如侦查设备、检测设备、监控设备、气象设备、防空设备等	
	文物和陈列品	文物和陈列品包括政府单位接管、接受捐赠、购置的具有特别价值的文物和陈列品，如古物、字画、纪念品等	
	图书、档案	图书、档案专指政府单位在图书室、阅览室里长期存放的图书、档案，不包括各单位办公室中购买的业务用书	
	家具、用具、装具及动植物	家具、用具、装具及动植物是指政府单位在使用中的家具、用具、装具及动植物	
按经营情况分类	非经营性固定资产	非经营性固定资产是指政府单位为完成公务和开展业务活动所占有、使用的固定资产	反映政府单位对闲置固定资产用于经营的情况，有利于加强资产的管理和对经营资产收入的监督
	经营性固定资产	经营性固定资产是指政府单位用于从事营利性活动的固定资产	

四、固定资产的管理

固定资产的日常管理是政府单位管理固定资产的连续性工作，贯穿于固定资产的申请购置、日常使用、维修、报废等全过程，应当做到"购置手续完备、保管责任到人、处置遵守程序"。政府单位固定资产管理常见的注意事项如表11-8所示。

表11-8 政府单位固定资产管理的注意事项

管理要求	主要内容
履行固定资产购置的审批手续	由于固定资产具有金额大、使用时间长的特点，以及国家对固定资产投资的宏观控制要求，对固定资产购置有规定的报批手续。随着国家预算管理体制的改革，还实行了政府采购制度，因此，对固定资产的购置主要有三项手续必须切实履行	社会集团购买力控购审批。政府单位购买的货物，如果涉及社会集团购买力控制的商品应当向控制社会集团购买力办公室报批。目前，政府单位需要办理社会集团控购审批的商品有：20座及以下中型客车、小轿车
		执行政府采购制度。政府采购是各级政府和实行预算管理的社会组织，为开展日常政务活动或出于为公众提供服务的需要，在财政的监督下，以《中华人民共和国政府采购法》及配套的法规为依据，按照特定的方法和程序，从国内外市场购买货物、出包工程、寻求服务的行为。采购范围分为三大类：①货物类，包括办公用品、机械设备、燃料、油料、公务车辆、体育健身器材、教学仪器、发电机组等；②工程类，包括由政府提供的系统集成和网络工程、消防工程、环境绿化工程、城市亮化工程、装饰装潢工程等；③服务类，包括会议、接待、印刷、保险、软件开发等各种服务。具体的采购目录由各级人民政府规定。采购一般程序为：由单位申请，政府委托采购中心集中招标采购，财政直接付款或单位付款
		房屋构筑物的立项审批和预算、结算、决算制度。政府单位的房屋构筑物基本建设，应根据基本建设的规范要求，办理立项审批、设计预算、施工、竣工验收、交付使用、工程结算、竣工决算等一系列手续。一般情况下，基建项目都实行单独核算，执行《基本建设会计制度》，工程竣工决算后，移交给政府部门管理

续表

管理要求	主要内容	
执行固定资产保管责任到人的制度	固定资产的日常管理,应当实行"统一领导,分级负责,归口管理,责任到人"	统一领导:由单位分管领导统一组织、协调,办公室总务统一管理、财务统一核算
		分级负责:单位领导负整体管理责任,相关部门负职责范围内的管理责任,使用人负直接保管责任
		归口管理:由于固定资产的特殊性能等要求,有必要实行归口管理,如计算机网络、汽车等可以分别由计算机管理中心、车队管理。这种专业化的管理,有利于管好固定资产,从而发挥其应有的使用功能
		责任到人:单位的固定资产直接由使用人负责保管,这是管好固定资产最有效的办法
遵循固定资产处置程序	政府单位固定资产的处置是资产管理的重要环节,必须按程序严格执行内部审批手续和程序。固定资产通常有报废、毁损、失窃、赠送、出售和转作经营性投资、无偿调出等情况	报废:固定资产报废应填制固定资产报废申请表,经过技术鉴定,获得报废审批
		毁损:固定资产毁损应填制固定资产毁损报告单(附毁损处理文字意见),再由相关部门人员签批
		失窃:固定资产失窃应先报案,根据受案部门意见,填制固定资产失窃报告单,再由相关部门人员签批
		赠送:固定资产赠送应由政府会议决定,再填制固定资产调拨单,经过相关部门人员签字赠出,最后获得接受单位回执
		出售和转作经营性投资:将固定资产出售和转作经营性投资,应由政府会议决定,再获得国有资产管理部门批准文件,填制固定资产调拨单,由相关部门人员签字,开具收款票据,最后交付固定资产
		无偿调出:无偿调出固定资产应由政府会议决定,获得国有资产管理部门批准文件后,填制固定资产调拨单,由相关部门人员签字,交付固定资产,最后获得接受单位回执
加强固定资产清查和产权登记	为了反映固定资产实存情况,保证固定资产安全完整,政府单位应当对固定资产每年进行一次清查盘点。对盘点中出现的盘盈、盘亏应查明原因,作出相应的处理,保证账实相符	
	根据国有资产产权登记的有关规定,政府单位的固定资产发生变动,每年要到国有资产管理部门办理国有资产产权变更登记	

五、固定资产的核算注意事项

(1)购入需要安装的固定资产,应当先通过"在建工程"科目核算,安装完毕交付使用时再转入本科目核算。

(2)以借入、经营租赁租入方式取得的固定资产,不通过本科目核算,应当设置备查簿进行登记。

(3)采用融资租入方式取得的固定资产,通过本科目核算,并在本科目下设置"融资租入固定资产"明细科目。

(4)经批准在境外购买具有所有权的土地,作为固定资产,通过本科目核算;单位应当在本科目下设置"境外土地"明细科目,进行相应明细核算。

六、固定资产会计科目设置

事业单位固定资产核算需要设置"固定资产"科目。

七、固定资产初始会计核算

（一）固定资产的初始计量

固定资产成本的确定如表 11-9 所示。

表 11-9　固定资产成本的确定

取得方式	成本的确定
购入的固定资产	成本包括实际支付的购买价款、相关税费、固定资产交付使用前所发生的可归属于该项资产的运输费、装卸费、安装费和专业人员服务费等。以一笔款项购入多项没有单独标价的固定资产，按照各项固定资产同类或类似固定资产市场价格的比例对总成本进行分配，分别确定各项固定资产的入账价值
自行建造的固定资产	成本包括建造该项资产至交付使用前所发生的全部必要支出。固定资产的各组成部分需要分别核算的，按照各组成部分固定资产造价确定其成本；没有各组成部分固定资产造价的，按照各组成部分固定资产同类或类似固定资产市场造价的比例对总造价进行分配，确定各组成部分固定资产的成本
自行繁殖的动植物	成本包括在达到可使用状态前所发生的全部必要支出
改建、扩建、修缮的固定资产	成本按照原固定资产的账面价值（"固定资产"科目账面余额减去"累计折旧"科目账面余额后的净值）加上改建、扩建、修缮发生的支出，再扣除固定资产拆除部分账面价值后的金额确定
置换取得的固定资产	成本按照换出资产的评估价值加上支付的补价或减去收到的补价，加上为换入固定资产支付的其他费用（运输费等）确定
接受捐赠、无偿调入的固定资产	成本按照有关凭据注明的金额加上相关税费、运输费等确定；没有相关凭据可供取得，但依法经过资产评估的，其成本应当按照评估价值加上相关税费、运输费等确定；没有相关凭据可供取得，也未经评估的，其成本比照同类或类似固定资产的市场价格加上相关税费、运输费等确定；没有相关凭据也未经评估，其同类或类似固定资产的市场价格无法可靠取得，所取得的固定资产应当按照名义金额入账
盘盈的固定资产	按照取得同类或类似固定资产的实际成本确定入账价值；没有同类或类似固定资产的实际成本，按照同类或类似固定资产的市场价格确定入账价值；同类或类似固定资产的实际成本或市场价格无法可靠取得，按照名义金额入账

（二）外购固定资产的会计核算

外购的不需安装的固定资产验收合格时，按照确定的固定资产成本，借记本科目，贷记"财政拨款收入""零余额账户用款额度""应付账款""银行存款"等科目。外购的需安装的固定资产，在安装完毕交付使用前通过"在建工程"科目核算，安装完毕交付使用时再转入本科目。按照预算会计项目，借记"行政支出""事业支出""经营支出"科目，贷记"财政拨款预算收入""资金结存"等科目，如图 11-40 所示。

购入固定资产扣留质量保证金的，应当在取得固定资产时，按照确定的固定资产成本，借记本科目（不需安装）或"在建工程"科目（需要安装），按照实际支付或应付的金额，贷记"财政拨款收入""零余额账户用款额度""应付账款"（不含质量保证金）、"银行存款"等科目，按照扣留的质量保证金数额，贷记"其他应付款"[扣留期在 1 年以内（含 1 年）]或"长期应付款"（扣留期超过 1 年）科目。按照预算会计项目，借记"行政支出""事业支出""经营支出"科目，贷记"财政拨款预算收入""资金结存"科

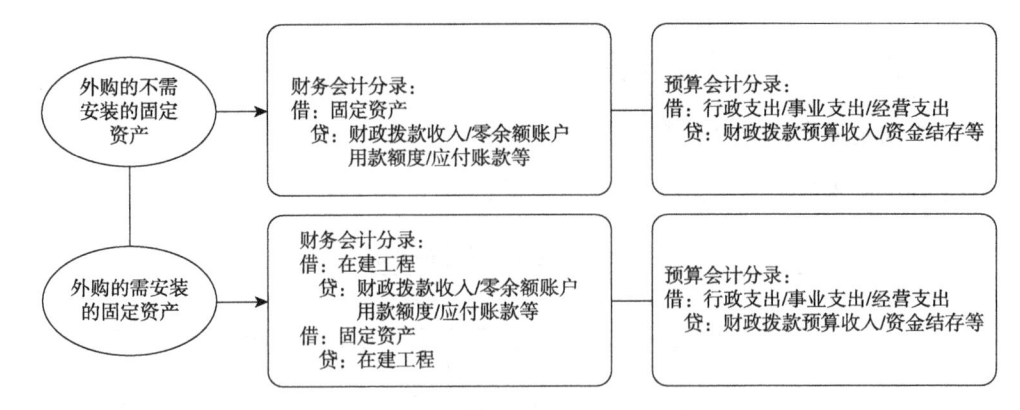

图 11-40 外购固定资产的会计核算

外购的不需安装的固定资产：
财务会计分录：
借：固定资产
　　贷：财政拨款收入/零余额账户用款额度/应付账款等

预算会计分录：
借：行政支出/事业支出/经营支出
　　贷：财政拨款预算收入/资金结存等

外购的需安装的固定资产：
财务会计分录：
借：在建工程
　　贷：财政拨款收入/零余额账户用款额度/应付账款等
借：固定资产
　　贷：在建工程

预算会计分录：
借：行政支出/事业支出/经营支出
　　贷：财政拨款预算收入/资金结存等

目。质保期满支付质量保证金时，借记"其他应付款""长期应付款"科目，贷记"财政拨款收入""零余额账户用款额度""银行存款"等科目。按照预算会计项目，借记"行政支出""事业支出""经营支出"科目，贷记"财政拨款预算收入""资金结存"科目。相关会计处理如图 11-41 所示。

购入固定资产扣留质量保证金：

财务会计分录：
购买时：
借：固定资产/在建工程
　　贷：财政拨款收入/零余额账户用款额度/银行存款/应付账款等（不含质量保证金）
　　　　其他应付款[扣留期在1年以内（含1年）]/长期应付款（扣留期超过1年）
支付保证金时：
借：其他应付款/长期应付款
　　贷：财政拨款收入/零余额账户用款额度/银行存款等

预算会计分录：
购买时：
借：行政支出/事业支出/经营支出（实际支付金额）
　　贷：财政拨款预算收入/资金结存
支付保证金时：
借：行政支出/事业支出/经营支出
　　贷：财政拨款预算收入/资金结存

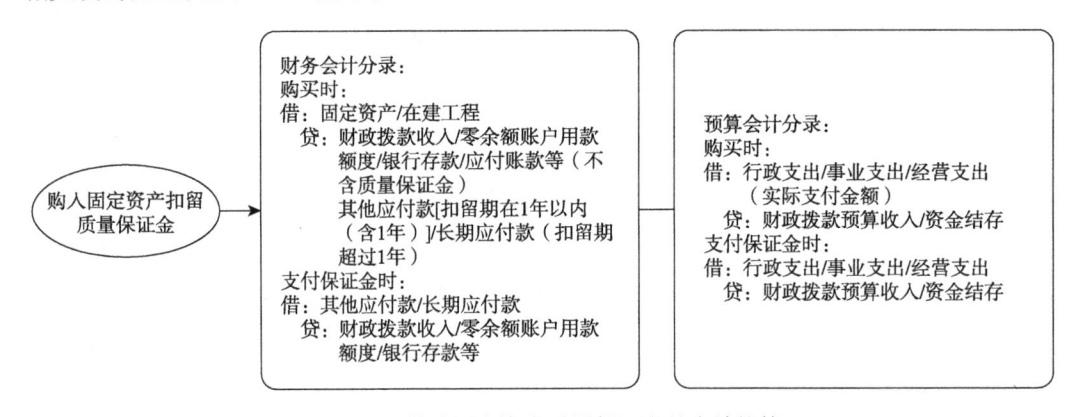

图 11-41 外购固定资产质量保证金的会计核算

【例 11-25】 某政府单位购入需要安装的电梯一部，电梯价格为 800 000 元，运输及保险费 100 000 元，扣留质量保证金 50 000 元，约定如无质量问题 6 个月后退还。全部价款使用财政直接支付方式进行支付。其会计分录为

（1）购入电梯时：
借：在建工程　　　　　　　　900 000
　　贷：财政拨款收入　　　　　　850 000
　　　　其他应付款　　　　　　　50 000
借：行政支出　　　　　　　　850 000
　　贷：财政拨款预算收入　　　　850 000

（2）电梯安装完成时：
借：固定资产　　　　900 000
　　贷：在建工程　　　　900 000

（3）支付质量保证金时：
借：其他应付款　　　　　50 000
　　贷：财政拨款收入　　　　　50 000
借：行政支出　　　　　　50 000
　　贷：财政拨款预算收入　　　50 000

（三）自行建造的固定资产

固定资产交付使用时，按照在建工程成本，借记本科目，贷记"在建工程"科目。已交付使用但尚未办理竣工决算手续的固定资产，按照估计价值入账，待办理竣工决算后再按照实际成本调整原来的暂估价值。

（四）融资租赁取得固定资产的会计核算

融资租赁取得的固定资产，其成本按照租赁协议或者合同确定的租赁价款、相关税费及固定资产交付用前所发生的可归属于该项资产的运输费、途中保险费、安装调试费等确定。融资租入的固定资产，按照确定的成本，借记本科目（不需安装）或"在建工程"科目（需安装），按照租赁协议或者合同确定的租赁付款额，贷记"长期应付款"科目，按照支付的运输费、途中保险费、安装调试费等金额，贷记"财政拨款收入""零余额账户用款额度""银行存款"等科目。定期支付租金时，按照实际支付金额，借记"长期应付款"科目，贷记"财政拨款收入""零余额账户用款额度""银行存款"等科目。按照预算会计项目，借记"行政支出""事业支出""经营支出"等科目，贷记"财政拨款预算收入""资金结存"科目。相关会计处理如图11-42所示。

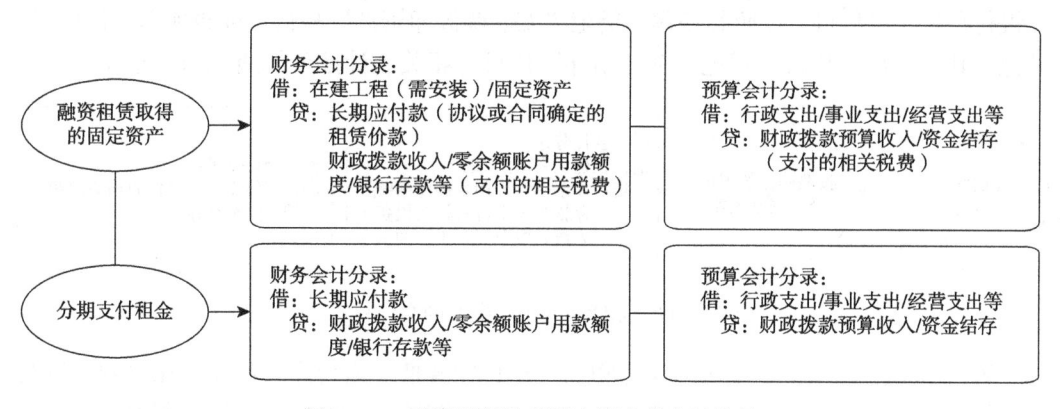

图 11-42　融资租赁取得固定资产的会计核算

（五）按照规定跨年度分期付款购入

固定资产的账务处理，参照"融资租赁取得的固定资产"。

（六）接受捐赠的固定资产

按照确定的固定资产成本，借记本科目（不需安装）或"在建工程"科目（需安装），按照发生的相关税费、运输费等,贷记"零余额账户用款额度""银行存款"等科目,按照其差额,贷记"捐赠收入"(差额)科目。接受捐赠的固定资产按照名义金额入账的,按照名义金额,借记本科目,贷记"捐赠收入"科目;按照发生的相关税费、运输费等,借记"其他费用"科目,贷记"零余额账户用款额度""银行存款"等科目。按照预算会计项目,借记"其他支出"科目,贷记"资金结存"科目。相关会计处理如图11-43所示。

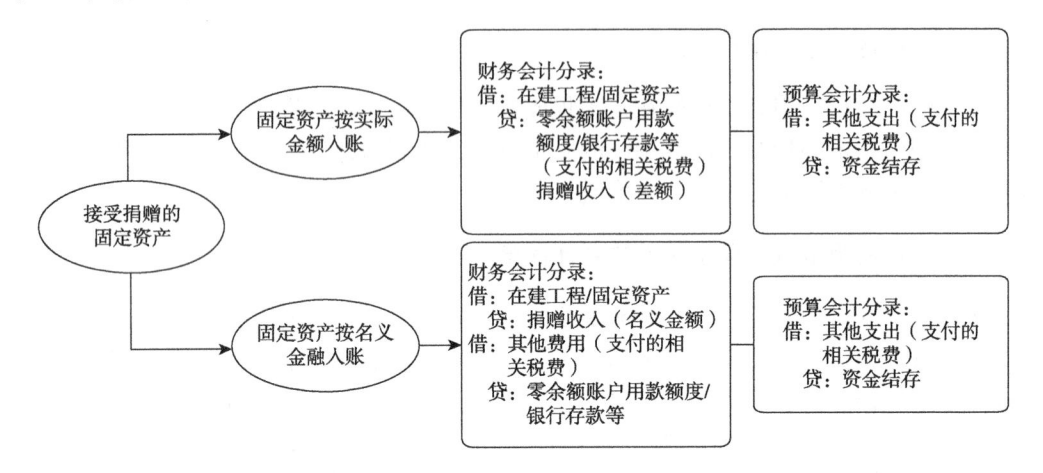

图 11-43 接受捐赠固定资产的会计核算

(七)无偿调入固定资产的会计核算

无偿调入固定资产,按照确定的固定资产成本入账,借记本科目(不需安装)或"在建工程"科目(需安装),按照发生的相关税费、运输费等,贷记"零余额账户用款额度""银行存款"等科目,按照其差额,贷记"无偿调拨净资产"科目。按照预算会计项目,借记"其他支出"科目,贷记"资金结存"科目。相关会计处理如图11-44所示。

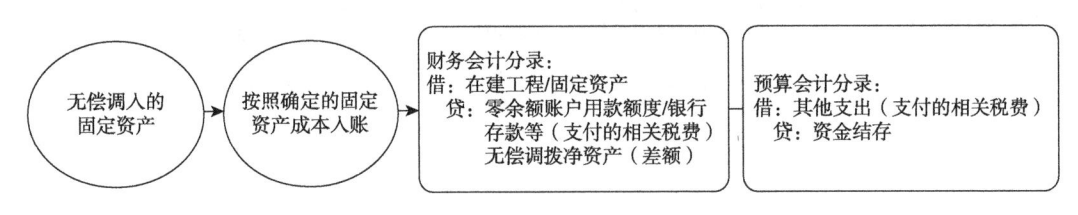

图 11-44 无偿调入固定资产的会计核算

置换取得的固定资产参照"库存物品"科目中置换。取得库存物品的相关规定进行账务处理。固定资产取得时涉及增值税业务的,相关账务处理参见"应交增值税"科目。

八、固定资产的后续计量

(一)固定资产的后续计量注意事项

(1)单位计提融资租入固定资产折旧时,应当采用与自有固定资产相一致的折旧政策。能够合理确定租赁期届满时将会取得租入固定资产所有权的,应当在租入固定资产尚可使用年限内计提折旧;无法合理确定租赁期届满时能够取得租入固定资产所有权的,应当在租赁期与租入固定资产尚可使用年限两者中较短的期间内计提折旧。

（2）公共基础设施和保障性住房计提的累计折旧，应当分别通过"公共基础设施累计折旧（摊销）"科目和"保障性住房累计折旧"科目核算，不通过本科目核算。

（二）固定资产的后续计量的会计核算

1. 累计折旧的计提

按月计提固定资产折旧时，按照应计提折旧金额，借记"业务活动费用""单位管理费用""经营费用""加工物品""在建工程"等科目，贷记本科目。

2. 与固定资产有关的其他后续支出

（1）符合固定资产确认条件的后续支出通常情况下，将固定资产转入改建、扩建时，按照固定资产的账面价值，借记"在建工程"科目，按照固定资产已计提折旧，借记"固定资产累计折旧"科目，按照固定资产的账面余额，贷记本科目。为增加固定资产使用效能或延长其使用年限而发生的改建、扩建等后续支出，借记"在建工程"科目，贷记"财政拨款收入""零余额账户用款额度""银行存款"等科目。固定资产改建、扩建等完成交付使用时，按照在建工程成本，借记本科目，贷记"在建工程"科目。

（2）不符合固定资产确认条件的后续支出，为保证固定资产正常使用发生的日常维修等支出，借记"业务活动费用""单位管理费用""经营费用"等科目，贷记"财政拨款收入""银行存款"等科目，如图11-45所示。

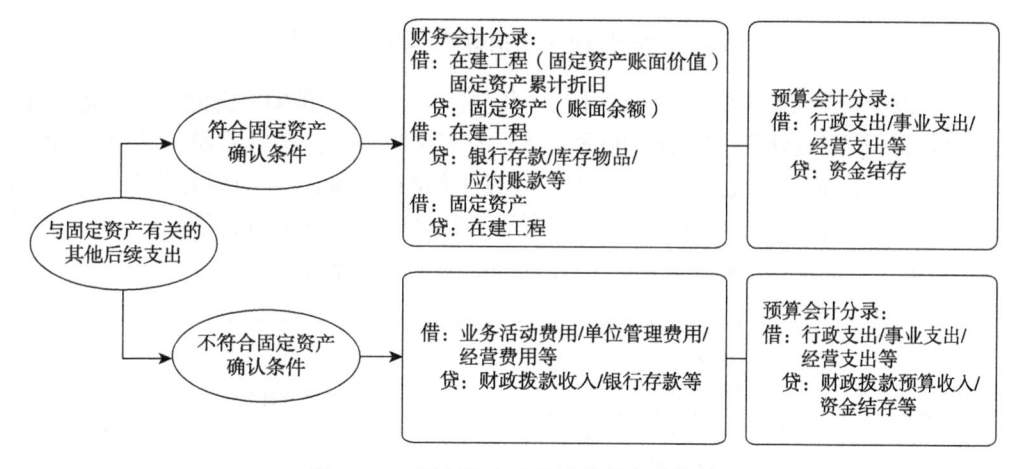

图 11-45　固定资产后续计量的会计核算

九、固定资产的处置

（1）报经批准出售、转让固定资产按照被出售、转让固定资产的账面价值，借记"资产处置费用"科目，按照固定资产已计提的折旧，借记"固定资产累计折旧"科目，按照固定资产账面余额，贷记本科目；同时，按照收到的价款，借记"银行存款"等科目，按照处置过程中发生的相关费用，贷记"银行存款"等科目，按照其差额，贷记"应缴财政款"科目。相关会计处理如图11-46所示。

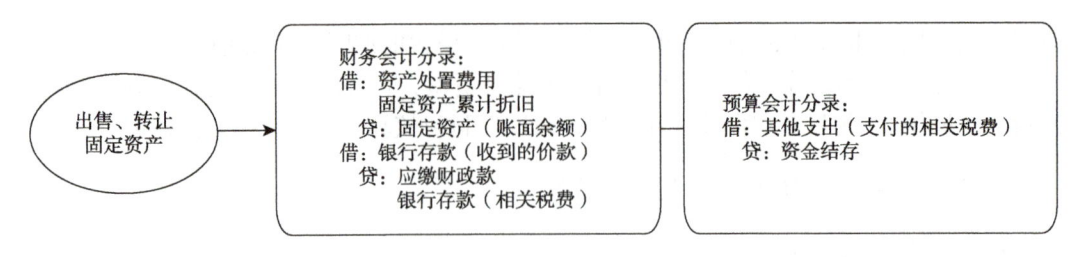

```
                        财务会计分录：
                          借：资产处置费用
  出售、转让                 固定资产累计折旧             预算会计分录：
  固定资产                  贷：固定资产（账面余额）        借：其他支出（支付的相关税费）
                          借：银行存款（收到的价款）         贷：资金结存
                          贷：应缴财政款
                             银行存款（相关税费）
```

图 11-46　报经批准出售、转让固定资产会计核算

（2）报经批准对外捐赠固定资产按照固定资产已计提的折旧，借记"固定资产累计折旧"科目，按照被处置固定资产账面余额，贷记本科目，按照捐赠过程中发生的归属于捐出方的相关费用，贷记"银行存款"等科目，按照其差额，借记"资产处置费用"科目。按照预算会计项目，借记"其他支出"科目，贷记"资金结存"科目。相关会计处理如图 11-47 所示。

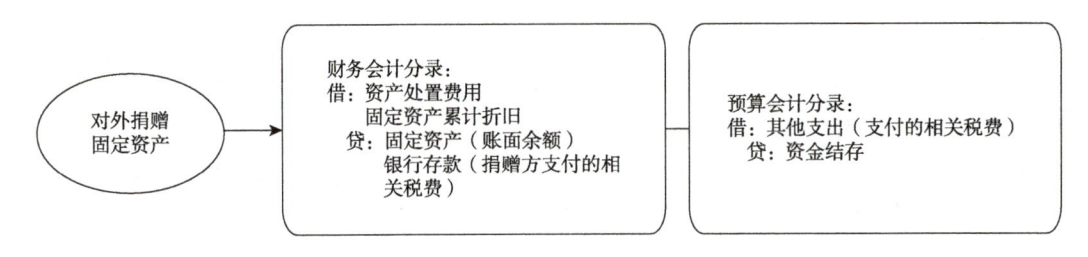

```
                        财务会计分录：
                          借：资产处置费用
  对外捐赠                  固定资产累计折旧             预算会计分录：
  固定资产                  贷：固定资产（账面余额）        借：其他支出（支付的相关税费）
                             银行存款（捐赠方支付的相          贷：资金结存
                             关税费）
```

图 11-47　报经批准对外捐赠固定资产会计核算

（3）报经批准无偿调出固定资产按照固定资产已计提的折旧，借记"固定资产累计折旧"科目，按照被处置固定资产账面余额，贷记本科目，按照其差额，借记"无偿调拨净资产"科目；同时，按照无偿调出过程中发生的归属于调出方的相关费用，借记"资产处置费用"科目，贷记"银行存款"等科目。按照预算会计项目，借记"其他支出"科目，贷记"资金结存"科目。相关会计处理如图 11-48 所示。

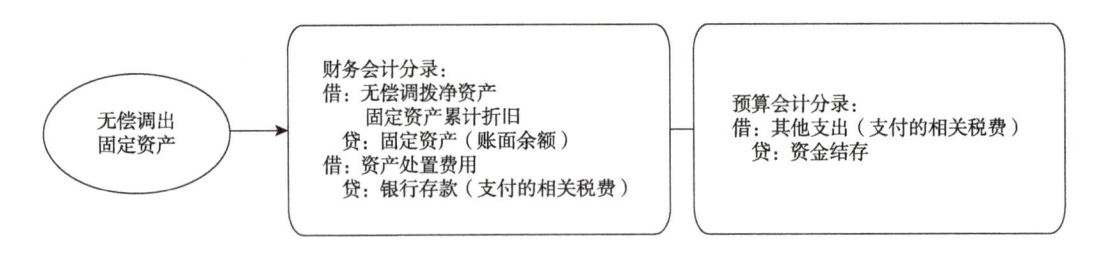

```
                        财务会计分录：
                          借：无偿调拨净资产
  无偿调出                   固定资产累计折旧             预算会计分录：
  固定资产                  贷：固定资产（账面余额）        借：其他支出（支付的相关税费）
                          借：资产处置费用                   贷：资金结存
                          贷：银行存款（支付的相关税费）
```

图 11-48　报经批准无偿调出固定资产会计核算

（4）报经批准置换换出固定资产。参照"库存物品"中置换换入库存物品的规定进行账务处理。固定资产处置时涉及增值税业务的，相关账务处理参见"应交增值税"科目。

十、固定资产的清查

（一）固定资产的清查方法

在进行固定资产清查前，必须先核对固定资产账目，将全部账户登记入账，结出余额，做到账款相符。对固定资产清查时，进行账实核对。清查的具体方法一般有如图 11-49 所示三种。

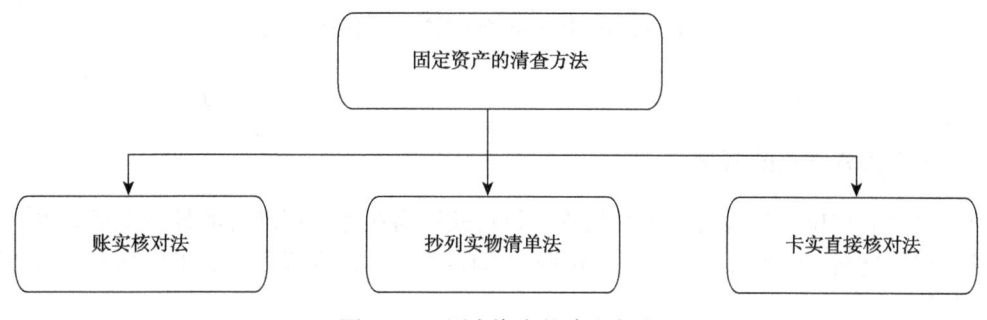

图 11-49　固定资产的清查方法

（1）账实核对法，即根据固定资产账目与实物进行逐一核对以查明固定资产实存数量的一种方法。

（2）抄列实物清单法，即在进行清查时，直接根据单位的固定资产实物，实地逐项登记各种财产物资的品种、数量、价值等，以此查明单位固定资产实存数量的方法。

（3）卡实直接核对法，即将固定资产实物与固定资产卡片进行逐项核对，以查明固定资产卡实是否相符并查明固定资产实有数量的一种方法。

通过清查，对盘盈、盘亏的固定资产应编制"固定资产盘盈、盘亏报告表"，按规定的程序报经批准后，对盘盈固定资产应增设固定资产卡片，对盘亏或减少的固定资产，应注销固定资产卡片，另行归档保存。

（二）固定资产清查的会计核算

盘盈的固定资产，其成本按照有关凭据注明的金额确定；没有相关凭据，但按照规定经过资产评估的，其成本按照评估价值确定；没有相关凭据、也未经过评估的，其成本按照重置成本确定。如果无法采用上述方法确定盘盈固定资产成本，按照名义金额入账。盘盈的固定资产，按照确定的入账成本，借记本科目，贷记"待处理财产损溢"科目。

盘亏、毁损或报废的固定资产，按照待处理固定资产的账面价值，借记"待处理财产损溢"科目，按照已计提折旧，借记"固定资产累计折旧"科目，按照固定资产的账面余额，贷记本科目。

盘盈以及盘亏、毁损或报废的固定资产清查的会计核算如图 11-50 所示。

盘盈的固定资产 → 借：固定资产
　　　　　　　　　贷：待处理财产损溢

盘亏、毁损或报废的固定资产 → 借：待处理财产损溢
　　　　　　　　　　　　　　　　固定资产累计折旧
　　　　　　　　　　　　　　　贷：固定资产

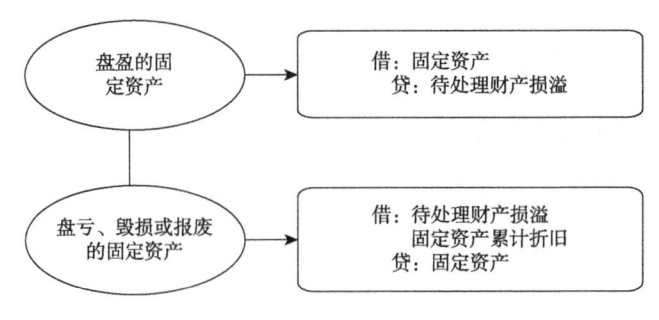

图 11-50　固定资产清查的会计核算

十一、工程物资

（一）工程物资的概念

行政事业单位应当设置"工程物资"科目核算为在建工程准备的各种物资的成本，包括工程用材料、设备等。本科目可按照"库存材料""库存设备"等工程物资类别进行明细核算。

（二）工程物资的会计核算

（1）购入工程物资。按照确定的物资成本，借记本科目，贷记"财政拨款收入""零余额账户用款额度""银行存款""应付账款"等科目。按照预算会计项目，借记"行政支出""事业支出""经营支出"等科目，贷记"财政拨款预算收入""资金结存"科目。相关会计处理如图 11-51 所示。

购入工程物资 →
财务会计分录：
借：工程物资
　贷：财政拨款收入/零余额账户用款额度/银行存款/应付账款等

预算会计分录：
借：行政支出/事业支出/经营支出等
　贷：财政拨款预算收入/资金结存

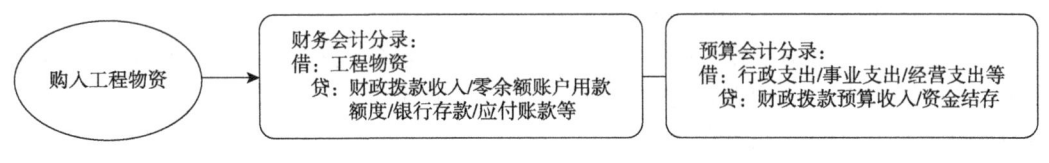

图 11-51　购入工程物资的会计核算

（2）领用工程物资。按照物资成本，借记"在建工程"科目，贷记本科目。工程完工后将领出的剩余物资退库时做相反的会计分录。相关会计处理如图 11-52 所示。

领用工程物资 → 借：在建工程
　　　　　　　　　贷：工程物资

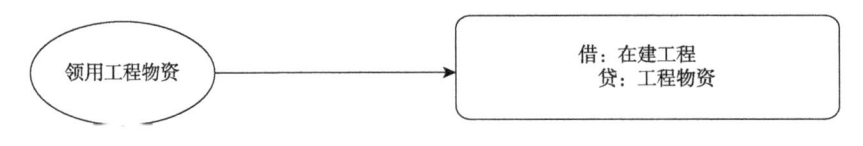

图 11-52　领用工程物资的会计核算

（3）工程完工后将剩余的工程物资转作本单位存货等的，按照物资成本，借记"库存物品"等科目，贷记本科目。涉及增值税业务的，相关账务处理参见"应交增值税"科目。相关会计处理如图 11-53 所示。

```
工程完工后将剩余的
工程物资转作本        →     借：库存物品
单位存货                        贷：工程物资
```

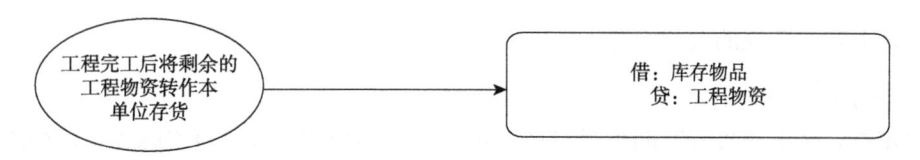

图 11-53　工程物资转作本单位存货会计核算

十二、在建工程

（一）在建工程的会计科目设置

在建工程是指单位已经发生必要支出，但尚未交付使用的各种建筑（包括新建、改建、扩建、修缮等）、设备安装工程和信息系统建设工程的实际成本。单位在建的信息系统项目工程、公共基础设施项目工程、保障性住房项目工程的实际成本，也通过本科目核算。

在建工程应当设置"建筑安装工程投资""设备投资""待摊投资""其他投资""待核销基建支出""基建转出投资"等明细科目，并按照具体项目进行明细核算。每个明细科目的核算内容如表 11-10 所示。

表 11-10　在建工程明细科目核算内容

明细科	核算内容
建筑安装工程投资	本明细科目核算单位发生的构成建设项目实际支出的建筑工程和安装工程的实际成本，不包括被安装设备本身的价值及按照合同规定支付给施工单位的预付备料款和预付工程款，本明细科目应当设置"建筑工程"和"安装工程"两个三级明细科目进行明细核算
设备投资	本明细科目核算单位发生的构成建设项目实际支出的各种设备的实际成本
待摊投资	本科目核算单位发生的构成建设项目实际支出的、按照规定应当分摊计入有关工程成本和设备成本的各项间接费用和税费支出。本明细科目的具体核算内容包括以下方面：勘察费、设计费、研究试验费、可行性研究费及项目其他前期费用；土地征用及迁移补偿费、土地复垦及补偿费、森林植被恢复费及其他为取得土地使用权、租用权而发生的费用；土地使用税、耕地占用税、契税、车船税、印花税及按照规定缴纳的其他税费；项目建设管理费、代建管理费、临时设施费、监理费、招投标费、社会中介审计（审查）费及其他管理性质的费用；项目建设管理费是指项目建设单位从项目筹建之日起至办理竣工财务决算之日止发生的管理性质的支出，包括不在原单位发工资的工作人员工资及相关费用、办公费、办公场地租用费、差旅交通费、劳动保护费、工具用具使用费、固定资产使用费、招募生产工人费、技术图书资料费（含软件）、业务招待费、施工现场津贴、竣工验收费等；项目建设期间发生的各类专门借款利息支出或融资费用；工程检测费、设备检验费、负荷联合试车费及其他检验检测类费用；固定资产损失、器材处理亏损、设备盘亏及毁损、单项工程或单位工程报废、毁损净损失及其他损失系统集成等信息工程的费用支出；其他待摊性质支出。本明细科目应当按照上述费用项目进行明细核算，其中有些费用（如项目建设管理费等），还应当按照更为具体的费用项目进行明细核算
其他投资	本科目核算单位发生的构成建设项目实际支出的房屋购置支出，基本畜禽、林木等购置、饲养、培育支出，办公生活用家具、器具购置支出，软件研发和不能计入设备投资的软件购置等支出。单位为进行可行性研究而购置的固定资产，以及取得土地使用权支付的土地出让金，也通过本明细科目核算。本明细科目应当设置"房屋购置""基本畜禽支出""林木支出""办公生活用家具、器具购置""可行性研究固定资产购置""无形资产"等明细科目
待核销基建支出	本科目核算建设项目发生的江河清障、航道清淤、飞播造林、补助群众造林、水土保持、城市绿化、取消项目的可行性研究费以及项目整体报废等不能形成资产部分的基建投资支出。本明细科目应按照待核销基建支出的类别进行明细核算
基建转出投资	本科目核算为建设项目配套而建成的、产权不归本单位的专用设施的实际成本。本明细科目应按照转出投资的类别进行明细核算

(二)在建工程的会计核算

1. 建筑安装工程投资

"建筑安装工程投资"明细科目核算单位发生的构成建设项目实际支出的建筑工程和安装工程的实际成本,不包括被安装设备本身的价值及按照合同规定支付给施工单位的预付备料款和预付工程款。

2. 固定资产改建、扩建

将固定资产等资产转入改建、扩建等时,按照固定资产等资产的账面价值,借记本科目(建筑安装工程投资),按照已计提的折旧或摊销,借记"固定资产累计折旧"等科目,按照固定资产等资产的原值,贷记"固定资产"等科目。

固定资产等资产转入改建、扩建过程中涉及替换(或拆除)原资产的某些组成部分的,按照被替换(或拆除)部分的账面价值,借记"待处理财产损溢"科目,贷记本科目(建筑安装工程投资)。固定资产等资产转入改建、扩建的相关会计处理如图11-54所示。

```
                          借:在建工程——建筑安装工程投资
                             固定资产累计折旧
  固定资产等资产转入  ───→  贷:固定资产等
    改建、扩建               替换(或拆除)原资产的组成部分:
                          借:待处理财产损溢
                             贷:在建工程——建筑安装工程投资
```

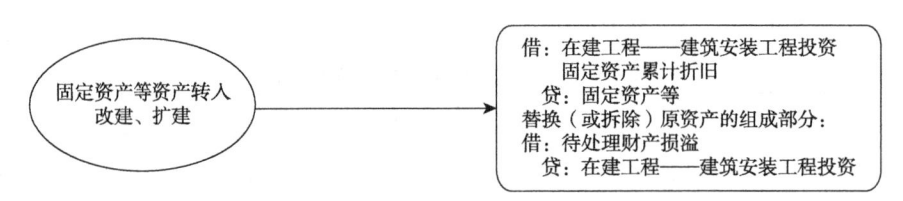

图11-54 固定资产等资产转入改建、扩建会计核算

3. 外包建筑安装工程

单位对于外包建筑安装工程,根据建筑安装工程价款结算账单与施工企业结算工程价款时,按照应承付的工程价款,借记本科目(建筑安装工程投资),按照预付工程款余额,贷记"预付账款"科目,按照其差额,贷记"财政拨款收入""零余额账户用款额度""银行存款""应付账款"等科目。按照预算会计项目,借记"事业支出""行政支出"等科目,贷记"财政拨款预算收入""资金结存"科目。相关会计处理如图11-55所示。

```
              财务会计分录:                          预算会计分录:
  外包建筑    借:在建工程——建筑安装工程投资        借:事业支出/行政支出等
  安装工程 ─→    贷:预付账款——预付工程款/财政   ─→   贷:财政拨款预算收入/资金结存
                    拨款收入/零余额账户用款额度/
                    银行存款/应付账款等
```

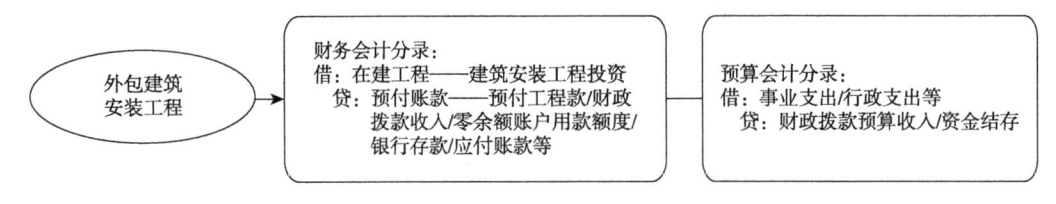

图11-55 外包建筑安装工程会计核算

4. 单位自行施工的小型建筑安装工程

按照发生的各项支出金额,借记本科目(建筑安装工程投资),贷记"工程物资""零余额账户用款额度""银行存款""应付职工薪酬"等科目。相关会计处理如图11-56所示。

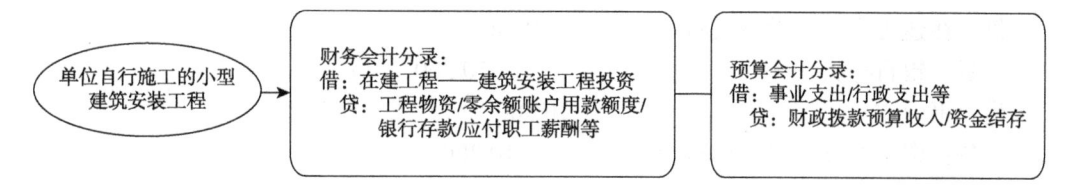

```
┌─────────────┐      ┌──────────────────────────────┐   ┌──────────────────────────┐
│ 单位自行施工的小型 │─────▶│ 财务会计分录：                │   │ 预算会计分录：            │
│ 建筑安装工程    │      │  借：在建工程——建筑安装工程投资 │   │  借：事业支出/行政支出等    │
└─────────────┘      │  贷：工程物资/零余额账户用款额度/ │   │  贷：财政拨款预算收入/资金结存 │
                     │     银行存款/应付职工薪酬等      │   └──────────────────────────┘
                     └──────────────────────────────┘
```

图 11-56　单位自行施工的小型建筑安装工程会计核算

5. 工程竣工

办妥竣工验收交接手续交付使用时，按照建筑安装工程成本（含应分摊的待摊投资），借记"固定资产"等科目，贷记本科目（建筑安装工程投资）。

【例 11-26】　某事业单位准备建造固定资产，将工程外包给施工队，2×19 年 3 月 2 日，支付 200 000 元进度款，款项以银行存款支付。

借：在建工程——建筑安装工程投资　　　　200 000
　　贷：银行存款　　　　　　　　　　　　　　　　200 000
借：事业支出　　　　　　　　200 000
　　贷：资金结存——货币资金　　　　200 000

（三）设备投资的会计核算

"设备投资"科目核算单位发生的构成建设项目实际支出的各种设备的实际成本。购入设备时，按照购入成本，借记本科目（设备投资），贷记"财政拨款收入""零余额账户用款额度""银行存款"等科目；采用预付款方式购入设备的，有关预付款的账务处理参照本科目有关"建筑安装工程投资"明细科目的规定。按照预算会计项目，借记"行政支出""事业支出"科目，贷记"财政拨款预算收入""资金结存"科目。

设备安装完毕，办妥竣工验收交接手续交付使用时，按照设备投资成本（含设备安装工程成本和分摊的待摊投资），借记"固定资产"等科目，贷记本科目（设备投资、建筑安装工程投资——安装工程）。将不需要安装的设备和达不到固定资产标准的工具、器具交付使用时，按照相关设备、工具、器具的实际成本，借记"固定资产""库存物品"等科目，贷记本科目（设备投资）。相关会计处理如图 11-57 所示。

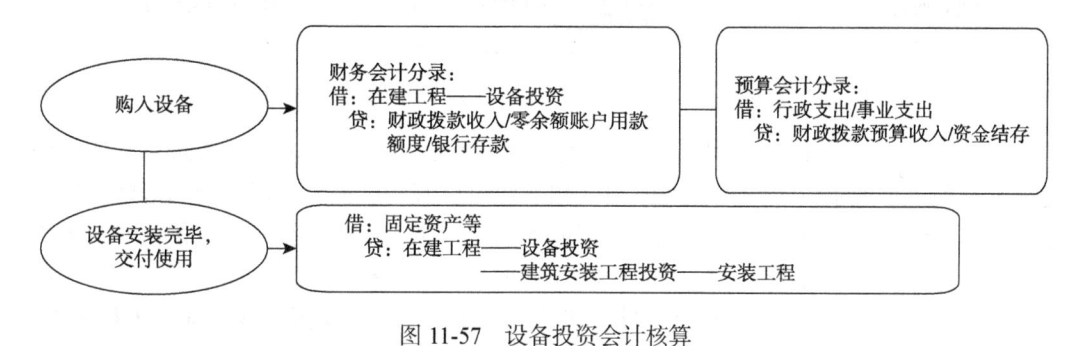

```
┌──────────┐     ┌────────────────────────────┐   ┌──────────────────────────┐
│  购入设备  │────▶│ 财务会计分录：              │   │ 预算会计分录：            │
└──────────┘     │  借：在建工程——设备投资     │   │  借：行政支出/事业支出     │
      │          │  贷：财政拨款收入/零余额账户用款 │   │  贷：财政拨款预算收入/资金结存 │
      │          │     额度/银行存款           │   └──────────────────────────┘
      ▼          └────────────────────────────┘
┌──────────┐     ┌────────────────────────────────┐
│ 设备安装完毕，│───▶│ 借：固定资产等                  │
│  交付使用  │     │  贷：在建工程——设备投资         │
└──────────┘     │           ——建筑安装工程投资——安装工程 │
                 └────────────────────────────────┘
```

图 11-57　设备投资会计核算

【例 11-27】　某单位用事业经费购入一新设备，买价为 10 000 元，运杂费 300 元，设备需要安装后方可使用，有关款项均已通过银行支付。购入设备时：

借：在建工程——设备投资　　　　　10 300
　　贷：银行存款　　　　　　　　　　　　10 300
借：事业支出　　　　　　　　　　　10 300
　　贷：资金结存——货币资金　　　　　　10 300

（四）待摊投资的会计核算

单位发生的构成建设项目实际支出的、按照规定应当分摊计入有关工程成本和设备成本的各项间接费用和税费支出先在本明细科目归集。建设工程办妥竣工验收手续交付使用时，按照合理的分配方法，摊入相关工程成本、在安装设备成本等。

（1）构成待摊投资的各类费用，按照实际发生金额，借记本科目（待摊投资），贷记"财政拨款收入""零余额账户用款额度""银行存款""应付利息""长期借款""其他应交税费""固定资产累计折旧""无形资产累计摊销"等科目。按照预算会计项目，借记"行政支出""事业支出"科目，贷记"财政拨款预算收入""资金结存"科目。相关会计处理如图11-58所示。

```
┌─────────────┐    ┌──────────────────────────┐    ┌──────────────────────┐
│ 构成待摊投资的│───▶│ 财务会计分录：            │───▶│ 预算会计分录：        │
│ 各类费用     │    │ 借：在建工程——待摊投资   │    │ 借：行政支出/事业支出 │
└─────────────┘    │ 贷：财政拨款收入/零余额账户│    │ 贷：财政拨款预算收入/ │
                    │    用款额度/银行存款/应付 │    │    资金结存          │
                    │    利息/长期借款/其他应交 │    └──────────────────────┘
                    │    税费/固定资产累计折旧/ │
                    │    无形资产累计摊销等     │
                    └──────────────────────────┘
```

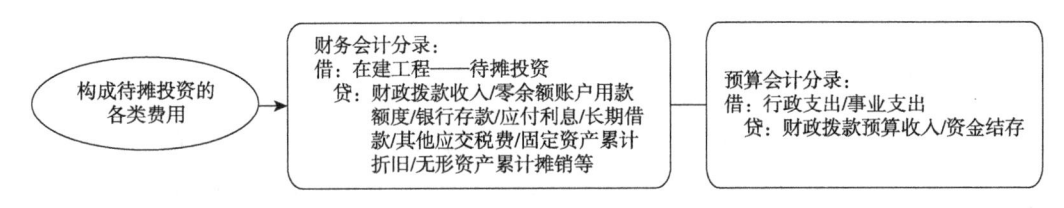

图11-58　构成待摊投资的各类费用会计核算

（2）建设过程中试生产、设备调试等产生的收入，按照取得的收入金额，借记"银行存款"等科目，按照依据有关规定应当冲减建设工程成本的部分，贷记本科目（待摊投资），按照其差额贷记"应缴财政款"或"其他收入"科目。按照预算会计项目，借记"资金结存"科目，贷记"其他预算收入"科目。相关会计处理如图11-59所示。

```
┌──────────────┐    ┌──────────────────────┐    ┌──────────────────┐
│ 建设过程中    │───▶│ 财务会计分录：        │───▶│ 预算会计分录：    │
│ 试生产、设备  │    │ 借：银行存款等        │    │ 借：资金结存      │
│ 调试等产生的  │    │ 贷：在建工程——待摊投资│    │ 贷：其他预算收入  │
│ 收入          │    │    应缴财政款/其他收入│    └──────────────────┘
└──────────────┘    └──────────────────────┘
```

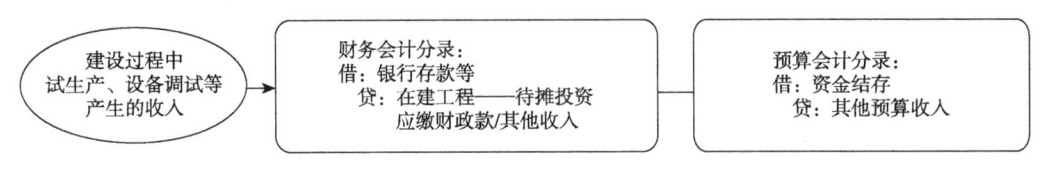

图11-59　建设过程中试生产、设备调试等产生的收入会计核算

（3）报经批准后计入工程成本的工程报废或毁损。由于自然灾害、管理不善等原因造成的单项工程或单位工程报废或毁损，扣除残料价值和过失人或保险公司等赔款后的净损失，报经批准后计入继续施工的工程成本的，按照工程成本扣除残料价值和过失人或保险公司等赔款后的净损失，借记本科目（待摊投资），按照残料变价收入、过失人或保险公司赔款等，借记"银行存款""其他应收款"等科目，按照报废或毁损的工程成本，贷记本科目（建筑安装工程投资）。

相关会计处理如图11-60所示。

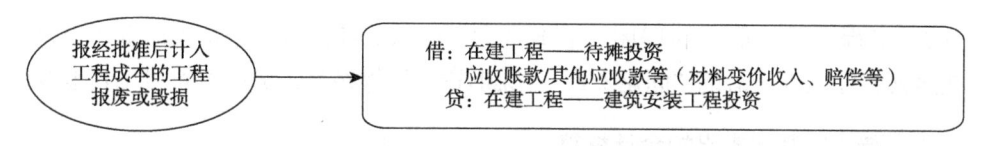

图 11-60 报经批准后计入工程成本的工程报废或毁损会计核算

（4）待摊投资分配。交付使用时，按照合理的分配方法分配待摊投资，借记本科目（建筑安装工程投资、设备投资），贷记本科目（待摊投资）。相关会计处理如图 11-61 所示。

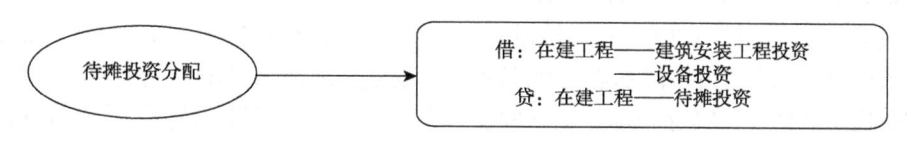

图 11-61 待摊投资分配会计核算

待摊投资的分配方法，可按照下列公式计算。

按照实际分配率分配。适用于建设工期较短、整个项目的所有单项工程一次竣工的建设项目。

实际分配率=待摊投资明细科目余额/（建筑工程明细科目余额+安装工程明细科目余额+设备投资明细科目余额）×100%

按照概算分配率分配。适用于建设工期长、单项工程分期分批建成投入使用的建设项目。

概算分配率=（概算中各待摊投资项目的合计数−其中可直接分配部分）/（概算中建筑工程、安装工程和设备投资合计）×100%

某项固定资产应分配的待摊投资=该项固定资产的建筑工程成本或该项固定资产（设备）的采购成本和安装成本合计×分配率

（五）其他投资的会计核算

（1）单位为建设工程发生的房屋购置支出，基本畜禽、林木等的购置、饲养、培育支出，办公生活用家具、器具购置支出，软件研发和不能计入设备投资的软件购置等支出，按照实际发生金额，借记本科目（其他投资），贷记"财政拨款收入""零余额账户用款额度""银行存款"等科目。按照预算会计项目，借记"行政支出""事业支出"等科目，贷记"财政拨款预算收入""资金结存"科目。相关会计处理如图 11-62 所示。

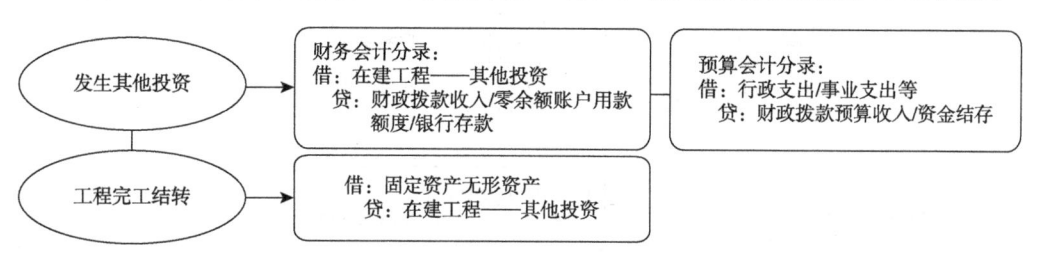

图 11-62 其他投资会计核算

（2）工程完成将形成的房屋、基本畜禽、林木等各种财产以及无形资产交付使用时，按照其实际成本，借记"固定资产""无形资产"等科目，贷记本科目（其他投资）。

（六）待核销基建支出的会计核算

建设项目发生的江河清障、航道清淤、飞播造林、补助群众造林、水土保持、城市绿化等，取消的建设项目发生的可行性研究费，报经批准核销的由于自然灾害等原因发生的建设项目整体报废所形成的净损失等先计入待核销基建支出，建设项目竣工验收交付使用时，将待核销基建支出计入当期费用。

建设项目发生的江河清障、航道清淤、飞播造林、补助群众造林、水土保持、城市绿化等不能形成资产的各类待核销基建支出，按照实际发生金额，借记本科目（待核销基建支出），贷记"财政拨款收入""零余额账户用款额度""银行存款"等科目。按照预算会计项目，借记"行政支出""事业支出"等科目，贷记"财政拨款预算收入""资金结存"科目。

取消的建设项目发生的可行性研究费，按照实际发生金额，借记本科目（待核销基建支出），贷记本科目（待摊投资）。

由于自然灾害等原因发生的建设项目整体报废所形成的净损失，报经批准后转入待核销基建支出，按照项目整体报废所形成的净损失，借记本科目（在建工程——待核销基建支出），按照报废工程回收的残料变价收入、保险公司赔款等，借记"银行存款""其他应收款"等科目，按照报废的工程成本，贷记本科目（在建工程——建筑安装工程投资）。建设项目竣工验收交付使用时，对发生的待核销基建支出进行冲销，借记"资产处置费用"科目，贷记本科目（在建工程——待核销基建支出）。具体会计处理如图11-63所示。

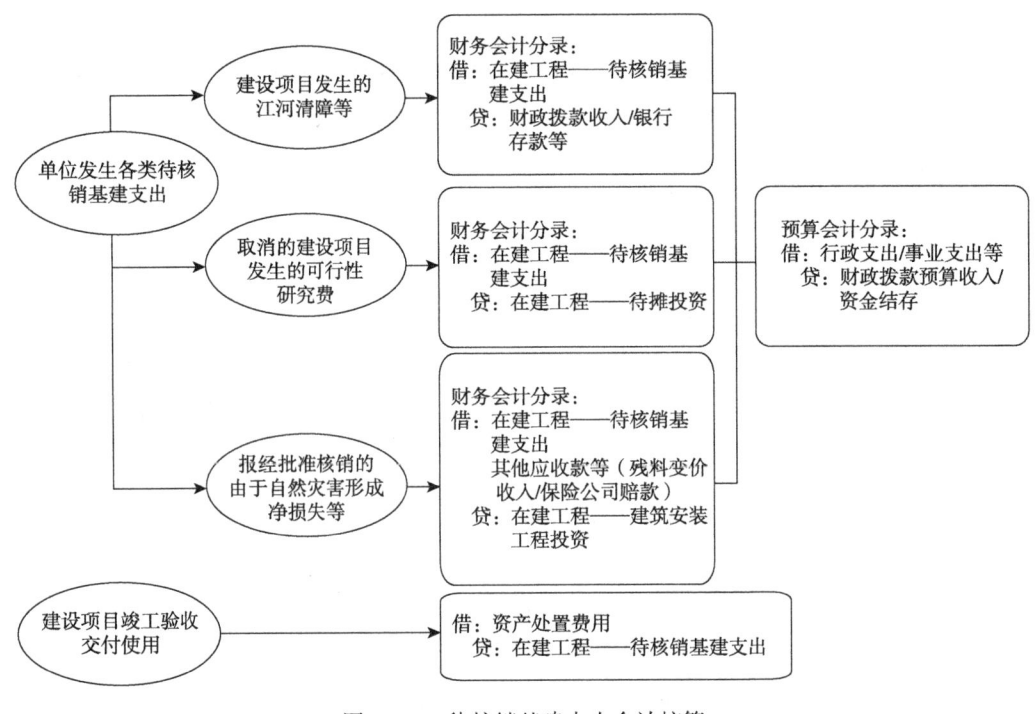

图11-63 待核销基建支出会计核算

（七）基建转出投资

为建设项目配套而建成的、产权不归属本单位的专用设施，在项目竣工验收交付使用时，按照转出的专用设施的成本，借记本科目（基建转出投资），贷记本科目（建筑安装工程投资）；同时，借记"无偿调拨净资产"科目，贷记本科目（基建转出投资）。

第九节 无形资产

一、无形资产概述

（一）无形资产的概念

无形资产是指不具有实物形态而能够为使用者提供某种权利的非货币性资产，包括著作权、土地使用权、专利权、非专利技术等。单位购入的不构成相关硬件不可缺少组成部分的软件，应当作为无形资产核算。

（二）无形资产的特征

与其他资产相比，行政事业单位的无形资产具有的特征如表 11-11 所示。

表 11-11 行政事业单位无形资产的特征

项目	特征	内容
行政事业单位无形资产	没有实物形态	无形资产不具有实物形态，通常体现的是一种权力或一种技术。在某些高新科技领域，无形资产往往显得很重要。它没有实物形态，一般却有较高的价值
	非货币性长期资产	无形资产没有实物形态，但货币性资产，如应收账款、银行存款等也没有实物形态。因此仅仅以无实物形态将无形资产与其他资产加以区分是不够的。无形资产是非货币性长期资产，主要是因为其能在超过行政事业单位的一个会计年度内为行政事业单位服务。那些虽然具有无形资产其他特征却不能在超过一个会计年度内为行政事业单位服务的资产，不能作为行政事业单位的无形资产核算
	具有可辨认性	行政事业单位的无形资产具有可辨认性，主要体现在能够从行政事业单位中分离或划分出来或者源自合同性权利或其他法定权利

（三）无形资产的分类

无形资产可按表 11-12 所示的标准进行分类。

表 11-12 无形资产的分类

分类标准	内容	概念
按取得方式分类	外部取得的无形资产	外部取得的无形资产是指行政事业单位从外单位或个人购得、置换换入接受捐赠及无偿调入等方式取得的无形资产
	内部自创的无形资产	内部自创的无形资产是指行政事业单位自行研究开发而取得的无形资产

续表

分类标准	内容	概念
按有无期限分类	使用寿命有限的无形资产	使用寿命有限的无形资产是指有法律或合同规定的有有效期的无形资产,如专利权等。使用寿命有限的无形资产应进行摊销
	使用寿命不确定的无形资产	使用寿命不确定的无形资产是指法律或合同等没有规定也不能确定其有效期限的无形资产。使用寿命不确定的无形资产不应摊销

二、无形资产的初始计量

(一)无形资产成本的确定

取得无形资产时,应当按照其实际成本入账。无形资产实际成本的确定如表 11-13 所示。

表 11-13 无形资产实际成本的确定

取得方式	实际成本的确定
外购的无形资产	成本包括实际支付的购买价款、相关税费以及可归属于该项资产达到预定用途所发生的其他支出
自行开发的无形资产	按照依法取得时发生的注册费、聘请律师费等费用确定成本。依法取得前所发生的研究开发支出,应当于发生时直接计入当期支出,但不计入无形资产的成本
置换取得的无形资产	成本按照换出资产的评估价值加上支付的补价或减去收到的补价,加上为换入无形资产支付的其他费用(登记费等)确定
接受捐赠、无偿调入的无形资产	成本按照有关凭据注明的金额加上相关税费确定;没有相关凭据可供取得,但依法经过资产评估的,其成本应当按照评估价值加上相关税费确定;没有相关凭据可供取得,也未经评估的,其成本比照同类或类似资产的市场价格加上相关税费确定;没有相关凭据也未经评估,其同类或类似无形资产的市场价格无法可靠取得,所取得的无形资产应当按照名义金额入账

(二)无形资产的初始会计核算

1. 外购的无形资产

按照确定的成本,借记本科目,贷记"财政拨款收入""零余额账户用款额度""应付账款""银行存款"等科目。相关会计处理如图 11-64 所示。

外购的无形资产 → 财务会计分录:
借:无形资产
贷:财政拨款收入/零余额账户用款额度/银行存款等

预算会计分录:
借:行政支出/事业支出/经营支出
贷:财政拨款预算收入/资金结存等

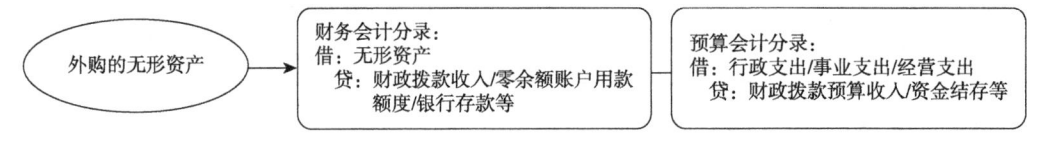

图 11-64 外购无形资产的会计核算

【例 11-28】 某单位购入一项专利,价格 350 000 元,价款尚未支付。其会计分录为

借:无形资产　　　　　350 000
　　贷:应付账款　　　　　350 000

2. 委托研发的无形资产

委托软件公司开发软件,视同外购无形资产进行处理。合同中约定预付开发费用的,

按照预付金额，借记"预付账款"科目，贷记"财政拨款收入""零余额账户用款额度""银行存款"等科目。按照预算会计项目，借记"行政支出""事业支出""经营支出"科目，贷记"财政拨款预算收入""资金结存"科目。软件开发完成交付使用并支付剩余或全部软件开发费用时，按照软件开发费用总额，借记本科目，按照相关预付账款金额，贷记"预付账款"科目，按照支付的剩余金额，贷记"财政拨款收入""零余额账户用款额度""银行存款"等科目。按照预算会计项目，借记"行政支出""事业支出""经营支出"科目，贷记"财政拨款预算收入""资金结存"科目。

【例 11-29】 某行政单位与软件公司合作，委托其开发软件，价款 500 000 元。根据合同，该行政单位先预付 40%的开发费用，剩余费用完工交付后支付。所有款项使用银行存款方式支付。其会计分录为

（1）预付开发费用时：

借：预付账款　　　　200 000
　　贷：银行存款　　　　　200 000
借：经营支出　　　　200 000
　　贷：资金结存　　　　　200 000

（2）完工交付时：

借：无形资产　　　　500 000
　　贷：预付账款　　　　　200 000
　　　　银行存款　　　　　300 000
借：经营支出　　　　300 000
　　贷：资金结存　　　　　300 000

3. 接受捐赠的无形资产

接受捐赠的无形资产，按照确定的无形资产成本，借记本科目，按照发生的相关税费等，贷记"零余额账户用款额度""银行存款"等科目，按照其差额，贷记"捐赠收入"科目。

接受捐赠的无形资产按照名义金额入账的，按照名义金额，借记本科目，贷记"捐赠收入"科目；同时，按照发生的相关税费等，借记"其他费用"科目，贷记"零余额账户用款额度""银行存款"等科目，如图 11-65 所示。

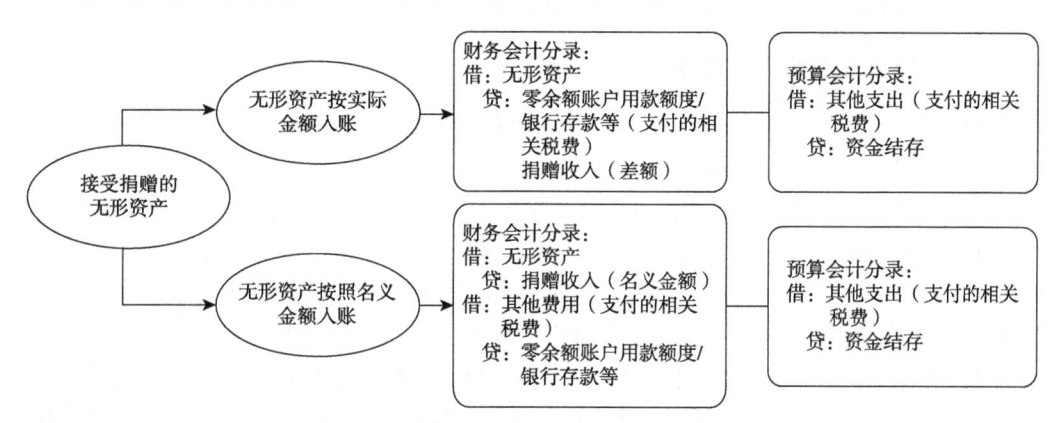

图 11-65　接受捐赠取得无形资产的会计核算

4. 无偿调入的无形资产

无偿调入的无形资产，按照确定的无形资产成本，借记本科目，按照发生的相关税费等，贷记"零余额账户用款额度""银行存款"等科目，按照其差额，贷记"无偿调拨净资产"科目。按照预算会计项目，借记"其他支出"科目，贷记"资金结存"科目。相关会计处理如图11-66所示。

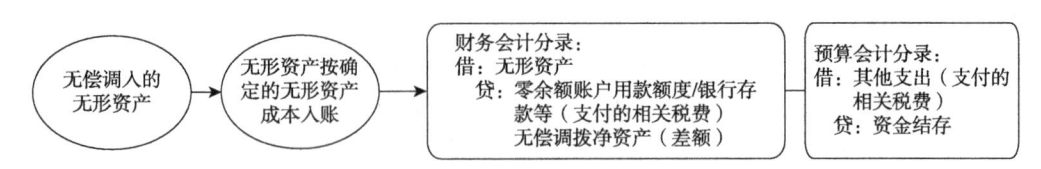

图11-66 无偿调入无形资产的会计核算

5. 置换取得的无形资产

参照"库存物品"科目中置换取得库存物品的相关规定进行账务处理。

无形资产取得时涉及增值税业务的，相关会计处理参见"应交增值税"科目。

三、研发支出

（一）研发支出的概述

单位的无形资产可以通过自行研究开发产生，但自行研究开发过程中的研究与开发费用是否符合无形资产的定义和确认条件尚不确定，如自行研究开发过程中的研究与开发费用是否或何时能确定的为单位产生预期的经济利益流入尚不确定。因此相比于其他方式形成的无形资产的确认与计量，自行研究开发无形资产过程中的研究与开发费用的会计处理需要进一步说明。

行政事业单位应当设置"研发支出"科目核算单位自行研究开发项目研究阶段和开发阶段发生的各项支出，包括研究与开发过程中所使用资产的折旧、消耗的原材料、直接参与开发人员的工资及福利费、开发过程中发生的租金及借款费用等。建设项目中的软件研发支出，应当通过"在建工程"科目核算，不通过本科目核算。"研发支出"科目下应当按照自行研究开发项目，分别"研究支出""开发支出"进行明细核算。

（二）研发支出的会计核算

对单位自行研究开发的项目，应当区分研究阶段与开发阶段两个部分分别进行核算。

1. 研究阶段支出的会计核算

自行研究开发项目研究阶段的支出，应当先在本科目归集。按照从事研究及其辅助活动人员计提的薪酬，研究活动领用的库存物品，发生的与研究活动相关的管理费、间接费和其他各项费用，借记本科目（研究支出），贷记"应付职工薪酬""库存物品""财政拨款收入""零余额账户用款额度""固定资产累计折旧""银行存款"等科目。按照预算会计项目，借记"行政支出""事业支出""经营支出"等科目，贷记"财政拨款预算收入""资金结存"科目。期（月）末，应当将本科目归集的研究阶段的支出金额转入当期费用，借记"业务活动费用"等科目，贷记本科目（研究支出）。相关会计处理如图11-67所示。

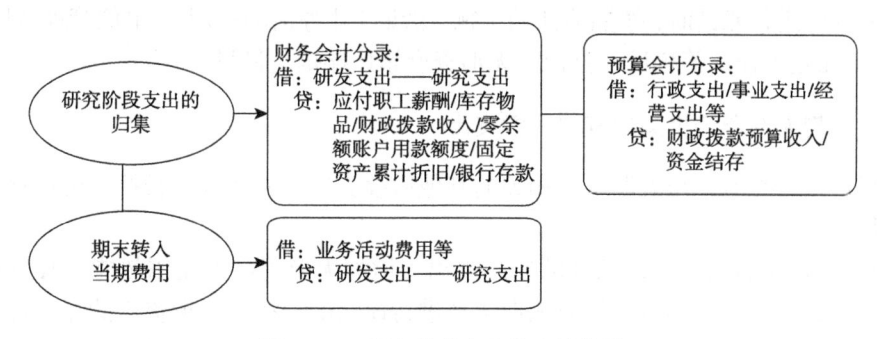

图11-67 研究阶段支出的会计核算

研究阶段支出的归集 → 财务会计分录：
借：研发支出——研究支出
贷：应付职工薪酬/库存物品/财政拨款收入/零余额账户用款额度/固定资产累计折旧/银行存款

预算会计分录：
借：行政支出/事业支出/经营支出等
贷：财政拨款预算收入/资金结存

期末转入当期费用 → 借：业务活动费用等
贷：研发支出——研究支出

2. 开发阶段支出的会计核算

自行研究开发项目开发阶段的支出，先通过本科目进行归集。按照从事开发及其辅助活动人员计提的薪酬，开发活动领用的库存物品，发生的与开发活动相关的管理费、间接费和其他各项费用，借记本科目（开发支出），贷记"应付职工薪酬""库存物品""财政拨款收入""零余额账户用款额度""固定资产累计折旧""银行存款"等科目。按照预算会计项目，借记"行政支出""事业支出""经营支出"等科目，贷记"财政拨款预算收入""资金结存"科目。自行研究开发项目完成，达到预定用途形成无形资产的，按照本科目归集的开发阶段的支出金额，借记"无形资产"科目，贷记本科目（开发支出）。相关会计处理如图11-68所示。

开发阶段支出的归集 → 财务会计分录：
借：研发支出——研究支出
贷：应付职工薪酬/库存物品/财政拨款收入/零余额账户用款额度/固定资产累计折旧/银行存款

预算会计分录：
借：行政支出/事业支出/经营支出等
贷：财政拨款预算收入/资金结存

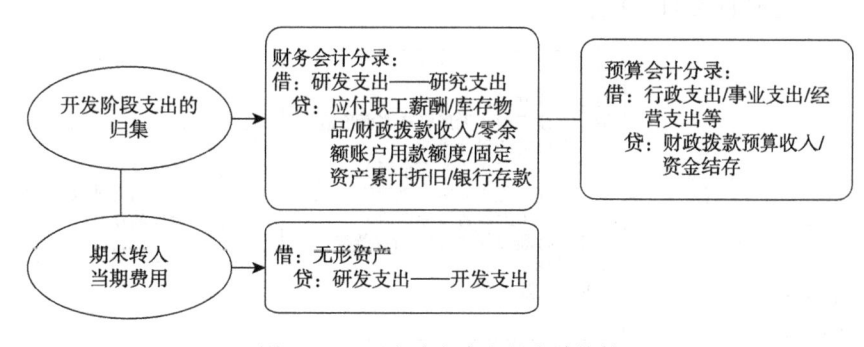

期末转入当期费用 → 借：无形资产
贷：研发支出——开发支出

图11-68 开发阶段支出的会计核算

单位应于每年度终了评估研究开发项目是否能达到预定用途，如预计不能达到预定用途（如无法最终完成开发项目并形成无形资产的），应当将已发生的开发支出金额全部转入当期费用，借记"业务活动费用"等科目，贷记本科目（开发支出）。自行研究开发项目时涉及增值税业务的，相关会计处理参见"应交增值税"科目。

四、无形资产的后续计量

（一）无形资产的摊销

行政事业单位对使用年限有限的无形资产应当按月计提累计摊销。单位应当设置"无形资产累计摊销"科目，该科目应当按照所对应无形资产的明细分类进行明细核算。按月对无形资产进行摊销时，按照应摊销金额，借记"业务活动费用""单位管理费用""加工物品""在建工程"等科目，贷记"无形资产累计摊销"科目。

（二）与无形资产相关的其他后续支出

与固定资产类似，与无形资产相关的其他后续支出需要区分是否符合资产化条件，分别进行核算。

（1）符合无形资产确认条件的后续支出为增加无形资产的使用效能对其进行升级改造或扩展其功能时，如需暂停对无形资产进行摊销的，按照无形资产的账面价值，借记"在建工程"科目，按照无形资产已摊销金额，借记"无形资产累计摊销"科目，按照无形资产的账面余额，贷记本科目。无形资产后续支出符合无形资产确认条件的，按照支出的金额，借记本科目（无须暂停摊销的）或"在建工程"科目（需暂停摊销的），贷记"财政拨款收入""零余额账户用款额度""银行存款"等科目。

暂停摊销的无形资产升级改造或扩展功能等完成交付使用时，按照在建工程成本，借记本科目，贷记"在建工程"科目。

（2）不符合无形资产确认条件的后续支出。为保证无形资产正常使用发生的日常维护等支出，借记"业务活动费用""单位管理费用""经营费用"等科目，贷记"财政拨款收入""零余额账户用款额度""银行存款"等科目。按照预算会计项目，借记"行政支出""事业支出""经营支出"等科目，贷记"财政拨款预算收入""资金结存"等科目。相关会计处理如图11-69所示。

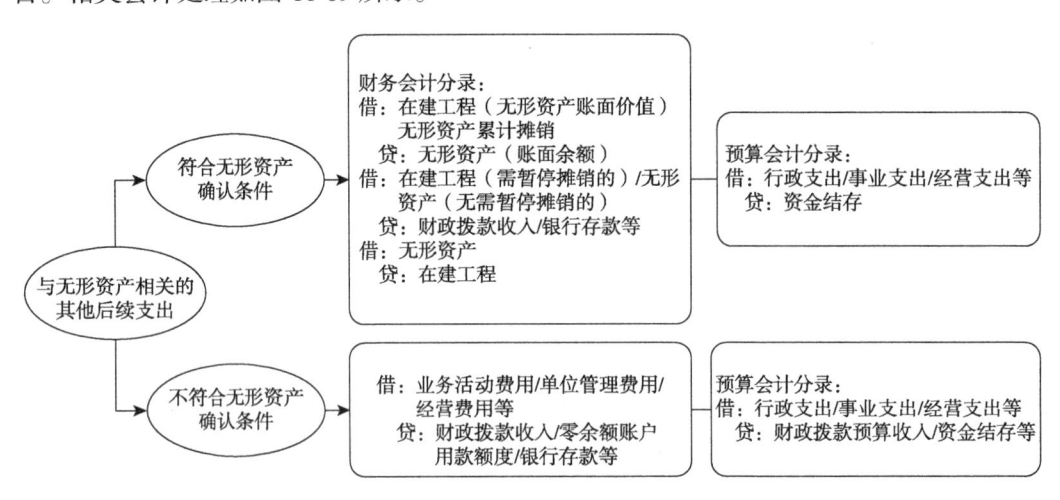

图11-69 无形资产其他后续计量的会计核算

五、无形资产的处置

1. 报经批准出售、转让无形资产

按照被出售、转让无形资产的账面价值，借记"资产处置费用"科目，按照无形资产已计提的摊销，借记"无形资产累计摊销"科目，按照无形资产账面余额，贷记本科目；同时，按照收到的价款，借记"银行存款"等科目，按照处置过程中发生的相关费用，贷记"银行存款"等科目，按照其差额，贷记"应缴财政款"（按照规定应上缴无形资产转让净收入的）或"其他收入"科目。相关会计处理如图 11-70 所示。

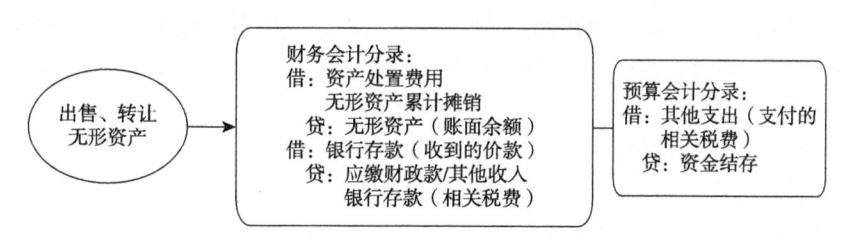

```
出售、转让    财务会计分录：              预算会计分录：
无形资产  →  借：资产处置费用              借：其他支出（支付的
              无形资产累计摊销                  相关税费）
          贷：无形资产（账面余额）          贷：资金结存
          借：银行存款（收到的价款）
          贷：应缴财政款/其他收入
              银行存款（相关税费）
```

图 11-70　报经批准出售、转让无形资产会计核算

2. 报经批准对外捐赠无形资产

按照无形资产已计提的摊销，借记"无形资产累计摊销"科目，按照被处置无形资产账面余额，贷记本科目，按照捐赠过程中发生的归属于捐出方的相关费用，贷记"银行存款"等科目，按照其差额，借记"资产处置费用"科目。按照预算会计项目，借记"其他支出"科目，贷记"资金结存"科目。相关会计处理如图 11-71 所示。

```
对外捐赠    财务会计分录：              预算会计分录：
无形资产  →  借：资产处置费用              借：其他支出（支付的
              无形资产累计摊销                  相关税费）
          贷：无形资产（账面余额）          贷：资金结存
              银行存款（捐赠方支付的相关税费）
```

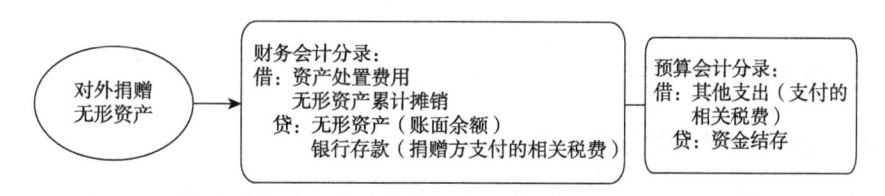

图 11-71　报经批准对外捐赠无形资产会计核算

3. 报经批准无偿调出无形资产

按照无形资产已计提的摊销，借记"无形资产累计摊销"科目，按照被处置无形资产账面余额，贷记本科目，按照其差额，借记"无偿调拨净资产"科目；同时，按照无偿调出过程中发生的归属于调出方的相关费用，借记"资产处置费用"科目，贷记"银行存款"等科目。按照预算会计项目，借记"其他支出"，贷记"资金结存"科目。相关会计处理如图 11-72 所示。

```
无偿调出    财务会计分录：              预算会计分录：
无形资产  →  借：资产处置费用              借：其他支出（支付的
              无形资产累计摊销                  相关税费）
          贷：无形资产（账面余额）          贷：资金结存
              银行存款（捐赠方支付的相关税费）
```

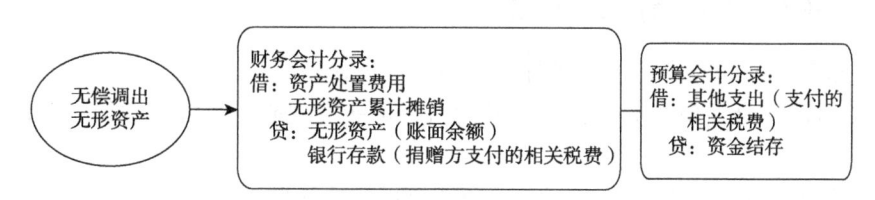

图 11-72　报经批准无偿调出无形资产

4. 报经批准置换换出无形资产

参照"库存物品"科目中置换换入库存物品的规定进行账务处理。

5. 无形资产的核销

无形资产预期不能为单位带来服务潜力或经济利益，按照规定报经批准核销时，按

照待核销无形资产的账面价值,借记"资产处置费用"科目,按照已计提摊销,借记"无形资产累计摊销"科目,按照无形资产的账面余额,贷记本科目。

无形资产处置时涉及增值税业务的,相关账务处理参见"应交增值税"科目。

【例 11-30】 某单位经批准将一项专利权出售,该项专利权原价 500 000 元,已计提 300 000 元,售价 250 000 元,转让收入按照规定纳入本单位预算。其会计分录为

借:资产处置费用　　　　　　　　200 000
　　无形资产累计摊销　　　　　　300 000
　　贷:无形资产　　　　　　　　　　　　500 000
借:银行存款　　　　　　　　　　250 000
　　贷:其他收入　　　　　　　　　　　　250 000
借:资金结存——货币资金　　　　250 000
　　贷:其他预算收入　　　　　　　　　　250 000

第十节　其他资产

一、政府储备物资

(一)政府储备物资的概念

政府储备物资是指政府会计主体为满足实施国家安全与发展战略、进行抗灾救灾、应对公共突发事件、实施宏观调控等特定公共需求而控制的,同时具有以下特征的物资(如战略原料、抢险救灾物资、主要农产品、医药器材、重要商品物资等)。

(1)其购入、存储、保管、轮换、使用等由专门行政规章制度严格规范。
(2)其购入、轮换和使用的计划与执行须报经相关部门批准。
(3)在符合规定应对特定事件或情形时方能使用。

政府储备物资不包括企业接受政府委托收储并视为自有资产进行核算的储备物资。

(二)政府储备物资的确认和计量

政府储备物资同时满足下列条件的,应当予以确认。
(1)与该政府储备物资相关的服务潜力很可能实现或者经济利益很可能流入政府会计主体。
(2)该政府储备物资的成本或者价值能够可靠地计量。

对政府储备物资不负有行政管理责任但接受委托负责其存储、保管等工作的承储单位,应当将受托代储的政府储备物资作为受托代理资产核算。

政府储备物资在取得时应当按照成本进行初始计量。政府储备物资的初始成本包括购买价款及政府会计主体承担的相关税费、运输费、装卸费、保险费及使政府储备物资达到目前场所和状态所发生的归属于政府储备物资成本的其他支出。委托加工的政府储

备物资，其成本包括委托加工前物料成本、委托加工的成本（如委托加工费及按规定应计入委托加工政府储备物资成本的相关税费等）及政府会计主体承担的使政府储备物资达到目前场所和状态所发生的归属于政府储备物资成本的其他支出。具体各种方式取得的政府储备物资其实际成本参见"存货"一节的具体规定。

下列各项不计入政府储备物资成本。

（1）仓储费用。

（2）日常维护费用。但政府储备物资需要特殊维护，其支出金额超过相关规定标准的，应当按规定报经批准后，将超过相关规定标准的支出金额计入政府储备物资成本。

（3）不能归属于使政府储备物资达到目前场所和状态所发生的其他支出。

政府储备物资发出的成本应当根据实际情况采用先进先出法、加权平均法或者个别计价法确定。计价方法一经确定，不得随意变更。具体方法介绍参见"存货"一节。对于性质和用途相似的政府储备物资，应当采用相同的成本计价方法确定发出物资的成本。对于不能替代使用的政府储备物资、为特定项目专门购入或加工的政府储备物资，通常采用个别计价法确定发出物资的成本。

（三）政府储备物资的会计核算

单位应当设置"政府储备物资"科目，核算单位控制的政府储备物资的成本。对政府储备物资不负有行政管理职责但接受委托具体负责执行其存储保管等工作的单位，其受托代储的政府储备物资应当通过"受托代理资产"科目核算，不通过本科目核算。

本科目应当按照政府储备物资的种类、品种、存放地点等进行明细核算。单位根据需要，可在本科目下设置"在库""发出"等明细科目进行明细核算。

"政府储备物资"科目借方反映当期单位政府储备物资的增加；贷方反映当期单位政府储备物资的减少；本科目期末借方余额，反映政府储备物资的成本。

1. 政府储备物资取得的会计处理

政府储备物资取得时，应当按照其成本入账，具体会计处理与存货核算类似。购入的政府储备物资验收入库，按照确定的成本，借记本科目，贷记"财政拨款收入""零余额账户用款额度""银行存款"等科目。涉及委托加工政府储备物资业务的，相关账务处理参照"加工物品"科目。

接受捐赠的政府储备物资验收入库，按照确定的成本，借记本科目，按照单位承担的相关税费、运输费等，贷记"零余额账户用款额度""银行存款"等科目，按照其差额，贷记"捐赠收入"科目。接受无偿调入的政府储备物资验收入库，按照确定的成本，借记本科目，按照单位承担的相关税费、运输费等，贷记"零余额账户用款额度""银行存款"等科目，按照其差额，贷记"无偿调拨净资产"科目。

2. 政府储备物资发出的会计处理

政府储备物资发出时，应当分情况核算。因动用而发出无须收回的政府储备物资的，按照发出物资的账面余额，借记"业务活动费用"科目，贷记本科目。因动用而发出需要收回或者预期可能收回的政府储备物资，在发出物资时，按照发出物资的账面余额，借记本科目（发出），贷记本科目（在库）；按照规定的质量验收标准收回物资时，按照收回物资原账面余额，借记本科目（在库），按照未收回物资的原账面余额，借记"业务活动费用"科目，按照物资发出时登记在本科目所属"发出"明细科目中的余额，贷记本科目（发出）。因行政管理主体变动等原因而将政府储备物资调拨给其他主体的，按照无偿调出政府储备物资的账面余额，借记"无偿调拨净资产"科目，贷记本科目。对外销售政府储备物资并将销售收入纳入单位预算统一管理的，发出物资时，按照发出物资的账面余额，借记"业务活动费用"科目，贷记本科目；实现销售收入时，按照确认的收入金额，借记"银行存款""应收账款"等科目，贷记"事业收入"等科目。

对外销售政府储备物资并按照规定将销售收入上缴财政的，发出物资时，按照发出物资的账面余额，借记"资产处置费用"科目，贷记本科目；取得销售价款时，按照实际收到的款项金额，借记"银行存款"等科目，按照发生的相关税费，贷记"银行存款"等科目，按照销售价款大于所承担的相关税费后的差额，贷记"应缴财政款"科目。发出政府储备物资会计核算如图11-73所示。

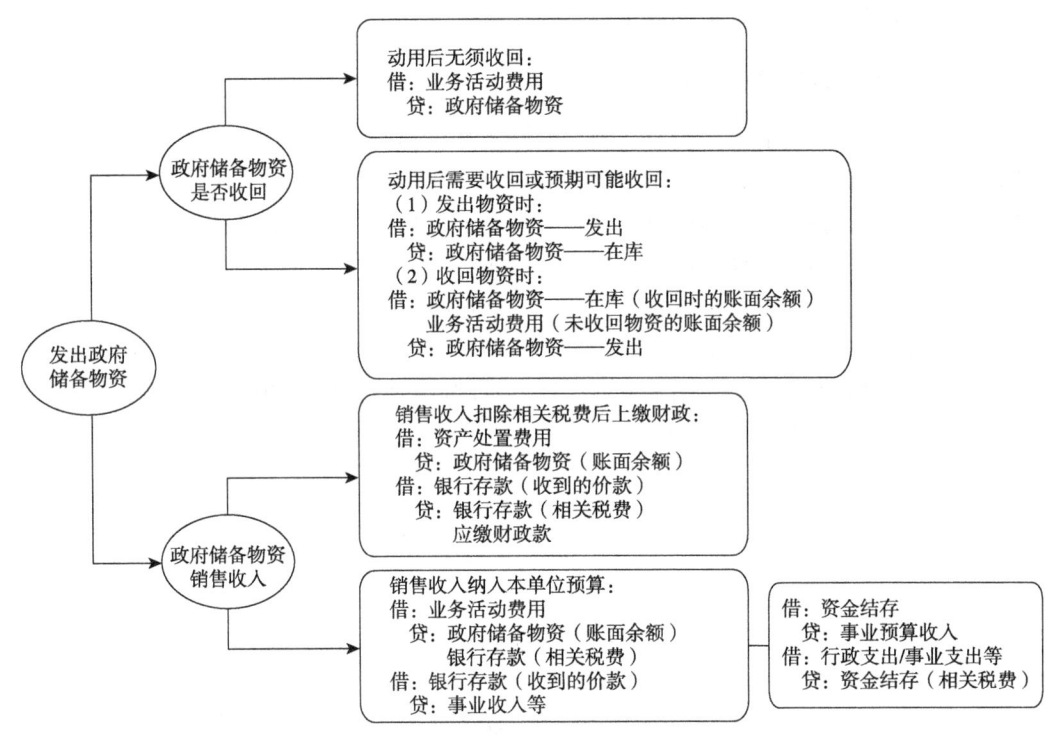

图11-73 发出政府储备物资会计核算

3. 政府储备物资进行清查盘点的会计处理

政府储备物资应当每年至少盘点一次。对于发生的政府储备物资盘盈、盘亏或者报废、毁损，应当先记入"待处理财产损溢"科目，按照规定报经批准后及时进行后续账务处理。盘盈的政府储备物资，按照确定的入账成本，借记本科目，贷记"待处理财产损溢"科目。盘亏或者毁损、报废的政府储备物资，按照待处理政府储备物资的账面余额，借记"待处理财产损溢"科目，贷记本科目。

【例 11-31】 2×19 年 4 月 6 日，某行政单位购入一批抗震救灾政府储备物资，价款 1 000 000 元，相关税费 170 000 元，运费保险费共计 20 000 元，使用财政直接支付方式进行结算。4 月 15 日，该行政单位经批准将这批政府储备物资向灾区捐赠，运输费用 20 000 元，使用银行存款支付。其会计分录为

（1）购入政府储备物资时：

借：政府储备物资　　　　　190 000
　　贷：财政拨款收入　　　　　　190 000
借：行政支出　　　　　　　190 000
　　贷：财政拨款预算收入　　　　190 000

（2）经批准对外捐赠时：

借：资产处置费用　　　　　210 000
　　贷：政府储备物资　　　　　　190 000
　　　　银行存款　　　　　　　　 20 000
借：行政支出　　　　　　　 20 000
　　贷：资金结存——货币资金　　 20 000

二、公共基础设施

（一）公共基础设施的概念

公共基础设施是指行政事业单位占有并直接负责维护管理、供社会公众使用的工程性公共基础设施资产，包括城市交通设施、公共照明设施、环保设施、防灾设施、健身设施、广场及公共构筑物等其他公共设施。

（二）公共基础设施的核算注意事项

（1）本科目应当按照公共基础设施的类别、项目等进行明细核算。

（2）单位应当根据行业主管部门对公共基础设施的分类规定，制定适合于本单位管理的公共基础设施目录、分类方法，作为进行公共基础设施核算的依据。

（三）公共基础设施的初始计量

（1）自行建造的公共基础设施。完工交付使用时，按照在建工程的成本，借记本科目，贷记"在建工程"科目。已交付使用但尚未办理竣工决算手续的公共基础设施，按照估计价值入账，待办理竣工决算后再按照实际成本调整原来的暂估价值。

【例 11-32】 某单位根据市政规划自行建造市民广场，该项公共基础设施至交付使用前所完成的全部必要支出为 3 600 000 元。其会计分录为

借：公共基础设施　　　　　3 600 000
　　贷：在建工程　　　　　　　3 600 000

（2）接受其他单位无偿调入的公共基础设施，按照确定的成本，借记本科目，按

照发生的归属于调入方的相关费用,贷记"财政拨款收入""零余额账户用款额度""银行存款"等科目,按照其差额,贷记"无偿调拨净资产"科目。按照预算会计项目,借记"其他支出"科目,贷记"资金结存"科目。无偿调入的公共基础设施成本无法可靠取得的,按照发生的相关税费、运输费等金额,借记"其他费用"科目,贷记"零余额账户用款额度""银行存款"等科目。相关会计处理如图11-74所示。

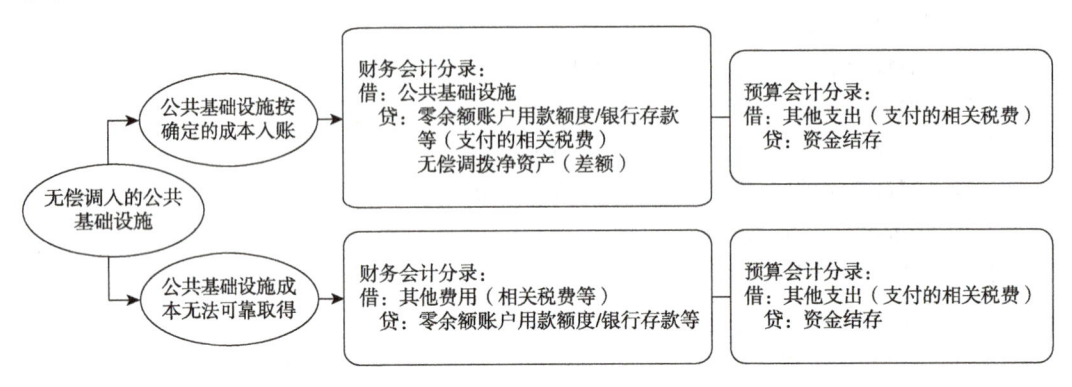

图 11-74 无偿调入公共基础设施的会计核算

(3)接受捐赠的公共基础设施,按照确定的成本,借记本科目,按照发生的相关费用,贷记"零余额账户用款额度""银行存款"等科目,按照其差额,贷记"捐赠收入"科目。按照预算会计项目,借记"其他支出"科目,贷记"资金结存"科目。接受捐赠的公共基础设施成本无法可靠取得的,按照发生的相关税费等金额,借记"其他费用"科目,贷记"财政拨款收入""零余额账户用款额度""银行存款"等科目。相关会计处理如图11-75所示。

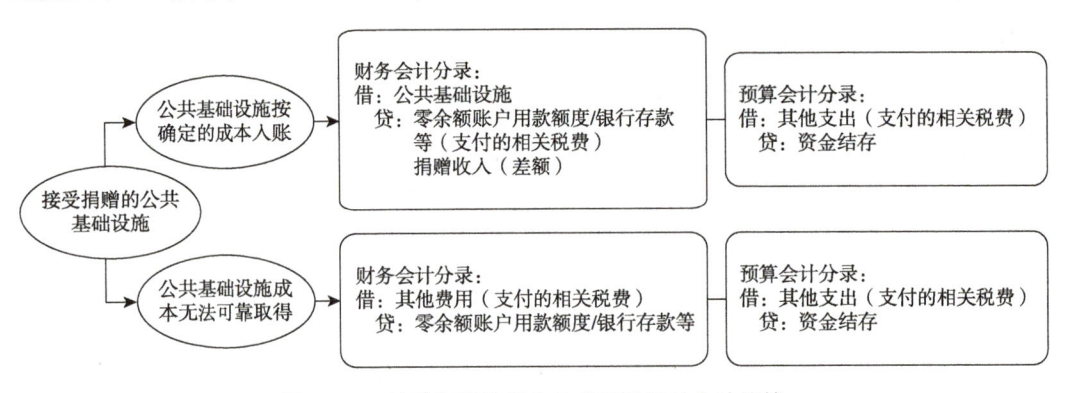

图 11-75 接受捐赠取得公共基础设施的会计核算

(4)外购的公共基础设施,按照确定的成本,借记本科目,贷记"财政拨款收入""零余额账户用款额度""银行存款"等科目。按照预算会计项目,借记"行政支出""事业支出""经营支出"等科目,贷记"财政拨款预算收入""资金结存"等科目。相关会计处理如图11-76所示。

```
┌─────────┐      ┌──────────────────────┐   ┌──────────────────────────┐
│外购的公共│      │财务会计分录：        │   │预算会计分录：            │
│基础设施  │─────▶│借：公共基础设施      │   │借：行政支出/事业支出/经营支出│
│         │      │  贷：财政拨款收入/零余额账户用款额度/│  贷：财政拨款预算收入/资金结存等│
└─────────┘      │     银行存款等        │   │                          │
                 └──────────────────────┘   └──────────────────────────┘
```

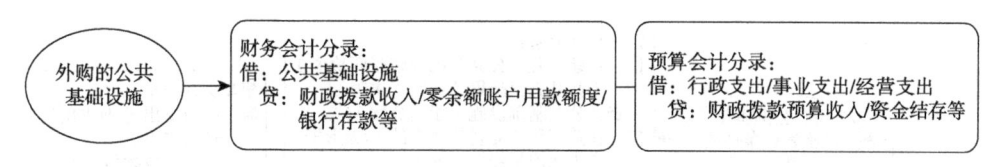

图 11-76　外购公共基础设施的会计核算

（5）对于成本无法可靠取得的公共基础设施，单位应当设置备查簿进行登记，待成本能够可靠确定后按照规定及时入账。

（四）公共基础设施的后续计量

1. 公共基础设施的折旧摊销

（1）按月计提公共基础设施折旧时，按照应计提的折旧额，借记"业务活动费用"科目，贷记"公共基础设施累计折旧（摊销）"科目。

（2）按月对确认为公共基础设施的单独计价入账的土地使用权进行摊销时，按照应计提的摊销额，借记"业务活动费用"科目，贷记"公共基础设施累计折旧（摊销）"科目。

2. 与公共基础设施相关的其他后续支出

1）符合公共基础设施确认条件的后续支出

将公共基础设施转入改建、扩建时，按照公共基础设施的账面价值，借记"在建工程"科目，按照公共基础设施已计提折旧，借记"公共基础设施累计折旧（摊销）"科目，按照公共基础设施的账面余额，贷记本科目。为增加公共基础设施使用效能或延长其使用年限而发生的改建、扩建等后续支出，借记"在建工程"科目，贷记"财政拨款收入""银行存款"等科目。按照预算会计项目，借记"行政支出""事业支出""经营支出"等科目，贷记"财政拨款预算收入""资金结存"科目。公共基础设施改建、扩建完成，竣工验收交付使用时，按照在建工程成本，借记本科目，贷记"在建工程"科目。

2）不符合公共基础设施确认条件的后续支出

为保证公共基础设施正常使用发生的日常维修等支出，借记"业务活动费用""单位管理费用""经营费用"等科目，贷记"财政拨款收入""银行存款"等科目。按照预算会计项目，借记"行政支出""事业支出""经营支出"等科目，贷记"财政拨款预算收入""资金结存"等科目。相关会计处理如图 11-77 所示。

（五）公共基础设施的处置

按照规定报经批准处置公共基础设施，分别以下情况处理：

（1）报经批准对外捐赠公共基础设施，按照公共基础设施已计提的折旧或摊销，借记"公共基础设施累计折旧（摊销）"科目，按照被处置公共基础设施账面余额，贷记本科目，按照捐赠过程中发生的归属于捐出方的相关费用，贷记"银行存款"等科目，按照其差额，借记"资产处置费用"科目。相关会计处理如图 11-78 所示。

```
                                  财务会计分录：
                                    借：在建工程（公共基础设施账面价值）
                                        公共基础设施累计折旧（摊销）
                   符合公共基础             贷：公共基础设施（账面余额）        预算会计分录：
                   设施确认条件的           借：在建工程（需暂停摊销的）/无形资产    借：行政支出/事业支出/
                     后续支出                  （无需暂停摊销的）                经营支出等
                                            贷：财政拨款收入/银行存款等           贷：财政拨款预算收入/
                                          借：公共基础设施                         资金结存
   与公共基础设施                              贷：在建工程
   有关的其他后续
       支出
                                          财务会计分录：                        预算会计分录：
                   不符合公共基础             借：业务活动费用/单位管理费用/经营      借：行政支出/事业支出/
                   设施确认条件的                 费用等                           经营支出等
                     后续支出                  贷：财政拨款收入/银行存款等           贷：财政拨款预算收
                                                                                  入/资金结存等
```

图 11-77　公共基础设施其他后续计量的会计核算

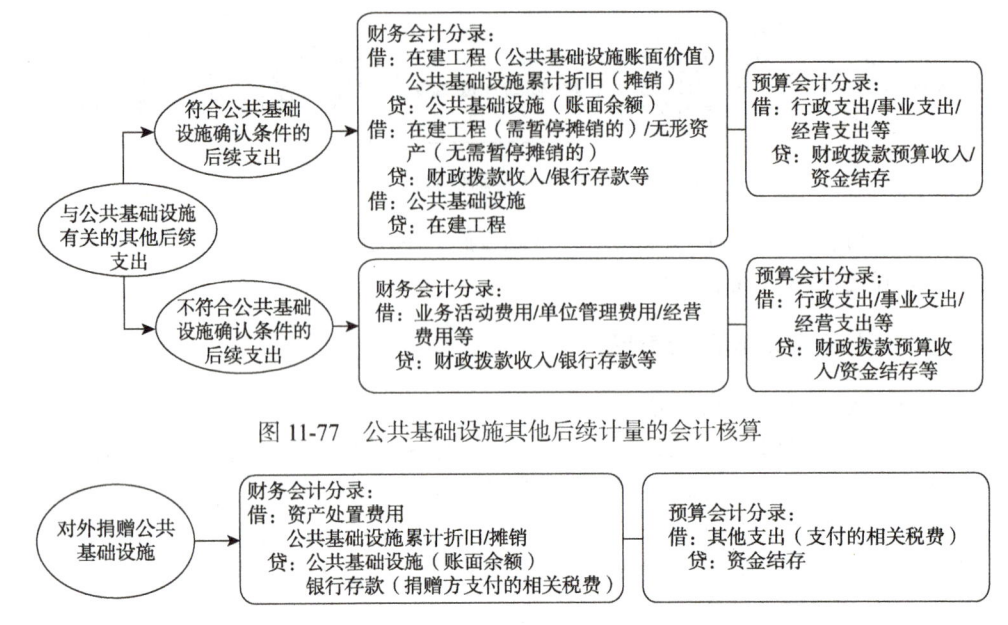

```
                    财务会计分录：
                      借：资产处置费用
   对外捐赠公共          公共基础设施累计折旧/摊销        预算会计分录：
   基础设施             贷：公共基础设施（账面余额）        借：其他支出（支付的相关税费）
                            银行存款（捐赠方支付的相关税费）   贷：资金结存
```

图 11-78　报经批准对外捐赠公共基础设施的会计核算

（2）报经批准无偿调出公共基础设施，按照公共基础设施已计提的折旧或摊销，借记"公共基础设施累计折旧（摊销）"科目，按照被处置公共基础设施账面余额，贷记本科目，按照其差额，借记"无偿调拨净资产"科目；同时，按照无偿调出过程中发生的归属于调出方的相关费用，借记"资产处置费用"科目，贷记"银行存款"等科目。相关会计处理如图 11-79 所示。

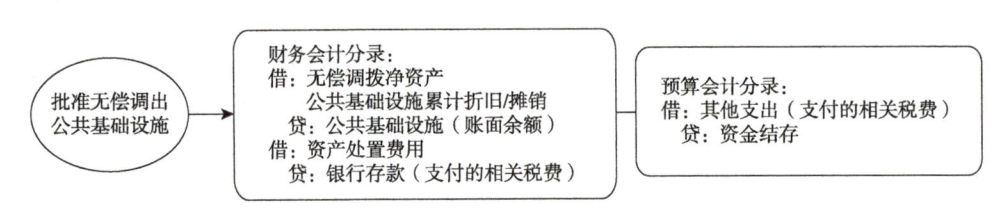

```
                    财务会计分录：
                      借：无偿调拨净资产
   批准无偿调出          公共基础设施累计折旧/摊销        预算会计分录：
   公共基础设施          贷：公共基础设施（账面余额）        借：其他支出（支付的相关税费）
                      借：资产处置费用                    贷：资金结存
                        贷：银行存款（支付的相关税费）
```

图 11-79　报经批准无偿调出公共基础设施的会计核算

（六）公共基础设施的清查盘点

单位应当定期对公共基础设施进行清查盘点。对于发生的公共基础设施盘盈、盘亏、毁损或报废，应当先记入"待处理财产损溢"科目，按照规定报经批准后及时进行后续账务处理。

（1）盘盈的公共基础设施，其成本按照有关凭据注明的金额确定；没有相关凭据、但按照规定经过资产评估的，其成本按照评估价值确定；没有相关凭据、也未经过评估的，其成本按照重置成本确定。盘盈的公共基础设施成本无法可靠取得的，单位应当设置备查簿进行登记，待成本确定后按照规定及时入账。盘盈的公共基础设施，按照确定的入账成本，借记本科目，贷记"待处理财产损溢"科目。

（2）盘亏、毁损或报废的公共基础设施，按照待处置公共基础设施的账面价值，借记"待处理财产损溢"科目,按照已计提折旧或摊销,借记"公共基础设施累计折旧(摊销)"科目,按照公共基础设施的账面余额,贷记本科目。相关会计处理如图 11-80 所示。

```
盘盈的公共基础设施 ──→ 借:公共基础设施
                      贷:待处理财产损溢

盘亏、毁损或报废的公共基础设施 ──→ 借:待处理财产损溢
                              公共基础设施累计折旧(摊销)
                              贷:公共基础设施
```

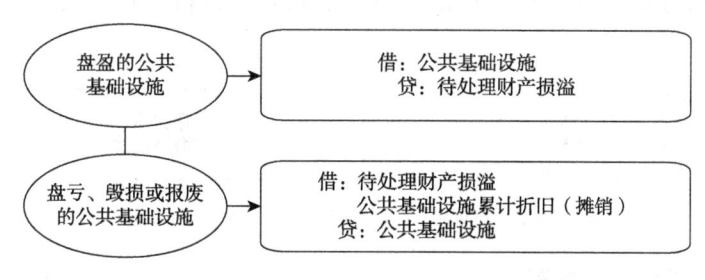

图 11-80　公共基础设施清查盘点会计核算

三、保障性住房

保障性住房是指政府为中低收入住房困难家庭所提供的限定标准、限定价格或租金的住房,一般由廉租住房、经济适用住房、政策性租赁住房、定向安置房等构成。"保障性住房"科目应当按照保障性住房的类别、项目等进行明细核算,其期末借方余额,反映保障性住房的原值。

(一)保障性住房的初始与后续计量

(1)保障性住房在取得时,应当按其成本入账。具体会计处理类似于"固定资产"科目。

外购的保障性住房,其成本包括购买价款、相关税费及可归属于该项资产达到预定用途前所发生的其他支出。外购的保障性住房,按照确定的成本,借记本科目,贷记"财政拨款收入""零余额账户用款额度""银行存款"等科目。按照预算会计项目,借记"行政支出""事业支出"等科目,贷记"财政拨款预算收入""资金结存"科目。

自行建造的保障性住房交付使用时,按照在建工程成本,借记本科目,贷记"在建工程"科目。已交付使用但尚未办理竣工决算手续的保障性住房,按照估计价值入账,待办理竣工决算后再按照实际成本调整原来的暂估价值。

接受其他单位无偿调入的保障性住房,其成本按照该项资产在调出方的账面价值加上归属于调入方的相关费用确定。无偿调入的保障性住房,按照确定的成本,借记本科目,按照发生的归属于调入方的相关费用,贷记"零余额账户用款额度""银行存款"等科目,按照其差额,贷记"无偿调拨净资产"科目。按照预算会计项目,借记"其他支出"等科目,贷记"资金结存"科目。

接受捐赠、融资租赁取得的保障性住房,参照"固定资产"科目相关规定进行处理。

(2)与保障性住房有关的后续支出,参照"固定资产"科目相关规定进行处理。按月计提保障性住房折旧时,按照应计提的折旧额,借记"业务活动费用"科目,贷记本科目。

(二)与保障性住房相关的收入的会计核算

按照规定出租保障性住房并将出租收入上缴同级财政,按照收取或应收的租金金额,借记"银行存款"等科目,贷记"应缴财政款"科目。相关会计处理如图 11-81 所示。

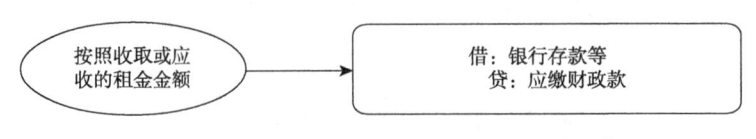

图 11-81 与保障性住房相关的收入的会计核算

(三)保障性住房的处置

保障性住房的处置,其具体会计处理类似于"固定资产"科目。

(1)报经批准无偿调出保障性住房,按照保障性住房已计提的折旧,借记"保障性住房累计折旧"科目,按照被处置保障性住房账面余额,贷记本科目,按照其差额,借记"无偿调拨净资产"科目;同时,按照无偿调出过程中发生的归属于调出方的相关费用,借记"资产处置费用"科目,贷记"银行存款"等科目。按照预算会计项目,借记"其他支出"科目,贷记"资金结存"科目。

(2)报经批准无偿出售保障性住房,按照被出售保障性住房的账面价值,借记"资产处置费用"科目,按照保障性住房已计提的折旧,借记"保障性住房累计折旧"科目,按照保障性住房账面余额,贷记本科目;同时,按照收到的价款,借记"银行存款"等科目,按照出售过程中发生的相关费用,贷记"银行存款"等科目,按照其差额,贷记"应缴财政款"科目。保障性住房处置的会计核算如图 11-82 所示。

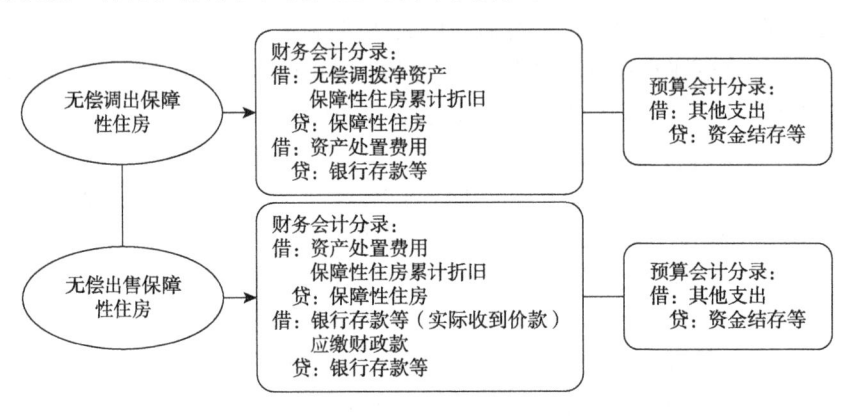

图 11-82 保障性住房处置的会计核算

(四)保障性住房的清查盘点

单位应当定期对保障性住房进行清查盘点。对于发生的保障性住房盘盈及盘亏、毁损或报废等情况,参照"固定资产"科目相关规定进行会计处理,如图 11-83 所示。

```
┌─────────────┐          ┌──────────────────────┐
│ 盘盈的保障性 │────────→ │ 借：保障性住房        │
│    住房      │          │   贷：待处理财产损溢  │
└─────────────┘          └──────────────────────┘

┌─────────────┐          ┌──────────────────────┐
│盘亏、毁损或报废│────────→│ 借：待处理财产损溢    │
│ 的保障性住房  │          │    保障性住房累计折旧 │
└─────────────┘          │   贷：保障性住房      │
                         └──────────────────────┘
```

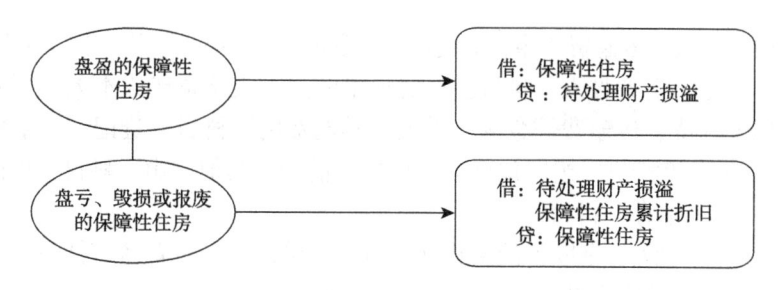

图 11-83　保障性住房清查盘点会计核算

四、文物文化资产

文物文化资产是指用于展览、教育或研究等目的的历史文物、艺术品以及其他具有文化或历史价值并作长期或永久保存的典藏等。由于文物文化资产不介入企业生产经营过程，故不能将文物文化资产作为存货、固定资产、金融资产、无形资产等进行核算。

为了核算文物文化资产增减变动及结存情况，应增设"文物文化资产"科目。该科目属于资产类科目，其借方登记文物文化资产的增加额；贷方登记文物文化资产的减少额；期末借方余额反映企业期末文物文化资产的价值。其二级明细科目应按文物文化资产类别、项目等设置。单位为满足自身开展业务活动或其他活动需要而控制的文物和陈列品，应当通过"固定资产"科目核算，不通过本科目核算。

"文物文化资产"科目的核算基本与"固定资产"科目、"公共基础设施"科目、"保障性住房"科目相同。

（一）文物文化资产的初始计量

（1）外购的文物文化资产，其成本包括购买价款、相关税费及可归属于该项资产达到预定用途前所发生的其他支出（如运输费、安装费、装卸费等）。外购的文物文化资产，按照确定的成本，借记本科目，贷记"财政拨款收入""零余额账户用款额度""银行存款"等科目。按照预算会计项目，借记"行政支出""事业支出"等科目，贷记"财政拨款预算收入""资金结存"科目。

（2）接受其他单位无偿调入的文物文化资产，其成本按照该项资产在调出方的账面价值加上归属于调入方的相关费用确定。调入的文物文化资产，按照确定的成本，借记本科目，按照发生的归属于调入方的相关费用，贷记"零余额账户用款额度""银行存款"等科目，按照其差额，贷记"无偿调拨净资产"科目。无偿调入的文物文化资产成本无法可靠取得的，按照发生的归属于调入方的相关费用，借记"其他费用"科目，贷记"零余额账户用款额度""银行存款"等科目。按照预算会计项目，借记"其他支出"科目，贷记"财政拨款预算收入""资金结存"科目。

（3）接受捐赠的文物文化资产，其成本按照有关凭据注明的金额加上相关费用确定；没有相关凭据可供取得，但按照规定经过资产评估的，其成本按照评估价值加上相关费用确定；没有相关凭据可供取得，也未经评估的，其成本比照同类或类似资产的市场价格加上相关费用确定。接受捐赠的文物文化资产，按照确定的成本，借记本科目，按照发生的相关税费、运输费等金额，贷记"零余额账户用款额度""银行存款"等科目，按照其差额，贷记"捐赠收入"科目。接受捐赠的文物文化资产成本无法可靠取得的，按照发生的相关税费、运输费等金额，借记"其他费用"科目，贷记"零余额账户用款额度""银行存款"等科目。按照预算会计项目，借记"其他支出"科目，贷记"财政拨款预算收入""资金结存"科目。

（4）对于成本无法可靠取得的文物文化资产，单位应当设置备查簿进行登记，待成本能够可靠确定后按照规定及时入账。

（二）文物文化资产的后续计量

与文物文化资产有关的后续支出，参照"公共基础设施"科目相关规定进行处理。

（三）文物文化资产的处置

（1）报经批准对外捐赠文物文化资产，按照被处置文物文化资产账面余额和捐赠过程中发生的归属于捐出方的相关费用合计数，借记"资产处置费用"科目，按照被处置文物文化资产账面余额，贷记本科目，按照捐赠过程中发生的归属于捐出方的相关费用，贷记"银行存款"等科目。按照预算会计项目，借记"其他支出"科目，贷记"资金结存"科目。

（2）报经批准无偿调出文物文化资产，按照被处置文物文化资产账面余额，借记"无偿调拨净资产"科目，贷记本科目；按照预算会计项目，借记"其他支出"科目，贷记"资金结存"科目。同时，按照无偿调出过程中发生的归属于调出方的相关费用，借记"资产处置费用"科目，贷记"银行存款"等科目。

（四）文物文化资产的清查盘点

单位应当定期对文物文化资产进行清查盘点，每年至少盘点一次。对于发生的文物文化资产盘盈、盘亏、毁损或报废等，参照"公共基础设施"科目相关规定进行账务处理。

五、受托代理资产

（一）受托代理资产的概念

受托代理资产是指单位接受委托方委托管理的各项资产，包括受托指定转赠的物资、受托储存管理的物资等。

（二）受托代理资产的会计核算

1. 会计科目设置

单位应当设置"受托代理资产"科目，核算单位接受委托方委托管理的各项资产，包括受托指定转赠的物资、受托存储保管的物资等的成本。单位管理的罚没物资也应当通过本科目核算。本科目应当按照资产的种类和委托人进行明细核算；属于转赠资产的，还应当按照受赠人进行明细核算。单位收到的受托代理资产为现金和银行存款的,不通过本科目核算,应当通过"库存现金""银行存款"科目进行核算。"受托代理资产"科目借方反映当期行政事业单位受托代理资产的增加;贷方反映当期行政事业单位受托代理资产的减少;本科目期末借方余额,反映单位受托代理实物资产的成本。

2. 会计处理

1)受托转赠物资

接受委托人委托需要转赠给受赠人的物资,其成本按照有关凭据注明的金额确定。接受委托转赠的物资验收入库,按照确定的成本,借记本科目,贷记"受托代理负债"科目。

受托协议约定由受托方承担的相关税费、运输费等,还应当按照实际支付的相关税费、运输费等金额,借记"其他费用"科目,贷记"银行存款"等科目。

将受托转赠物资交付受赠人时,按照转赠物资的成本,借记"受托代理负债"科目,贷记本科目。转赠物资的委托人取消了对捐赠物资的转赠要求,且不再收回捐赠物资的,应当将转赠物资转为单位的库存物品、固定资产等。按照转赠物资的成本,借记"受托代理负债"科目,贷记本科目;同时,借记"库存物品""固定资产"等科目,贷记"其他收入"科目。受托转赠物资的会计核算如图11-84所示。

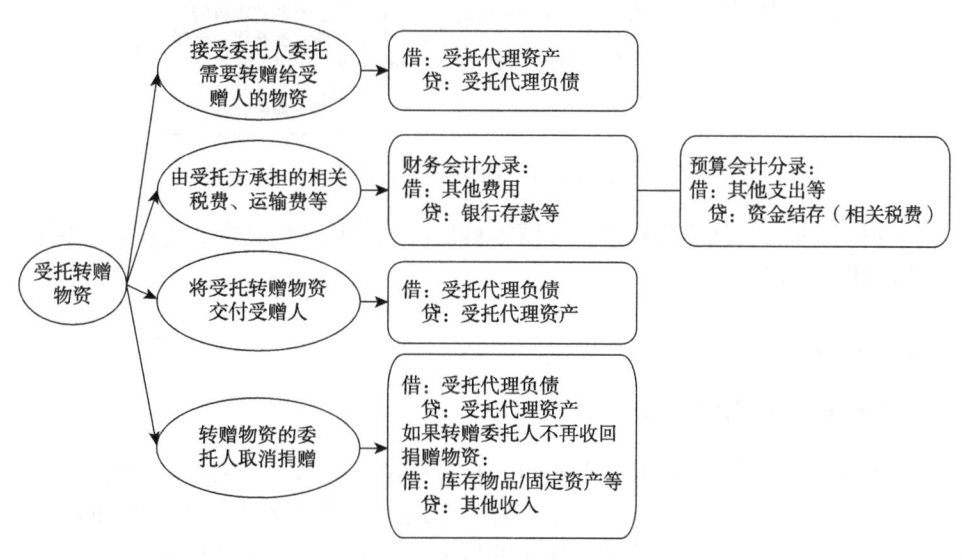

图11-84 受托转赠物资的会计核算

2)受托存储保管物资

接受委托人委托存储保管的物资,其成本按照有关凭据注明的金额确定。接受委托人委托存储保管的物资验收入库,按照确定的成本,借记本科目,贷记"受托代理负债"科目。发生由受托方承担的与受托存储保管的物资相关的运输费、保管费等费用时,按照实际发生的费用金额,借记"其他费用"等科目,贷记"银行存款"等科目。根据委托人要求交付或发出受托存储保管的物资时,按照发出物资的成本,借记"受托代理负债"科目,贷记本科目。受托存储保管物资的会计核算如图11-85所示。

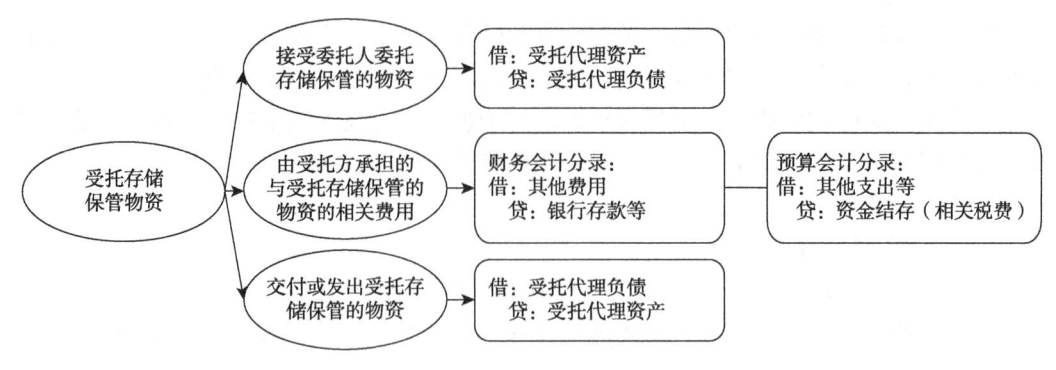

图 11-85　受托存储保管物资的会计核算

"受托代理负债"科目，贷记本科目。处置时取得款项的，按照实际取得的款项金额，借记"银行存款"等科目，贷记"应缴财政款"等科目。单位罚没物资的会计核算如图 11-86 所示。

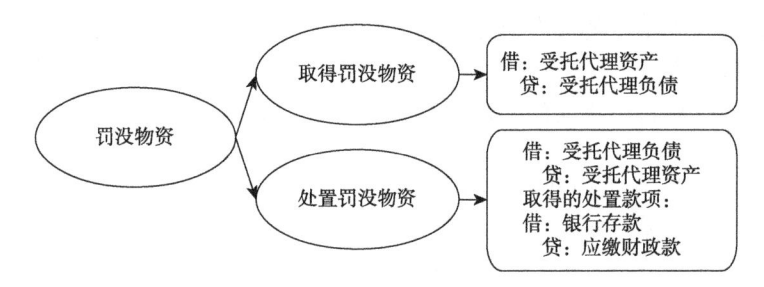

图 11-86　罚没物资的会计核算

单位受托代理的其他实物资产，参照本科目有关受托转赠物资、受托存储保管物资的规定进行账务处理。

六、长期待摊费用

（一）长期待摊费用的概念

单位应当设置"长期待摊费用"科目，核算单位已经支出，但应由本期和以后各期负担的分期限在 1 年以上（不含 1 年）的各项费用，如以经营租赁方式租入的固定资产发生的改良支出等。本科目应当按照费用项目进行明细核算。本科目期末借方余额，反映单位尚未摊销完毕的长期待摊费用。发生长期待摊费用时，按照支出金额，借记本科目，贷记"财政拨款收入""零余额账户用款额度""银行存款"等科目。按照受益期间摊销长期待摊费用时，按照摊销金额，借记"业务活动费用""单位管理费用""经营费用"等科目，贷记本科目。

（二）长期待摊费用的会计核算

如果某项长期待摊费用已经不能使单位受益，应当将其摊余金额一次全部转入当期费用。按照摊销金额，借记"业务活动费用""单位管理费用""经营费用"等科目，贷记本科目。长期待摊费用的主要会计处理如图 11-87 所示。

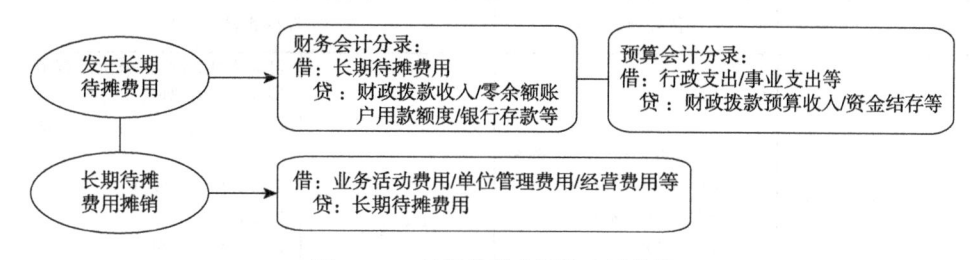

图 11-87 长期待摊费用的会计核算

七、待处理财产损溢

（一）待处理财产损溢的概念

待处理财产损溢是指行政事业单位处理资产而发生的资产盘盈、盘亏和毁损的价值。行政事业单位财产的处理包括资产的出售、报废、毁损、盘盈、盘亏，以及货币性资产损失各种财产的价值及净损失；期末如为贷方余额，反映尚未处理完毕的各种财产净溢余。年度终了，报经批准处理后，本科目一般应无余额。

（二）待处理财产损溢会计核算

具体会计核算如表 11-14 所示。

表 11-14　盘盈或盘亏的资产转入待处理财产损溢的会计核算

会计事项	分类	转入待处理财产损溢	报经批准后处理	
现金	现金短缺	借：待处理财产损溢 　　贷：库存现金 借：其他支出 　　贷：资金结存——货币资金	属于应由责任人赔偿的部分	借：其他应收款 　　贷：待处理财产损溢
			无法查明原因	借：资产处置费用 　　贷：待处理财产损溢
	现金溢余	借：库存现金 　　贷：待处理财产损溢 借：资金结存——货币资金 　　贷：其他预算收入	属于应支付给有关人员、单位的部分	借：待处理财产损溢 　　贷：其他应付款
			无法查明原因	借：待处理财产损溢 　　贷：其他收入
其他非现金资产	盘盈的非现金资产	借：库存物品/固定资产/无形资产/公共基础设施等 　　贷：待处理财产损溢	属于流动资产	借：待处理财产损溢 　　贷：单位管理费用（事业单位）/业务活动费用（行政单位）
			属于非流动资产	借：待处理财产损溢 　　贷：以前年度盈余调整
	盘亏、报废的非现金资产	借：待处理财产损溢/固定资产累计折旧/无形资产累计摊销/公共基础设施累计折旧（摊销）等 　　贷：库存物品/固定资产/无形资产/公共基础设施等	报经批准处理	借：资产处置费用/库存现金/银行存款/其他应收款等（过失人赔偿/保险理赔/资产残值变价收入） 　　贷：待处理财产损溢
			毁损、报废资产处置过程中的相关费用	借：待处理财产损溢——处理净收入 　　贷：库存现金等

续表

会计事项	分类	转入待处理财产损溢	报经批准后处理
其他非现金资产	盘亏、报废的非现金资产	借：待处理财产损溢/固定资产累计折旧/无形资产累计摊销/公共基础设施累计折旧（摊销）等 贷：库存物品/固定资产/无形资产/公共基础设施等	收支结清	过失人/保险赔偿或资产残值变价等处理收入>处置相关费用： 借：待处理财产损溢——处理净收入 　　贷：应缴财政款 反之， 借：资产处置费用 　　贷：待处理财产损溢——处理净收入 借：其他支出 　　贷：资金结存等（支付的处理净支出）

第十二章

负债的会计核算

第一节 短期借款

一、短期借款的概念和管理要求

（一）短期借款的概念

短期借款是指行政事业单位经批准向银行或其他金融机构借入的期限在 1 年内（含 1 年）的各种借款。从经济意义上来看，短期借款实质上反映了行政事业单位与资金供给之间短期资金借贷的关系。

（二）短期借款的管理要求

行政事业单位借入款项时，应遵循表 12-1 所示的管理要求。

表 12-1　行政事业单位借入款项的管理要求

条目	主要内容
符合政策	行政事业单位借入的款项，必须按照国家的有关政策使用，不能盗用名义，用于违背国家政策的事项
有借款计划	行政事业单位借入款项事先应编制计划，按批准的计划组织借款
有还款能力	行政事业单位在申请借入款项时，就应认真落实偿还借款的资金来源，不能盲目举借无还款能力的款项
有经济效益	行政事业单位的借入款项，就构成了一项负债。归还借款项时，不仅归还借入的本金，还应支付利息。因此，行政事业单位在申请借款时，必须考虑借入款项的经济效益，不能举借无经济效益的款项
遵守信用	行政事业单位借入款项必须按照合同的规定及时偿还本息，不可拖欠违约

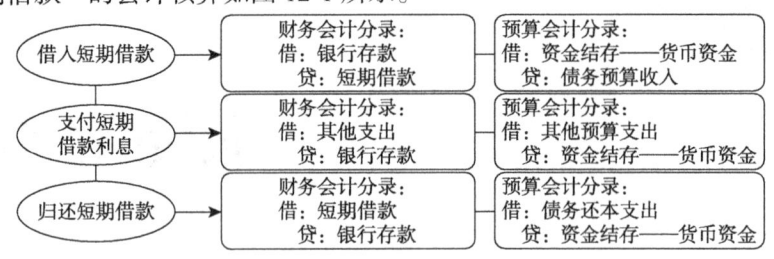

二、短期借款的会计核算

"短期借款"的会计核算如图12-1所示。

```
借入短期借款 → 财务会计分录:              预算会计分录:
                借:银行存款                 借:资金结存——货币资金
                  贷:短期借款                 贷:债务预算收入

支付短期    → 财务会计分录:              预算会计分录:
借款利息       借:其他支出                 借:其他预算支出
                  贷:银行存款                 贷:资金结存——货币资金

归还短期借款 → 财务会计分录:              预算会计分录:
                借:短期借款                 借:债务还本支出
                  贷:银行存款                 贷:资金结存——货币资金
```

图 12-1 "短期借款"的会计核算

（1）借入短期借款时，按照实际借入的金额，借记"银行存款"科目，贷记本科目。

（2）银行承兑汇票到期，本单位无力支付票款的，按照银行承兑汇票的票面金额，借记"应付票据"科目，贷记本科目。

（3）支付短期借款利息时，借记"其他支出"科目，贷记"银行存款"科目。

（4）归还短期借款时，借记本科目，贷记"银行存款"科目。

【例12-1】 某行政事业单位为满足行政事业业务发展的资金需要，从中国建设银行×××支行借入100 000元，借款期限8个月，年利率6%。会计分录为

借：银行存款　　　　　　　　　　　　　100 000
　　贷：短期借款——建设银行×××支行　　　　100 000
借：资金结存——货币资金　　　　100 000
　　贷：债务预算收入　　　　　　　　　　　100 000

【例12-2】 某行政事业单位到期归还上述短期借款，并支付借款利息。

借款利息=100 000×6%×8÷12=4 000（元）

借：短期借款　　　　　　　　100 000
　　其他支出——利息支出　　　　4 000
　　　贷：银行存款　　　　　　　　　　104 000
借：债务还本支出　　　　　　100 000
　　其他预算支出　　　　　　　　4 000
　　　贷：资金结存——货币资金　　　　104 000

第二节　应缴财政款

一、应缴财政款的概念和内容

（一）应缴财政款的概念

应缴财政款是指单位取得或应收的按照规定应当上缴财政的款项，包括应缴国库

的款项和应缴财政专户的款项，但不包括单位按照国家税法等有关规定应当缴纳的各种税费。

（二）应缴财政款的内容

1. 应缴国库款

应缴国库款是指行政事业单位在业务活动中按规定取得的应缴国库的各种款项，包括：代收的纳入预算管理的基金、罚没收入、代收的行政性收费、无主财物变价收入以及其他按预算管理规定应上缴国库（不包括应缴税费）的款项等。

（1）罚没收入是指单位依据国家法律、法规，对公民、法人和其他组织实施经济处罚所取得的各项罚款、没收款、没收财物变价款以及取得的无主财物变价款。

（2）行政性收费是指行政单位在行使行政职能的过程中，依据国家法律、法规向公民、法人和其他组织收取的行政性费用。如各级公安、司法、工商行政管理等行政单位为发放各种证照等向有关单位和个人收取的证照工本费、手续费、企业登记注册费。

（3）政府性基金是指行政单位依据有关的法律、法规向公民、法人和其他组织无偿征收的具有专门用途的财政资金。

2. 应缴财政专户款

应缴财政专户款是指行政事业单位按规定代收的应上缴财政专户的预算外资金。

二、应缴财政款的会计核算

（一）会计科目设置

行政事业单位应当设置"应缴财政款"科目，对行政事业单位取得的按规定应当上缴财政的款项进行核算。本科目应当按照应缴财政款项的类别进行明细核算。

"应缴财政款"科目借方反映当期行政事业单位应缴财政款的减少；贷方反映当期行政事业单位应缴财政款的增加；本科目贷方余额，反映行政事业单位应当上缴财政但尚未缴纳的款项。年终清缴后，本科目一般应无余额。

单位取得或应收按照规定应缴财政的款项时，借记"银行存款""应收账款"等科目，贷记本科目。单位上缴应缴财政的款项时，按照实际上缴的金额，借记本科目，贷记"银行存款"科目。单位处置资产取得的应上缴财政的处置净收入的账务处理，参见"待处理财产损溢"等科目。

（二）会计核算

"应缴财政款"的会计核算如图 12-2 所示。

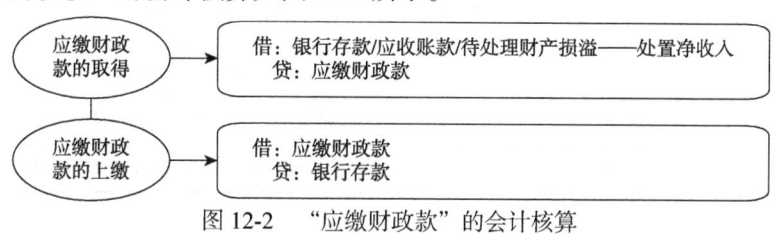

```
应缴财政      借：银行存款/应收账款/待处理财产损溢——处置净收入
款的取得  →   贷：应缴财政款

应缴财政      借：应缴财政款
款的上缴  →   贷：银行存款
```

图 12-2 "应缴财政款"的会计核算

【例 12-3】 某行政单位为减少经费开支,将一辆办公车辆予以出售,处置后获得净收入 171 000 元,该行政单位将该笔应缴财政款上缴财政。其会计分录为

(1) 处置办公车辆完毕时:

借:待处理财产损溢——处置净收入　　　171 000
　　贷:应缴财政款　　　　　　　　　　　　　　171 000

(2) 上缴应缴财政款时:

借:应缴财政款　　171 000
　　贷:银行存款　　　　171 000

第三节　应交税费

应交税费是指行政事业单位按照国家税法等有关规定应当缴纳的各种税费,包括增值税、城市维护建设税、教育费附加、房产税、车船税、城镇土地使用税等。

一、应交增值税

(一) 应交增值税的概念

应交增值税是指单位销售货物或者提供加工、修理修配劳务活动本期应交纳的增值税,按照交税主体不同分为一般纳税人和小规模纳税人。

(二) 会计科目设置

"应交增值税"明细科目设置如表 12-2 所示。属于一般纳税人的单位为进行应交增值税的会计核算,应在应交增值税科目下设置"应交税金""未交税金""预交税金""待抵扣进项税额""待认证进项税额""待转销项税额""简易计税""转让金融商品应交增值税""代扣代交增值税"等明细科目。

表 12-2　"应交增值税"的科目设置

科目	明细科目		核算内容
应交增值税	应交税金	进项税额	核算单位购进货物、加工修理修配劳务、服务、无形资产或不动产而支付或负担的、准予从当期销项税额中抵扣的增值税额
		进项税额转出	核算单位单位购进货物、加工修理修配劳务、服务、无形资产或不动产等发生非正常损失以及其他原因而不应从销项税额中抵扣、按照规定转出的进项税额
		销项税款	核算单位销售货物、加工修理修配劳务、服务、无形资产或不动产应收取的增值税额
		减免税款	核算单位按照现行增值税制度规定准予减免的增值税额
		已交税金	核算单位当月缴纳的增值税额
		转出未交增值税	核算单位月度终了,转出的应交未交的增值税

续表

科目	明细科目	核算内容
应交增值税	应交税金 转出多交增值税	核算单位月度终了，转出的多交的增值税
	未交税金	核算单位月度终了从"应交税金"或"预交税金"明细科目转入当月应交未交、多交或预交的增值税额，以及当月缴纳以前期间未交的增值税额
	预交税金	核算单位转让不动产、提供不动产经营租赁服务等，以及其他按现行增值税制度规定应预缴的增值税额
	待抵扣进项税额	核算单位已取得增值税扣税凭证并经税务机关认证，按照现行增值税制度规定准予以后期间从销项税额中抵扣的进项税额
	待认证进项税额	核算单位由于未经税务机关认证而不得从当期销项税额中抵扣的进项税额，包括：一般纳税人已取得增值税扣税凭证并按规定准予从销项税额中抵扣，但尚未经税务机关认证的进项税额；一般纳税人已申请稽核但尚未取得稽核相符结果的海关缴款书进项税额
	待转销项税额	核算单位销售货物、加工修理修配劳务、服务、无形资产或不动产，已确认相关收入（或利得）但尚未发生增值税纳税义务而需于以后期间确认为销项税额的增值税
	简易计税	核算单位采用简易计税方法发生的增值税计提、扣减、预缴、缴纳等业务
	转让金融商品应交增值税	核算单位转让金融商品发生的增值税额
	代扣代交增值税	核算单位购进在境内未设经营机构的境外单位或个人在境内的应税行为代扣代缴的增值税

属于增值税小规模纳税人的单位只需在本科目下设置"转让金融商品应交增值税""代扣代交增值税"明细科目。

（三）应交增值税的会计处理

单位取得资产或接受服务时，进项税的会计处理进项税抵扣的情况较为复杂，根据税法规定，不同业务进项税抵扣的情形分为不可抵扣、可以抵扣，以及可以分期抵扣几种，进项税抵扣情况分类及抵扣情况发生变化如图12-3所示。

（1）单位购买用于增值税应税项目、增值税可以抵扣的资产或服务单位购买用于增值税应税项目的资产或服务等时，按照应计入相关成本费用或资产的金额，借记"业务活动费用""在途物品""库存物品""工程物资""在建工程""固定资产""无形资产"等科目，按照当月已认证的可抵扣增值税额，借记"应交增值税——应交税金（进项税额）"科目，按照当月未认证的可抵扣增值税额，借记"应交增值税——待认证进项税额"，按照应付或实际支付的金额，贷记"应付账款""应付票据""银行存款""零余额账户用款额度"等科目。发生退货的，如原增值税专用发票已做认证，应根据税务机关开具的红字增值税专用发票做相反的会计分录；如原增值税专用发票未做认证，应将发票退回并做相反的会计分录。

（2）采购等业务进项税额不得抵扣单位购进资产或服务等，用于简易计税方法计税项目、免征增值税项目、集体福利或个人消费等或小规模纳税人购买资产或服务等时，其进项税额按照现行增值税制度规定不得从销项税额中抵扣的，取得增值税专用发票时，

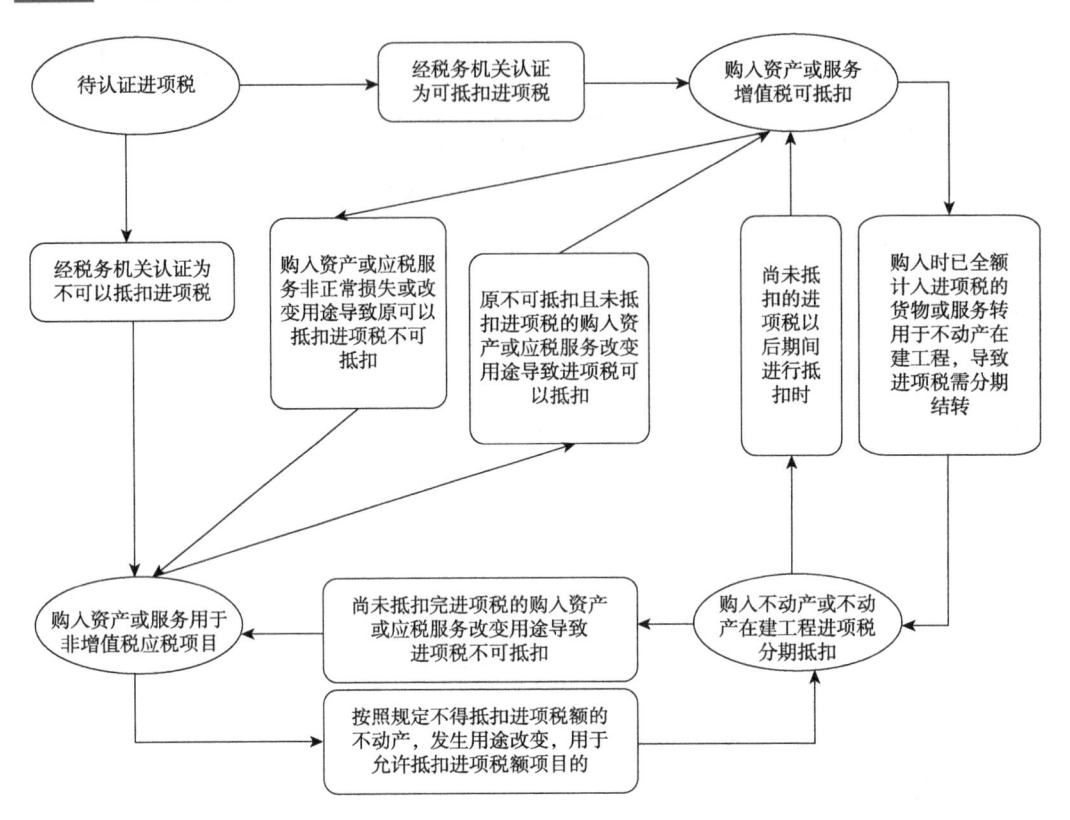

图 12-3　进项税抵扣情况分类及抵扣情况发生改变

应按照增值税发票注明的金额，借记相关成本费用或资产科目，按照待认证的增值税进项税额，借记"应交增值税——待认证进项税额"科目，按照实际支付或应付的金额，贷记"银行存款""应付账款""零余额账户用款额度"等科目。经税务机关认证为不可抵扣进项税时，借记"应交增值税——应交税金（进项税额）"科目，贷记"应交增值税——待认证进项税额"科目，同时，将进项税额转出，借记相关成本费用科目，贷记"应交增值税——应交税金（进项税额转出）"科目。

（3）购进不动产或不动产在建工程按照规定进项税额分年抵扣时，单位取得应税项目为不动产或者不动产在建工程，其进项税额按照现行增值税制度规定自取得之日起分2年从销项税额中抵扣的，应当按照取得成本，借记"固定资产""在建工程"等科目，按照当期可抵扣的增值税额，借记"应交增值税——应交税金（进项税额）"科目，按照以后期间可抵扣的增值税额，借记"应交增值税——待抵扣进项税额"科目，按照应付或实际支付的金额，贷记"应付账款""应付票据""银行存款""零余额账户用款额度"等科目。尚未抵扣的进项税额待以后期间允许抵扣时，按照允许抵扣的金额，借记"应交增值税——应交税金（进项税额）"科目，贷记"应交增值税——待抵扣进项税额"科目。

增值税一般纳税人单位资产或接受劳务"应交增值税"的会计处理如表12-3所示。

表 12-3　增值税一般纳税人单位资产或接受劳务"应交增值税"的会计处理

业务活动	财务会计处理	预算会计处理
进项税额允许抵扣	借：业务活动费用/库存物品/固定资产等 　　应交增值税——应交税金（进项税额） 　　应交增值税——待认证进项税额（当月未认证可抵扣） 　贷：银行存款/应付账款/应付票据等	借：行政事业支出 　贷：资金结存等 　　（实际支付的含税金额）
购入资产或服务用于非应税项目	借：库存物品/固定资产/业务活动费用等（成本+增值税） 　贷：银行存款/应付账款等	
购进不动产或不动产在建工程按照规定进项税额分年抵扣	借：固定资产/在建工程 　　应交增值税——应交税金（进项税额）（当期可抵扣的增值税额） 　　应交增值税——待抵扣进项税额（以后期间可抵扣的增值税额） 　贷：应付账款/银行存款等 以后期间允许抵扣时， 借：应交增值税——应交税金（进项税额） 贷：应交增值税——待抵扣进项税额	

单位资产或接受劳务"应交增值税"的会计处理关于进项税额分期抵扣，2016年3月国家税务总局制定了《不动产进项税额分期抵扣暂行办法》，自2016年5月1日起施行。进项税额分期抵扣适用范围及方法如表12-4所示。

表 12-4　进项税额分期抵扣适用范围及方法

分期抵扣进项税适用范围	增值税一般纳税人2016年5月1日后取得的按固定资产核算的不动产及2016年5月1日后发生的不动产在建工程 增值税一般纳税人2016年5月1日后取得的按固定资产核算的不动产，包括以直接购买、接受捐赠、接受投资入股以及抵债等各种形式取得的不动产，其进项税额适用分期抵扣 增值税一般纳税人2016年5月1日后发生的不动产在建工程，包括新建、改建、扩建、修缮、装饰不动产，其进项税额适用分期抵扣 增值税一般纳税人2016年5月1日后购进货物（包括构成不动产实体的材料和设备，包括建筑装饰材料和给排水、采暖、卫生、通风、照明、通信、煤气、消防、中央空调、电梯、电气、智能化楼宇设备及配套设施等）和设计服务、建筑服务，用于新建不动产，或者用于改建、扩建、修缮、装饰不动产并增加不动产原值（取得不动产时的购置原价或作价）超过50%的，其进项税额适用分期抵扣 不包括房地产开发企业自行开发的房地产项目，融资租入的不动产，以及在施工现场修建的临时建筑物、构筑物
抵扣方法	上述进项税额，分2年从销项税额中抵扣，60%的部分于取得扣税凭证的当期从销项税额中抵扣；40%的部分为待抵扣进项税额，于取得扣税凭证的当月起第13个月从销项税额中抵扣 以取得2016年5月1日后开具的合法有效的增值税抵扣税凭证作为抵扣依据

（4）进项税额抵扣情况发生改变。单位因发生非正常损失或改变用途等，原已计入进项税额、待抵扣进项税额或待认证进项税额，但按照现行增值税制度规定不得从销项税额中抵扣的，借记"待处理财产损溢""固定资产""无形资产"等科目，贷记"应交增值税——应交税金（进项税额转出）""应交增值税——待抵扣进项税额"或"应交增值税——待认证进项税额"科目。

原不得抵扣且未抵扣进项税额的固定资产、无形资产等，因改变用途等用于允许抵扣进项税额的应税项目的，应按照允许抵扣的进项税额，借记"应交增值税——应交税金（进项税额）"科目，贷记"固定资产""无形资产"等科目。固定资产、无形资产等经上述调整后，应按照调整后的账面价值在剩余尚可使用年限内计提折旧或摊销。具体会计处理如表12-5所示。

表 12-5　进项税额抵扣情况发生改变的会计处理

进项税抵扣情况变化	适用情形	进项税处理	会计处理（仅涉及财务会计处理，不影响预算会计处理）
待认证进项税转为可抵扣进项税	待认证增值税经税务局认定为可以抵扣的进项税	—	借：应交增值税——应交税金（进项税额） 贷：应交增值税——待认证进项税额
待认证进项税转为不可抵扣进项税	待认证增值税经税务局认定为不可抵扣的进项税	—	借：应交增值税——应交税金（进项税额） 贷：应交增值税——待认证进项税额 借：业务活动费用等 贷：应交增值税——应交税金（进项税额转出）
可抵扣进项税资产转为不可抵扣	原资产或应税服务非正常损失或改变用途，用于按现行税法规定不可抵扣进项税的项目，导致其可以抵扣进项税不可抵扣	按照下列公式，将进项税转出，计入相关资产成本或费用 转出的不得抵扣的进项税额＝固定资产÷无形资产或不动产净值×适用税率 固定资产、无形资产或不动产净值是指纳税人根据财务会计制度计提折旧或摊销后的余额	借：库存物品/固定资产/待处理财产损溢等（按照税法规定不得抵扣的进项税额） 贷：应交增值税——应交税金（进项税额转出） 应交增值税——待认证进项税额（未认证时用途发生改变）
可一次抵扣进项税的资产或服务转为分期抵扣	购进时已全额抵扣进项税额的货物和服务，转用于不动产在建工程	已抵扣进项税额的40%部分，于转用的当期从进项税额中扣减，计入待抵扣进项税额，并于转用的当月起第13个月从销项税额中抵扣	借：应交增值税——待抵扣进项税额 贷：应交增值税——应交税金（进项税额转出）
分期抵扣进项税资产转为不可抵扣进项税	尚未抵扣完进项税的不动产转用于不可抵扣进项税的项目或发生非正常损失	不得抵扣的进项税小于或等于该不动产已抵扣进项税额的应于该不动产改变用途的当期，将不得抵扣的进项税额从进项税额中扣减 不得抵扣的进项税额=（已抵扣进项税额+待抵扣进项税额）×不动产净值率 不动产净值率=（不动产净值÷不动产原值）×100%	借：固定资产/在建工程 贷：应交增值税——应交税金（进项税额转出）
分期抵扣进项税资产转为不可抵扣进项税	尚未抵扣完进项税的不动产转用于不可抵扣进项税的项目或发生非正常损失	不得抵扣的进项税额大于该不动产已抵扣进项税额的，应于该不动产改变用途的当期，将已抵扣进项税额从进项税额中扣减并从该不动产待抵扣进项税额中扣减不得抵扣进项税额与已抵扣进项税额的差额	借：固定资产/在建工程 贷：应交增值税——应交税金（进项税额转出）（已抵扣的进项税额），应交增值税——待抵扣进项税额（不得抵扣的进项税-已抵扣的进项税额）
	为发生非正常损失的不动产在建工程所耗用的购进货物、设计服务和建筑服务	已抵扣的进项税额应于当期全部转出；其待抵扣进项税额不得抵扣	借：在建工程 贷：应交增值税——应交税金（进项税额转出）（已抵扣的进项税额） 应交增值税——待抵扣进项税额（不得抵扣的进项税-已抵扣的进项税额）

续表

进项税抵扣情况变化	适用情形	进项税处理	会计处理（仅涉及财务会计处理，不影响预算会计处理）
分期抵扣的进项税提前抵扣	尚未抵扣完增值税的不动产或者不动产在建工程出售	未抵扣完的待抵扣进项税额作为处置当期的进项税额从销项税中抵扣	借：应交增值税——应交税金（进项税额） 贷：应交增值税——待抵扣进项税额
	尚未抵扣完增值税的不动产或者不动产在建工程，其所有者进行纳税人注销税务登记	其尚未抵扣完的待抵扣进项税额于注销清算的当期从销项税额中抵扣	
不得抵扣进项税的资产转为可以抵扣	原不得抵扣且未抵扣进项税额的固定资产、无形资产等，因改变用途等用于允许抵扣进项税额的应税项目	按照允许抵扣的进项税额，冲减原费用或固定资产、无形资产等的账面价值，固定资产、无形资产等经上述调整后，应按照调整后的账面价值在剩余尚可使用年限内计提折旧或摊销	借：应交增值税——应交税金（进项税额）（可以抵扣的进项税额） 贷：固定资产/无形资产等
不得抵扣进项税的资产转为允许分期抵扣	按照规定不得抵扣进项税额的不动产，改变用途改变，用于允许分期抵扣进项税额项目	在改变用途的次月进行进项税抵扣。按下述公式计算的可抵扣进项税额，60%的部分于改变用途的次月从销项税额中抵扣，40%的部分为待抵扣进项税额，于改变用途的次月起第13个月从销项税额中抵扣 可抵扣进项税额=增值税扣税凭证注明或计算的进项税额×不动产净值率	借：应交增值税——应交税金（进项税额）（按照当期可抵扣的增值税额）应交增值税——待抵扣进项税额（按照以后期间可抵扣的增值税额） 贷：固定资产/在建工程等

（5）购买方作为扣缴义务人时的会计处理如图12-4所示。

```
扣缴义务人      财务会计分录：                          预算会计分录：
购入资产        借：库存物品                            借：事业支出/经营支出
                    应交增值税——应交税金（进项税额）      贷：资金结存等（实际支付的金额）
                贷：银行存款/应收账款等应交增值税
                    ——代扣代交增值税

实际缴纳代扣    财务会计分录：                          预算会计分录：
代缴增值税时    借：应交增值税——代扣代交增值税          借：事业支出/经营支出
                贷：银行存款/零余额账户用款额度等         贷：资金结存等
```

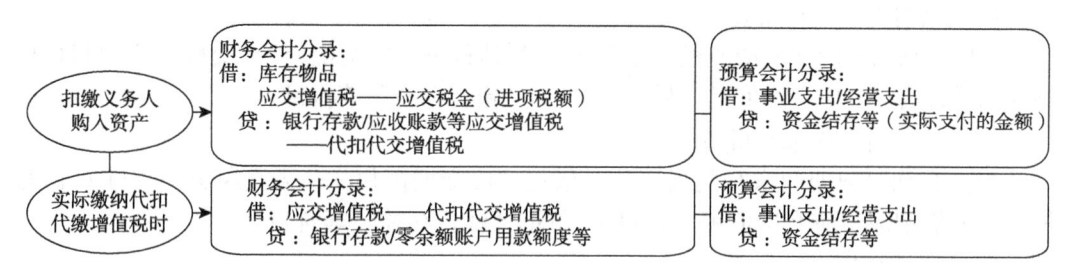

图12-4　购买方作为扣缴义务人时的会计处理

（四）单位销售资产或提供服务等业务销项税的会计处理

1. 销售资产或提供服务业务

单位销售货物或提供服务，应当按照应收或已收的金额，借记"应收账款""应收票据""银行存款"等科目，按照确认的收入金额，贷记"经营收入""行政事业收入"等科目，按照现行增值税制度规定计算的销项税额（或采用简易计税方法计算的应纳增值税税额），贷记"应交增值税——应交税金（销项税额）"或"应交增值税——简易计税"科目（小规模纳税人应贷记"应交增值税"科目）。发生销售退回的，应根据按照规定开具的红字增值税专用发票做相反的会计分录。

按照本制度及相关政府会计准则确认收入的时点早于按照增值税制度确认增值税纳

税义务发生时点的，应将相关销项税额计入"应交增值税——待转销项税额"科目，待实际发生纳税义务时再转入"应交增值税——应交税金（销项税额）"或"应交增值税——简易计税"科目。

按照增值税制度确认增值税纳税义务发生时点早于按照本制度及相关政府会计准则确认收入的时点的，应按照应纳增值税额，借记"应收账款"科目，贷记"应交增值税——应交税金（销项税额）"或"应交增值税——简易计税"科目。

2. 金融商品转让

金融商品转让按照规定以盈亏相抵后的余额作为销售额金融商品实际转让月末，如产生转让收益，则按照应纳税额，借记"投资收益"科目，贷记"应交增值税——转让金融商品应交增值税"科目；如产生转让损失，则按照可结转下月抵扣税额，借记"应交增值税——转让金融商品应交增值税"科目。

（五）单位月末转出应交未交、多交的增值税的会计处理

月度终了，单位应当将当月应交未交或多交的增值税自"应交税金"明细科目转入"未交税金"明细科目。对于当月应交未交的增值税，借记"应交增值税——应交税金（转出未交增值税）"科目，贷记"应交增值税——未交税金"科目；对于当月多交的增值税，借记"应交增值税——未交税金"科目，贷记"应交增值税——应交税金（转出多交增值税）"科目。

（六）单位缴纳增值税的会计处理

1. 交纳当月应交增值税

单位交纳当月应交的增值税，借记"应交增值税——应交税金（已交税金）"科目（小规模纳税人借记"应交增值税"科目），贷记"银行存款"等科目。

2. 交纳以前期间未交增值税

单位交纳以前期间未交的增值税，借记"应交增值税——未交税金"科目（小规模纳税人借记应"应交增值税"科目），贷记"银行存款"等科目。

3. 预交增值税

单位预交增值税时，借记"应交增值税——预交税金"科目，贷记"银行存款"等科目。月末，单位应将"预交税金"明细科目余额转入"未交税金"明细科目，借记"应交增值税——未交税金"科目，贷记"应交增值税——预交税金"科目。

4. 减免增值税

对于当期直接减免的增值税，借记"应交增值税——应交税金（减免税款）"科目，贷记"业务活动费用""经营费用"等科目。

按照现行增值税制度规定，单位初次购买增值税税控系统专用设备支付的费用及缴纳的技术维护费允许在增值税应纳税额中全额抵减的，按照规定抵减的增值税应纳税额，借记"应交增值税——应交税金（减免税款）"科目（小规模纳税人借记"应交增值税"），贷记"业务活动费用""经营费用"等科目。增值税一般纳税人"应交增值税"的会计处理如表12-6所示。

表 12-6 增值税一般纳税人"应交增值税"的会计处理

业务活动		财务会计处理	预算会计处理
销售应税资产或提供服务业务		借：银行存款/应收账款等（包含增值税的价款总额） 贷：行政事业收入/经营收入等 　　应交增值税——应交税金（销项税额）/应交增值税——简易计税	借：资金结存（实际收到的含税金额） 贷：行政事业预算收入
金融商品转让	产生收益	借：投资收益（按净收益计算的应纳增值税） 贷：应交增值税——转让金融商品应交增值税	—
	产生损失	借：应交增值税——转让金融商品应交增值税 贷：投资收益（按净损失计算的应纳增值税）	—
	交纳增值税时	借：应交增值税——转让金融商品应交增值税 贷：银行存款等	借：投资预算收益等 贷：资金结存
	年末，有借方余额	借：投资收益 贷：应交增值税——转让金融商品应交增值税	—
发生销货退回		根据按照规定开具的红字增值税专用发票做相反的会计分录	—
月末转出多交和未交增值税	月末转出本月未交增值税	借：应交增值税——应交税金（转出未交增值税） 贷：应交增值税——未交税金	
	月末转出本月多交增值税	借：应交增值税——未交税金 贷：应交增值税——应交税金（转出多交增值税）	
交纳增值税	本月缴纳本月增值税时	借：应交增值税——应交税金（已交税金） 贷：银行存款/零余额账户用款额度等	借：行政事业支出/经营支出 贷：资金结存
	本月缴纳以前期间未交增值税	借：应交增值税——未交税金 贷：银行存款/零余额账户用款额度等	借：行政事业支出/经营支出 贷：资金结存
交纳增值税	按规定预缴增值税	预缴时： 借：应交增值税——预交税金 　　贷：银行存款/零余额账户用款额度等 月末： 借：应交增值税——未交税金 　　贷：应交增值税——预交税金	预缴时： 借：行政事业支出/经营支出 贷：资金结存
	当期直接减免的增值税应纳税额	借：应交增值税——应交税金（减免税款） 贷：业务活动费用/经营费用等	—

属于小规模纳税人的单位，购进货物时，将支付的增值税计入材料的采购成本；销售货物或者提供劳务，一般情况下，只开普通发票，按不含税价格的 6%计算应缴增值税。采用销售额和应纳税金合并定价的，按照"不含税销售额=价税合计÷（1+增值税税率）"公式还原为不含税销售额。增值税小规模纳税人"应交增值税"的会计处理如表 12-7 所示。

表 12-7 增值税小规模纳税人"应交增值税"的会计处理

业务活动			财务会计处理	预算会计处理
增值税小规模纳税人	购入应税资产或服务	购入应税资产或服务时	借：业务活动费用/在途物品/库存物品等（价税合计金额） 贷：银行存款等/应付账款等	借：行政事业支出/经营支出 贷：资金结存（实际支付的含税金额）
		购进资产或服务时作为扣缴义务人	借：在途物品/库存物品/固定资产/无形资产 贷：应付账款/银行存款等 　　应交增值税——代扣代交增值税 实际缴纳增值税时参见一般纳税人的账务处理	

续表

业务活动			财务会计处理	预算会计处理
增值税小规模纳税人	销售应税资产或提供应税服务	销售资产或提供服务	借：银行存款/应收账款等（增值税价税合计） 贷：行政事业收入/经营收入等（不含增值税） 　　应交增值税	借：行政事业支出/经营支出 贷：资金结存（实际收到的含税金额）
		金融商品转让 产生收益	借：投资收益（按净收益计算的应纳增值税） 贷：应交增值税——转让金融商品应交增值税	—
		产生损失	借：应交增值税——转让金融商品应交增值税 贷：投资收益（按净损失计算的应纳增值税）	—
		实际缴纳时	参见一般纳税人的账务处理	—
	缴纳增值税时		借：应交增值税 贷：银行存款等	借：行政事业支出/经营支出 贷：资金结存
	减免增值税		借：应交增值税 贷：业务活动费用/经营费用等	

【例 12-4】 2×19 年 5 月 1 日，某行政事业单位买了一座楼办公用，20 000 000 元，进项税额 2 200 000 元，款项由财政直接支付。进行会计处理：

购入时可抵扣进项税=2 200 000×60%=1 320 000 元

待抵扣进项税=22 000 000×40%=880 000 元

借：固定资产　　　　　　　　　　　　　　　20 000 000
　　应交增值税——应交税费（进项税额）　　1 320 000
　　应交增值税——待抵扣进项税　　　　　　880 000
　　贷：财政拨款收入　　　　　　　　　　　　　　22 200 000
借：行政事业支出　　　　11 100 000
　　贷：财政拨款预算收入　　　　11 100 000

在 2×20 年 4 月，单位将办公楼改造成员工食堂，用于集体福利。假设 2×20 年 4 月该不动产的净值为 18 000 000 元。进行会计处理：

不动产净值率=18 000 000÷20 000 000×100%=90%

不得抵扣的进项税额=（1 320 000+880 000）×90%=1 980 000（元）

由于不得抵扣的进项税额为 1 980 000 元，大于已抵扣的进项税额 1 320 000 元。所以进行会计处理：

借：固定资产　　　　　　　　　　　　　　　1 980 000
　　贷：应交增值税——应交税费（进项税额转出）　　1 320 000
　　　　应交增值税——待抵扣进项税　　　　　　　　660 000

2×20 年 5 月，其余待进项税余额 220 000 元。进行会计处理：

借：应交增值税——待抵扣进项税　　　220 000
　　贷：应交增值税——应交税费（进项税）　　220 000

【例 12-5】 承接【例 12-4】，假设 2×20 年 4 月，该不动产的净值为 10 000 000

元，进行会计处理：

$$不动产净值率=10\,000\,000÷20\,000\,000×100\%=50\%$$

$$不得抵扣的进项税额=（1\,320\,000+880\,000）×50\%=1\,100\,000（元）$$

由于不得抵扣的进项税额为 1 100 000 元，小于已抵扣的进项税额 1 320 000 元，所以进行会计处理：

借：固定资产　　　　　　　　　　　　　　　1 100 000
　　贷：应交增值税——应交税费（进项税额）　　　　1 100 000

2×20 年 5 月，其余抵扣待抵扣进项税余额 880 000 元。进行会计处理：

借：应交增值税——待抵扣进项税　　　　　　880 000
　　贷：应交增值税——应交税费（进项税额）　　　　880 000

【例 12-6】 2×19 年 7 月 9 日，某行政事业单位购入一台打印机用于办公，取得增值税专用发票并认证通过，专用发票上注明的金额为 20 000 元，增值税额 3 400 元。进行会计处理：

借：固定资产　　　　　　　　　　　　　　　20 000
　　应交增值税——应交税费（进项税额）　　　3 400
　　贷：财政拨款收入　　　　　　　　　　　　　　23 400
借：行政事业支出　　　23 400
　　贷：财政拨款预算收入　　23 400

假定该打印机分 10 年按直线法计提折旧，无残值。2×21 年 8 月 20 日，该打印机改用于免税项目。

$$打印机每年计提折旧=20\,000/10=2\,000（元）$$

2×21 年 8 月，打印机净值=20 000-2 000=18 000 元，打印机转出进项税=18 000×17%=3 060 元。

借：固定资产　　　　　　　　　　　　　　　3 060
　　贷：应交增值税——应交税费（进项税额转出）　　3 060

二、其他应交税费

（一）其他应交税费的概念

其他应交税费是核算行政事业单位按照国家税法等有关规定计算应当交纳的除增值税以外的各种税费，包括城市维护建设税、教育费附加、地方教育费附加、房产税、车船税、城镇土地使用税和企业所得税等。单位代扣代缴的个人所得税也通过本科目核算。应交纳的印花税不需要预提应交税费，直接通过"业务活动费用""单位管理费用""经营费用"等科目核算，不通过本科目核算。

（二）其他应交税费的会计核算

单位应当设置"其他应交税费"科目，按照税法等规定应当交纳的各种税费进行核算。本科目应当按照应交纳的税费种类进行明细核算。"其他应交税费"科目借方反映当期应缴税费的减少；贷方反映当期应缴税费的增加；本科目期末贷方余额，反映应缴未缴的税费金额。本科目期末贷方余额，反映单位应缴未缴的除增值税以外的税费金额；期末如为借方余额，反映单位多缴纳的除增值税以外的税费金额。

（1）发生城市维护建设税、教育费附加、地方教育费附加、车船税、房产税、城镇土地使用税等纳税义务的，按照税法规定计算的应缴税费金额，借记"业务活动费用""单位管理费用""经营费用"等科目，贷记本科目（应交城市维护建设税、应交教育费附加、应交地方教育费附加、应交车船税、应交房产税、应交城镇土地使用税等）。

（2）按照税法规定计算应代扣代缴职工（含长期聘用人员）的个人所得税，借记"应付职工薪酬"科目，贷记本科目（应交个人所得税）。按照税法规定计算应代扣代缴支付给职工（含长期聘用人员）以外人员的劳务费的个人所得税，借记"业务活动费用""单位管理费用"等科目，贷记本科目（应交个人所得税）。

（3）企业发生所得税纳税义务的，按照税法规定计算的应交所得税，借记"所得税费用"科目，贷记本科目。

（4）单位实际缴纳上述各种税费时，借记本科目（应交城市维护建设税、应交教育费附加、应交地方教育费附加、应交车船税、应交房产税、应交城镇土地使用税、应交个人所得税、单位应交所得税等），贷记"财政拨款收入""零余额账户用款额度""银行存款"等科目。

"其他应交税费"科目的会计处理如表12-8所示。

表12-8 "其他应交税费"科目的会计处理

业务阶段		财务会计	预算会计
城市维护建设税、教育费附加、地方教育费附加、车船税、房产税、城镇土地使用税等	发生时，按照税法规定计算的应缴税费金额	借：业务活动费用/单位管理费用/经营费用等 贷：其他应交税费——应交城市维护建设税等	—
	实际缴纳时	借：其他应交税费——应交城市维护建设税 贷：银行存款等	借：行政事业支出/经营支出 贷：资金结存
代扣代缴职工的个人所得税	计算应代扣代缴职工的个人所得税金额	借：应付职工薪酬 贷：其他应交税费——应交个人所得税	—
	计提代扣代缴职工以外其他人员个人所得税	借：业务活动费用/单位管理费用等 贷：其他应交税费——应交个人所得税	—
	实际缴纳时	借：其他应交税费——应交个人所得税 贷：财政拨款收入/零余额账户用款额度/银行存款等	借：行政支出/行政事业支出/经营支出等 贷：财政拨款预算收入/资金结存
发生企业所得税纳税义务	按照税法规定计算的应缴税费金额	借：所得税费用 贷：其他应交税费——单位应交所得税	—
	实际缴纳时	借：其他应交税费——单位应交所得税 贷：银行存款等	借：非财政拨款结余 贷：资金结存

【例12-7】 某行政单位2×18年1月，出租办公室取得含税租金收入105 000元，该行政单位出租收入符合简易计税办法，适用的增值税征收率5%，城市建设维护税以及教育费附加的税率分别为7%、3%。其会计分录为

应交增值税=105 000÷（1+5%）×5%=5 000 元
应缴城市建设维护税=50 00×7%=350 元
教育费附加=5000×3%=150 元

（1）收取租金时：
借：银行存款　　　　　　　　　　　　　　105 000
　　贷：应缴财政款——国有资产出租收入　　　100 000
　　　　应交增值税　　　　　　　　　　　　5 000
（2）计算应交税费时：
借：业务活动费用　　　　　　　　　　　　　500
　　贷：其他应交税费——城市建设维护税　　　350
　　　　　　　　　　——教育费附加　　　　　150
（3）支付税费时：
借：应交增值税　　　　　　　　　　　　　　5 000
　　其他应交税费——城市建设维护税　　　　　350
　　　　　　　　——教育费附加　　　　　　　150
　　贷：银行存款　　　　　　　　　　　　　5 500
借：行政支出　　　　5 500
　　贷：资金结存　　　5 500
（4）将出租净收入上缴财政时：
借：应缴财政款——国有资产出租收入　　　　100 000
　　贷：银行存款　　　　　　　　　　　　　100 000

第四节　应付职工薪酬

一、概念

应付职工薪酬是指行政事业单位按照有关规定应付给职工（含长期聘用人员）及为职工支付的各种薪酬，包括基本工资、国家统一规定的津贴补贴、规范津贴补贴（绩效工资）、改革性补贴、社会保险费（如职工基本养老保险费、职业年金、基本医疗保险费等）、住房公积金等。

二、应付职工薪酬的科目设置

行政事业单位应当设置"应付职工薪酬"科目，对单位应付给职工及为职工支付的各种薪酬进行核算。本科目应当根据国家有关规定按照"基本工资"（含离退休费）"国家统一规定的津贴补贴""规范津贴补贴（绩效工资）""改革性补贴""社会保险费""住房公积金""其他个人收入"等进行明细核算。其中，"社会保险费"和"住房公积金"明细科目核算内容包括单位从职工工资中代扣代缴的社会保险费、住房公积金，以及单位为职工计算缴纳的社会保险费、住房公积金。

"应付职工薪酬"科目借方反映当期行政事业单位应付职工薪酬的减少；贷方反映当期行政事业单位应付职工薪酬的增加；本科目期末贷方余额，反映行政事业单位应付未付的职工薪酬。

当期行政事业单位应付职工薪酬的减少；贷方反映当期行政事业单位应付职工薪酬的增加；本科目期末贷方余额，反映行政事业单位应付未付的职工薪酬。

三、应付职工薪酬的会计核算（含单位为职工计算缴纳的社会保险费、住房公积金）

（1）计提从事专业及其辅助活动人员的职工薪酬，借记"业务活动费用""单位管理费用"科目，贷记本科目。

计提应由在建工程、加工物品、自行研发无形资产负担的职工薪酬，借记"在建工程""加工物品""研发支出"等科目，贷记本科目。计提从事专业及其辅助活动之外的经营活动人员的职工薪酬，借记"经营费用"，贷记本科目。因解除与职工的劳动关系而给予的补偿，借记"单位管理费用"等科目，贷记本科目。

（2）向职工支付工资、津贴补贴等薪酬按照实际支付的金额，借记本科目，贷记"财政拨款收入""零余额账户用款额度""银行存款"等科目。在预算会计处理时，借记"行政支出""行政事业支出""经营支出"等科目，贷记"财政拨款收入""资金结存"科目。

（3）按照税法规定代扣职工个人所得税时，借记本科目（基本工资），贷记"其他应交税费——应交个人所得税"科目。从应付职工薪酬中代扣为职工垫付的水电费、房租等费用时，按照实际扣除的金额，借记本科目（基本工资），贷记"其他应收款"等科目。从应付职工薪酬中代扣社会保险费和住房公积金，按照代扣的金额，借记本科目（基本工资），贷记本科目（社会保险费、住房公积金）。

（4）按照国家有关规定缴纳职工社会保险费和住房公积金时，按照实际支付的金额，借记本科目（社会保险费、住房公积金），贷记"财政拨款收入""零余额账户用款额度""银行存款"等科目。预算会计处理时，借记"行政支出""行政事业支出""经营支出"等科目，贷记"财政拨款预算收入""资金结存"科目。

（5）从应付职工薪酬中支付的其他款项借记本科目，贷记"零余额账户用款额度""银行存款"等科目。预算会计处理时，借记"行政支出""行政事业支出""经营支出"等科目，贷记"资金结余"等科目。

"应付职工薪酬"的会计处理如图12-5所示。

【例12-8】 某行政单位本月职工薪酬总额为900 000元,代扣代缴住房公积金50 000元,代扣代缴社会保险费120 00元,代扣代缴个人所得税36 000元,代扣为职工垫付的

```
                    ┌─ 计提从事专业及其辅助 ──→  借：业务活动费用/单位管理费用
                    │   活动人员的职工薪酬         贷：应付职工薪酬
                    │
                    │   由在建工程、加工
   当期确认应 ──────┼─  物品、自行研发无形资 ──→ 借：在建工程/加工物品/研发支出等
   付职工薪酬        │   产负担的职工薪酬           贷：应付职工薪酬
                    │
                    │   从事专业及其辅
                    ├─  助活动之外的经营活动 ──→  借：经营费用
                    │   人员的职工薪酬             贷：应付职工薪酬
                    │
                    └─  因解除与职工劳动关系 ──→  借：单位管理费用
                        而给予的补偿               贷：应付职工薪酬
```

支付工资、   财务会计分录：   预算会计分录：
津贴补贴 ──→ 借：应付职工薪酬   借：行政支出/事业支出/
等   贷：财政拨款收入/银行存款等   经营支出
                                                   贷：财政拨款预算收入/
                                                       资金结存

缴纳职工社会保
险费/住房公积 ──→ 财务会计分录：
金/个人所得税   借：应付职工薪酬
                    贷：财政拨款收入/银行存款等

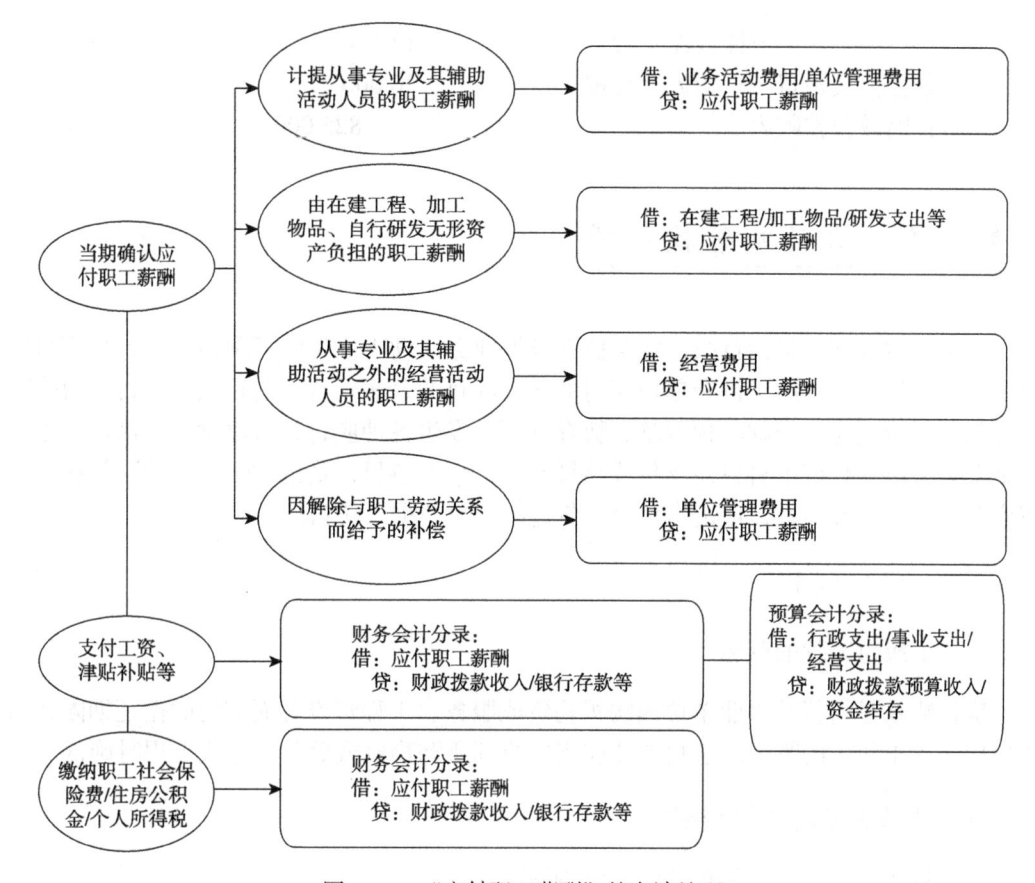

图 12-5　"应付职工薪酬"的会计处理

房租、水电费共 75 000 元。其会计分录为

（1）计算本月应付职工薪酬时：

借：业务活动费用　　　　　　　　　　900 000
　　贷：应付职工薪酬——工资　　　　　　　900 000

（2）计算本月代扣代缴税费和代扣垫付费用时：

借：应付职工薪酬——工资　　　　　　173 000
　　贷：其他应付款——住房公积金　　　　　50 000
　　　　　　　　——社会保险费　　　　　　12 000
　　　　其他应交税费——应交个人所得税　　36 000
　　　　其他应收款　　　　　　　　　　　　75 000

（3）使用财政直接支付方式支付职工薪酬和代缴住房公积金、社会保险费和个人所得税时：

借：应付职工薪酬——工资　　　　　　627 000
　　　　　　　　——地方津贴补贴　　　50 000
　　　　　　　　——住房公积金　　　　50 000
　　其他应付款——住房公积金　　　　　50 000

——社会保险费	12 000	
其他应交税费——个人所得税	36 000	
贷：财政拨款收入	825 000	

第五节 应付及暂收款项

应付及暂收款项是指行政事业单位在开展业务活动中发生的各项债务，包括应付账款、其他应付款等，用于记录单位应付的各个项目的金额。这一科目核算应付、暂收的各类款项，包括应付贷款、预收款、暂存款等。发生各种应付、暂存款时，借记"银行存款"等科目，贷记本科目；支付或结算时，借记本科目，贷记"银行存款"等科目；用商业汇票支付或结算，借记本科目，贷记"应付票据"科目。

一、应付账款

（一）应付账款的概念

应付账款是指行政事业单位因购买物资或服务、工程建设等而应付的偿还期限在 1 年以内（含 1 年）的款项。应付账款应当在收到所购物资或服务、完成工程时确认。

（二）应付账款的会计核算

"应付账款"的会计处理如图 12-6 所示。

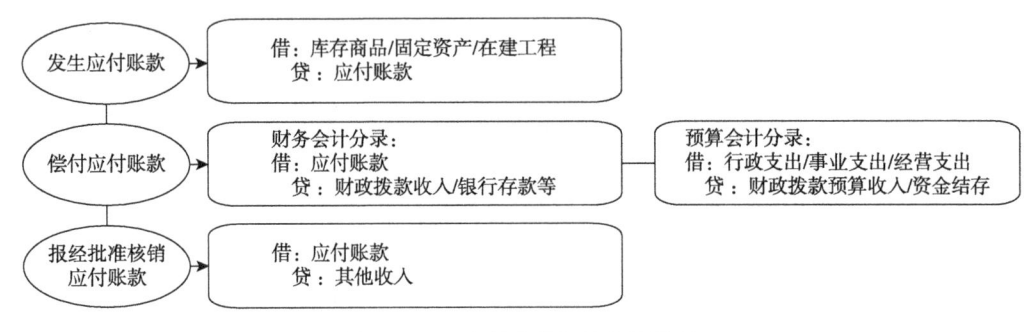

```
发生应付账款 ──→ 借：库存商品/固定资产/在建工程
                贷：应付账款

偿付应付账款 ──→ 财务会计分录：              预算会计分录：
                借：应付账款                 借：行政支出/事业支出/经营支出
                贷：财政拨款收入/银行存款等   贷：财政拨款预算收入/资金结存

报经批准核销 ──→ 借：应付账款
应付账款        贷：其他收入
```

图 12-6 "应付账款"的会计处理

"应付账款"科目借方反映当期行政事业单位应付账款的减少；贷方反映当期行政事业单位应付账款的增加；本科目期末贷方余额，反映行政事业单位尚未支付的应付账款。

（1）收到所购材料、物资、设备或服务及确认完成工程进度但尚未付款时，根据发票及账单等有关凭证，按照应付未付款项的金额，借记"库存物品""固定资产""在建工程"等科目，贷记本科目。涉及增值税业务的，相关账务处理参见"应交 增值税"科目。

（2）偿付应付账款时，按照实际支付的金额，借记本科目，贷记"财政拨款收入"

"零余额账户用款额度""银行存款"等科目。开出、承兑商业汇票抵付应付账款时,借记本科目,贷记"应付票据"科目。

(3)无法偿还或债权人豁免偿还的应付账款,应当按照规定报经批准后进行账务处理。经批准核销应付账款时,借记本科目,贷记"其他收入"科目。核销的应付账款应在备查簿中保留登记。

【例12-9】 2×20年5月6日,某行政单位购入一固定资产A设备,价值300 000元,已验收入库,但尚未付款。8月15日,该行政单位使用财政授权支付方式支付上述款项。其会计分录为

(1)购固定资产时:
借:固定资产——A设备　　　　300 000
　　贷:应付账款　　　　　　　　　300 000
(2)支付该款项时:
借:应付账款　　　　　　　　　300 000
　　贷:零余额账户用款额度　　　　　300 000
借:行政支出　　　　　　　　　　　　　300 000
　　贷:资金结存——零余额账户用款额度　　　300 000

二、应付票据

(一)应付票据的概念

应付票据是指行政事业单位因购买材料、物资时所开出、承兑的商业汇票,包括银行承兑汇票和商业承兑汇票。按国家有关规定,单位之间只有在商品交易的情况下,才能使用商业汇票结算方式。在会计核算中,购买商品在采用商业汇票结算方式下,如果开出的是商业承兑汇票,必须由付款方(购买单位)承兑;如果是银行承兑的汇票,必须经银行承兑。付款单位应在商业汇票到期前,及时将款项足额交存其开户银行,可使银行在到期日凭票将款项划转给收款人、被背书人或贴现银行。

(二)应付票据的会计核算

行政事业单位应设置"应付票据"科目,以便核算行政事业单位发生债务时所开出、承兑的各种商业汇票。本科目应当按照债权人进行明细核算。"应付票据"科目借方反映当期行政事业单位应付票据的减少;贷方反映当期应付票据的增加;本科目期末贷方余额,反映行政事业单位开出、承兑的尚未到期的应付票据金额。

(1)开出、承兑商业汇票时,借记"库存物品""固定资产""应付账款"等科目,贷记本科目。涉及增值税业务的,相关账务处理参见"应交增值税"科目。以商业汇票抵付应付账款时,借记"应付账款"科目,贷记本科目。

(2)支付银行承兑汇票的手续费时,借记"业务活动费用""经营费用"等科目,贷记"银行存款""零余额账户用款额度"等科目。

(3)商业汇票到期时,应当分别以下情况处理:①收到银行支付到期票据的付款通

知时，借记本科目，贷记"银行存款"科目。②银行承兑汇票到期，单位无力支付票款的，按照应付票据账面余额，借记本科目，贷记"短期借款"科目。商业承兑汇票到期，单位无力支付票款的，按照应付票据账面余额，借记本科目，贷记"应付账款"科目。"应付票据"的会计处理如图 12-7 所示。

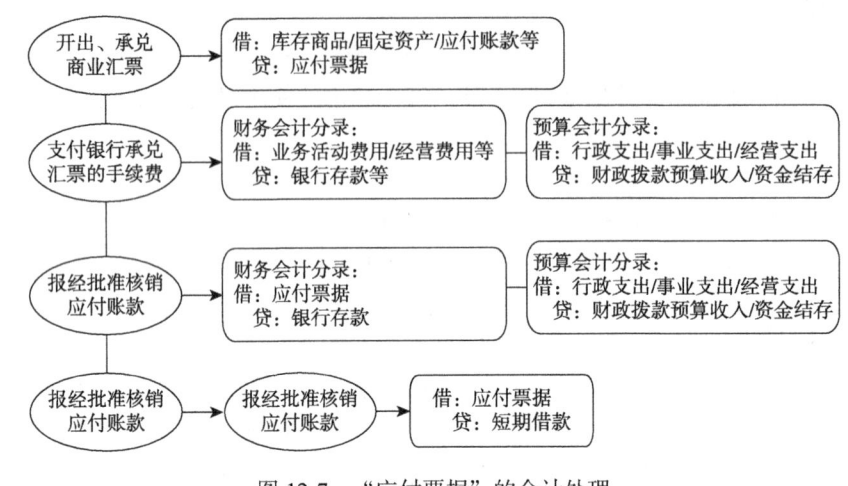

图 12-7 "应付票据"的会计处理

为了加强行政事业单位应付票据的明细核算，各单位应设置"应付票据备查簿"，详细登记每一应付票据的种类、票号、签发日期、到期日、票面金额、收款人姓名或单位名称、付款日期和金额等详细资料。应付票据到期付清时，应在备查簿内逐笔注销。

【例 12-10】 某行政事业单位发生如下应付票据业务。

为开展行政事业活动采用银行承兑汇票结算方式购入一批材料，根据发票账单，购入材料的价款为 23 400 元，其中包括增值税 3 400 元，材料已验收入库。单位开出 2 个月到期的银行承兑汇票，并支付银行承兑手续费 120 元。其会计分录为

（1）开出承兑的银行承兑汇票时：

借：库存物品　　　　　　　　　　　　　　　20 000
　　应交增值税——应交税费（进项税额）　　 3 400
　　贷：应付票据——银行承兑汇票　　　　　　　　23 400

（2）支付银行承兑手续费时：

借：业务活动费用　　　　120
　　贷：银行存款　　　　　　120
借：经营支出　　　　　　120
　　贷：资金结存——货币资金　　120

（3）票据到期还款时：

借：应付票据　　23 400
　　贷：银行存款　　23 400
借：经营支出　　　　　　　　23 400
　　贷：资金结存——货币资金　　23 400

（4）若票据到期不能如期支付票款时：

借：应付票据　　　　23 400
　　贷：短期借款　　　　23 400

为开展经营活动用商业承兑汇票结算方式购入材料一批，材料成本为40 000元，应缴增值税为6 800元。单位开出期限为6个月带息商业承兑汇票1张，年利率为6%，材料已验收入库。其会计分录为

（1）购入材料时：

借：库存物品　　　　　　　　　　　　　　40 000
　　应缴增值税——应缴税金（进项税额）　　6 800
　　贷：应付票据　　　　　　　　　　　　　　46 800

（2）票据到期偿还时：

借：应付利息　　　　1 404
　　应付票据　　46 800
　　贷：银行存款　　　48 204
借：经营支出　　　　　　　　48 204
　　贷：资金结存——货币资金　　48 204

（3）若到期不能如期支付票款时：

借：应付票据　　46 800
　　应付利息　　　1 404
　　贷：应付账款　　48 204

三、其他应付款

（一）其他应付款的概念

其他应付款是指除应交增值税、其他应交税费、应付职工薪酬、应付票据、应付政府补贴款、应付账款、应付利息、预收账款以外的其他各项偿还期在1年以内（含1年）的应付及暂付款项，如收取的押金、存入保证金、已经报销但尚未偿还银行的本单位公务卡欠款等。

同级政府财政部门预拨的下期预算款和没有纳入预算的暂付款项，以及采用实拨资金方式通过本单位转拨给下属单位的财政拨款，也通过本科目核算。

（二）其他应付款的会计核算

单位应当设置"其他应付款"科目，对其他应付款进行核算，本科目应当按照其他应付款的类别及债权单位（或个人）进行明细核算。

"其他应付款"科目借方反映当期行政事业单位其他应付款的减少；贷方反映当期行政事业单位其他应付款的增加；本科目期末贷方余额，反映行政事业单位尚未支付的其他应付款。

发生其他应付及暂收款项时，按照发生其他应付及暂收款项的实际金额，借记"银

行存款"等科目，贷记本科目。支付（或退回）其他应付及暂收款项时，借记本科目，贷记"银行存款"等科目。将暂收款项转为收入时，借记本科目，贷记"行政事业收入"等科目。在预算会计中发生暂收款项，确认为收入时，借记"资金结存"科目，贷记"行政事业预算收入"等科目。

（1）收到同级政府财政部门预拨的下期预算款和没有纳入预算的暂付款项，按照实际收到的金额，借记"银行存款"等科目，贷记本科目；收到同级政府财政部门预拨的下期预算款不在当期进行预算会计处理。待到下一预算期或批准纳入预算时，借记本科目，贷记"财政拨款收入"科目。同时按照预算会计处理，借记"资金结存"科目，贷记"财政拨款预算收入"科目。

（2）采用实拨资金方式通过本单位转拨给下属单位的财政拨款，按照实际收到的金额，借记"银行存款"科目，贷记本科目；向下属单位转拨财政拨款时，按照转拨的金额，借记本科目，贷记"银行存款"科目。

（3）本单位公务员卡持卡人报销时，按照审核报销的金额，借记"业务活动费用""单位管理费用"等科目，贷记本科目；偿还公务卡欠账时，借记本科目，贷记"零余额账户用款额度"等科目。预算会计处理时，支付其他应付款项时，借记"行政支出""行政事业支出"等科目，贷记"资金结存"科目。

（4）涉及质保金形成其他应付款的相关账务处理参见"固定资产"科目。

（5）无法偿还或负债人豁免偿还的其他应付款项，应当按照规定报经审批后进行账务处理。经批准核销时，借记本科目，贷记"其他收入"科目。核销的其他应付款应在备查簿中保留登记。

"其他应付款"的会计处理如表12-9所示。

表12-9 "其他应付款"的会计处理

款项性质	发生其他应付款	偿付其他应付款	
		财务会计分录	预算会计分录
同级政府财政部门预拨的下期预算款和没有纳入预算的暂付款项	收到时： 借：银行存款 贷：其他应付款	下一预算期或批准纳入预算时： 借：其他应付款 贷：财政拨款收入	借：资金结存 贷：财政拨款预算收入
采用实拨资金方式通过本单位转拨给下属单位的财政拨款	收到时： 借：银行存款 贷：其他应付款	向下属单位转拨财政拨款时： 借：其他应付款 贷：银行存款	—
公务员卡	持卡人报销时： 借：业务活动费用/单位管理费用 贷：其他应付款	偿还公务卡欠账时： 借：其他应付款 贷：零余额账户用款额度	借：行政支出/行政事业支出 贷：资金结存
质保金	扣留质保金时： 借：固定资产等 贷：银行存款等/其他应付款（扣留期在1年以内的质量保证金）/长期应付款（扣留期超过1年的质量保证金）	支付保证金时： 借：其他应付款/长期应付款 贷：财政拨款收入/零余额账户用款额度/银行存款等	借：行政支出/行政事业支出/经营支出 贷：财政拨款预算收入/资金结存
无法偿还或负债人豁免偿还的其他应付款项	—	借：其他应付款 贷：其他收入	—

【例12-11】 某行政单位将办公楼出租，收取A公司押金10 000元。该行政单

位与 A 公司的租赁合约到期，A 公司不再租用办公楼，该行政单位返还押金。其会计分录为

（1）收取押金时：
借：银行存款　　　　　　　　　　　　10 000
　　贷：其他应付款——押金（A 公司）　　　10 000
（2）返还押金时：
借：其他应付款——押金（A 公司）　　10 000
　　贷：银行存款　　　　　　　　　　　　10 000

四、应付利息

（一）应付利息的概念

应付利息是指行政事业单位按照合同约定应支付的借款利息，包括短期借款、分期付息到期还本的长期借款等应支付的利息。

（二）应付利息的会计核算

行政事业单位应按照债权人等对应付利息进行明细核算，相关会计处理如图 12-8 所示。"应付利息"科目期末为贷方余额，反映行政事业单位应付未付的利息金额。

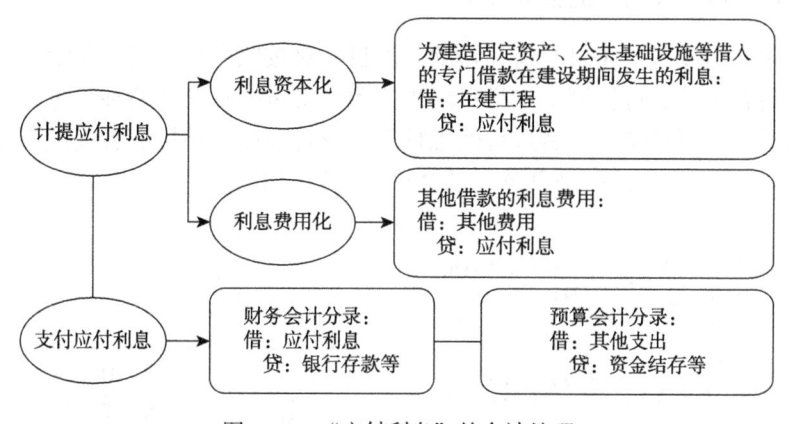

图 12-8　"应付利息"的会计处理

（1）为建造固定资产、公共基础设施等借入的专门借款的利息，属于建设期间发生的，按期计提应付利息时，按照计算确定的金额，借记"在建工程"科目，贷记本科目；不属于建设期间发生的，按期计提应付利息时，按照计算确定的金额，借记"其他费用"科目，贷记本科目。

（2）对于其他借款，按期计提应付利息时，按照计算确定的金额，借记"其他费用"科目，贷记本科目。

（3）实际支付应付利息时，按照支付的金额，借记本科目，贷记"银行存款"等科目。

【例 12-12】 单位将借入 5 年期到期还本每年付息的长期借款 5 000 000 元，合同约定利率为 3.5%。其会计分录为

（1）计算确定利息费用时：

借：其他费用　　　　　175 000
　　贷：应付利息　　　　　175 000

单位每年支付的利息=5 000 000×3.5%=175 000 元

（2）实际支付利息时：

借：应付利息　　　　　175 000
　　贷：银行存款　　　　　175 000

借：其他支出　　　　　175 000
　　贷：资金结存——货币资金　　175 000

五、应付政府补贴款

（一）应付政府补贴款的概念

应付政府补贴款是指负责发放政府补贴的行政单位，按照有关规定应付给政府补贴接受者的各种政府补贴款。应付政府补贴款应当在规定发放政府补贴的时间确认。

（二）应付政府补贴款的会计核算

行政单位应当设置"应付政府补贴款"科目，对按照有关规定应付给政府补贴接受者的各种政府补贴款进行核算。本科目应当按照应支付的政府补贴种类进行明细核算，还应该根据需要按照补贴接受者进行明细核算，或者按照补贴接受者建立备查簿对补贴接受者予以登记。"应付政府补贴款"的会计处理如图 12-9 所示。

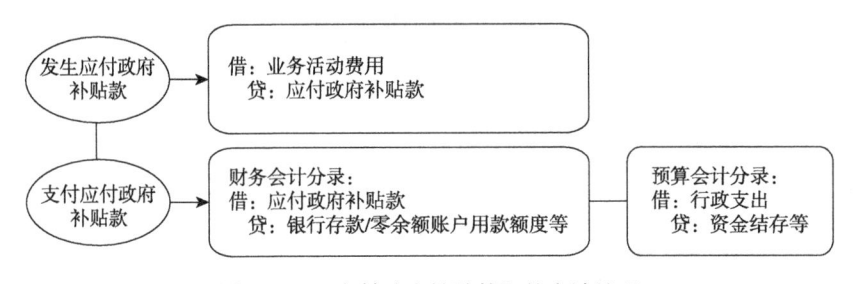

图 12-9　"应付政府补贴款"的会计处理

"应付政府补贴款"科目借方反映当期行政单位应付政府补贴款的减少；贷方反映当期行政单位应付政府补贴款的增加；本科目期末贷方余额，反映行政单位应付未付的政府补贴金额。

（1）发生应付政府补贴款时，按照依规定计算确定的应付政府补贴金额，借记"业务活动费用"科目，贷记本科目。

（2）支付应付政府补贴款时，按照支付的金额，借记本科目，贷记"银行存款""零余额账户用款额度"等科目。

【例 12-13】 某行政单位负责给当地的低保居民发放政府给予的生活补助,共计 650 000 元,该行政单位用财政授权支付方式支付上述政府补贴款。其会计分录为

(1) 计算应付政府补贴款时:
借:业务活动费用　　　　　　650 000
　　贷:应付政府补贴款　　　　　　650 000

(2) 支付应付政府补贴款时:
财务会计处理:
借:应付政府补贴款　　　　　　650 000
　　贷:零余额账户用款额度　　　　650 000
预算会计处理:
借:行政支出　　　　650 000
　　贷:资金结存　　　　　650 000

六、预收账款

(一) 预收账款的概念

预收账款是指行政事业单位按照合同约定预先收取但尚未结算的款项。与应付账款不同,预收账款所形成的负债不是以货币偿付的,而是以货物偿付的。行政事业单位应当设置"预收账款"科目,并按照债权人进行明细核算,预付款项情况不多的企业,可以不设置"预收账款"科目,而直接通过"应收账款"科目核算。

(二) 预收账款的会计科目

"预收账款"科目借方反映当期行政事业单位预收账款的减少;贷方反映当期行政事业单位预收账款的增加;本科目期末贷方余额,反映行政事业单位期末预先收取尚未结算的款项余额。"预收账款"的会计处理如图 12-10 所示。

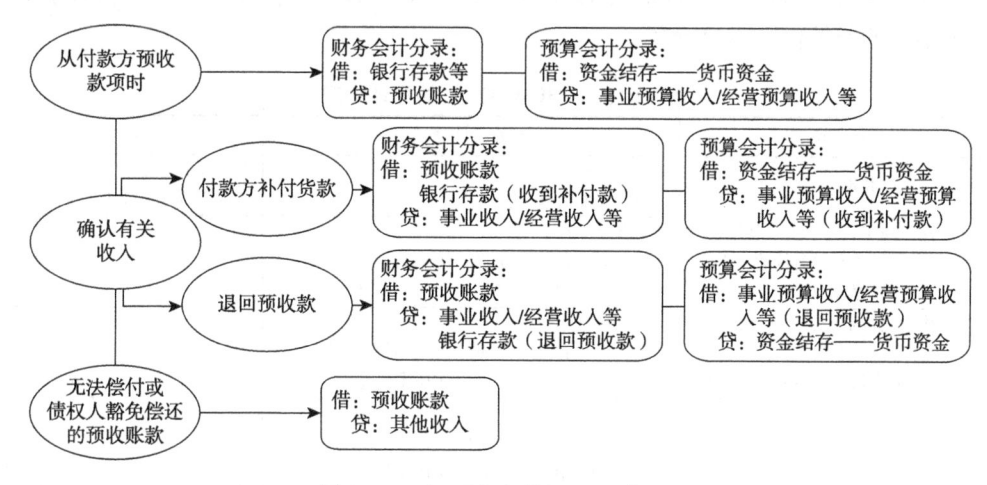

```
从付款方预收        财务会计分录:              预算会计分录:
款项时              借:银行存款等              借:资金结存——货币资金
                    贷:预收账款                 贷:事业预算收入/经营预算收入等

                   付款方补付货款
                    财务会计分录:              预算会计分录:
                    借:预收账款                借:资金结存——货币资金
                       银行存款(收到补付款)      贷:事业预算收入/经营预算
确认有关              贷:事业收入/经营收入等           收入等(收到补付款)
收入
                   退回预收款
                    财务会计分录:              预算会计分录:
                    借:预收账款                借:事业预算收入/经营预算收
                    贷:事业收入/经营收入等             入等(退回预收款)
                       银行存款(退回预收款)       贷:资金结存——货币资金

无法偿付或
债权人豁免偿还       借:预收账款
的预收账款           贷:其他收入
```

图 12-10 "预收账款"的会计处理

（三）会计核算

（1）从付款方预收款项时，按照实际预收的金额，借记"银行存款"等科目，贷记本科目。

（2）确认有关收入时，按照预收账款账面余额，借记本科目，按照应确认的收入金额，贷记"事业收入""经营收入"等科目，按照付款方补付或退回付款方的金额，借记或贷记"银行存款"等科目。涉及增值税业务的，相关账务处理参见"应交增值税"科目。

（3）无法偿付或债权人豁免偿还的预收账款，应当按照规定报经批准后进行账务处理。经批准核销时，借记本科目，贷记"其他收入"科目。核销的预收账款应在备查簿中保留登记。

第六节 长期应付款项

一、长期借款

（一）长期借款的概念

长期借款是行政事业单位经批准向银行或其他金融机构等借入的期限超过1年（不含1年）的各种借款本息。长期借款的偿付方式一般包括以下三种：到期还本付息、分期付息到期还本及分期还本付息。

（二）长期借款的会计核算

单位应当设置"长期借款"科目，并设置"本金"和"应计利息"明细科目，并按照贷款单位和贷款种类进行明细核算。对于建设项目借款，还应按照具体项目进行明细核算。"长期借款"的会计处理如表12-10所示。本科目期末贷方余额，反映行政事业单位尚未偿还的长期借款本息金额。

表12-10 "长期借款"的会计处理

业务活动		财务会计分录	预算会计分录
借入长期借款时		借：银行存款 贷：长期借款——本金	借：资金结存——货币资金 贷：债务预算收入
计提利息	为构建固定资产、公共基础设施等应支付的专门借款的工程项目建设期间利息	借：在建工程 贷：应付利息（分期付息）/长期借款——应计利息（到期一次还本付息）	—
	为构建固定资产、公共基础设施等应支付的专门借款的工程项目完工交付使用后发生的利息	借：其他费用 贷：应付利息（分期付息）/长期借款——应计利息（到期一次还本付息）	—
	其他长期借款利息	借：其他费用 贷：应付利息（分期付息）/长期借款——应计利息（到期一次还本付息）	—
实际支付分期计息借款利息时		借：应付利息 贷：银行存款等	借：其他支出 贷：资金结存

续表

业务活动	财务会计分录	预算会计分录
归还长期借款分期计息本金和到期一次还本付息的本金和利息	借：长期借款——本金——应计利息（到期一次还本付息） 贷：银行存款	借：债务资本支出（支付的本金）其他支出（支付的利息） 贷：资金结存

（三）借入各项长期借款

借入各项长期借款时，按照实际借入的金额，借记"银行存款"科目，贷记本科目（本金）。

（四）长期借款利息计提

1. 资本化利息

为建造固定资产、公共基础设施等应支付的专门借款利息，按期计提利息时，属于工程项目建设期间发生的利息，计入工程成本，按照计算确定的应支付的利息金额，借记"在建工程"科目，贷记"应付利息"科目。

2. 费用化利息

属于工程项目完工交付使用后发生的利息，计入当期费用，按照计算确定的应支付的利息金额，借记"其他费用"科目，贷记"应付利息"科目。

3. 利息支付

按期计提其他长期借款的利息时，按照计算确定的应支付的利息金额，借记"其他费用"科目，贷记"应付利息"科目（分期付息、到期还本借款的利息）或"长期借款——应计利息"科目（到期一次还本付息借款的利息）。

4. 本金偿付

到期归还长期借款本金、利息时，借记"长期借款——本金"或"长期借款——应计利息"科目，贷记"银行存款"科目。

【例12-14】 某行政事业单位于2×20年1月1日从银行借入资金300 000元，借款期限为5年，年利率为8%，按年支付利息，到期一次还本。

（1）2×20年1月1日，取得借款时：

借：银行存款　　　　　　　300 000
　　贷：长期借款——本金　　　　　300 000
借：资金结存——货币资金　　300 000
　　贷：债务预算收入　　　　　　　300 000

（2）2×20年12月31日，支付利息：

借：其他费用　　　24 000
　　贷：银行存款　　　　24 000
借：其他支出　　　24 000
　　贷：资金结存——货币资金　　24 000

（3）2×20年12月31日，长期借款到期，归还本金及本期利息：

借：长期借款——本金　　　　　　300 000
　　其他费用　　　　　　　　　　 24 000
　　贷：银行存款　　　　　　　　　　　　324 000
借：债务资本支出　　　　　　　　300 000
　　其他支出　　　　　　　　　　 24 000
　　贷：资金结存　　　　　　　　　　　　324 000

二、长期应付款

（一）长期应付款的概念

长期应付款是指行政事业单位发生的除长期借款之外的长期应付款项，如以融资租赁方式取得固定资产应付的租赁费、以分期付款方式购入固定资产发生的应付款项等。长期应付款项是指偿还期限超过1年（不含1年）的应付款项。

（二）长期应付款的会计核算

单位应当设置"长期应付款"科目，对长期应付款进行核算。

"长期应付款"的会计处理具体如图12-11所示。

发生长期应付款 → 借：固定资产/在建工程等
　　　　　　　　　贷：长期应付款

支付长期应付款 → 财务会计分录：
　　　　　　　　　借：长期应付款
　　　　　　　　　　贷：财政拨款收入/零余额账户用款额度/银行存款等

　　　　　　　　　预算会计分录：
　　　　　　　　　借：行政支出/经营支出/事业支出等
　　　　　　　　　　贷：资金结存/财政拨款预算收入

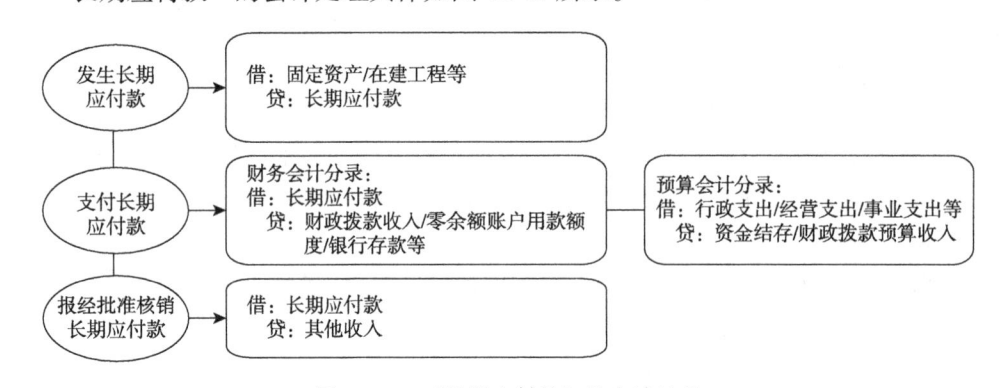

报经批准核销长期应付款 → 借：长期应付款
　　　　　　　　　　　　　贷：其他收入

图12-11　"长期应付款"的会计处理

本科目应当按照长期应付款的类别以及债权单位（或个人）进行明细核算。

"长期应付款"科目借方反映当期单位长期应付款的减少；贷方反映当期单位长期应付款的增加；本科目期末贷方余额，反映单位尚未支付的长期应付款。

发生长期应付款时，借记"固定资产""在建工程"等科目，贷记本科目。支付长期应付款时，按照实际支付的金额，借记本科目，贷记"财政拨款收入""零余额账户用款额度""银行存款"等科目。涉及增值税业务的，相关账务处理参考"应交增值税"科目。无法偿付或债权人豁免偿付的长期应付款，应当按照规定报经批准后进行账务处理，经批准核销长期应付款时，借记本科目，贷记"其他收入"科目。核销的长期应付款应当在备查簿中保留登记。涉及质保金形成长期应付款的，相关账务处理参见"固定资产"科目。

【例12-15】　某行政单位以分期付款方式购入一台仪器，总价款240 000元，分三年支付，于每年末用财政授权支付方式进行支付。不考虑相关税费。其会计分录为

（1）购入仪器时：
借：固定资产　　　　　　　240 000
　　贷：长期应付款　　　　　　240 000
（2）每年末支付款项时：
借：长期应付款　　　　　　　80 000
　　贷：零余额账户用款额度　　80 000
借：行政支出　　　　　　　　80 000
　　贷：财政拨款预算收入　　　80 000

三、预提费用

（一）预提费用的科目设置

单位应设立"预提费用"科目，对本单位预先提取的已经发生但尚未支付的费用进行核算，如预提租金，并按照预提费用的种类进行明细核算。行政事业单位按照规定从科研项目收入中提取的项目间接费用或管理费，也通过本科目核算。对于提取的项目间接费用或管理费，应当在本科目下设置"项目间接费用或管理费"明细科目，进行明细核算。行政事业单位计提的借款利息费用，通过"应付利息""长期借款"科目核算，不通过本科目核算。本科目期末贷方余额，反映单位已预提但尚未支付的各项费用。"预提费用"会计处理如表 12-11 所示。

表 12-11　"预提费用"会计处理

费用类型	业务阶段	财务会计分录	预算会计分录
项目间接费用或管理费	按规定计提时	借：单位管理费用 　　贷：预提费用——项目间接费用或管理费	借：非财政拨款结转——项目间接费用或管理费 　　贷：非财政拨款结余——项目间接费用或管理费
	实际支付时	借：预提费用——项目间接费用或管理费 　　贷：银行存款等	借：行政事业支出等 　　贷：资金结存
租金	按期预提时	借：业务活动费用/单位管理费用/经营费用等 　　贷：预提费用	—
	实际支付时	借：预提费用 　　贷：银行存款等	借：行政支出/行政事业支出/经营支出等 　　贷：资金结存

（二）预提费用的会计核算

1. 项目间接费用或管理费

按规定从科研项目收入中提取项目间接费用或管理费时，按照计提的金额，借记"单位管理费用"科目，贷记本科目（项目间接费用或管理费）。实际使用计提的项目间接费用或管理费时，按照实际支付的金额，借记本科目，贷记"银行存款""库存现金"等科目。

2. 其他预提费用

按期预提租金等费用时，按照预提的金额，借记"业务活动费用""单位管理费用"

"经营费用"等科目,贷记本科目。实际支付款项时,按照支付金额,借记本科目,贷记"零余额账户用款额度""银行存款"等科目。

四、预计负债

(一)或有事项

或有事项,是指过去的交易或者事项形成的,其结果须由某些未来事项的发生或不发生才能决定的不确定事项,其具有以下特征。

(1)由过去交易或事项形成,是指或有事项的现存状况是过去交易或事项引起的客观存在。例如,未决诉讼虽然是正在进行中的诉讼,但该诉讼是企业过去的经济行为导致起诉其他单位或被其他单位起诉。这是现存的一种状况而不是未来将要发生的事项。未来可能发生的自然灾害、交通事故、经营亏损等,不属于或有事项。

(2)结果具有不确定性,是指或有事项的结果是否发生具有不确定性,或者或有事项的结果预计将会发生,但发生的具体时间或金额具有不确定性。例如,债务担保事项的担保方到期是否承担和履行连带责任,需要根据债务到期时被担保方能否按时还款加以确定。这一事项的结果在担保协议达成时具有不确定性。

(3)由未来事项决定,是指或有事项的结果只能由未来不确定事项的发生或不发生才能决定。例如,债务担保事项只有在被担保方到期无力的事项。未来可能发生的自然灾害、交通事故、经营亏损等,不属于或有事项。

(4)结果具有不确定性,是指或有事项的结果是否发生具有不确定性,或者或有事项的结果预计将会发生,但发生的具体时间或金额具有不确定性。例如,债务担保事项的担保方到期是否承担和履行连带责任,需要根据债务到期时被担保方能否按时还款加以确定。这一事项的结果在担保协议达成时具有不确定性。

(5)由未来事项决定,是指或有事项的结果只能由未来不确定事项的发生或不发生才能决定。例如,债务担保事项只有在被担保方到期无力还款时企业(担保方)才履行连带责任。

常见的或有事项主要包括:未决诉讼或仲裁、债务担保、产品质量保证(含产品安全保证)、承诺、亏损合同、重组义务、环境污染整治等。

(二)预计负债

1. 概念

预计负债指行政事业单位对因或有事项所产生的现时义务而确认的负债,如对未决诉讼等确认的负债等。单位应当设立"预计负债"科目,对预计负债进行核算。本科目应当按照预计负债的项目进行明细核算。借方反映当期单位预计负债的减少,贷方反映当期单位及预计负债的增加。本科目期末贷方余额,反映单位已经确认但尚未支付的预计负债金额。"预计负债"的会计处理如图12-12所示。

```
┌─────────────┐   ┌──────────────────────────────────┐
│ 确认预计负债 │──▶│ 借：业务活动费用/经营费用/其他费用等 │
└─────────────┘   │   贷：预计负债                    │
                  └──────────────────────────────────┘

┌─────────────┐   ┌──────────────────┐    ┌──────────────────────────────┐
│ 偿付预计负债 │──▶│ 财务会计分录：    │    │ 预算会计分录：                │
└─────────────┘   │ 借：预计负债      │────│ 借：事业支出/经营支出/其他支出等│
                  │   贷：银行存款等  │    │   贷：资金结存                │
                  └──────────────────┘    └──────────────────────────────┘

┌─────────────┐   ┌──────────────────────────────────┐
│ 报经批准核销 │──▶│ 调增时：                          │
│ 长期应付款   │   │ 借：业务活动费用/经营费用/其他费用等│
└─────────────┘   │   贷：预计负债                    │
                  │ 调减时做相反分录                  │
                  └──────────────────────────────────┘
```

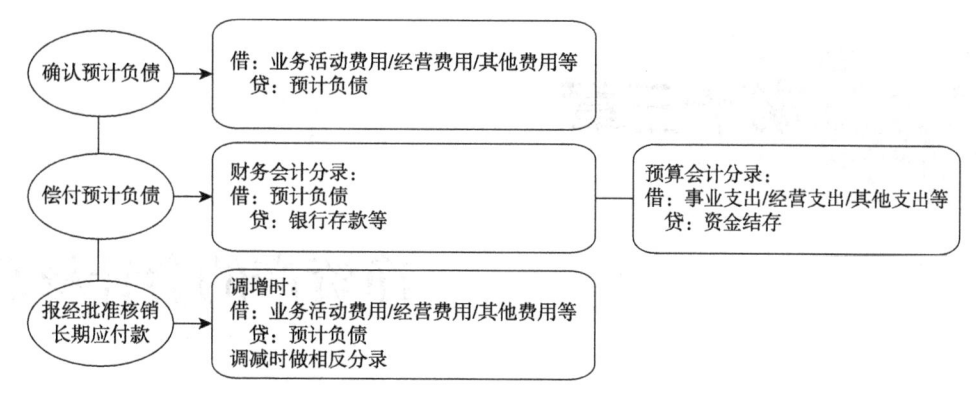

图 12-12 "预计负债"的会计处理

2. "预计负债"的会计处理核算

确认预计负债时，按照预计的金额，借记"业务活动费用""经营费用""其他费用"等科目，贷记本科目。实际偿付预计负债时，按照偿付的金额，借记本科目，贷记"银行存款""零余额账户用款额度"等科目。

根据确凿证据需要对已确认的预计负债账面余额进行调整的，按照调整增加的金额，借记有关科目，贷记本科目；按照调整减少的金额，借记本科目，贷记有关科目。

五、受托代理负债

（一）受托代理负债的科目设置

受托代理负债是指行政事业单位接受委托，取得受托管理资产时形成的负债。受托代理负债应当在行政事业单位收到受托代理资产并产生受托代理义务时确认。

单位应当设置"受托代理负债"科目，对受托代理负债进行核算。本科目应当按照委托人等进行明细核算；属于指定转赠物资和资金的，还应当按照指定受赠人进行明细核算。

"受托代理负债"科目借方反映当期单位受托代理负债的减少；贷方反映当期单位受托代理负债的增加；本科目期末贷方余额，反映单位尚未清偿的受托代理负债。

（二）受托代理负债的会计核算

受托代理负债的会计核算参见"受托代理资产""库存现金""银行存款"等科目。

第十三章

净资产的会计核算

第一节 净资产概述

一、净资产的概念

净资产是指单位所有,并可以自由支配的资产。行政事业单位净资产是指行政事业单位资产扣除负债后的余额,反映国家和行政事业单位的资产所有权。净资产金额取决于资产和负债的计量。

二、净资产的分类

与企业的所有者权益相比,政府会计主体持有的金融工具相对单一,因此行政事业单位持有的金融负债与权益工具的区分较为简单。行政事业单位的净资产包括累计盈余、专用基金、权益法调整、本期盈余、本年盈余分配、无偿调拨净资产、以前年度盈余调整等。各类净资产分类如表13-1所示。

表13-1 净资产分类

净资产类型	内容	其他
累计盈余	单位历年实现的盈余扣除盈余分配后滚存的金额,以及因无偿调入调出资产产生的净资产变动额、因以前年度盈余调整产生的净资产变动额,以及按照规定上缴、缴回、单位间调剂结转结余资金产生的净资产变动额	—
专用基金	单位按照规定提取或设置的具有专门用途的净资产	—
权益法调整	事业单位持有的长期股权投资采用权益法核算时,按照被投资单位除净损益和利润分配以外的所有者权益变动份额调整长期股权投资账面余额并计入净资产的金额	
本期盈余	单位本期各项收入、费用相抵后的余额	期末无余额
本年盈余分配	单位本年度盈余分配的情况和结果	期末无余额
无偿调拨净资产	单位无偿调入或调出非现金资产所引起的净资产变动金额	期末无余额

续表

净资产类型	内容	其他
以前年度盈余调整	单位本年度发生的调整以前年度盈余的事项产生的净资产金额的变动。包括本年度发生的重要前期差错更正涉及调整以前年度盈余的事项	期末无余额

其中本期盈余、本年盈余分配、无偿调拨净资产、以前年度盈余调整期末无余额,净资产的总额为累计盈余、专用基金和权益法调整余额汇总数。本期盈余、本年盈余分配、无偿调拨净资产、以前年度盈余调整与累计盈余、专用基金之间的结转流程如图13-1所示。

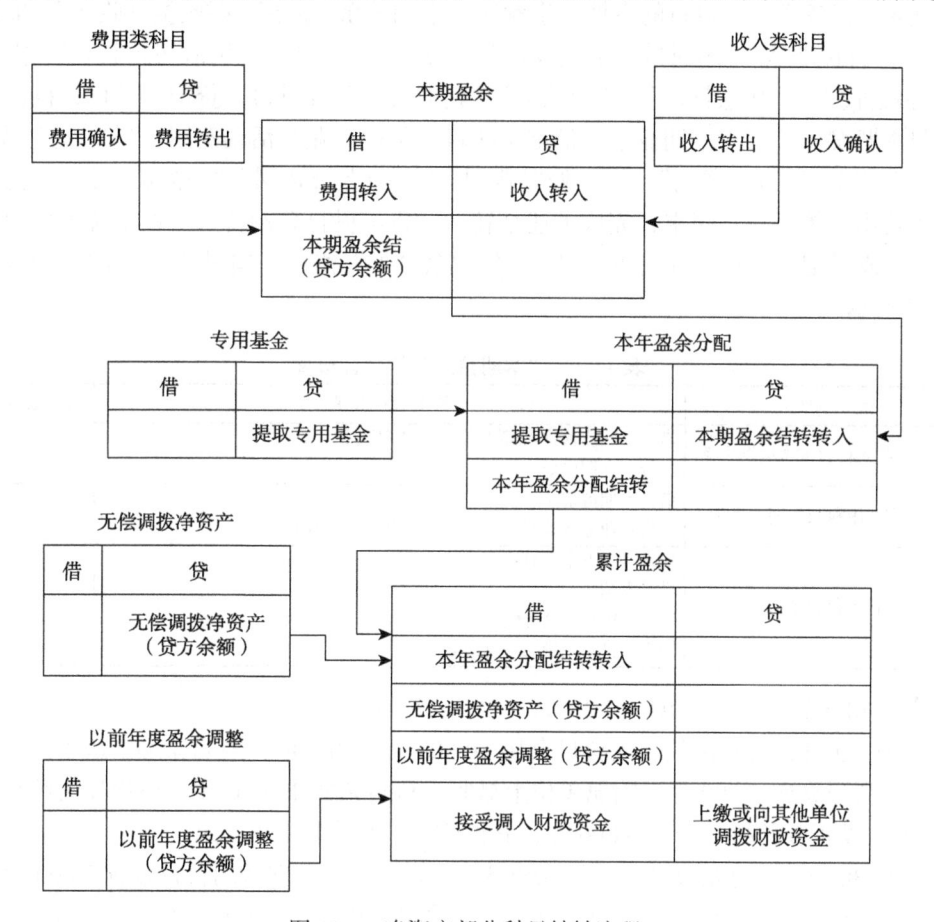

图 13-1 净资产部分科目结转流程

第二节 净资产的会计核算

一、本期盈余

(一)本期盈余的概念

本期盈余是指行政事业单位本期各项收入、费用相抵后的余额。

（二）会计科目设置

行政事业单位应设置"本期盈余"科目期末如为贷方余额，反映单位自年初至当期期末累计实现的盈余；如为借方余额，反映单位自年初至当期期末累计发生的亏损。年末结账后，本科目应无余额。

（三）本期盈余的会计核算

期末，将各类收入科目的本期发生额转入本期盈余，借记"财政拨款收入""事业收入""上级补助收入""附属单位上缴收入""经营收入""非同级财政拨款收入""投资收益""捐赠收入""利息收入""租金收入""其他收入"等科目，贷记本科目；将各类费用科目本期发生额转入本期盈余，借记本科目，贷记"业务活动费用""单位管理费用""经营费用""所得税费用""资产处置费用""上缴上级费用""对附属单位补助费用""其他费用"等科目。年末，完成上述结转后，将本科目余额转入"本年盈余分配"科目，借记或贷记本科目，贷记或借记"本年盈余分配"科目。"本期盈余"的会计核算如表13-2所示。

表13-2 "本期盈余"的会计核算

会计事项	财务会计分录	预算会计分录
结转各类收入科目的本期发生额	借：财政拨款收入/事业收入/上级补助收入等 贷：本期盈余	—
结转各类费用科目本期发生额	借：本期盈余 贷：业务活动费用/单位管理费用/经营费用等	—
结转本科目余额	期末为贷方余额时： 借：本期盈余 　贷：本年盈余分配 期末为借方余额时做反向分录	—

【例13-1】 某行政单位在2×19年发生以下业务。

11月30日，财政拨款收入科目余额10 000元，事业收入科目余额5 000元，上级补助收入科目余额5 000元，附属单位上缴收入科目余额10 000元，经营收入科目余额5 000元，投资收益科目余额5 000元，其他收入科目余额5 000元。

11月30日，业务活动费用科目余额5 000元，单位管理费用科目余额2 000元，经营费用科目余额2 000元，资产处置费用科目余额1 000元，所得税费用科目余额5 000元，其他费用科目余额5 000元。

12月31日结转本期盈余科目余额为15 000元；该行政单位应做会计分录如下：

（1）期末结转收入：

借：财政拨款收入　　　　　　10 000
　　事业收入　　　　　　　　　5 000
　　上级补助收入　　　　　　　5 000
　　附属单位上缴收入　　　　 10 000
　　经营收入　　　　　　　　　5 000
　　投资收益　　　　　　　　　5 000

其他收入　　　　　　　　　5 000
　　贷：本期盈余　　　　　　　45000
（2）期末结转费用：
借：本期盈余　　　　20 000
　　贷：业务活动费用　　5 000
　　　　单位管理费用　　2 000
　　　　经营费用　　　　2 000
　　　　资产处置费用　　1 000
　　　　所得税费用　　　5 000
　　　　其他费用　　　　5 000
（3）结转本期盈余科目余额：
借：本期盈余　　　　25 000
　　贷：本年盈余分配　25 000

二、本年盈余分配

（一）本年盈余分配的概念

本年盈余分配是指行政事业单位本年度盈余分配的情况和结果。"本年盈余分配"年末结账后，应无余额。

（二）本年盈余分配的会计核算

年末，将"本期盈余"科目余额转入本科目，借记或贷记"本期盈余"科目，贷记或借记本科目。

年末，根据有关规定从本年度非财政拨款结余或经营结余中提取专用基金的，按照预算会计下计算的提取金额，借记本科目，贷记"专用基金"科目。

年末，按照规定完成上述处理后，将本科目余额转入累计盈余，借记或贷记本科目，贷记或借记"累计盈余"科目。"本年盈余分配"科目的具体会计核算如表13-3所示。

表 13-3　"本年盈余分配"科目的会计核算

会计事项		财务会计分录	预算会计分录
"本期盈余"科目为贷方余额时	借：本期盈余 　　贷：本年盈余分配		—
"本期盈余"科目为借方余额时	借：本年盈余分配 　　贷：本期盈余		—
从本年度非财政拨款结余或经营结余中提取专用基金的		借：本年盈余分配 　　贷：专用基金	借：非财政拨款结余分配 　　贷：专用结余
本科目为贷方余额时	借：本年盈余分配 　　贷：累计盈余		—
本科目为借方余额时	借：累计盈余 　　贷：本年盈余分配		—

【例 13-2】 某行政单位 2×20 年 12 月 31 日本期盈余科目贷方余额为 30 000 元，按预算会计下计算提取专用基金 8 000 元，年末本年盈余分配科目余额为 20 000 元。其会计分录：

（1）转入本期盈余科目余额：

借：本期盈余　　　　　　　30 000
　　贷：本年盈余分配　　　　　　30 000

（2）提取专用基金时：

借：本年盈余分配　　　　　8 000
　　贷：专用基金　　　　　　　　8 000
借：非财政拨款结余分配　　　8 000
　　贷：专用结余　　　　　　　　8 000

（3）结转本年盈余分配科目余额时：

借：本年盈余分配　　　　　20 000
　　贷：累计盈余　　　　　　　　20 000

三、累计盈余

（一）累计盈余的概念

累计盈余是指行政事业单位历年实现的盈余扣除盈余分配后滚存的金额，以及因无偿调入调出资产产生的净资产变动额。按照规定上缴、缴回、单位间调剂结转结余资金产生的净资产变动额，以及对以前年度盈余的调整金额，也通过本科目核算。

（二）累计盈余的会计核算

年末，将"本年盈余分配"科目的余额转入累计盈余，借记或贷记"本年盈余分配"科目，贷记或借记年末，将"无偿调拨净资产"科目的余额转入累计盈余，借记或贷记"无偿调拨净资产"科目，贷记或借按照规定上缴财政拨款结转结余、缴回非财政拨款结转资金、向其他单位调出财政拨款结转资金时，按照实际上缴、缴回、调出金额，借记本科目，贷记"财政应返还额度""零余额账户用款额度""银行存款"等科目。按照规定从其他单位调入财政拨款结转资金时，按照实际调入金额，借记"零余额账户用款额度""银行存款"等科目，贷记本科目。

将"以前年度盈余调整"科目的余额转入本科目，借记或贷记"以前年度盈余调整"科目，记或借记本科目。

按照规定使用专用基金购置固定资产、无形资产的，按照固定资产、无形资产成本金额，借记"固定资产""无形资产"科目，贷记"银行存款"等科目；同时，按照专用基金使用金额，借记"专用基金"科目，贷记本科目。本科目期末余额，反映单位未分配盈余（或未弥补亏损）的累计数以及截至上年末无偿调拨净资产变动的累计数。

本科目年末余额，反映单位未分配盈余（或未弥补亏损）以及无偿调拨净资产变动的累计数。"累计盈余"的会计核算如表 13-4 所示。

表 13-4 "累计盈余"的会计核算

会计事项	财务会计分录	预算会计分录
结转"本年盈余分配"科目余额	"本年盈余分配"为贷方余额时： 借：本年盈余分配 　　贷：累计盈余 "本年盈余分配"为借方余额时做相反分录	—
结转"无偿调拨净资产"科目余额	"无偿调拨净资产"为贷方余额时： 借：无偿调拨净资产 　　贷：累计盈余 "无偿调拨净资产"为借方余额时做相反分录	—
上缴财政拨款结转结余、缴回非财政拨款结转资金、向其他单位调出财政拨款结转资金	借：累计盈余 　　贷：财政应返还额度/零余额账户用款额度等	借：财政拨款结转——归集上缴/归集调出 　　贷：资金结存——财政应返还额度/零余额账户用款额度等
从其他单位调入财政拨款结转资金	借：零余额账户用款额度等 　　贷：累计盈余	借：资金结存——零余额账户用款额度/货币资金等 　　贷：财政拨款结转——归集调入
使用专用基金购置固定资产、无形资产	借：固定资产/无形资产等 　　贷：银行存款 借：专用基金 　　贷：累计盈余	借：事业支出（使用从收入中提取并列入费用的专用基金）/专用结余（使用从非财政拨款结余或经营结余中提取的专用基金） 　　贷：资金结存

【例 13-3】 某行政单位在 2×21 年度发生以下与净资产相关的业务。

（1）12 月 31 日本年盈余分配科目余额 35 000 元。

（2）12 月 31 日无偿调拨净资产科目余额 200 000 元。

（3）12 月 31 日以前年度盈余调整科目余额 500 000 元。

（4）12 月 31 日使用从非财政拨款结余或经营结余中提取的专用固定资产专用基金购置固定资产 100 000 元。该行政单位在 2×21 年应做会计分录为

（1）年末将本年盈余分配科目余额转入：

借：本年盈余分配　　　　　35 000
　　贷：累计盈余　　　　　　　35 000

（2）年末将无偿调拨净资产科目余额转入：

借：无偿调拨净资产　　　　200 000
　　贷：累计盈余　　　　　　　200 000

（3）年末结转以前年度盈余调整科目余额：

借：以前年度盈余调整　　　500 000
　　贷：累计盈余　　　　　　　500 000

（4）年末使用专用基金购置固定资产：

借：固定资产　　　　　　　100 000
　　贷：银行存款　　　　　　　100 000
借：专用基金　　　　　　　100 000
　　贷：累计盈余　　　　　　　100 000
借：专用结余　　　　　　　100 000
　　贷：资金结存　　　　　　　100 000

四、专用基金

(一) 专用基金的概念

根据《事业单位财务规则》的规定,专用基金是指事业单位按照规定提取或者设置的有专门用途的资金。专用基金包括以下几点。

(1) 修购基金,即按照事业收入和经营收入的一定比例提取,在修缮费和设备购置费中列支(各列 50%),以及按照其他规定转入,用于事业单位固定资产维修和购置的资金。

(2) 职工福利基金,即按照结余的一定比例提取以及按照其他规定提取转入,用于事业单位职工的集体福利设施、集体福利待遇的资金。

(二) 专用基金的账务处理

单位应当设置"专用基金"科目,并按照专用基金的类别进行明细核算。本科目期末贷方余额,反映事业单位累计提取或设置的尚未使用的专用基金。

1. 专用基金的提取或设置

年末,根据有关规定从本年度非财政拨款结余或经营结余中提取专用基金的,按照预算会计下计算的提取金额,借记"本年盈余分配"科目,贷记本科目。根据有关规定从收入中提取专用基金并计入费用的,一般按照预算会计下基于预算收入计算提取的金额,借记"业务活动费用"等科目,贷记本科目。国家另有规定的,从其规定。根据有关规定设置的其他专用基金,按照实际收到的基金金额,借记"银行存款"等科目,贷记本科目。

2. 专用基金的使用

按照规定使用提取的专用基金时,借记本科目,贷记"银行存款"等科目。使用提取的专用基金购置固定资产、无形资产的,按照固定资产、无形资产成本金额,借记"固定资产""无形资产"科目,贷记"银行存款"等科目;同时,按照专用基金使用金额,借记本科目,贷记"累计盈余"科目。"专用基金"科目的具体会计核算如表 13-5 所示。

表 13-5 "专用基金"科目的具体会计核算

会计事项		财务会计分录	预算会计分录
专用基金的提取或设置	从经营结余中提取专用基金	借:本年盈余分配 贷:专用基金	借:非财政拨款结余分配 贷:专用结余
	从收入中提取专用基金并计入费用	借:业务活动费用 贷:专用基金	—
	按有关规定设置的其他专用基金	借:银行存款 贷:专用基金	—
专用基金的使用	使用提取的专用基金	借:专用基金 贷:银行存款	借:事业支出(使用从收入中提取并列入费用的专用基金)/专用结余(使用从非财政拨款结余或经营结余中提取的专用基金) 贷:资金结存
	使用提取的专用基金购置固定资产、无形资产	借:固定资产 贷:银行存款 借:专用基金 贷:累计盈余	

五、权益法调整

（一）权益法调整的概念

权益法调整是指事业单位持有的长期股权投资采用权益法核算时，按照被投资单位除净损益和利润分配以外的所有者权益变动份额调整长期股权投资账面余额而计入净资产的金额。单位应当设置"权益法调整"科目，并按照被投资单位进行明细核算。本科目期末余额，反映事业单位在被投资单位除净损益和利润分配以外的所有者权益变动中累积享有（或分担）的份额。

（二）权益法调整的会计核算

（1）资产负债表日被投资单位除净损益和利润分配以外的所有者权益变动年末，按照被投资单位除净损益和利润分配以外的所有者权益变动应享有（或应分担）的份额，借记或贷记"长期股权投资——其他权益变动"科目，贷记或借记本科目。

（2）处置长期股权投资时，采用权益法核算的长期股权投资，因被投资单位除净损益和利润分配以外的所有者权益变动而将应享有（或应分担）的份额计入单位净资产的，处置该项投资时，按照原计入净资产的相应部分金额，借记或贷记本科目，贷记或借记"投资收益"科目。"权益法调整"科目的具体会计核算如表13-6所示。

表13-6 权益法调整的会计核算

会计事项	财务会计分录	预算会计分录
被投资单位除净损益和利润分配以外的所有者权益变动应享有（或应分担）的份额	被投资单位除净损益和利润分配以外的所有者权益增加： 借：长期股权投资——其他权益变动 　贷：权益法调整 被投资单位除净损益和利润分配以外的所有者权益减少时做相反分录	—
因被投资单位除净损益和利润分配以外的所有者权益变动而将应享有（或应分担）的份额计入单位净资产的，处置该项投资时	"权益法调整"为贷方金额： 借：权益法调整 　贷：投资收益 "权益法调整"为贷方金额时做相反分录	—

【例13-4】某事业单位在2×21年12月31日被投资单位实现净利润200 000元，该投资单位为事业单位在20×7年1月，以一台固定资产出资联合其他单位共同设立，并持有该被投资单位70%的股权，采用权益法进行后续核算。2×21年12月31日除净损益和利润分配以外的被投资单位所有者权益变动为10 000元；该事业单位在2×21年12月31日应做会计分录如下：

借：长期股权投资——损益调整　　　140 000
　　长期股权投资——其他权益变动　　7 000
　贷：投资收益　　　　　　　　　　　　　140 000
　　　权益法调整　　　　　　　　　　　　7 000

2×22年5月31日处置所持该项投资长期股权投资的20%；该长期股权投资的账

面余额为 2 000 000 元，其中损益调整为 500 000 元，所有者权益变动为 50 000 元，处置收入为 600 000 元。不考虑相关税费，无已宣告尚未发放的股利。处置净收入纳入单位预算管理。

  借：资产处置费用   400 000
    贷：长期股权投资——成本   290 000
     长期股权投资——损益调整   100 000
     长期股权投资——所有者权益变动 10 000
  借：银行存款   6 000 000
    贷：投资收益   2 000 000
     应缴财政款   4 000 000
  借：权益法调整   10 000
    贷：投资收益   10 000
  借：资金结存   2 000 000
    贷：投资预算收入   2 000 000

七、无偿调拨净资产

  单位应当设置"无偿调拨净资产"科目，核算行政事业单位无偿调入或调出非现金资产所引起的净资产变动金额。"无偿调拨净资产"科目年末余额结转到"累计盈余"科目，因此年末结账后，本科目应无余额。

  （1）经批准无偿调入净资产按照规定取得无偿调入的存货、长期股权投资、固定资产、无形资产、公共基础设施、政府储备物资、文物文化资产、保障性住房等，按照确定的成本，借记"库存物品""长期股权投资""固定资产""无形资产""公共基础设施""政府储备物资""文物文化资产""保障性住房"等科目，按照调入过程中发生的归属于调入方的相关费用，贷记"零余额账户用款额度""银行存款"等科目，按照其差额，贷记本科目。

  （2）经批准无偿调出净资产按照规定经批准无偿调出存货、长期股权投资、固定资产、无形资产、公共基础设施、政府储备物资、文物文化资产、保障性住房等，按照调出资产的账面余额或账面价值，借记本科目，按照固定资产累计折旧、无形资产累计摊销、公共基础设施累计折旧或摊销、保障性住房累计折旧的金额，借记"无偿调拨净资产""固定资产累计折旧""无形资产累计摊销""公共基础设施累计折旧（摊销）""保障性住房累计折旧"科目，按照调出资产的账面余额，贷记"库存物品""长期股权投资""固定资产""无形资产""公共基础设施""政府储备物资""文物文化资产""保障性住房"等科目；同时，按照调出过程中发生的归属于调出方的相关费用，借记"资产处置费用"科目，贷记"零余额账户用款额度""银行存款"等科目。

  年末，将本科目余额转入累计盈余，借记或贷记本科目，贷记或借记"**累计盈余**"科目。

  "无偿调拨净资产"的会计核算如表 13-7 所示。

第十三章 净资产的会计核算

表 13-7 "无偿调拨净资产"的会计核算

会计事项	财务会计分录	预算会计分录
取得无偿调入的存货、长期股权投资、固定资产、无形资产、公共基础设施、政府储备物资、文物文化资产、保障性住房等	借：库存物品/长期股权投资/固定资产等 贷：零余额账户用款额度（发生的归属于调入方的相关费用）/无偿调拨净资产	借：其他支出（发生的归属于调入方的相关费用） 贷：资金结存等
无偿调出存货、长期股权投资、固定资产、无形资产、公共基础设施、政府储备物资、文物文化资产、保障性住房等	借：无偿调拨净资产 　　固定资产累计折旧/无形资产累计摊销等 贷：库存物品/长期股权投资等 借：资产处置费用 贷：零余额账户用款额度/银行存款等	借：其他支出（发生的归属于调出方的相关费用） 贷：资金结存等
结转本科目余额	本科目为贷方余额时： 借：无偿调拨净资产 　　贷：累计盈余 本科目为借方余额时做相反分录	—

【例 13-5】 某事业单位 2×21 年采购了一批 12 月无偿调入一批存货 10 000 元，固定资产 10 000 元，长期股权投资 10 000 元，政府储备物资 10 000 元，保障性住房 10 000 元；12 月经批准无偿调出无形资产原价 22 000 元，已计提摊销 2 000 元，无偿调出长期股权投资 5 000 元，无偿调出保障性住房原价 10 000 元，已计提折旧 1 000 元；无偿调入资产发生处置费用 1 000 元，无偿调出资产发生处置费用 1 000 元，其会计分录为

（1）取得无偿调入的净资产时：

财务会计分录：

借：库存物品　　　　　　10 000
　　固定资产　　　　　　10 000
　　长期股权投资　　　　10 000
　　政府储备物资　　　　10 000
　　保障性住房　　　　　10 000
　　贷：无偿调拨净资产　　　49 000
　　　　银行存款　　　　　　 1 000

预算会计分录：

借：其他支出　　　1 000
　　贷：资金结存　　　1 000

（2）无偿调出净资产时：

财务会计分录：

借：无偿调拨净资产　　　　　34 000
　　无形资产累计摊销　　　　 2 000
　　保障性住房累计折旧　　　 1 000
　　贷：无形资产　　　　　　　22 000
　　　　长期股权投资　　　　　 5 000
　　　　保障性住房　　　　　　10 000
借：资产处置费用　　　1 000

贷：银行存款　　　　　　　1 000
　预算会计分录：
　　借：其他支出　　　　1 000
　　　贷：资金结存　　　　　　　1 000
　（3）结转无偿调拨净资产科目余额：
　　借：无偿调拨净资产　　15 000
　　　贷：累计盈余　　　　　　　15 000

八、以前年度盈余调整

以前年度盈余调整是指行政事业单位本年度发生的调整以前年度盈余的事项，包括本年度发生的重要前期差错更正涉及调整以前年度盈余的事项。"以前年度盈余调整"年末额转入"累计盈余"科目，因此年末结账后，本科目应无余额。

（1）以前年度收入和费用调整增加以前年度收入时，按照调整增加的金额，借记有关科目，贷记本科目。调整减少的，做相反会计分录。调整增加以前年度费用时，按照调整增加的金额，借记本科目，贷记有关科目。调整减少的，做相反计分录。

（2）资产盘盈。盘盈的各种非流动资产，报经批准后处理时，借记"待处理财产损溢"科目，贷记本科目。

（3）年末结转经上述调整后，应将本科目的余额转入累计盈余，借记或贷记"累计盈余"科目，贷记或借记本科目。"以前年度盈余调整"的会计核算如表13-8所示。

表13-8　"以前年度盈余调整"的会计核算

会计分录	财务会计分录	预算会计分录
调整增加以前年度收入或调整减少以前年度费用时	借：有关资产或负债科目 　贷：以前年度盈余调整	借：资金结存（实际支付的金额） 　贷：财政拨款结转/财政拨款结余/非财政拨款结转/非财政拨款结余——年初余额调整
调整减少以前年度收入或调整增加以前年度费用	借：以前年度损益调整 　贷：有关资产或负债科目	借：财政拨款结转/财政拨款结余/非财政拨款结转/非财政拨款结余——年初余额调整 　贷：资金结存（实际支付的金额）
盘盈非流动资产	借：待处理财产损溢 　贷：以前年度损益调整	—
结转以前年度损益调整科目	本科目为借方余额时： 借：累计盈余 　贷：以前年度损益调整 本科目为贷方余额时做相反分录	—

【例13-6】　2×21年9月税务局在对某单位进行日常检查时，发现该单位2×17年度1月将购入的一批已达到固定资产标准的办公设备记入"管理费用"账户，金额达到1 200 000元。另外，2×21年10月有一笔预收账款100 000元，付款方已经收到商品，并达到收入确认条件，当年没有确认收入。不考虑相关税费。

（1）调整2×21年1月凭证：
　　借：固定资产——办公设备　　　1 200 000
　　　贷：以前年度损益调整　　　　　　　　1 200 000

（2）补提11个月折旧（残值率为照0,按直线法计提折旧,预计使用年限为10年）:
借：以前年度损益调整　　　　110 000
　　贷：累计折旧　　　　　　　　110 000
（3）调整2×21年收入：
借：预收账款　　　　　　　　100 000
　　贷：以前年度损益调整　　　　100 000
（4）结转损益调整：
借：以前年度损益调整　　　　100 000
　　贷：累计盈余　　　　　　　　100 000

第十四章

行政事业单位收入核算

第一节 行政事业单位收入概述

一、收入的概念

行政事业单位收入是指行政事业单位依法取得的非偿还性资金,行政事业单位依法取得的应当上缴财政收入款项等,不属于行政事业单位的收入。

二、收入的分类

行政事业单位的收入,按来源可以分为财政拨款收入、非同级财政拨款收入、捐赠收入、利息收入、租金收入、其他收入,还有事业收入、上级补助收入、附属单位上缴收入、经营收入、投资收益,属于事业单位特有的收入类别(表14-1)。

表14-1 行政事业单位收入的分类

分类	内容	涉及会计科目
财政拨款收入	指从同级政府财政部门取得的各类财政拨款	"财政拨款收入"
非同级财政拨款收入	指从同级政府其他部门取得的横向转拨财政款和从上级或下级政府财政部门取得的经费拨款等	"非同级财政拨款收入"
租金收入	指利用国有资产出租取得并按照规定纳入单位预算管理的租金收入	"租金收入"
利息收入	指单位取得的银行存款利息收入	"利息收入"
捐赠收入	指单位接受其他单位或者个人捐赠取得的收入	"捐赠收入"
上级补助收入	包括事业单位从主管部门和上级单位取得的非财政拨款收入	"上级补助收入"
附属单位上缴收入	取得的附属独立核算单位按照有关规定上缴的收入	"附属单位上缴收入"
经营收入	指事业单位开展专业业务活动、辅助活动以及在专业业务活动及其辅助活动之外开展非独立核算经营活动取得的收入	"事业收入""经营收入""投资收益"

三、收入的确认

一般来讲，收入的确认至少应该符合以下三个条件。

（1）收入相关的经济利益应当很可能流入企业。
（2）经济利益流入企业的结果会导致资产的增加或者负债的减少。
（3）经济利益的流入额能够可靠计量。

《政府会计制度——行政事业单位会计科目和报表》规定，单位财务会计核算实行权责发生制；单位预算会计核算实行收付实现制，国务院另有规定的，依照其规定。

第二节 财政拨款收入

一、财政拨款收入的概念

财政拨款收入是指行政事业单位从同级政府财政部门取得的各类财政拨款。

同级政府财政部门预拨的下期预算款和没有纳入预算的暂付款项，以及采用实拨资金方式通过本单位转拨给下属单位的财政拨款，通过"其他应付款"科目核算，不通过本科目核算。

二、财政拨款收入会计核算

行政事业单位应当设置"财政拨款收入"的科目核算单位从同级政府财政部门取得的各类财政拨款。本科目可按照一般公共预算财政拨款、政府性基金预算财政拨款等拨款种类进行明细核算。期末，将本科目本期发生额转入本期盈余，借记本科目，贷记"本期盈余"科目。本科目年末应无余额。财政拨款收入按照收付实现制核算。

财政拨款收入的主要账务处理如表14-2所示。

表14-2 财政拨款收入的会计处理

会计事项			财务会计分录	预算会计分录
取得财政拨款收入	直接支付		借：库存物品/业务活动费用等 贷：财政拨款收入	借：行政支出/事业支出等 贷：财政拨款预算收入
	授权支付		借：零余额账户用款额度 贷：财政拨款收入	借：资金结存——零余额账户用款额度 贷：财政拨款预算收入
	其他方式		借：银行存款等 贷：财政拨款收入	借：资金结存——货币资金 贷：财政拨款预算收入
取得差错更正、退货收入	直接支付	属于本年支付的款项	借：财政拨款收入 贷：库存物品/业务活动费用等	借：财政拨款预算收入 贷：行政支出/事业支出等
		以前年度支付的款项	借：财政应返还额度——财政直接支付 贷：以前年度盈余调整/库存物品等	借：资金结存——财政应返还额度 贷：财政拨款结转/财政拨款结余——年初余额调整
	授权支付	属于本年支付的款项	借：零余额账户用款额度 贷：库存物品/业务活动费用等	借：资金结存——零余额账户用款额度 贷：行政支出/事业支出等

续表

会计事项		财务会计分录	预算会计分录
取得差错更正、退货收入	授权支付以前年度支付的款项	借：零余额账户用款额度 贷：以前年度盈余调整/库存物品等	借：资金结存——零余额账户用款额度 贷：财政拨款结转/财政拨款结余——年初余额调整
期末确认拨款差额	财政直接支付预算指标＞实际直接支付数	借：财政应返还额度——财政直接支付 贷：财政拨款收入	借：资金结存——财政应返还额度 贷：财政拨款预算收入
	财政授权支付额度＞零余额账户额度	借：财政应返还额——财政授权支付 贷：财政拨款收入	借：资金结存——财政应返还额度 贷：财政拨款预算收入
期末结转		借：财政拨款收入 贷：本期盈余	借：财政拨款预算收入 贷：财政拨款结转——本年收支结转

财政拨款收入需要分别按照财政直接支付、财政授权支付和其他方式进行不同的账务处理。

（1）在财政直接支付方式下，根据收到的财政直接支付入账通知书及相关原始凭证，按照通知书中的直接支付入账金额，借记"库存物品""固定资产""业务活动费用""单位管理费用""应付职工薪酬"等科目，贷记本科目。涉及增值税业务的，相关账务处理参见"应交增值税"科目。年末，根据本年度财政直接支付预算指标数与当年财政直接支付实际支付数的差额，借记"财政应返还额度——财政直接支付"科目，贷记本科目。

（2）在财政授权支付方式下，根据收到的财政授权支付额度到账通知书，按照通知书中的授权支付额度，借记"零余额账户用款额度"科目，贷记本科目。年末，本年度财政授权支付预算指标数大于零余额账户用款额度下达数的，根据未下达的用款额度，借记"财政应返还额度——财政授权支付"科目，贷记本科目。

（3）在其他方式下收到财政拨款收入时，按照实际收到的金额，借记"银行存款"等科目，贷记本科目。因差错更正或购货退回等发生国库直接支付款项退回的，属于以前年度支付的款项，按照退回金额，借记"财政应返还额度——财政直接支付"科目，贷记"以前年度盈余调整""库存物品"等科目；属于本年度支付的款项，按照退回金额，借记本科目，贷记"库存物品""业务活动费用"等科目。

期末，将"财政拨款收入"科目本期发生额转入本期盈余，借记本科目，贷记"本期盈余"科目。

【例14-1】 某行政单位收到财政部门委托其代理银行转来的财政直接支付入账通知书，其中包含财政部门为行政部门支付100 000元的日常行政活动经费，200 000元的在职人员工资，70 000元的为开展某项专业业务活动所发生的费用。该行政单位本年度财政直接支付的基本支出拨款预算指标数为800 000元，而当年财政直接支付实际基本支出为730 000元，年末确定该行政单位应收财政返还的资金额度为70 000元。其会计分录如下。

（1）收到财政直接支付入账通知书时：

借：业务活动费用　　　　　　　　　　　　　　　　　170 000
　　应付职工薪酬　　　　　　　　　　　　　　　　　200 000
　　贷：财政拨款收入——基本支出拨款（日常公用经费）　370 000
借：行政支出　　　　370 000

贷：财政拨款预算收入　　　　　　370 000
（2）年末确定应收财政返还的资金额度时：
　　借：财政应返还额度——财政直接支付　　70 000
　　　贷：财政拨款收入——基本支出拨款　　　　70 000
　　借：资金结存——财政应返还额度　　70 000
　　　贷：财政拨款预算收入　　　　　　　　　70 000

【例 14-2】　某行政单位年终进行结账，财政拨款收入贷方余额为 7 900 000 元。其会计分录如下。

　　借：财政拨款收入　　　　7 900 000
　　　贷：本期盈余　　　　　　　7 900 000
　　借：财政拨款预算收入——基本支出拨款（日常公用经费）　　7 900 000
　　　贷：财政拨款结转——本年收支结转　　　　　　　　　　　　7 900 000

三、非同级财政拨款收入

非同级财政拨款收入是指单位从非同级政府财政部门取得的经费拨款，包括从同级政府其他部门取得的横向转拨财政款、从上级或下级政府财政部门取得的经费拨款等。

单位应当设置"非同级财政拨款收入"科目核算单位从非同级政府财政部门取得的经费拨款，包括从同级政府其他部门取得的横向转拨财政款、从上级或下级政府财政部门取得的经费拨款等。事业单位因开展科研及其辅助活动从非同级政府财政部门取得的经费拨款，应当通过"事业收入——非同级财政拨款"科目核算，不通过本科目核算。本科目应当按照本级横向转拨财政款和非本级财政拨款进行明细核算，并按照收入来源进行明细核算。期末结转后，本科目应无余额。

"非同级财政拨款收入"科目的具体会计处理如图 14-1 所示。

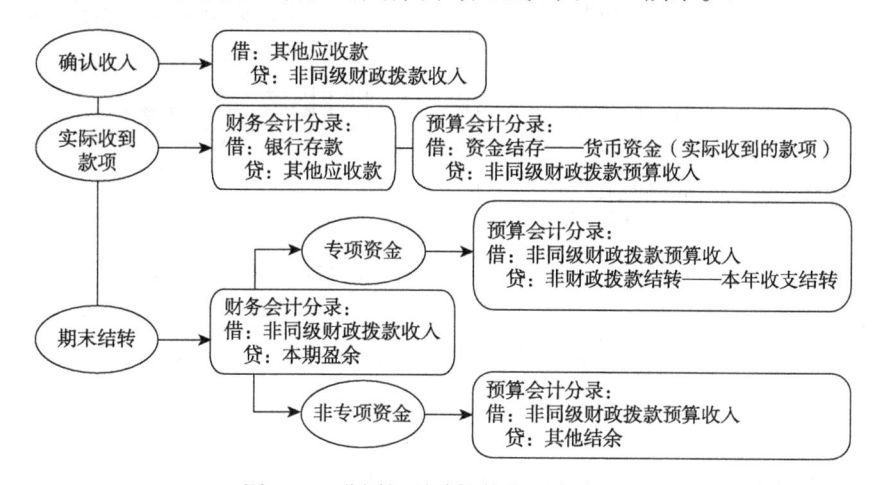

确认收入 → 借：其他应收款
　　　　　　贷：非同级财政拨款收入

实际收到款项 → 财务会计分录：
　　　　　　借：银行存款
　　　　　　贷：其他应收款
　　　　　　预算会计分录：
　　　　　　借：资金结存——货币资金（实际收到的款项）
　　　　　　贷：非同级财政拨款预算收入

期末结转 → 专项资金 → 预算会计分录：
　　　　　　借：非同级财政拨款预算收入
　　　　　　贷：非财政拨款结转——本年收支结转
　　　　　财务会计分录：
　　　　　　借：非同级财政拨款收入
　　　　　　贷：本期盈余
　　　　　非专项资金 → 预算会计分录：
　　　　　　借：非同级财政拨款预算收入
　　　　　　贷：其他结余

图 14-1　非同级财政拨款收入会计处理

确认非同级财政拨款收入时，按照应收或实际收到的金额，借记"其他应收款""银行存款"等科目，贷记本科目。期末，将本科目本期发生额转入本期盈余，借记本科目，贷记"本期盈余"科目。

第三节 其他收入

一、捐赠收入

捐赠收入是指单位接受其他单位或者个人捐赠取得的收入。

单位应当设置"捐赠收入"科目核算单位接受其他单位或者个人捐赠取得的收入。本科目应当按照捐赠资产的用途和捐赠单位等进行明细核算。期末结转后，本科目应无余额。接受捐赠的货币资金，按照实际收到的金额，借记"银行存款""库存现金"等科目，贷记本科目；接受捐赠的存货、固定资产等非现金资产，按照确定的成本，借记"库存物品""固定资产"等科目，按照发生的相关税费、运输费等，贷记"银行存款"等科目，按照其差额，贷记本科目；接受捐赠的资产按照名义金额入账的，按照名义金额，借记"库存物品""固定资产"等科目，贷记本科目；同时，按照发生的相关税费、运输费等，借记"其他费用"科目，贷记"银行存款"等科目；期末，将本科目本期发生额转入本期盈余，借记本科目，贷记"本期盈余"科目。其相关会计处理如图14-2所示。

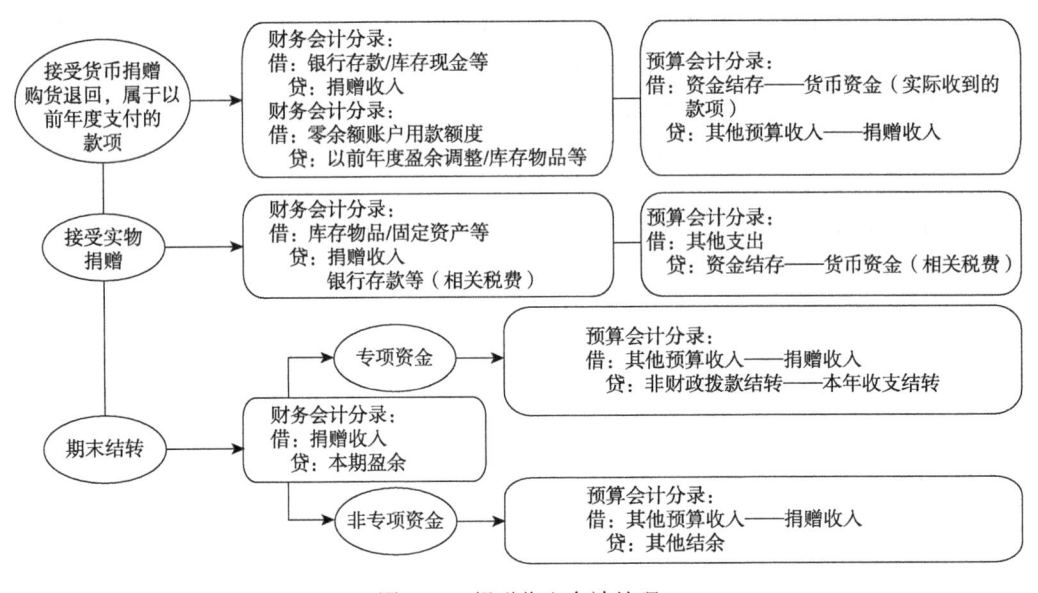

```
接受货币捐赠      财务会计分录：                            预算会计分录：
购货退回，属于以   借：银行存款/库存现金等                    借：资金结存——货币资金（实际收到的
前年度支付的      贷：捐赠收入                                 款项）
款项            财务会计分录：                            贷：其他预算收入——捐赠收入
              借：零余额账户用款额度
                贷：以前年度盈余调整/库存物品等

接受实物        财务会计分录：                            预算会计分录：
捐赠          借：库存物品/固定资产等                      借：其他支出
              贷：捐赠收入                                 贷：资金结存——货币资金（相关税费）
                 银行存款等（相关税费）

              专项资金     预算会计分录：
                         借：其他预算收入——捐赠收入
                         贷：非财政拨款结转——本年收支结转
期末结转      财务会计分录：
            借：捐赠收入
              贷：本期盈余
              非专项资金   预算会计分录：
                         借：其他预算收入——捐赠收入
                         贷：其他结余
```

图14-2 捐赠收入会计处理

二、利息收入

单位应当设置"利息收入"科目核算单位取得的银行存款利息收入，本科目期末结转后应无余额。取得银行存款利息时，按照实际收到的金额，借记"银行存款"科目，贷记"应收利息"科目。期末，将本科目本期发生额转入本期盈余，借记本科目，贷记

"本期盈余"科目，如图14-3所示。

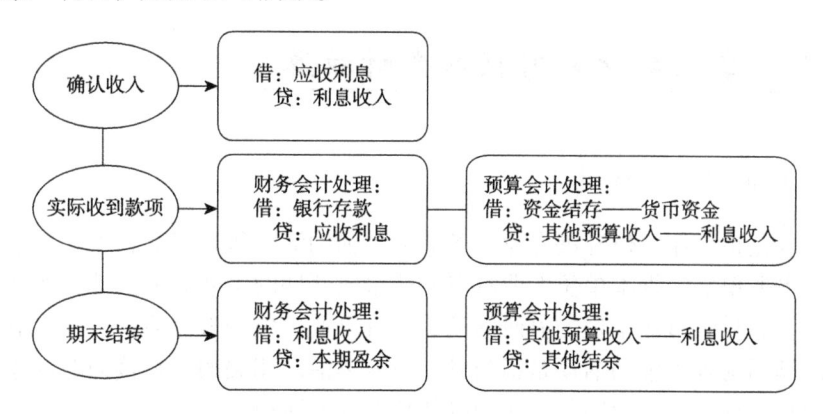

图14-3 利息收入会计核算

三、租金收入

单位应当设置"租金收入"科目核算单位经批准利用国有资产出租取得并按照规定纳入本单位预算管理的租金收入。本科目应当按照出租国有资产类别和收入来源等进行明细核算。本科目期末结转后，应无余额。国有资产出租收入，应当在租赁期内各个期间按照直线法予以确认。其具体会计处理如图14-4所示。

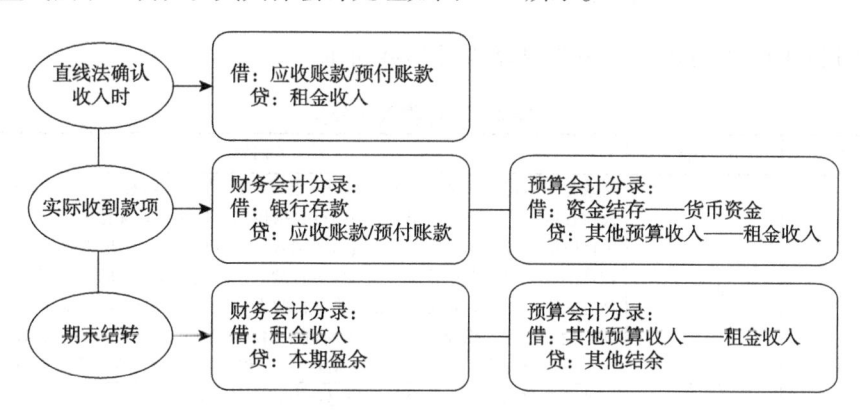

图14-4 租金收入会计处理

（1）采用预收租金方式的，预收租金时，按照收到的金额，借记"银行存款"等科目，贷记"预收账款"科目；分期确认租金收入时，按照各期租金金额，借记"预收账款"科目，贷记本科目。

（2）采用后付租金方式的，每期确认租金收入时，按照各期租金金额，借记"应收账款"科目，贷记本科目；收到租金时，按照实际收到的金额，借记"银行存款"等科目，贷记"应收账款"科目。

（3）采用分期收取租金方式的，每期收取租金时，按照租金金额，借记"银行存款"等科目，贷记本科目。涉及增值税业务的，相关账务处理参见"应交增值税"科目。期末，将本科目本期发生额转入本期盈余，借记本科目，贷记"本期盈余"科目。

第四节 事业单位专有收入会计核算

一、事业收入的概念

事业收入是指事业单位开展专业业务活动及辅助活动所取得的收入。其中，专业业务活动是指事业单位根据本单位专业特点所从事或开展的主要业务活动，如文化事业单位的演出活动、科研事业单位的科研活动、教育事业单位的教育活动、医疗卫生事业单位的医疗保健活动等。辅助活动是指与其专业业务活动相关的、直接为专业业务活动服务的单位行政管理活动、后勤服务活动以及其他有关活动。

事业单位确认事业收入时，应注意以下两点。

（1）事业单位按规定应上缴财政预算的资金和应缴财政专户的预算外资金不计入事业收入。

（2）从财政专户核拨的预算外资金和部分经财政部门核准不上缴财政专户管理的预算外资金，应计入事业收入。

二、事业收入的分类

事业收入的分类标准及其主要内容如表14-4所示。

表14-4 事业收入的分类

分类标准	分类名称	主要内容
管理方式	财政专户返还收入	财政专户返还收入是采用财政专户返还方式管理的事业收入，承担政府规定的社会公益性服务任务的事业单位，向社会提供的公益服务是无偿的，或只按政府指导价格收取部分费用，其事业收费需要纳入财政专户管理，如果事业单位的某项事业收费纳入了财政专户管理，事业收入需要按"收支两条线"的方式管理。在这种管理方式下，事业单位取得的各项事业性收费不能立即安排支出，需要上缴统计财政部门设立的财政资金专户，支出时同级财政部门按资金收支计划从财政专户中拨付。事业单位在经过审批取得从财政专户核拨的款项时，方可确认事业收入
	其他事业收入	其他事业收入是未采用财政专户返还方式管理的普通事业收入。许多事业单位的业务活动具有公益属性，在国家政策的支持下可以通过事业收费正常运转，提供的公益性服务不以营利为目的，但需要按成本补偿的原则制定价格并收取服务费用，其事业收费不需要纳入财政专户管理。如果事业单位的某项事业收费没有纳入财政专户管理，事业单位在收到各项服务即可确认事业收入

注：需要注意，事业单位业务活动的各项收费并非均属于事业收入。事业单位因代行政府职能而收取的款项需要上缴国库，形成政府的财政收入。事业单位收取的纳入财政专户管理的各项收入需要上缴财政专户，核拨后形成事业单位的财政专户返还收入。事业单位应当根据预算管理的要求，正确区分一项事业收费是属于事业收入，还是应缴国库款或应缴财政专户款

三、事业收入的会计核算

（一）科目设置

单位应当设置"事业收入"科目核算事业单位开展专业业务活动及其辅助活动实现

的收入，不包括从同级政府财政部门取得的各类财政拨款。

本科目应当按照事业收入的类别、来源等进行明细核算。对于因开展科研及其辅助活动从非同级政府财政部门取得的经费拨款，应当在本科目下单设"非同级财政拨款"明细科目进行核算。本科目期末结转后应无余额。其具体会计处理如图14-5所示。

```
采用财政专户返还方式管理的事业收入
    ├── 确认收入 → 借：银行存款/应收账款等
    │              贷：应缴财政款
    ├── 向财政专户上缴款项时 → 借：应缴财政款
    │                        贷：银行存款
    └── 收到财政专户返还款项 → 财务会计分录：        预算会计分录：
                              借：银行存款等         借：资金结存——货币资金
                              贷：事业收入           贷：事业预算收入

其他事业收入
    ├── 确认收入 → 借：银行存款/应收账款/预收账款等
    │              贷：事业收入等
    └── 实际收到款项 → 财务会计分录：              预算会计分录：
                     借：银行存款                借：资金结存——货币资金
                     贷：预收账款/应收账款等      贷：事业预算收入

期末结转
    ├── 专项资金 → 预算会计分录：
    │              借：事业预算收入
    │              贷：非财政拨款结转——本年收支结转
    ├── 财务会计分录：
    │   借：事业收入
    │   贷：本期盈余
    └── 非专项资金 → 预算会计分录：
                    借：事业预算收入
                    贷：其他结余
```

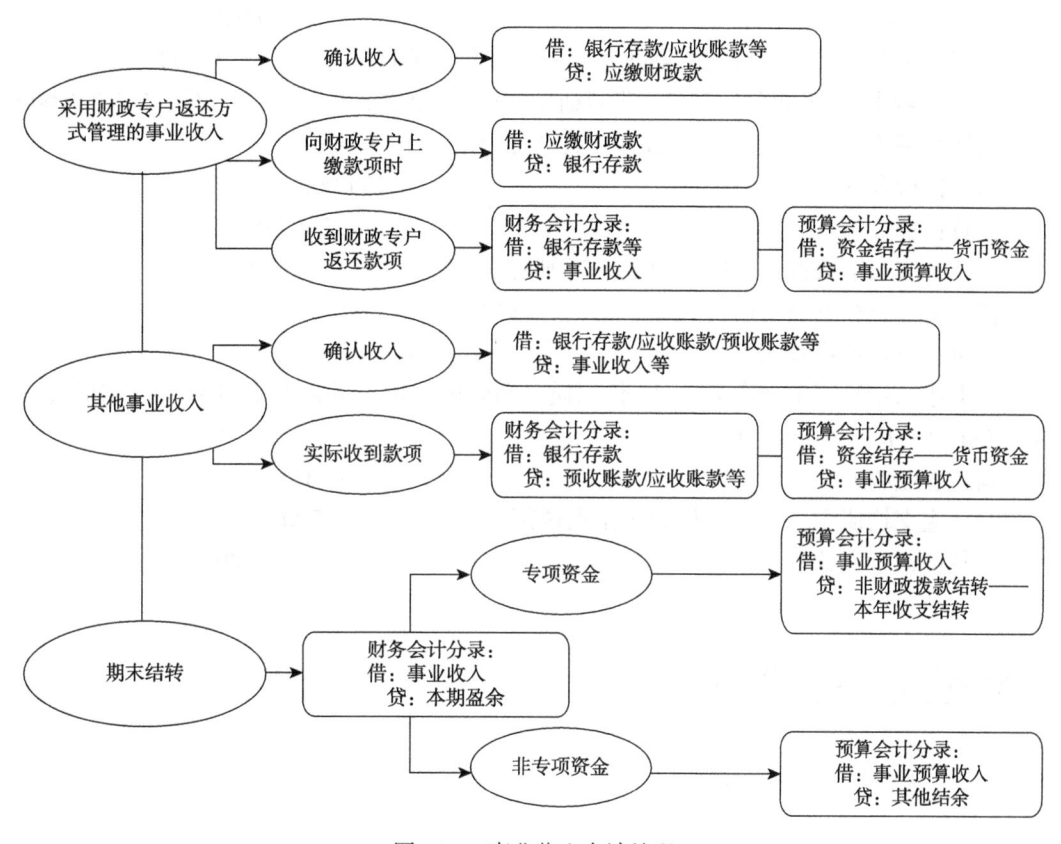

图 14-5　事业收入会计处理

（二）事业收入的会计核算

（1）采用财政专户返还方式管理的事业收入实现应上缴财政专户的事业收入时，按照实际收到或应收的金额，借记"银行存款""应收账款"等科目，贷记"应缴财政款"科目。向财政专户上缴款项时，按照实际上缴的款项金额，借记"应缴财政款"科目，贷记"银行存款"等科目。收到从财政专户返还的事业收入时，按照实际收到的返还金额，借记"银行存款"等科目，贷记本科目。

（2）采用预收款方式确认的事业收入实际收到预收款项时，按照收到的款项金额，借记"银行存款"等科目，贷记"预收账款"科目。以合同完成进度确认事业收入时，按照基于合同完成进度计算的金额，借记"预收账款"科目，贷记本科目。

（3）采用应收款方式确认的事业收入，根据合同完成进度计算本期应收的款项，借记"应收账款"科目，贷记本科目。实际收到款项时，借记"银行存款"等科目，贷记"应收账款"科目。

（4）其他方式下确认的事业收入按照实际收到的金额，借记"银行存款""库存现金"等科目，贷记本科目。

上述（1）至（4）业务中涉及增值税业务的，相关账务处理参见"应交增值税"科目。

【例 14-3】 某事业单位开展的咨询服务，咨询服务费 10 000 元，款项尚未收到。

借：应收账款　　　　　　　　　　　　　　　　10 000
　　贷：事业收入——科技咨询业务——××收费项目　　10 000

【例 14-4】 某事业单位销售一批科研中间产品，单价 250 元，共 800 件，共计 200 000 元，增值税额为 34 000 元，款已收到。其会计分录如下。

借：银行存款　　　　　　　　　　　　　　　234 000
　　贷：事业收入　　　　　　　　　　　　　　200 000
　　　　应交增值税——应交税金（销项税额）　　34 000
借：资金结存——货币资金　　234 000
　　贷：事业预算收入　　　　　234 000

若上述已销科研中间产品有 40 件因质量问题被退货，货款项 10 400 元，增值税额为 1 700 元。其会计分录如下。

借：事业收入　　　　　　　　　　　　　　　10 400
　　应交增值税——应交税金（销项税额）　　　1 700
　　贷：银行存款　　　　　　　　　　　　　　12 100

第五节　经营收入

一、经营收入的概念

经营收入是事业单位在专业业务活动及辅助活动之外开展非独立核算经营活动取得的收入。经营收入是一种有偿收入，以提供各项服务或商品为前提，是事业单位在经营活动中通过收费等方式取得的。事业单位的主要业务活动是专业业务活动，在专业业务活动及辅助活动之外开展各项业务活动即为经营活动。事业单位开展经营活动的目的是通过经营活动获取一定的收入，来弥补事业经费的不足。事业单位经营收入的确认，有两个条件：一是经营收入是事业单位在专业业务活动及辅助活动之外取得的收入；二是经营收入是事业单位非独立核算单位取得的收入。一个收入事项同时具备以上两个条件方能确认为事业收入。事业单位所属独立核算单位的各项收入，由所属独立核算单位自行组织核算，上级单位不进行记录。事业单位收到所属独立核算单位上缴的收入，通过"附属单位上缴收入"科目进行核算。

二、经营收入的确认条件

经营收入的相关确认条件如表 14-5 所示。

表 14-5　经营收入的确认条件

经营收入的确认条件	一是事业单位在专业业务活动及辅助活动之外取得的收入
	二是事业单位非独立核算单位取得的收入

三、经营收入的分类

经营收入的分类标准及其主要内容如表 14-6 所示。

表 14-6　经营收入的分类

分类标准	分类名称	主要内容
经营业务类型	服务收入	事业单位非独立核算部门对外提供经营服务取得的收入
	销售收入	事业单位非独立核算部门开展商品生产、加工对外销售商品取得的收入
	租赁收入	事业单位对外出租房屋、场地和设备等取得的收入
	其他经营收入	除上述收入以外的各项经营类业务收入

四、经营收入的会计核算

为了反映事业单位经营业务的收入情况，事业单位应当设置"经营收入"科目。该科目核算事业单位在专业业务活动及辅助活动之外开展非独立核算经营活动取得的收入。本科目应当按照经营活动类别、项目和收入来源等进行明细核算。本科目期末结转后，应无余额。

经营收入应当在提供服务或发出存货，同时收讫价款或者取得索取价款的凭据时，按照实际收到或应收的金额予以确认。

实现经营收入时，按照确定的收入金额，借记"银行存款""应收账款""应收票据"等科目，贷记本科目。涉及增值税业务的，相关账务处理参见"应交增值税"科目。

期末，将本科目本期发生额转入本期盈余，借记本科目，贷记"本期盈余"科目。经营收入的主要账务处理如图 14-6 所示。

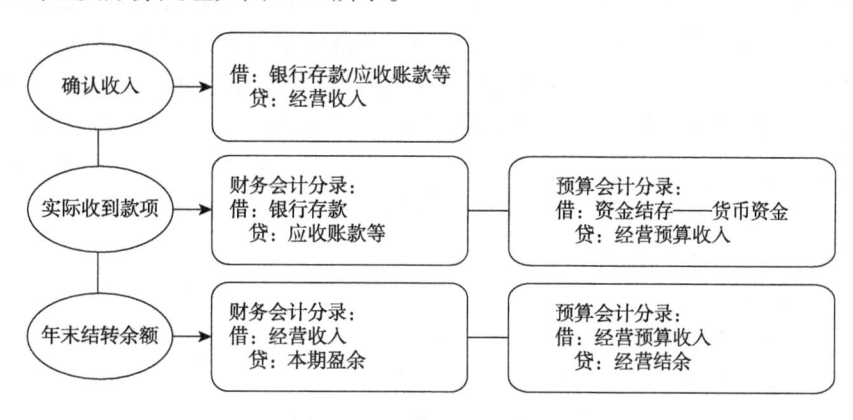

图 14-6　经营收入会计处理

【例 14-5】 某事业单位为公众提供检测服务（没有实行独立核算），1 000 元的款项已经收讫并存入银行。

借：银行存款　　　　　　　　　　　　　1 000
　　贷：经营收入——检测服务费　　　　　　1 000
借：资金结存——货币资金　　　　　　　1 000
　　贷：经营预算收入——检测服务费　　　　1 000

【例 14-6】 某事业单位附属的服务部提供打印服务应收取打印费 1 000 元，实际收到 800 元，款项已经存入银行。

借：银行存款　　　　　　　　　　　　　800
　　应收账款　　　　　　　　　　　　　200
　　贷：经营收入——打印服务——打印费　　1 000
借：资金结存——货币资金　　　　　　　800
　　贷：经营预算收入——打印服务——打印费　800

如果事业单位的经营收入按规定应当缴纳增值税，按扣除增值税后的金额确认经营收入，相关会计处理如图 14-7 所示。属于增值税小规模纳税人的事业单位实现经营收入，按实际出售价款，借记"银行存款""应收账款""应收票据"等科目，按出售价款扣除增值税后的金额，贷记"经营收入"科目，按应缴增值税金额，贷记"应缴税费——应缴增值税"科目。

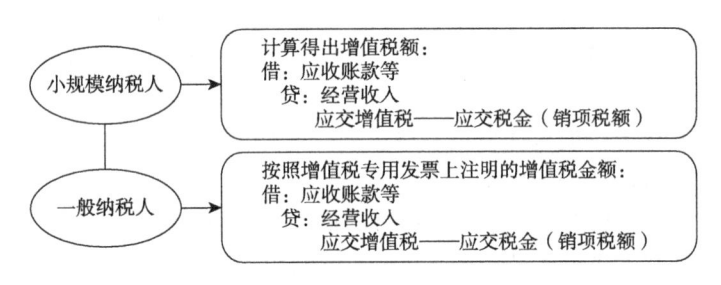

```
小规模纳税人 ──→  计算得出增值税额：
                   借：应收账款等
                   　　贷：经营收入
                   　　　　应交增值税——应交税金（销项税额）

一般纳税人 ──→    按照增值税专用发票上注明的增值税金额：
                   借：应收账款等
                   　　贷：经营收入
                   　　　　应交增值税——应交税金（销项税额）
```

图 14-7　涉及增值税经营收入的会计处理

属于增值税一般纳税人的事业单位实现经营收入，按包含增值税的价款总额，借记"银行存款""应收账款""应收票据"等科目，扣除增值税销项税额后的价款金额，贷记"经营收入"科目，按增值税专用发票上注明的增值税金额，贷记"应缴税费——应缴增值税（销项税额）"科目。会计处理如图 14-7 涉及增值税经营收入的会计处理。

【例 14-7】 某事业单位利用其技术条件对外销售一批附属产品，价值 234 000 元（含税），款项尚未收到。该事业单位为增值税一般纳税人，销售商品的增值税税率为 17%，增值税销项税额为 34 000 元。

借：应收账款　　　　　　　　　　　　　234 000
　　贷：经营收入——生产业务——产品销售收入　　200 000
　　　　应交增值税——应交税金（销项税额）　　　34 000

五、投资收益

事业单位应当设置"投资收益"科目核算事业单位股权投资和债权投资应当按照投资的种类等进行明细核算。期末,将本科目本期发生额转入本期盈余,借记或贷记本科目,贷记或借记"本期盈余"科目。本科目期末结转后,应无余额。

(一)短期投资收益

收到短期投资持有期间的利息,按照实际收到的金额,借记"银行存款"科目,贷记"投资收益"科目。出售或到期收回短期债券本息,按照实际收到的金额,借记"银行存款"科目,按照出售或收回短期投资的成本,贷记"短期投资"科目,按照其差额,贷记或借记本科目。涉及增值税业务的,相关账务处理参见"应交增值税"科目。

短期投资收益的会计处理如图14-8所示。

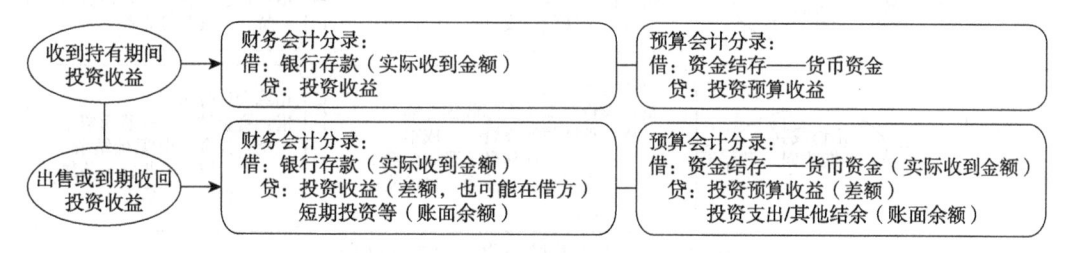

收到持有期间投资收益	财务会计分录: 借:银行存款(实际收到金额) 贷:投资收益	预算会计分录: 借:资金结存——货币资金 贷:投资预算收益
出售或到期收回投资收益	财务会计分录: 借:银行存款(实际收到金额) 贷:投资收益(差额,也可能在借方) 短期投资等(账面余额)	预算会计分录: 借:资金结存——货币资金(实际收到金额) 贷:投资预算收益(差额) 投资支出/其他结余(账面余额)

图14-8 短期投资收益的会计核算

(二)长期债券投资收益

长期债券投资收益的会计处理如图14-9所示。持有的分期付息、一次还本的长期债券投资,按期确认利息收入时,按照计算确定的应收未收利息,借记"应收利息"科目,贷记本科目;持有的到期一次还本付息的债券投资,按期确认利息收入时,按照计算确定的应收未收利息,借记"长期债券投资——应计利息"科目,贷记本科目。

出售长期债券投资或到期收回长期债券投资本息,按照实际收到的金额,借记"银行存款"等科目,按照债券初始投资成本和已计未收利息金额,贷记"长期债券投资——成本——应计利息"科目(到期一次还本付息债券)或"长期债券投资""应收利息"科目(分期付息债券),按照其差额,贷记或借记本科目。涉及增值税业务的,相关账务处理参见"应交增值税"科目。

(三)长期股权投资收益

1. 持有长期股权投资期间投资收益的确认

采用成本法核算的长期股权投资持有期间,被投资单位宣告分派现金股利或利润时,按照宣告分派的现金股利享有的份额,借记"应收股利"科目,贷记本科目。

图 14-9 长期债券投资收益的会计处理

分期付息、一次还本的长期债券

- 按期确认应收利息收入
  - 借：应收利息
    贷：投资收益

- 实际收到利息收入
  - 财务会计分录：
    借：银行存款
      贷：应收利息
  - 预算会计分录：
    借：资金结存——货币资金
      贷：投资预算收益

- 出售或到期收回
  - 财务会计分录：
    借：银行存款（实际收到金额）
      应收利息
      贷：长期债券投资（账面余额）
      投资收益（差额，也可能在借方）
  - 预算会计分录：
    借：资金结存——货币资金
      贷：投资支出/其他结余
      投资预算收益（差额，也可能在借方）

到期一次还本付息的债券投资

- 按期确认应收利息收入
  - 借：长期债券投资——应计利息
    贷：投资收益

- 实际收到利息收入
  - 财务会计分录：
    借：银行存款
      贷：长期债券投资——应计利息
  - 预算会计分录：
    借：资金结存——货币资金
      贷：投资预算收益

- 出售或到期收回
  - 财务会计分录：
    借：银行存款（实际收到金额）
      贷：长期债券投资——成本
      ——应计利息（账面余额）
      投资收益（差额，也可能在借方）
  - 预算会计分录：
    借：资金结存——货币资金
      贷：投资支出/其他结余
      投资预算收益（差额，也可能在借方）

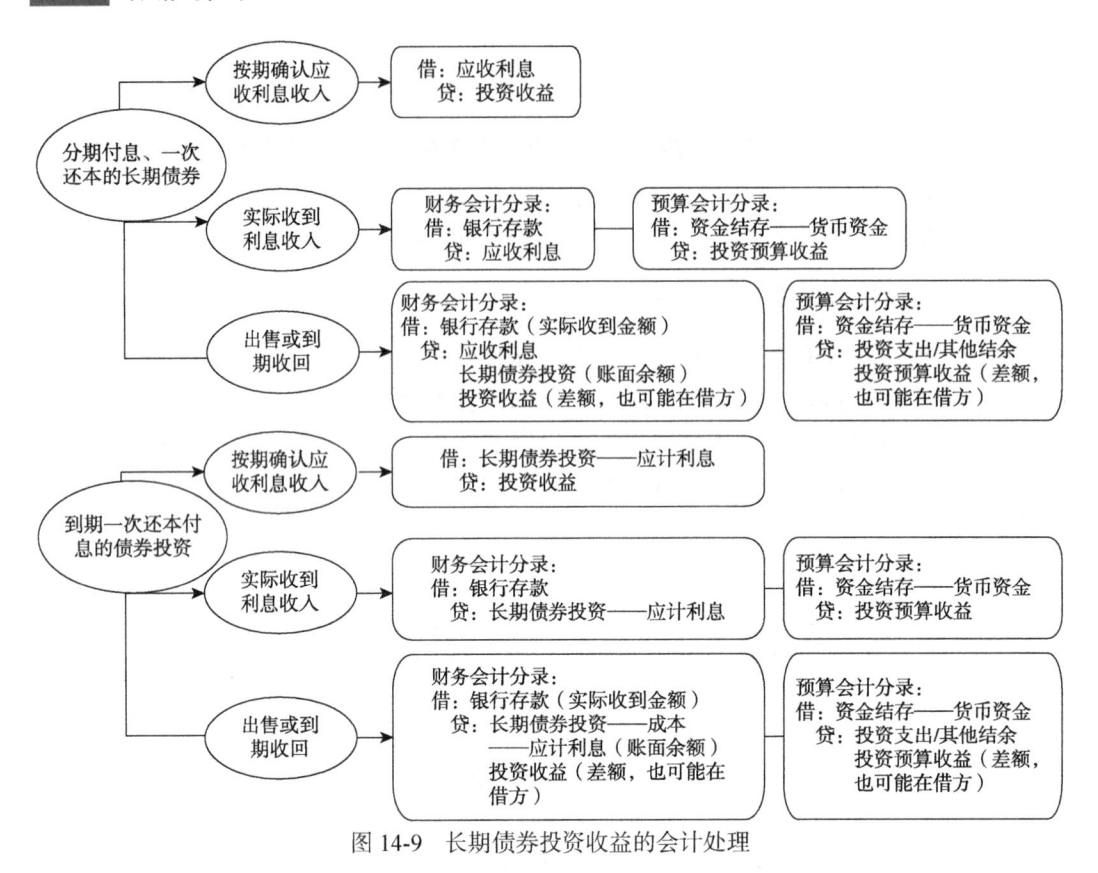

采用权益法核算的长期股权投资持有期间，按照应享有或应分担的被投资单位实现的净损益的份额，借记或贷记"长期股权投资——损益调整"科目，贷记或借记本科目；被投资单位发生净亏损，但以后年度又实现净利润的，单位在其收益分享额弥补未确认的亏损分担额等后，恢复确认投资收益，借记"长期股权投资——损益调整"科目，贷记本科目。其具体会计处理如表 14-7 所示。

表 14-7 长期股权投资期间投资收益的会计处理

方法	投资收益确认时点	会计处理	
成本法	被投资单位宣告分派现金股利或利润时，按本单位享有的份额确认投资收益	借：应收股利 　　贷：投资收益	
权益法	被投资单位实现净损益时，按照本单位享有的份额确认投资收益	被投资单位实现净利润	借：长期股权投资——损益调整 　　贷：投资收益
		被投资单位亏损	借：投资收益 　　贷：长期股权投资——损益调整

2. 出售长期股权投资确认投资收益

按照规定处置长期股权投资时有关投资收益的账务处理，参见"长期股权投资"科目，具体如表 14-8 所示。

表 14-8 处置长期股权投资投资收益的会计处理

内容	处置资产取得方式	财务会计处理	预算会计处理
处置收益纳入单位预算管理	以现金取得	借：银行存款（实际取得的价款） 　　贷：长期股权投资（账面余额） 　　　　应收股利（已宣告尚未领取的现金股利） 　　　　银行存款（支付的相关税费） 　　　　投资收益（差额，可以在借方）	借：资金结存——货币资金 　　贷：投资支出/其他结余（投资款）投资预算收益
	以现金以外的其他资产取得	借：资产处置费用 　　贷：长期股权投资 借：银行存款（实际取得存款） 　　贷：应收股利（已宣告尚未领取的现金股利） 　　　　投资收益（取得价款减去投资账面余额、应收股利与相关税费） 　　　　应缴财政款（贷差）	借：资金结存——货币资金（取得价款减去投资账面余额与相关税费） 　　贷：投资预算收益
处置投资收益上缴财政	不确认投资收益		

【例 14-8】 某事业单位一项长期股权投资按权益法核算，年底被投资单位实现净利润 60 000 元，按投资份额计算，属于该事业单位享有的被投资单位净利润 30 000 元。

借：长期股权投资——损益调整　　　30 000
　　贷：投资收益　　　　　　　　　　　30 000

被投资单位次年 3 月宣告分配股利 20 000 元，属于本单位享有的股利份额 12 000 元，股利尚未收到。

借：应收股利　　　　　　　　　　　12 000
　　贷：长期股权投资——损益调整　　　12 000

【例 14-9】 某事业单位一项短期国债投资到期兑付，其收到国债投资本息 61 200 元，其中短期投资成本 60 000 元，利息 1 200 元。

借：银行存款　　　61 200
　　贷：短期投资　　　60 000
　　　　投资收益　　　 1 200
借：资金结存——货币资金　　　61 200
　　贷：投资支出　　　　　　　　60 000
　　　　投资预算收益　　　　　　 1 200

第六节 上级补助收入

一、上级补助收入的概念

上级补助收入是事业单位收到主管部门或上级单位拨入的非财政补助资金。根据事业单位的管理体制，每个事业单位均有主管部门或上级单位，主管部门或上级单位可以利用自身的收入或集中的收入,对所属事业单位给予补助,以调剂事业单位的资金余缺。上级补助收入不同于财政补助收入,上级补助收入并非来源于财政部门,也不是财政部门安排的财政预算资金,而是由主管部门或上级单位拨入的非财政性资金。上级补助收入并不是事业单位的常规收入,主管单位或上级单位一般根据自身的资金情况和事业单位的需要进行拨付。

二、上级补助收入的分类

上级补助收入是事业单位的非财政补助资金,需要按照主管部门或上级单位的要求来进行管理,按规定的用途安排使用,具体分类如表14-9所示。

表14-9　上级补助收入的分类

分类名称	主要内容
专项资金收入	专项资金收入是主管部门或上级单位拨入的用于完成特定任务的款项。专项资金收入应当专款专用、单独核算,并按照规定向主管部门或上级单位报送专项资金使用情况;项目完成后,应当报送专项资金支出决算和使用效果的书面报告,接受主管部门或上级单位的检查、验收。当年未完成的项目结转到下一年继续使用。已经完成项目结余的资金,按规定缴回原拨款单位,或留归事业单位转入事业基金
非专项资金收入	非专项资金收入是主管部门或上级单位拨入用于维持正常运行和完成日常工作任务的款项。非专项资金收入无限定的用途,年度结余的资金可以转入事业结余并进行分配

三、上级补助收入的会计核算

(一)设置会计账户

为了反映事业单位取得主管部门或上级单位的补助情况,事业单位应当设置"上级补助收入"科目。按照发放补助单位、补助项目等进行明细核算。本科目期末结转后,应无余额。

(二)会计核算

确认上级补助收入时,按照应收或实际收到的金额,借记"其他应收款""银行存款"等科目,贷记本科目。实际收到上级补助款时,按照实际收到的金额,借记"银行存款"等科目,贷记"其他应收款"科目。期末,将本科目本期发生额转入本期盈余,借记本科目,贷记"本期盈余"科目,如图14-10所示。

【例14-10】　某事业单位收到主管部门拨来的补助款100 000元,款项已经到账。此款项是上级单位用附属单位基本支出进行的调剂。

　　借:银行存款　　　　　　　　　　　100 000
　　　　贷:上级补助收入——主管部门　　　　100 000
　　借:资金结存——货币资金　　　　　100 000
　　　　贷:上级补助预算收入　　　　　　　　100 000

年终,结转"上级补助收入"科目,其中专项资金收入600 000元,非专项资金收入300 000元。

```
确认收入 → 借：银行存款/其他应收款等
             贷：上级补助收入

收到收入 → 财务会计分录：                预算会计分录：
           借：银行存款等                 借：资金结存——货币资金
             贷：其他应收款                  贷：上级补助预算收入

期末结转 → 专项资金 → 预算会计分录：
                       借：上级补助预算收入
                         贷：非财政拨款结转——本年收支结转

           财务会计分录：
           借：上级补助收入
             贷：本期盈余

           非专项资金 → 预算会计分录：
                         借：上级补助预算收入
                           贷：其他结余
```

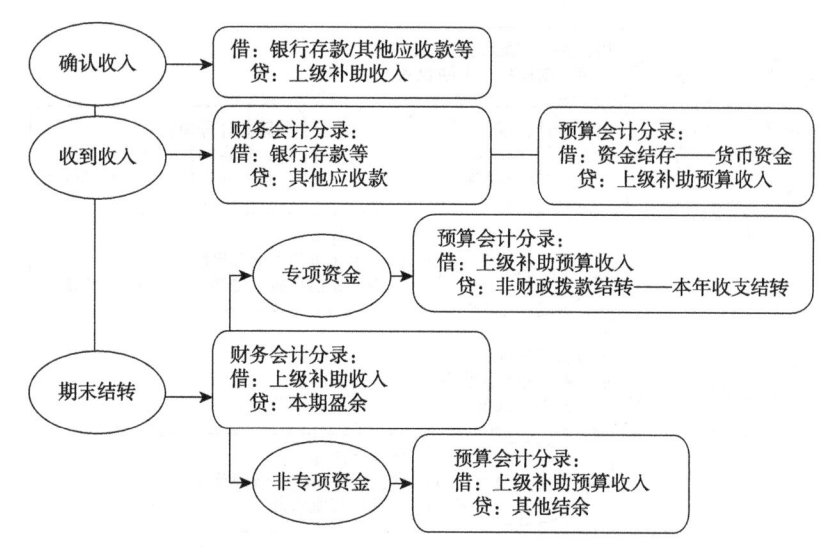

图 14-10　上级补助收入会计处理

借：上级补助收入　　　　　　　900 000
　　贷：本期盈余　　　　　　　　　　900 000
借：上级补助预算收入　　　　　900 000
　　贷：非财政拨款结转　　　　　　　600 000
　　　　其他结余　　　　　　　　　　300 000

四、附属单位上缴收入

（一）附属单位上缴收入的概念

附属单位上缴收入是指事业单位附属的独立核算单位按规定标准或比例缴纳的各项收入。事业单位一般下设一些独立核算的附属单位。

附属单位是指事业单位内部设立的，实行独立核算的下级单位，与上级单位存在一定的体制关系。附属单位缴款是事业单位收到的附属单位上缴的款项，事业单位与附属单位之间的往来款项，不通过附属单位缴款核算，事业单位对外投资获得的投资收益也不通过附属单位缴款核算。

（二）附属单位上缴收入的会计核算

为了反映事业单位取得所属单位缴款的情况，事业单位应当设置"附属单位上缴收入"科目。该科目核算事业单位收到独立核算附属单位按规定上缴的款项。"附属单位上缴收入"科目应当按照附属单位、缴款项目进行明细核算。本科目期末结转后应无余额。其相关会计处理如图 14-11 所示。

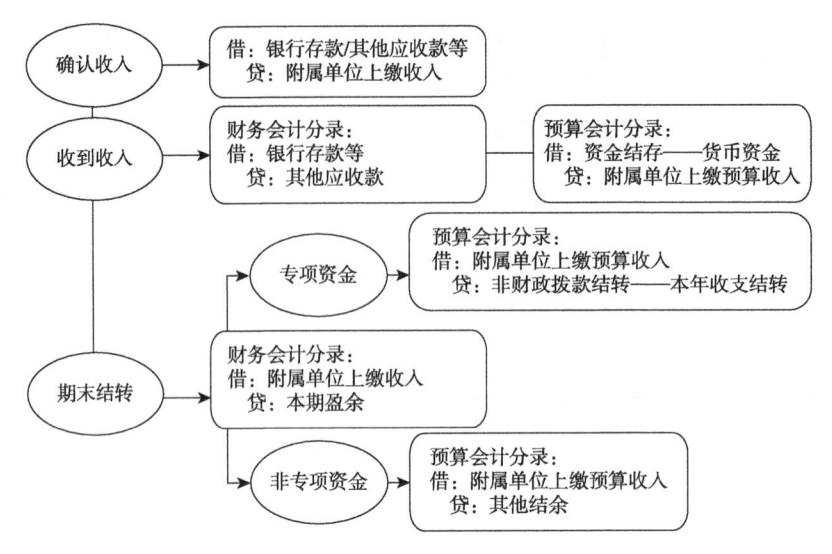

```
确认收入 → 借：银行存款/其他应收款等
           贷：附属单位上缴收入

收到收入 → 财务会计分录：          预算会计分录：
          借：银行存款等            借：资金结存——货币资金
          贷：其他应收款            贷：附属单位上缴预算收入

期末结转 → 专项资金 → 预算会计分录：
                     借：附属单位上缴预算收入
                     贷：非财政拨款结转——本年收支结转

         → 财务会计分录：
           借：附属单位上缴收入
           贷：本期盈余

         → 非专项资金 → 预算会计分录：
                       借：附属单位上缴预算收入
                       贷：其他结余
```

图 14-11 附属单位上缴收入会计处理

应收或收到的金额，借记"其他应收款""银行存款"等科目，贷记本科目。实际收到附属单位上缴款时，按照实际收到的金额，借记"银行存款"等科目，贷记"其他应收款"科目。期末，将本科目本期发生额转入本期盈余，借记本科目，贷记"本期盈余"科目。

【例 14-11】 某事业单位下属的招待所为独立核算的附属单位。按事业单位与招待所签订的收入分配办法规定，2020 年招待所应缴纳分成款 150 000 元，事业单位已收到招待所上缴的款项。

借：银行存款　　　　　　　　　　　　　　　　　　　　　150 000
　　贷：附属单位上缴收入——招待所——2020 年分成款　　　150 000
借：资金结存——货币资金　　　150 000
　　贷：附属单位上缴预算收入　　　150 000

第十五章

费用的会计核算

第一节 费用概述

一、费用的概念

费用是指报告期内导致政府会计主体净资产减少的、含有服务潜力或者经济利益的经济资源的流出。费用的确认应当同时满足以下条件。

（1）与费用相关的含有服务潜力或者经济利益的经济资源很可能流出政府会计主体。

（2）含有服务潜力或者经济利益的经济资源流出会导致政府会计主体资产减少或者负债增加。

（3）流出金额能够可靠地计量。

二、费用的分类

单位的费用按照发生费用的业务活动类型可以分为业务活动费用、单位管理费用、其他费用、经营费用等，具体内容如表 15-1 所示。

表 15-1 行政、事业单位的费用分类

项目	分类	内容
行政、事业单位共同费用	业务活动费用	指单位为实现其职能目标，依法履职或开展专业业务活动及其辅助活动所发生的各项费用
	资产处置费用	指单位经批准处置资产时，如无偿调拨、出售、出让、转让、置换、对外捐赠资产等发生的费用
	其他费用	指除业务活动费用、单位管理费用、经营费用、资产处置费用、上缴上级费用、对附属单位补助费用、所得税费用以外的各项费用，包括利息费用、坏账损失、罚没支出、现金资产捐赠支出以及相关税费、运输费等

续表

项目	分类	内容
事业单位特有费用	上缴上级费用	指事业单位按照财政部门和主管部门的规定上缴上级单位款项发生的费用
	对附属单位补助费用	指事业单位用财政拨款收入之外的收入对附属单位补助发生的费用
	经营费用	指事业单位在专业业务活动及其辅助活动之外开展非独立核算经营活动发生的各项费用
	单位管理费用	指事业单位本级行政及后勤管理部门开展管理活动发生的各项费用
	所得税费用	指有企业所得税缴纳义务的事业单位按规定缴纳企业所得税所形成的费用

第二节 费用的核算

一、业务活动费用

（一）概念

业务活动费用是单位为实现其职能目标，依法履职或开展专业业务活动及其辅助活动所发生的各项费用。

（二）会计账户设置

单位应当设置"业务活动费用"科目核算单位为实现其职能目标，依法履职或开展专业业务活动及其辅助活动所发生的各项费用。本科目应当按照项目、服务或者业务类别、支付对象等进行明细核算。为了满足成本核算需要，本科目下还可按照"工资福利费用""商品和服务费用""对个人和家庭的补助费用""对企业补助费用""固定资产折旧费""无形资产摊销费""公共基础设施折旧（摊销）费""保障性住房折旧费""计提专用基金"等成本项目设置明细科目，归集能够直接计入业务活动或采用一定方法计算后计入业务活动的费用期末结转后，本科目应无余额。

（三）会计核算

（1）为履职或开展业务活动的本单位人员以及外部人员计提的薪酬和劳务费如图 15-1 所示，计提时，按照计算确定的金额，借记本科目，贷记"应付职工薪酬""其他应付款"科目。实际支付时，按照代扣代缴个人所得税的金额，贷记"其他应交税费——应交个人所得税"科目，按照扣税后应付或实际支付的金额，贷记"财政拨款收入""零余额账户用款额度""银行存款"等科目，借记"应付职工薪酬""其他应付款"科目。

（2）为履职或开展业务活动领用库存物品，以及动用发出相关政府储备物资，按照领用库存物品或发出相关政府储备物资的账面余额，借记本科目，贷记"库存物品""政府储备物资"科目。

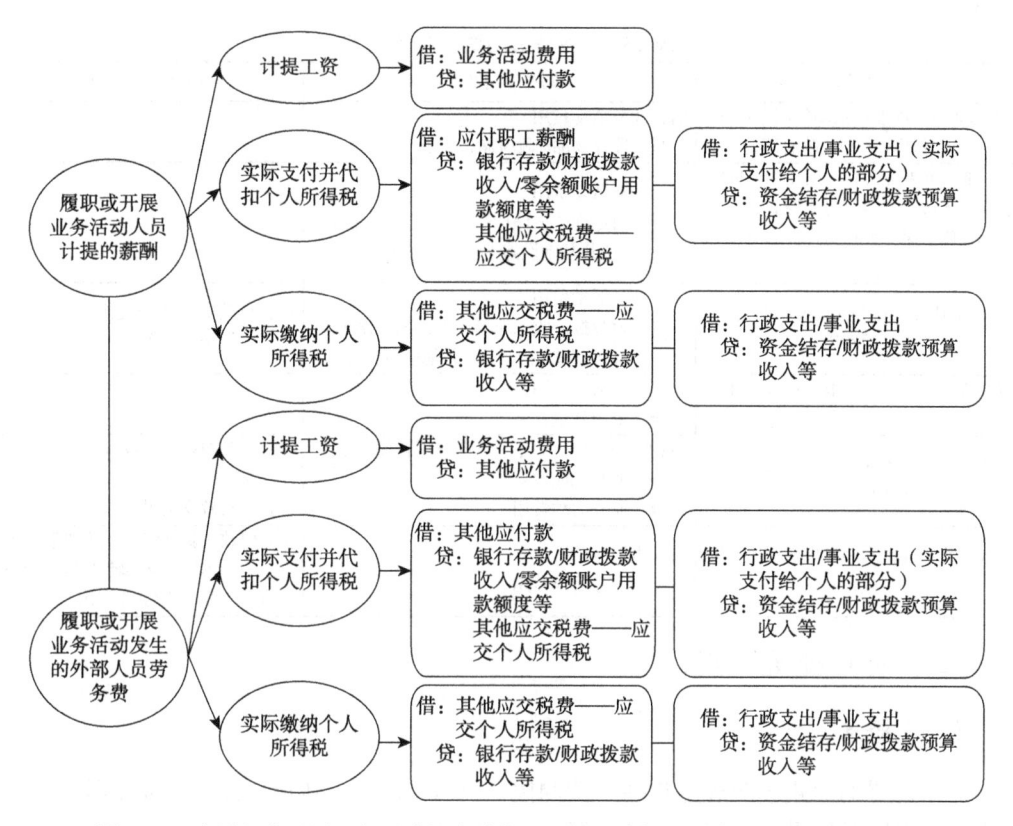

图 15-1 为履职或开展业务活动的本单位人员以及外部人员计提的薪酬和劳务费

（3）为履职或开展业务活动所使用的固定资产、无形资产以及为所控制的公共基础设施、保障性住房计提的折旧、摊销，按照计提金额，借记本科目，贷记"固定资产累计折旧""无形资产累计摊销""公共基础设施累计折旧（摊销）""保障性住房累计折旧"科目。

（4）为履职或开展业务活动发生的各项税费即为履职或开展业务活动发生的城市维护建设税、教育费附加、地方教育费附加、车船税、房产税、城镇土地使用税等，按照计算确定应交纳的金额，借记本科目，贷记"其他应交税费"等科目。

（5）为履职或开展业务活动领用库存物品，以及动用发出相关政府储备物资发生其他各项费用按照费用确认金额，借记本科目，贷记"财政拨款收入""零余额账户用款额度""银行存款""应付账款""其他应付款""其他应收款"等科目。

（6）按照规定从收入中提取专用基金并计入费用的，一般按照预算会计下基于预算收入计算提取的金额，借记本科目，贷记"专用基金"科目。国家另有规定的，从其规定。

（7）发生当年购货退回等业务，对于已计入本年业务活动费用的，按照收回或应收的金额，借记"财政拨款收入""零余额账户用款额度""银行存款""其他应收款"等科目，贷记本科目。期末，将本科目本期发生额转入本期盈余，借记"本期盈余"科目，贷记本科目。

上述业务总结如表 15-2 所示。

表 15-2 业务活动费用会计核算

业务活动	财务会计处理	预算会计处理
为履职或开展业务活动领用库存物品，以及动用发出相关政府储备物资	借：业务活动费用 　　贷：库存物品/政府储备物资	
为履职或开展业务活动所使用的固定资产、无形资产以及为所控制的公共基础设施、保障性住房计提的折旧、摊销	借：业务活动费用 　　贷：固定资产累计折旧/无形资产累计摊销/公共基础设施累计折旧（摊销）等	
为履职或开展业务活动发生的其他各项费用	借：业务活动费用 　　贷：财政拨款收入/零余额账户用款额度/银行存款/应付账款/其他应付款等	借：行政支出/事业支出 　　贷：资金结存等
按照规定从收入中提取专用基金并计入费用	借：业务活动费用 　　贷：专用基金	
当年已计入本年业务活动费用的购货退回等业务	借：财政拨款收入/零余额账户用款额度/银行存款/其他应收款等 　　贷：业务活动费用	借：财政拨款预算收入/资金结存等 　　贷：行政支出/事业支出
期末，将本科目本期发生额转入本期盈余	借：本期盈余 　　贷：业务活动费用	借：财政拨款结转/非财政拨款结转 　　——本年收支结转/其他结余等 　　贷：行政支出/事业支出

二、资产处置费用

（一）概念

资产处置的形式按照规定包括无偿调拨、出售、出让、转让、置换、对外捐赠资产、报废、毁损以及货币性资产损失核销等。

（二）资产处置的会计处理

单位在资产清查中查明的资产盘亏、毁损以及资产报废等，应当先通过"待处理财产损溢"科目进行核算，再将处理资产价值和处理净支出计入本科目。短期投资、长期股权投资、长期债券投资的处置，按照相关资产科目的规定进行账务处理。其具体会计处理如图 15-2 所示。

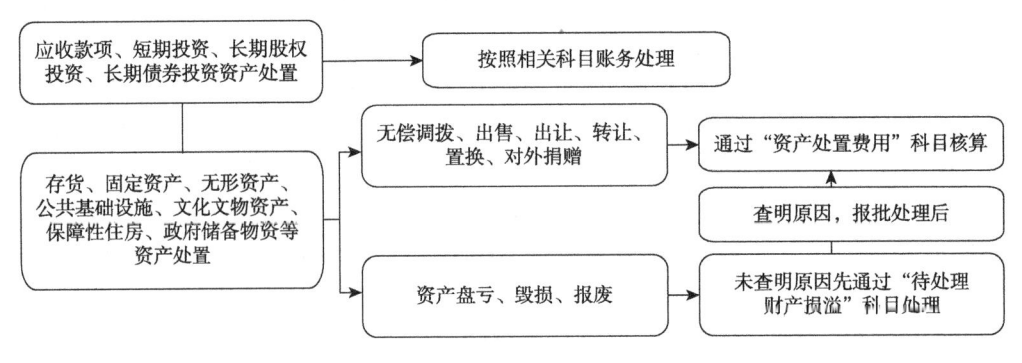

图 15-2 资产处置会计处理

单位应当设置"资产处置费用"科目核算单位经批准处置资产时发生的费用，包括转销的被处置资产价值，以及在处置过程中发生的相关费用或者处置收入小于相关费用形成的净支出。本科目应当按照资产处置的类别、形式等进行明细核算。本科目期末结转后无余额。资产处置费用的主要账务处理如图 15-3 所示。

```
不通过"待处理     ┌─ 处置资产的账面    借：资产处置费用
财产损溢"科目  ──┤   价值核销            固定资产累计折旧/无形资产累计摊销/公共基础设施
核算的资产处置    │                       累计折旧（摊销）/保障性住房累计折旧
                  │                   贷：库存物品/固定资产/无形资产/公共基础设施/保障
                  │                       性住房
                  │
                  ├─ 处置资产过程      借：资产处置费用           借：其他支出
                  │   中的相关费用        贷：银行存款/库存现金等     贷：资金结存
                  │
                  └─ 处置资产过程      借：银行存款/库存现金等
                      中取得收入          贷：应缴财政款

通过"待处理财产   ┌─ 未查明原因前      借：待处理财产损溢
损溢"科目核算的   │                       固定资产累计折旧/无形资产累计摊销等
资产处置          │                   贷：库存商品/固定资产/无形资产等（账面价值）
                  │
                  ├─ 报经批准处理      借：资产处置费用
                  │                       库存现金/银行存款/其他
                  │                       应收款等（过失人赔偿）/     借：其他支出
                  │                       保险理赔/资产残值变价收入     贷：资金结存
                  │                   贷：银行存款等（处置发生的
                  │                       相关税费）
                  │                       待处理财产损溢
                  │
                  └─ 收支结清          过失人/保险赔偿或资产残值变价等处理收入＞处置相关
                                         费用：
                                         借：待处理财产损溢——处理净收入
                                             贷：应缴财政款
                                         反之，
                                         借：资产处置费用
                                         借：待处理财产损溢——处理净收入
                                         借：其他支出
                                             贷：资金结存等（支付的处理净支出）
                                                 待处理财产损溢

期末结转  ──────  借：本期盈余
                  贷：资产处置费用
```

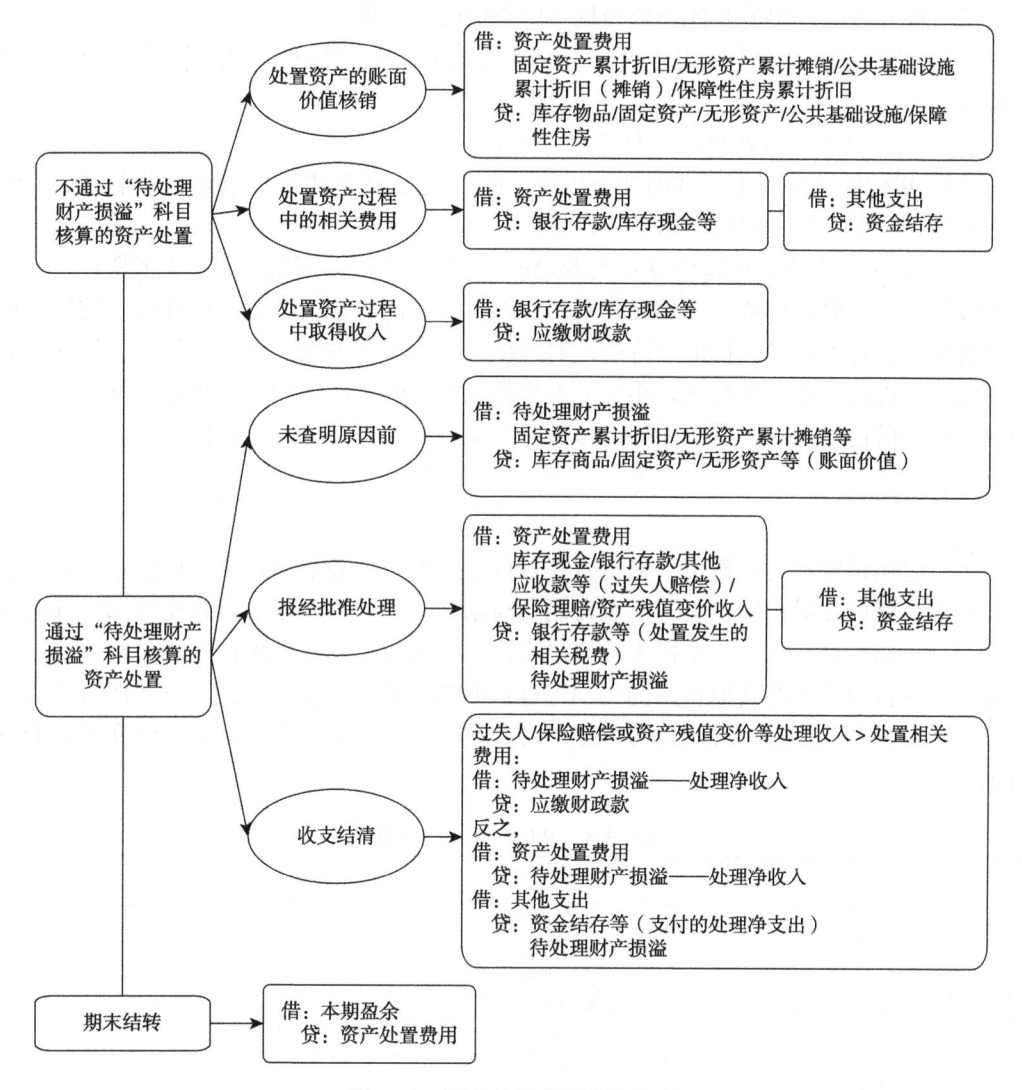

图 15-3　资产处置费用会计处理

1. 不通过"待处理财产损溢"科目核算的资产处置

不通过"待处理财产损溢"科目核算的资产包括固定资产、无形资产、公共基础设施、保障性住房等。

（1）按照规定报经批准处置资产时，应按照处置资产的账面价值，借记本科目（处置固定资产、无形资产、公共基础设施、保障性住房的，还应借记"固定资产累计折旧""无形资产累计摊销""公共基础设施累计折旧（摊销）""保障性住房累计折旧"科目），按照处置资产的账面余额，贷记"库存物品""固定资产""无形资产""公共基础设施""政府储备物资""文物文化资产""保障性住房""其他应收款""在建工程"等科目。

(2)处置资产过程中仅发生相关费用的,按照实际发生金额,借记本科目,贷记"银行存款""库存现金"等科目。按照其差额,借记本科目或贷记"应缴财政款"等科目。涉及增值税业务的,相关账务处理参见"应交增值税"科目。

(3)处置资产过程中取得收入的,按照取得的价款,借记"库存现金""银行存款"等科目。

2. 通过"待处理财产损溢"科目核算的资产处置

(1)单位账款核对中发现的现金短缺,属于无法查明原因的,报经批准核销时,借记本科目,贷记"待处理财产损溢"科目。

(2)单位资产清查过程中盘亏或者毁损、报废的存货、固定资产、无形资产、公共基础设施、政府储备物资、文物文化资产、保障性住房等,报经批准处理时,按照处理资产价值,借记本科目,贷记"待处理财产损溢——待处理财产价值"科目。处理收支结清时,处理过程中所取得收入小于所发生相关费用的,按照相关费用减去处理收入后的净支出,借记本科目,贷记"待处理财产损溢——处理净收入"科目。

三、其他费用

单位应当设置"其他费用"科目核算单位发生的除业务活动费用、单位管理费用、经营费用、资产处置费用、上缴上级费用、对附属单位补助费用、所得税费用以外的各项费用,包括利息费用、坏账损失、罚没支出、现金资产捐赠支出以及相关税费、运输费等。本科目应当按照其他费用的类别等进行明细核算。单位发生的利息费用较多的,可以单独设置"利息费用"科目。本科目期末结转后应无余额。其具体会计核算如表15-3所示。

表15-3 其他费用会计核算

费用类别	财务会计处理	预算会计处理
利息费用	借:其他费用/在建工程 贷:应付利息 　　长期借款——应计利息	
不需上缴财政的应收账款和其他应收款计提坏账损失	借:其他费用 贷:坏账准备	
罚没支出	借:其他费用 贷:银行存款/库存现金/其他应付款	借:其他支出 贷:资金结存——货币资金
现金资产捐赠	借:其他费用 贷:银行存款/库存现金/其他应付款	借:其他支出 贷:资金结存——货币资金
接受捐赠(或无偿调入)以名义金额计量的存货、固定资产、无形资产,以及成本无法可靠取得的公共基础设施、文物文化资产等发生的相关税费、运输费等	借:其他费用 贷:银行存款/库存现金/其他应付款/零余额账户用款额度	借:其他支出 贷:资金结存——货币资金
与受托代理资产相关的税费、运输费、保管费等	借:其他费用 贷:银行存款/库存现金/其他应付款/零余额账户用款额度	借:其他支出 贷:资金结存——货币资金

续表

费用类别	财务会计处理	预算会计处理
期末结转	借：本期盈余 　　贷：其他费用	借：其他结余 　　非财政资金结转/财政资金结转——本年收支结转 　　贷：其他支出

第三节　事业单位专有费用的会计核算

一、单位管理费用

（一）概念

事业单位管理费用是本级行政及后勤管理部门开展管理活动发生的各项费用，包括单位行政及后勤管理部门发生的人员经费、公用经费、资产折旧（摊销）等费用，以及由单位统一负担的离退休人员经费、工会经费、诉讼费、中介费等。

（二）会计科目设置

事业单位应当设置"单位管理费用"科目核算事业单位本级行政及后勤管理部门开展管理活动发生的各项费用，包括单位行政及后勤管理部门发生的人员经费、公用经费、资产折旧（摊销）等费用，以及由单位统一负担的离退休人员经费、工会经费、诉讼费、中介费等。本科目应当按照项目、费用类别、支付对象等进行明细核算。为了满足成本核算需要，本科目下还可按照"工资福利费用""商品和服务费用""对个人和家庭的补助费用""固定资产折旧费""无形资产摊销费"等成本项目设置明细科目，归集能够直接计入单位管理活动或采用一定方法计算后计入单位管理活动的费用。本科目期末结转后应当无余额。

（三）会计核算

事业单位管理费用的账务处理如表 15-4 所示。

表 15-4　事业单位管理费用会计核算

业务活动	财务会计处理	预算会计处理
为管理活动人员计提的薪酬	借：单位管理费用 　　贷：应付职工薪酬	
为开展管理活动发生的外部人员劳务费	借：单位管理费用 　　贷：其他应交税费——应交个人所得税（代扣代缴个人所得税金额）/其他应付款/财政拨款收入/银行存款（税后应付或实际支付的金额）	借：事业支出（实际支付给个人的部分） 　　贷：资金结存等

续表

业务活动	财务会计处理	预算会计处理
为开展管理活动发生的城市维护建设税、教育费附加、地方教育费附加、车船税、房产税、城镇土地使用税等	借：单位管理费用 　贷：财政拨款收入/零余额账户用款额度/银行存款/应付账款/其他应付款等	借：事业支出 　贷：资金结存等
开展管理活动内部领用库存物品	借：单位管理费用 　贷：库存物品/政府储备物资	
为管理活动所使用固定资产、无形资产计提的折旧、摊销	借：单位管理费用 　贷：固定资产累计折旧/无形资产累计摊销/公共基础设施累计折旧（摊销）等	
为开展管理活动发生的其他各项费用	借：单位管理费用 　贷：财政拨款收入/零余额账户用款额度/银行存款/其他应付款等	借：事业支出 　贷：资金结存等
发生当年购货退回等业务，对于已计入本年单位管理费用的	借：财政拨款收入/零余额账户用款额度/银行存款/其他应收款等 　贷：单位管理费用	借：财政拨款预算收入/资金结存等 　贷：事业支出
期末，将本科目本期发生额转入本期盈余	借：本期盈余 　贷：单位管理费用	借：财政拨款结转/非财政拨款结转——本年收支结转/其他结余等 　贷：事业支出

二、经营费用

（一）概念

事业单位在专业业务活动及其辅助活动之外开展非独立核算经营活动发生的各项费用。

（二）会计科目设置

事业单位应当设置"经营费用"科目，本科目应当按照经营活动类别、项目、支付对象等进行明细核算。为了满足成本核算需要，本科目下还可按照"工资福利费用""商品和服务费用""对个人和家庭的补助费用""固定资产折旧费""无形资产摊销费"等成本项目设置明细科目，归集能够直接计入单位经营活动或采用一定方法计算后计入单位经营活动的费用。本科目期末结转后无余额。

（三）经营费用账务处理

经营费用的账务处理如表15-5所示。

表15-5　经营费用账务处理

业务活动	财务会计处理	预算会计处理
为经营活动人员计提的薪酬	借：经营费用 　贷：应付职工薪酬	
为开展经营活动发生的城市维护建设税、教育费附加、地方教育费附加、车船税、房产税、城镇土地使用税等	借：经营费用 　贷：财政拨款收入/零余额账户用款额度/银行存款/应付账款/其他应付款等	借：事业支出 　贷：资金结存等

续表

业务活动	财务会计处理	预算会计处理
开展经营活动内部领用库存物品	借：经营费用 　　贷：库存物品/政府储备物资	
为经营活动所使用固定资产、无形资产计提的折旧、摊销	借：经营费用 　　贷：固定资产累计折旧/无形资产累计摊销/公共基础设施累计折旧（摊销）等	
按照预算收入一定比例计提专用基金	借：经营费用 　　贷：专用基金	
发生与经营活动相关的其他各项费用	借：经营费用 　　贷：财政拨款收入/零余额账户用款额度/银行存款/其他应付款等	借：事业支出 　　贷：资金结存等
发生当年购货退回等业务，对于已计入本年单位管理费用的	借：财政拨款收入/零余额账户用款额度/银行存款/其他应收款等 　　贷：经营费用	借：财政拨款预算收入/资金结存等 　　贷：事业支出
期末，将本科目本期发生额转入本期盈余	借：本期盈余 　　贷：经营费用	借：财政拨款结转/非财政拨款结转——本年收支结转/其他结余等 　　贷：事业支出

三、上缴上级费用

（一）概念

上缴上级费用是指事业单位按照财政部门和主管部门的规定上缴上级单位款项发生的费用。

（二）会计科目的设置

事业单位应当设置"上缴上级费用"科目，本科目应当按照收缴款项单位、缴款项目等进行明细核算。

本科目期末结转后，应无余额。单位发生上缴上级支出的，按照实际上缴的金额或者按照规定计算出应当上缴上级单位的金额，借记本科目，贷记"银行存款""其他应付款"等科目。

期末，将本科目本期发生额转入本期盈余，借记"本期盈余"科目，贷记本科目。

四、对附属单位补助费用

（一）概念

对附属单位补助费用是指事业单位用财政拨款收入之外的收入对附属单位补助发生的费用。

（二）会计科目设置

事业单位应当设置"对附属单位补助费用"科目，本科目应当按照接受补助单位、补助项目等进行明细核算。

本科目期末结转后，应无余额。单位发生对附属单位补助支出的，按照实际补助的金额或者按照规定计算出应当对附属单位补助的金额，借记本科目，贷记"银行存款""其他应付款"等科目。期末，将本科目本期发生额转入本期盈余，借记"本期盈余"科目，贷记本科目。

五、所得税费用

事业单位应当设置"所得税费用"科目核算有企业所得税缴纳义务的事业单位按规定缴纳企业所得税所形成的费用。本科目年末结转后，应无余额。

发生企业所得税纳税义务的，按照税法规定计算的应交税金数额，借记本科目，贷记"其他应交税费——单位应交所得税"科目。实际缴纳时，按照缴纳金额，借记"其他应交税费——单位应交所得税"科目，贷记"银行存款"科目。

年末，将本科目本年发生额转入本期盈余，借记"本期盈余"科目，贷记本科目。

第十六章

预算收入的会计核算

第一节 预算收入概述

一、预算收入的确认

预算收入是指政府会计主体在预算年度内依法取得的并纳入预算管理的现金流入。预算收入一般在实际收到时予以确认,以实际收到的金额计量预算收入的管理加强行政事业单位收入的管理,对于提高财政资金的使用效益,保护社会公众的基本权益有着重要的意义。

二、行政事业单位收入管理的内容

(1) 加强收入的预算管理。行政事业单位应当将各项收入全部纳入单位预算,统一核算,统一管理。

(2) 保证收入的合法性与合理性。行政事业单位的各项收入应当依法取得,符合国家有关法律、法规和规章制度的规定。各收费项目、收费范围和收费标准必须按照法定程序审批,取得收费许可后方可实施。

(3) 及时上缴各项财政收入。

行政单位依法取得的应当上缴财政的罚没收入、行政事业性收费、政府性基金、国有资产处置和出租出借收入等,事业单位对按照规定上缴国库或者财政专户的资金是不属于行政事业单位的收入,应当按照国库集中收缴的有关规定及时足额上缴,不得隐瞒、滞留、截留、挪用和坐支。

第二节 会计核算

一、财政拨款预算收入

（一）概念

财政拨款预算收入是单位从同级政府财政部门取得的各类财政拨款。

（二）科目设置

单位应当设置"财政拨款预算收入"科目，核算单位从同级政府财政部门取得的各类财政拨款。

本科目应当设置"基本支出"和"项目支出"两个明细科目，并按照《政府收支分类科目》中"支出功能分类科目"的项级科目进行明细核算；同时，在"基本支出"明细科目下按照"人员经费"和"日常公用经费"进行明细核算，在"项目支出"明细科目下按照具体项目进行明细核算。有一般公共预算财政拨款、政府性基金预算财政拨款等两种或两种以上财政拨款的单位，还应当按照财政拨款的种类进行明细核算。本科目年末结转后，应无余额。

（三）会计核算

在财政直接支付方式下，单位根据收到的财政直接支付入账通知书及相关原始凭证，按照通知书中的直接支付金额，借记"行政支出""事业支出"等科目，贷记本科目。年末，本年度财政直接支付预算指标数大于当年财政直接支付实际支出数的，按照两者差额，借记"资金结存——财政应返还额度"科目，贷记本科目。

在财政授权支付方式下，单位根据收到的财政授权支付额度到账通知书，按照通知书中的授权支付额度，借记"资金结存——零余额账户用款额度"科目，贷记本科目。年末，单位本年度财政授权支付预算指标数大于零余额账户用款额度下达数的，按照两者差额，借记"资金结存——财政应返还额度"科目，贷记本科目。财政拨款预算收入的会计核算如表16-1所示。

表 16-1 财政拨款预算收入会计核算

业务活动		预算会计分录	财务会计分录
取得财政拨款收入	直接支付	借：行政支出/事业支出等 贷：财政拨款预算收入	借：库存物品/业务活动费用等 贷：财政拨款收入
	授权支付	借：资金结存——零余额账户用款额度 贷：财政拨款预算收入	借：零余额账户用款额度 贷：财政拨款收入
	其他方式	借：资金结存——货币资金 贷：财政拨款预算收入	借：银行存款等 贷：财政拨款收入

续表

业务活动			预算会计分录	财务会计分录
取得差错更正、退货收入	直接支付	属于本年支付的款项	借：财政拨款预算收入 　　贷：行政支出/事业支出等	借：财政拨款收入 　　贷：库存物品/业务活动费用等
		以前年度支付的款项	借：资金结存——财政应返还额度 　　贷：财政拨款结转/财政拨款结转结余——年初余额调整	借：财政返还额度——财政直接支付 　　贷：以前年度盈余调整/库存物品等
	授权支付	属于本年支付的款项	借：资金结存——零余额账户用款额度 　　贷：行政支出/事业支出等	借：零余额账户用款额度 　　贷：库存物品/业务活动费用等
		以前年度支付的款项	借：资金结存——零余额账户用款额度 　　贷：财政拨款结转/财政拨款结转结余——年初余额调整	借：零余额账户用款额度 　　贷：以前年度盈余调整/库存物品等
期末确认拨款差额	财政直接支付预算指标＞实际直接支付数		借：资金结存——财政应返还额度 　　贷：财政拨款预算收入	借：财政应返还额度——财政直接支付 　　贷：财政拨款收入
	财政授权支付额度＞零余额账户额度		借：资金结存——财政应返还额度 　　贷：财政拨款预算收入	借：财政应返还额度——财政授权支付 　　贷：财政拨款收入
期末结转			借：财政拨款预算收入 　　贷：财政拨款结转——本年收支结转	借：财政拨款收入 　　贷：本期盈余

【例16-1】 某行政单位2×19年4月1日收到财政授权支付额度到账通知书，收到财政拨款300 000元。其会计分录如下。

借：资金结存——零余额账户用款额度　　300 000
　　贷：财政拨款预算收入　　　　　　　　　　　　300 000
借：零余额账户用款额度　　300 000
　　贷：财政拨款收入　　　　　　　　　　　　　　300 000

4月12日，收到财政部门委托其代理银行转来的财政直接支付入账通知书，其中包含财政部门为行政部门支付150 000元的日常行政活动经费，开展某项专业业务活动所发生的费用为7 000元。收到财政直接支付入账通知书时，其会计分录如下。

借：行政支出　　　　　　　　　　　　　　　　　　　157 000
　　贷：财政拨款预算收入——基本支出拨款（日常公用经费）　　157 000
借：业务活动费用　　　　　　　　　　　　　　　　　157 000
　　贷：财政拨款收入——基本支出拨款（日常公用经费）　　157 000

【例16-2】 2×19年3月15日，某事业单位通过财政直接支付本单位职工的薪酬200 000元，为开展管理活动发生的外部人员劳务费15 000元。本单位职工的薪酬包括业务人员工资150 000元和行政及后勤人员工资50 000元，其会计分录如下。

借：事业支出　　　　215 000
　　贷：财政拨款预算收入　　215 000
借：业务活动费用　　150 000
　　单位管理费用　　 65 000
　　贷：财政拨款收入　　215 000

二、非同级财政拨款预算收入

（一）概念

非同级财政拨款预算收入是单位从非同级政府财政部门取得的财政拨款，包括本级横向转拨财政款和非本级财政拨款。

（二）科目设置

单位应当设置"非同级财政拨款预算收入"科目核算单位从非同级政府财政部门取得的财政拨款，包括本级横向转拨财政款和非本级财政拨款。对于因开展科研及其辅助活动从非同级政府财政部门取得的经费拨款，应当通过"事业预算收入——非同级财政拨款"科目进行核算，不通过本科目核算。本科目应当按照非同级财政拨款预算收入的类别、来源、《政府收支分类科目》中"支出功能分类科目"的项级科目等进行明细核算。非同级财政拨款预算收入中如有专项资金收入，还应按照具体项目进行明细核算。本科目年末结转后，应无余额。

（三）主要账务处理

取得非同级财政拨款预算收入时，按照实际收到的金额，借记"资金结存——货币资金"科目，贷记本科目。

年末，将本科目本年发生额中的专项资金收入转入非财政拨款结转，借记本科目下各专项资金收入明细科目，贷记"非财政拨款结转——本年收支结转"科目；将本科目本年发生额中的非专项资金收入转入其他结余，借记本科目下各非专项资金收入明细科目，贷记"其他结余"科目，如图 16-1 所示。

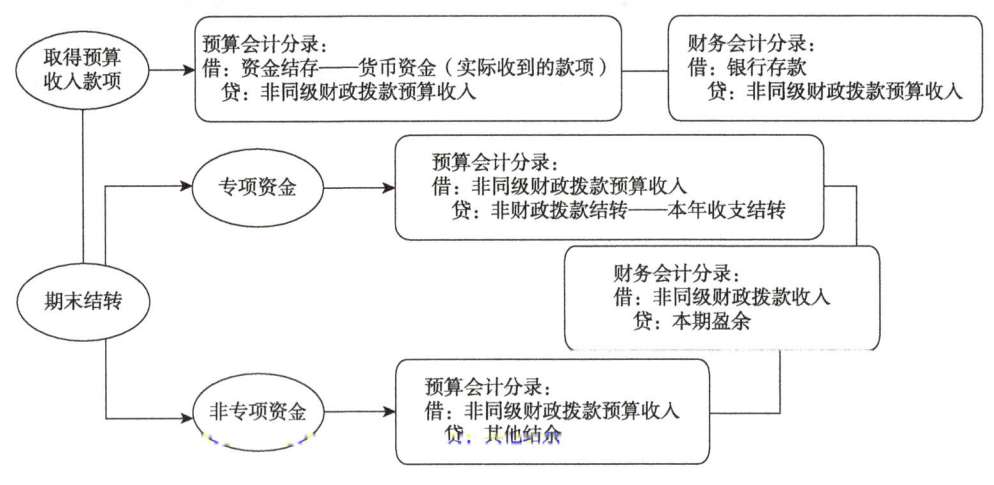

图 16-1 非同级财政拨款预算收入

【例 16-3】 某事业单位收到非同级财政拨款 100 000 元，款项已经到账。

借：资金结存——货币资金　　　　　　100 000

贷：非同级财政拨款预算收入　　　　100 000
借：银行存款　　　　　　　　　100 000
　　贷：非同级财政拨款收入　　　　100 000
同时，需要按"支出功能分类科目"的要求进行明细核算。

三、其他预算收入

（一）概念

其他预算收入是单位除财政拨款预算收入、事业预算收入、上级补助预算收入、附属单位上缴预算收入、经营预算收入、债务预算收入、非同级财政拨款预算收入、投资预算收益之外的纳入部门预算管理的现金流入，包括捐赠预算收入、利息预算收入、租金预算收入、现金盘盈收入等。

（二）科目设置

单位应当设置"其他预算收入"科目核算单位除财政拨款预算收入、事业预算收入、上级补助预算收入、附属单位上缴预算收入、经营预算收入、债务预算收入、非同级财政拨款预算收入、投资预算收益之外的纳入部门预算管理的现金流入，包括捐赠预算收入、利息预算收入、租金预算收入、现金盘盈收入等。本科目应当按照其他收入类别、《政府收支分类科目》中"支出功能分类科目"的项级科目等进行明细核算。其他预算收入中如有专项资金收入，还应按照具体项目进行明细核算。单位发生的捐赠预算收入、利息预算收入、租金预算收入金额较大或业务较多的，可单独设置"6603 捐赠预算收入""6604 利息预算收入""6605 租金预算收入"等科目。本科目年末结转后，应无余额。

（三）会计核算

接受捐赠现金资产、收到银行存款利息、收到资产承租人支付的租金时，按照实际收到的金额，借记"资金结存——货币资金"科目，贷记本科目。每日现金账款核对中如发现现金溢余，按照溢余的现金金额，借记"资金结存——货币资金"科目，贷记本科目。经核实，属于应支付给有关个人和单位的部分，按照实际支付的金额，借记本科目，贷记"资金结存——货币资金"科目。

收到其他预算收入时，按照收到的金额，借记"资金结存——货币资金"科目，贷记本科目。其他预算收入的会计处理如表 16-2 所示。

表 16-2　其他预算收入会计处理

业务	计量	预算会计处理	财务会计处理
接受捐赠现金资产、收到银行存款利息、收到资产承租人支付的租金	按实际收到的金额	借：资金结存——货币资金 　　贷：其他预算收入	借：银行存款/库存现金 　　贷：捐赠收入/利息收入/租金收入 或 借：银行存款/库存现金 　　贷：应收账款/其他应收款/应收利息

续表

业务		计量	预算会计处理	财务会计处理	
现金盘盈	无法查明原因	按实际盘盈的金额	借：资金结存——货币资金 　　贷：其他预算收入	借：库存现金 　　贷：待处理财产损溢	借：待处理财产损溢 　　贷：其他收入
	应支付给有关个人和单位		借：其他预算收入 　　贷：资金结存——货币资金		借：待处理财产损溢 　　贷：其他应付款
收到其他预算收入		按照收到的金额	借：资金结存——货币资金 　　贷：其他预算收入	借：银行存款等 　　贷：其他收入	

年末，将本科目本年发生额中的专项资金收入转入非财政拨款结转，借记本科目下各专项资金收入明细科目，贷记"非财政拨款结转——本年收支结转"科目；将本科目本年发生额中的非专项资金收入转入其他结余，借记本科目下各非专项资金收入明细科目，贷记"其他结余"科目，如图16-2所示。

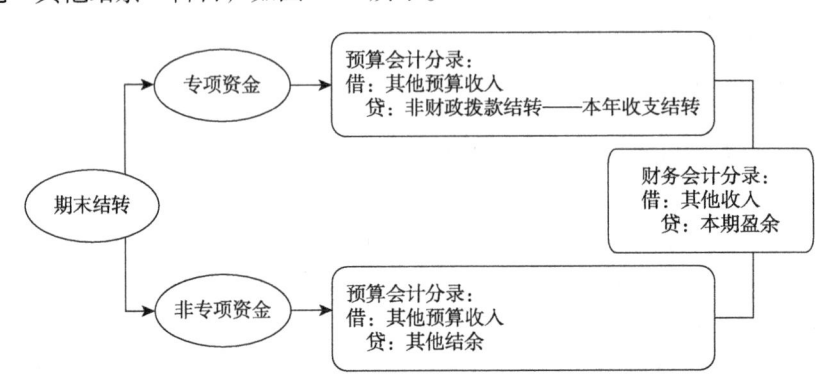

图16-2 其他预算收入年末会计处理

第三节 事业单位专有预算收入的会计核算

一、事业预算收入

（一）概念

事业预算收入是事业单位开展专业业务活动及其辅助活动取得的现金流入。

（二）会计科目设置

事业单位应当设置"事业预算收入"科目核算事业单位开展专业业务活动及其辅助活动取得的现金流入。

事业单位因开展科研及其辅助活动从非同级政府财政部门取得的经费拨款，也通过本科目核算。本科目应当按照事业预算收入类别、项目、来源、《政府收支分类科目》中"支出功能分类科目"的项级科目等进行明细核算。对于因开展科研及其辅助活动从非同级政府财政部门取得的经费拨款，应当在本科目下单设"非同级财政拨款"明细科目进行明细核算；事业预算收入中如有专项资金收入，还应按照具体项目进行明细核算。本科目年末结转后，应无余额。

（三）会计核算

事业预算收入的主要账务处理应采用财政专户返还方式管理的事业预算收入，收到从财政专户返还的事业预算收入时，按照实际收到的返还金额，借记"资金结存——货币资金"科目，贷记本科目。

收到其他事业预算收入时，按照实际收到的款项金额，借记"资金结存——货币资金"科目，贷记本科目。

年末，将本科目本年发生额中的专项资金收入转入非财政拨款结转，借记本科目下各专项资金收入明细科目，贷记"非财政拨款结转——本年收支结转"科目；将本科目本年发生额中的非专项资金收入转入其他结余，借记本科目下各非专项资金收入明细科目，贷记"其他结余"科目。事业预算收入会计处理如图16-3所示。

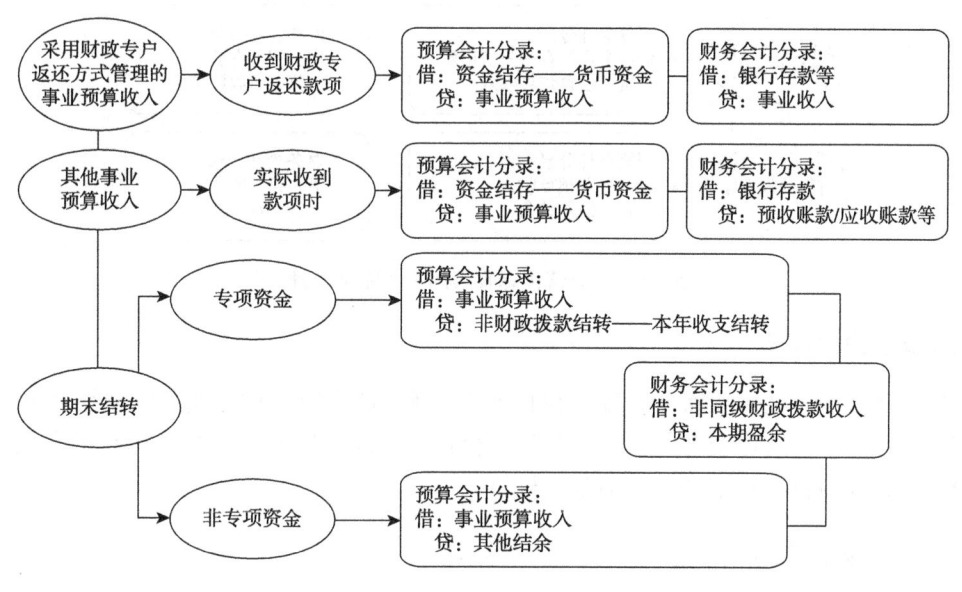

图 16-3 事业预算收入会计处理

【例 16-4】 某事业单位开展专业业务活动收到事业服务费 10 000 元，款项已经存入银行账户。此款项纳入财政专户管理，按规定需要全额上缴财政专户。

借：银行存款　　　　　　10 000
　　贷：应缴财政款　　　　　　10 000

【例 16-5】 某事业单位收到银行通知，申请财政专户核拨的基本经费 50 000 元已经到账。此款项是事业单位上缴的检测服务收费。

借：资金结存　　　　　　　　　　　　　　　　　50 000
　　贷：事业预算收入——检测业务——××收费项目　　50 000
借：银行存款　　　　　　　　　　　　　　　　　50 000

贷：事业收入——检测业务——××收费项目　　　　　　50 000

二、经营预算收入

（一）经营预算收入的概念

经营预算收入是事业单位在专业业务活动及其辅助活动之外开展非独立核算经营活动取得的现金流入。

（二）会计科目设置

事业单位应当设置"经营预算收入"科目核算事业单位在专业业务活动及其辅助活动之外开展非独立核算经营活动取得的现金流入。本科目应当按照经营活动类别、项目、《政府收支分类科目》中"支出功能分类科目"的项级科目等进行明细核算。本科目年末结转后，应无余额。其具体会计处理如图16-4所示。

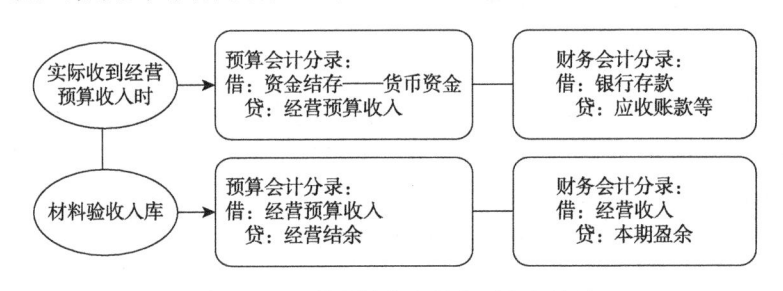

图 16-4　经营预算收入的主要账务处理

（三）会计核算

经营预算收入的主要账务处理应在收到经营预算收入时，按照实际收到的金额，借记"资金结存——货币资金"科目，贷记本科目。年末，将本科目本年发生额转入经营结余，借记本科目，贷记"经营结余"科目。

三、投资预算收益

（一）投资预算收入的概念

投资预算收益是事业单位取得的按照规定纳入部门预算管理的属于投资收益性质的现金流入，包括股权投资收益、出售或收回债券投资所取得的收益和债券投资利息收入。

（二）会计科目设置

事业单位应当设置"投资预算收益"科目核算事业单位取得的按照规定纳入部门预算管理的属于投资收益性质的现金流入。本科目应当按照《政府收支分类科目》中"支出功能分类科目"的项级科目等进行明细核算。本科目年末结转后，应无余额。

（三）会计核算

持有的短期投资以及分期付息、一次还本的长期债券投资收到利息时，按照实际收到的金额，借记"资金结存——货币资金"科目，贷记本科目。持有长期股权投资取得被投资单位分派的现金股利或利润时，按照实际收到的金额，借记"资金结存——货币资金"科目，贷记本科目。

出售或到期收回本年度取得的短期、长期债券，按照实际取得的价款或实际收到的本息金额，借记"资金结存——货币资金"科目，按照取得债券时"投资支出"科目的发生额，贷记"投资支出"科目，按照其差额，贷记或借记本科目。

出售或到期收回以前年度取得的短期、长期债券，按照实际取得的价款或实际收到的本息金额，借记"资金结存——货币资金"科目，按照取得债券时"投资支出"科目的发生额，贷记"其他结余"科目，按照其差额，贷记或借记本科目。出售、转让以货币资金取得的长期股权投资的，其账务处理参照出售或到期收回债券投资。投资预算收益的会计处理如图16-5所示。

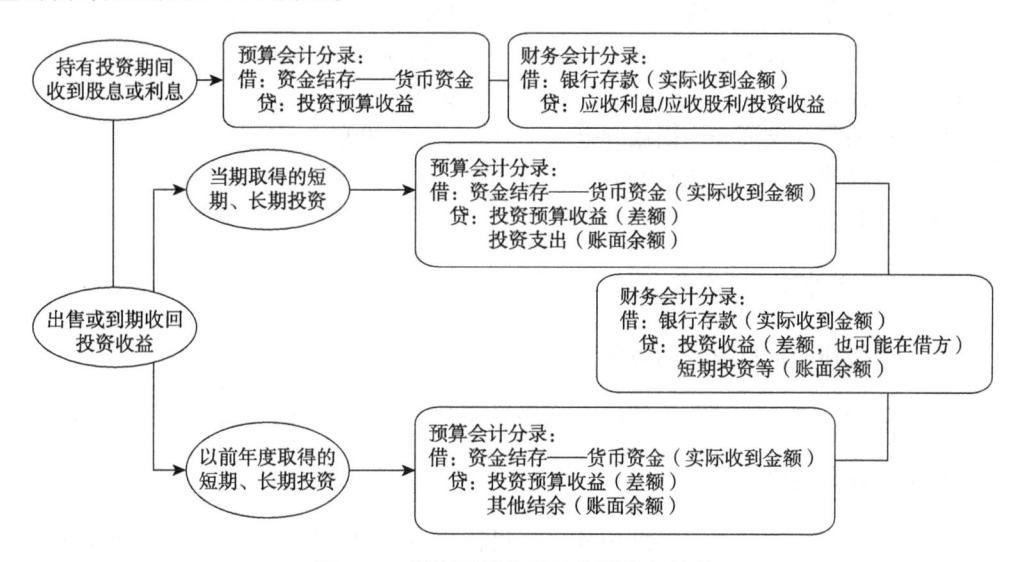

图 16-5 投资预算收益的主要账务处理

出售、转让以非货币性资产取得的长期股权投资时，按照实际取得的价款扣减支付的相关费用和应缴财政款后的余额（按照规定纳入单位预算管理的），借记"资金结存——货币资金"科目，贷记本科目，如图16-6所示。

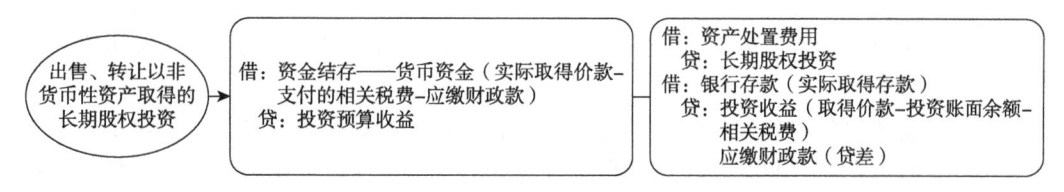

图 16-6 出售、转让以非货币性资产取得的长期股权投资的会计处理

年末，将本科目本年发生额转入其他结余，借记或贷记本科目，贷记或借记"其他结余"科目。

【例 16-6】 某事业单位发生如下业务。

（1）3月1日，某事业单位将单位闲置资金 300 000 元，用于购买三年期国债，该国债每年付息一次，到期还本，准备持有至到期。

借：投资支出　　　　　　　　　　300 000
　　贷：资金结存——货币资金　　　　　　300 000
借：长期债券投资　　　　300 000
　　贷：银行存款　　　　　　　　300 000

（2）12月31日，该事业单位的全资子公司实现利润 1 200 000 元。

借：长期股权投资——损益调整　　　　1 200 000
　　贷：投资收益　　　　　　　　　　　　1 200 000

（3）次年，3月2日，该事业单位的全资子公司宣告并发放股息分红 700 000 元。

借：资金结存——货币资金　　　　700 000
　　贷：投资预算收益　　　　　　　　　700 000
借：应收股利　　　　　　　　　700 000
　　贷：长期股权投资——损益调整　　　　700 000
借：银行存款　　　　700 000
　　贷：应收股利　　　　　　　　700 000

四、上级补助预算收入

（一）上级补助预算收入的概念

上级补助预算收入是事业单位从主管部门和上级单位取得的非财政补助现金流入。

（二）会计科目设置

事业单位应当设置"上级补助预算"科目核算事业单位从主管部门和上级单位取得的非财政补助现金流入。本科目应当按照发放补助单位、补助项目、《政府收支分类科目》中"支出功能分类科目"的项级科目等进行明细核算。上级补助预算收入中如有专项资金收入，还应按照具体项目进行明细核算。本科目年末结转后应无余额。

（三）会计核算

收到上级补助预算收入时，按照实际收到的金额，借记"资金结存——货币资金"科目，贷记本科目。

年末，将本科目本年发生额中的专项资金收入转入非财政拨款结转，借记本科目下各专项资金收入明细科目，贷记"非财政拨款结转——本年收支结转"科目；将本科目本年发生额中的非专项资金收入转入其他结余，借记本科目下各非专项资金收入明细科目，贷记"其他结余"科目。上级补助预算收入的会计处理如图 16-7 所示。

```
收到上级补助       预算会计分录：              财务会计分录：
预算收入          借：资金结存——货币资金      借：银行存款等
                贷：上级补助预算收入          贷：上级补助收入

                          预算会计分录：
              专项资金    借：上级补助预算收入
                        贷：非财政拨款结转——本年收支结转

期末结转                  财务会计分录：
                        借：上级补助收入
                        贷：本期盈余

                          预算会计分录：
              非专项资金  借：上级补助预算收入
                        贷：其他结余
```

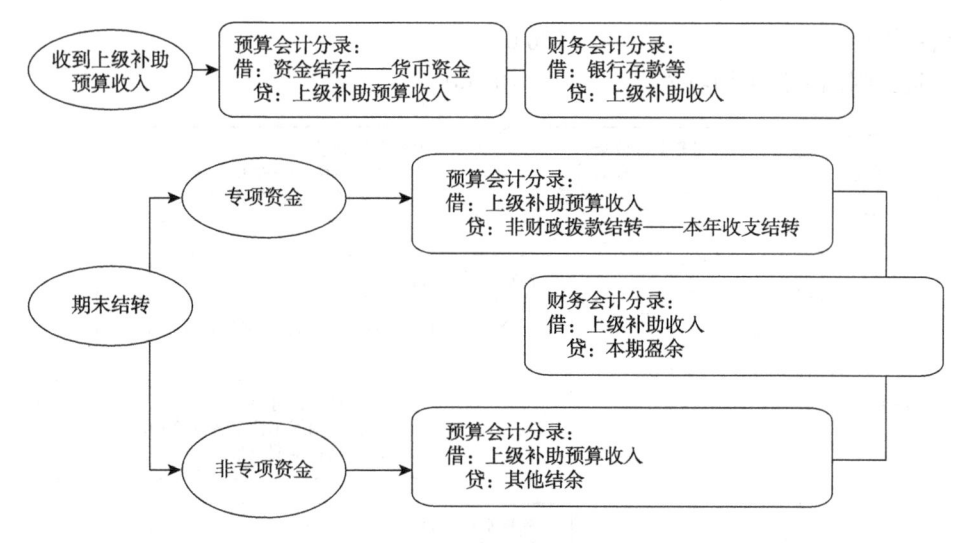

图 16-7　上级补助预算收入的会计处理

五、附属单位上缴预算收入

（一）附属单位上缴预算收入的概念

附属单位上缴预算收入是事业单位收取附属独立核算单位根据有关规定上缴的现金流入。

（二）会计科目设置

事业单位应当设置"附属单位上缴预算收入"科目，本科目应当按照附属单位、缴款项目、《政府收支分类科目》中"支出功能分类科目"的项级科目等进行明细核算。附属单位上缴预算收入中如有专项资金收入，还应按照具体项目进行明细核算。本科目年末结转后，应无余额。

（三）会计核算

收到附属单位缴来款项时，按照实际收到的金额，借记"资金结存——货币资金"科目，贷记本科目。

年末，将本科目本年发生额中的专项资金收入转入非财政拨款结转，借记本科目下各专项资金收入明细科目，贷记"非财政拨款结转——本年收支结转"科目；将本科目本年发生额中的非专项资金收入转入其他结余，借记本科目下各非专项资金收入明细科目，贷记"其他结余"科目，如图 16-8 所示。

【例16-7】 12月31日，某事业单位收到下属独立核算的附属单位上缴分成款100 000元，进行会计处理。

借：资金结存　　　　　　　　　100 000
　　贷：附属单位上缴预算收入　　　　　100 000

借：银行存款　　　　　　　　　　100 000
　　贷：附属单位上缴收入　　　　　　100 000

图 16-8　附属单位上缴预算收入会计处理

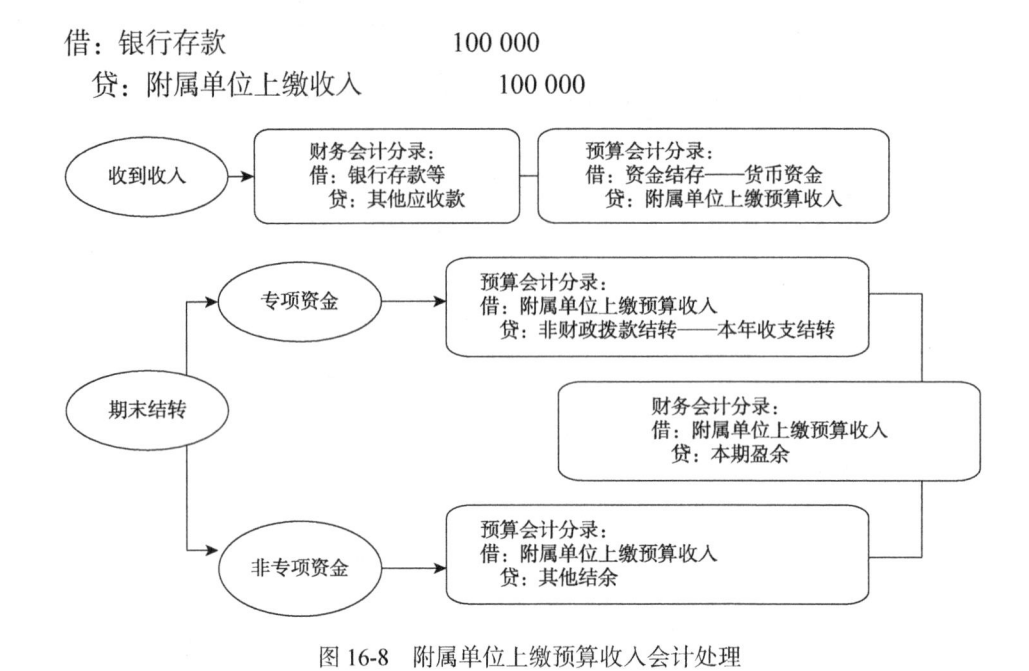

六、债务预算收入

（一）债务预算收入的概念

债务预算收入是事业单位按照规定从银行和其他金融机构等借入的、纳入部门预算管理的、不以财政资金作为偿还来源的债务本金。

（二）会计科目设置

债务预算收入应当设置"债务预算收入"科目，本科目应当按照贷款单位、贷款种类、《政府收支分类科目》中"支出功能分类科目"的项级科目等进行明细核算。债务预算收入中如有专项资金收入，还应按照具体项目进行明细核算。本科目年末结转后，应无余额。

（三）会计核算

借入各项短期或长期借款时，按照实际借入的金额，借记"资金结存——货币资金"科目，贷记本科目。

年末，将本科目本年发生额中的专项资金收入转入非财政拨款结转，借记本科目下各专项资金收入明细科目，贷记"非财政拨款结转——本年收支结转"科目；将本科目本年发生额中的非专项资金收入转入其他结余，借记本科目下各非专项资金收入明细科目，贷记"其他结余"科目。债务预算收入的会计处理如图 16-9 所示。

第十六章 预算收入的会计核算

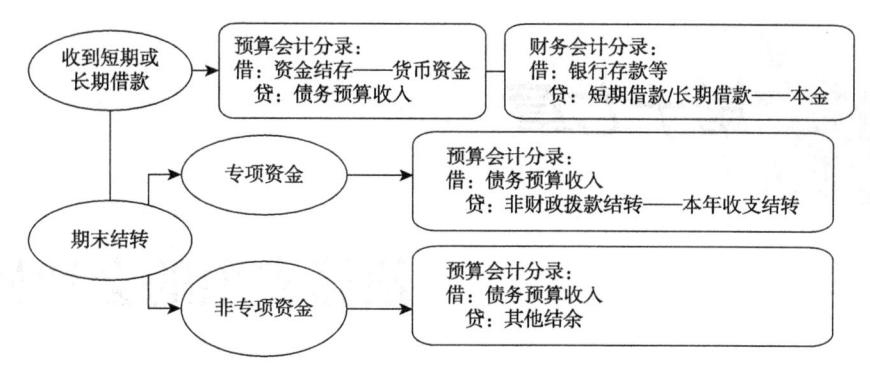

```
收到短期或      预算会计分录：              财务会计分录：
长期借款   →   借：资金结存——货币资金    借：银行存款等
               贷：债务预算收入              贷：短期借款/长期借款——本金

               专项资金  →   预算会计分录：
                            借：债务预算收入
期末结转                        贷：非财政拨款结转——本年收支结转

               非专项资金 →  预算会计分录：
                            借：债务预算收入
                               贷：其他结余
```

图 16-9　债务预算收入的会计处理

第十七章

预算支出的会计核算

第一节 预算支出概述

一、预算支出的概念

预算支出是指政府单位在预算年度内依法发生并纳入预算管理的现金流出。预算支出一般在实际支付时予以确认，以实际支付的金额计量。符合预算支出定义及其确认条件的项目应当列入预算会计报表。

二、预算支出的内容

政府单位的预算支出包括行政支出、事业支出、经营支出、上缴上级支出、对附属单位补助支出、债务还本支出、投资支出和其他支出。其中，行政支出是行政单位特有的预算支出项目；事业支出、经营支出、上缴上级支出、对附属单位补助支出、债务还本支出、投资支出是事业单位特有的预算支出项目；其他支出是行政单位和事业单位共有的预算支出项目。

三、预算支出的特征

（1）应当纳入预算管理的，即政府会计主体核算的支出都应当是纳入预算管理的支出。

（2）按照收付实现制核算的已经发生的现金流出，并以实际支付的金额计量。

（3）在预算年度内依法发生的支出。这里的依法支出是指符合会计准则制度规范要求的支出，而不是违法违规支出。

（4）费用核算以权责发生制为基础，支出核算以收付实现制为基础，两者不仅名称不同，核算基础与列支的会计期间也有差异。根据收付实现制的核算基础，政府会计将全部预算支出分为八个项目，其对应的会计科目和特指用途如表 17-1 所示，既满足了预算管理的需求，又有别于权责发生制的费用科目设置。

表 17-1　预算支出项目设置

序号	编号	预算支出项目与会计科目名称	特指用途
1	7101	行政支出	行政单位
2	7201	事业支出	事业单位
3	7301	经营支出	事业单位
4	7401	上缴上级支出	事业单位
5	7501	对附属单位补助支出	事业单位
6	7601	投资支出	事业单位
7	7701	债务还本支出	事业单位
8	7901	其他支出	

第二节　行政支出会计核算

一、行政支出

（一）概念

行政支出是行政单位履行其职责时实际发生的各项现金的流出。

（二）会计科目设置

为核算行政单位履行其职责实际发生的各项支出，行政单位应当设置"行政支出"科目。具体如表 17-2 所示。

表 17-2　"行政支出"科目分类

总账科目	一级明细科目	二级明细科目	三级明细科目	四级明细科目	五级明细科目	六级明细科目
行政支出	财政拨款支出	一般公共预算财政拨款	支出功能分类科目项级科目	基本支出	部门预算支出经济分类科目款级科目	
				项目支出		××项目
		政府性基金预算财政拨款	同上	同上	同上	
	非财政专项资金支出	支出功能分类科目项级科目	基本支出	部门预算支出经济分类科目款级科目		
			项目支出		××项目	
	其他资金支出	同上	同上	同上		

有一般公共预算财政拨款、政府性基金预算财政拨款等两种或两种以上财政拨款的行政单位，还应当在"财政拨款支出"明细科目下按照财政拨款的种类进行明细核算。

对于预付款项，可通过在本科目下设置"待处理"明细科目进行核算，待确认具体支出项目后再转入本科目下相关明细科目。

年末结账前，应将本科目"待处理"明细科目余额全部转入本科目下相关明细科目。本科目年末结转后应无余额。

二、会计核算

行政支出的主要账务处理如表 17-3 所示。

表 17-3　行政支出的账务处理

业务活动	预算会计处理	财务会计处理
实际向单位职工个人、外部人员支付薪酬和劳务费	借：行政支出（实际支付给个人的部分） 贷：资金结存/财政拨款预算收入等	借：应付职工薪酬/其他应付款 贷：银行存款等/零余额账户用款额度/财政拨款收入等
实际缴纳代扣代缴的个人所得税以及代扣代缴或为职工缴纳职工社会保险费、住房公积金等	借：行政支出（实际支付给个人的部分） 贷：资金结存/财政拨款预算收入等	借：其他应交税费——应交个人所得税（代扣代缴个人所得税金额） 贷：银行存款/财政拨款收入等
实际支付购买存货、固定资产、无形资产等相关款项（不包括暂付款项）	借：行政支出 贷：资金结存/财政拨款预算收入等	借：库存物品/固定资产/预付账款等 贷：零余额账户用款额度/银行存款/财政拨款收入等
发生其他各项支出	借：行政支出 贷：资金结存/财政拨款预算收入等	借：业务活动费用 贷：零余额账户用款额度/银行存款/财政拨款收入等
当年的购货发生退回等业务或对当年的业务进行差错更正	借：财政拨款预算收入/资金结存等 贷：行政支出	借：财政拨款收入/零余额账户用款额度/银行存款/其他应收款等 贷：业务活动费用
期末，将本科目本期发生额转入本期盈余	借：财政拨款结转——本年收支转/非财政拨款结转——本年收支转/其他结余等 贷：行政支出	借：本期盈余 贷：业务活动费用

（1）向单位职工个人与外部人员个人支付薪酬时，按照实际支付的金额，借记本科目，贷记"财政拨款预算收入""资金结存"科目。按照规定代扣代缴个人所得税以及代扣代缴或为职工缴纳职工社会保险费、住房公积金等时，按照实际缴纳的金额，借记本科目，贷记"财政拨款预算收入""资金结存"科目。

（2）为购买存货、固定资产、无形资产等以及在建工程支付相关款项按照实际支付的金额，借记本科目，贷记"财政拨款预算收入""资金结存"科目。

（3）发生预付账款时，按照实际支付的金额，借记本科目，贷记"财政拨款预算收入""资金结存"科目。对于暂付款项，在支付款项时可不做预算会计处理，待结算或报销时，按照结算或报销的金额，借记本科目，贷记"资金结存"科目。

（4）发生其他各项支出时，按照实际支付的金额，借记本科目，贷记"财政拨款预算收入""资金结存"科目。

（5）因购货退回等发生款项退回，或者发生差错更正属于当年支出收回的，按照收回或更正金额，借记"财政拨款预算收入""资金结存"科目，贷记本科目。

年末，将本科目本年发生额中的财政拨款支出转入财政拨款结转，借记"财政拨款结转——本年收支结转"科目,贷记本科目下各财政拨款支出明细科目;将本科目本年发生额中的非财政专项资金支出转入非财政拨款结转,借记"非财政拨款结转——本年收支结转"科目,贷记本科目下各非财政专项资金支出明细科目;将本科目本年发生额中的其他资金支出(非财政非专项资金支出)转入其他结余,借记"其他结余"科目,贷记本科目下其他资金支出明细科目。

第三节 事业单位专有预算支出会计核算

一、事业支出

(一)事业支出的概念

事业支出是事业单位开展专业业务活动及其辅助活动实际发生的各项现金流出。

(二)会计科目设置

事业单位应当设置"事业支出"科目,单位发生教育、科研、医疗、行政管理、后勤保障等活动的,可在本科目下设置相应的明细科目进行核算,或单设"7201 教育""7202 科研支出""7203 医疗支出""7204 行政管理支出""7205 后勤保障支出"等一级会计科目进行核算。本科目应当分别按照"财政拨款支出""非财政专项资金支出"和"其他资金支出","基本支出"和"项目支出"等进行明细核算,并按照《政府收支分类科目》中"支出功能分类科目"的项级科目进行明细核算;"基本支出"和"项目支出"明细科目下应当按照《政府收支分类科目》中"部门预算支出经济分类科目"的款级科目进行明细核算,同时在"项目支出"明细科目下按照具体项目进行明细核算。有一般公共预算财政拨款、政府性基金预算财政拨款等两种或两种以上财政拨款的事业单位,还应当在"财政拨款支出"明细科目下按照财政拨款的种类进行明细核算。对于预付款项,可通过在本科目下设置"待处理"明细科目进行明细核算,待确认具体支出项目后再转入本科目下相关明细科目。年末结账前,应将本科目"待处理"明细科目余额全部转入本科目下相关明细科目。本科目年末结转后,应无余额。

(三)事业支出的主要账务处理

(1)向单位职工(经营部门职工除外)个人支付薪酬时,按照实际支付的数额,借记本科目,贷记"财政拨款预算收入""资金结存"科目。按照规定代扣代缴个人所得税以及代扣代缴或为职工缴纳职工社会保险费、住房公积金等时,按照实际缴纳的金额,借记本科目,贷记"财政拨款预算收入""资金结存"科目。

(2)为专业业务活动及其辅助活动支付外部人员劳务费时,按照实际支付给外部人员个人的金额,借记本科目,贷记"财政拨款预算收入""资金结存"科目。按照规定代扣代缴个人所得税时,按照实际缴纳的金额,借记本科目,贷记"财政拨款预算收入"

“资金结存”科目。

（3）开展专业业务活动及其辅助活动过程中为购买存货、固定资产、无形资产等，以及在建工程支付相关款项时，按照实际支付的金额，借记本科目，贷记“财政拨款预算收入”“资金结存”科目。

（4）开展专业业务活动及其辅助活动过程中发生预付账款时，按照实际支付的金额，借记本科目，贷记“财政拨款预算收入”“资金结存”科目。

对于暂付款项，在支付款项时可不做预算会计处理，待结算或报销时，按照结算或报销的金额，借记本科目，贷记“资金结存”科目。

（5）开展专业业务活动及其辅助活动过程中缴纳的相关税费以及发生的其他各项支出，按照实际支付的金额，借记本科目，贷记“财政拨款预算收入”“资金结存”科目。

（6）开展专业业务活动及其辅助活动过程中因购货退回等发生款项退回，或者发生差错更正的，属于当年支出收回的，按照收回或更正金额，借记“财政拨款预算收入”“资金结存”科目，贷记本科目。

（7）年末，将本科目本年发生额中的财政拨款支出转入财政拨款结转，借记“财政拨款结转——本年收支结转”科目，贷记本科目下各财政拨款支出明细科目；将本科目本年发生额中的非财政专项资金支出转入非财政拨款结转，借记“非财政拨款结转——本年收支结转”科目，贷记本科目下各非财政专项资金支出明细科目；将本科目本年发生额中的其他资金支出（非财政非专项资金支出）转入其他结余，借记“其他结余”科目，贷记本科目下事业支出的账务处理如表 17-4 所示。

表 17-4 事业支出的账务处理

业务活动	预算会计处理	财务会计处理
实际向单位职工个人、外部人员支付薪酬和劳务费	借：事业支出（实际支付给个人的部分） 贷：资金结存/财政拨款预算收入等	借：应付职工薪酬/其他应付款 贷：银行存款等/零余额账户用款额度/财政拨款收入等
实际缴纳代扣代缴的个人所得税以及代扣代缴或为职工缴纳职工社会保险费、住房公积金等	借：事业支出（实际支付给个人的部分） 贷：资金结存/财政拨款预算收入等	借：其他应交税费——应交个人所得税（代扣代缴个人所得税金额） 贷：银行存款/财政拨款收入等
实际支付购买存货、固定资产、无形资产等以及在建工程支付相关款项（不包括暂付款项）	借：事业支出 贷：资金结存/财政拨款预算收入等	借：库存物品/固定资产/预付账款等 贷：零余额账户用款额度/银行存款/财政拨款收入
发生其他各项支出	借：事业支出 贷：资金结存/财政拨款预算收入等	借：业务活动费用/单位管理费用 贷：零余额账户用款额度/银行存款/财政拨款收入
当年的购货发生退回等业务或对当年的业务进行差错更正	借：财政拨款预算收入/资金结存等 贷：事业支出	借：财政拨款收入/零余额账户用款额度/银行存款/其他应收款等 贷：业务活动费用/单位管理费用
期末，将本科目本期发生额转入本期盈余	借：财政拨款结转——本年收支结转/非财政拨款结转——本年收支结转/其他结余等 贷：事业支出	借：本期盈余 贷：业务活动费用/单位管理费用

二、经营支出

（一）经营支出的概念

经营支出是事业单位在专业业务活动及其辅助活动之外开展非独立核算经营活动实际发生的各项现金流出。

（二）会计科目设置

事业单位应当设置"经营支出"科目，本科目应当按照经营活动类别、项目、《政府收支分类科目》中"支出功能分类科目"的项级科目和"部门预算支出经济分类科目"的款级科目等进行明细核算。对于预付款项，可通过在本科目下设置"待处理"明细科目进行明细核算，待确认具体支出项目后再转入本科目下相关明细科目。

年末结账前，应将本科目"待处理"明细科目余额全部转入本科目下相关明细科目。本科目年末结转后，应无余额。

（三）会计核算

经营支出的主要账务处理如表17-5所示。

表17-5　经营支出的账务处理

业务活动	预算会计处理	财务会计处理
实际向单位职工个人、外部人员支付薪酬和劳务费	借：经营支出（实际支付给个人的部分） 贷：资金结存/财政拨款预算收入等	借：应付职工薪酬/其他应付款 贷：银行存款等/零余额账户用款额度/财政拨款收入等
实际缴纳代扣代缴的个人所得税以及代扣代缴或为职工缴纳职工社会保险费、住房公积金等	借：经营支出（实际支付给个人的部分） 贷：资金结存/财政拨款预算收入等	借：其他应交税费——应交个人所得税（代扣代缴个人所得税金额） 贷：银行存款/财政拨款收入等
实际支付购买存货、固定资产、无形资产等以及在建工程支付相关款项（不包括暂付款项）	借：经营支出 贷：资金结存/财政拨款预算收入等	借：库存物品/固定资产/预付账款等 贷：零余额账户用款额度/银行存款/财政拨款收入等
发生其他各项支出	借：经营支出 贷：资金结存/财政拨款预算收入等	借：经营费用 贷：零余额账户用款额度/银行存款/财政拨款收入等
当年的购货发生退回等业务或对当年的业务进行差错更正	借：财政拨款预算收入/资金结存等 贷：经营支出	借：财政拨款收入/零余额账户用款额度/银行存款/其他应收款等 贷：经营费用
期末，将本科目本期发生额转入本期盈余	借：财政拨款结转/非财政拨款结转——本年收支结转/其他结余等 贷：经营支出	借：本期盈余 贷：经营费用

（1）向职工个人支付薪酬时，按照实际的金额，借记本科目，贷记"资金结存"科目。按照规定代扣代缴个人所得税以及代扣代缴或为职工缴纳职工社会保险费、住房公积金时，按照实际缴纳的金额，借记本科目，贷记"资金结存"科目。

（2）为经营活动支付外部人员劳务费时，按照实际支付给外部人员个人的金额，借记本科目，贷记"资金结存"科目。按照规定代扣代缴个人所得税时，按照实际缴纳的金额，借记本科目，贷记"资金结存"科目。

（3）开展经营活动过程中为购买存货、固定资产、无形资产等以及在建工程支付相关款项时，按照实际支付的金额，借记本科目，贷记"资金结存"科目。

（4）开展经营活动过程中发生预付账款时，按照实际支付的金额，借记本科目，贷记"资金结存"科目。

对于暂付款项，在支付款项时可不做预算会计处理，待结算或报销时，按照结算或报销的金额，借记本科目，贷记"资金结存"科目。

（5）因开展经营活动缴纳的相关税费以及发生的其他各项支出，按照实际支付的金额，借记本科目，贷记"资金结存"科目。

（6）开展经营活动中因购货退回等发生款项退回，或者发生差错更正的，属于当年支出收回的，按照收回或更正金额，借记"资金结存"科目，贷记本科目。

（7）年末，将本科目本年发生额转入经营结余，借记"经营结余"科目，贷记本科目。

三、上缴上级支出

（一）上缴上级支出的概念

上缴上级支出是事业单位按照财政部门和主管部门的规定上缴上级单位款项发生的现金流出。

（二）会计科目设置

事业单位应当设置"上缴上级支出"科目核算事业单位按照财政部门和主管部门的规定上缴上级单位款项发生的现金流出。本科目应当按照收缴款项单位、缴款项目、《政府收支分类科目》中"支出功能分类科目"的项级科目和"部门预算支出经济分类科目"的款级科目等进行明细核算。本科目年末结转后，应无余额。

（三）会计核算

上缴上级支出的主要账务处理按照规定将款项上缴上级单位的，按照实际上缴的金额，借记本科目，贷记"资金结存"科目。年末，将本科目本年发生额转入其他结余，借记"其他结余"科目，贷记本科目。

【例 17-1】 某事业单位根据体制安排和本年事业收入的数额，经过计算，本年应上缴上级单位款项 100 000 元。事业单位通过银行转账上缴了款项。

借：上缴上级支出——上缴单位　　　　100 000
　　贷：资金结存——货币资金　　　　　　　100 000
借：上缴上级费用——上缴单位　　　　100 000
　　贷：银行存款　　　　　　　　　　　　　100 000

四、对附属单位补助支出

（一）对附属单位补助支出的概念

对附属单位补助支出是事业单位用财政款预算收入之外的收入对附属单位补助发生的现金流出。

（二）会计科目设置

事业单位应当设置"对附属单位补助支出"科目。本科目应当按照接受补助单位、补助项目、《政府收支分类科目》中"支出功能分类科目"的项级科目和"部门预算支出经济分类科目"的款级科目等进行明细核算。本科目年末结转后，应无余额。

（三）会计核算

发生对附属单位补助支出的，按照实际补助的金额，借记本科目，贷记"资金结存"科目。年末，将本科目本年发生额转入其他结余，借记"其他结余"科目，贷记本科目。

【例17-2】 某事业单位自有经费，对所属独立核算杂志社补助10 000元，以银行存款支付。

借：对附属单位补助支出——杂志社　　　10 000
　　贷：资金结存——货币资金　　　　　　　　　10 000
借：对附属单位补助费用——杂志社　　　10 000
　　贷：银行存款　　　　　　　　　　　　　　　10 000

五、投资支出

（一）投资支出的概念

投资支出是事业单位以货币资金对外投资发生的现金流出。

（二）会计科目设置

事业单位应当设置"投资支出"科目。本科目应当按照投资类型、投资对象、《政府收支分类科目》中"支出功能分类科目"的项级科目和"部门预算支出经济分类科目"的款级科目等进行明细核算。本科目年末结转后，应无余额。

（三）会计核算

以货币资金对外投资时，按照投资金额和所支付的相关税费金额的合计数，借记本科目，贷记"资金结存"科目。出售、对外转让或到期收回本年度以货币资金取得的对外投资的，如果按规定将投资收益纳入单位预算，按照实际收到的金额，借记"资金结存"科目，按照取得投资时"投资支出"科目的发生额，贷记本科目，按照其差额，贷记或借记"投资预算收益"科目；如果按规定将投资收益上缴财政的，按照取得投资时

"投资支出"科目的发生额,借记"资金结存"科目,贷记本科目。

出售、对外转让或到期收回以前年度以货币资金取得的对外投资的,如果按规定将投资收益纳入单位预算,按照实际收到的金额,借记"资金结存"科目,按照取得投资时"投资支出"科目的发生额,贷记"其他结余"科目,按照其差额,贷记或借记"投资预算收益"科目;如果按规定将投资收益上缴财政的,按照取得投资时"投资支出"科目的发生额,借记"资金结存"科目,贷记"其他结余"科目。年末,将本科目本年发生额转入其他结余,借记"其他结余"科目,贷记本科目。投资支出的账务处理如表17-6所示。

表17-6 投资支出账务处理

会计事项	预算会计处理	财务会计处理
以货币资金对外投资时	借:投资支出 贷:资金结存——货币资金	借:短期投资/长期股权投资/长期债券投资 贷:银行存款
实际取得价款大于投资成本	借:资金结存——货币资金 贷:投资支出(投资成本)投资预算收益	借:银行存款等(实际取得或收回的金额) 贷:短期投资/长期债券投资等(账面余额)应收利息(账面余额) 投资收益
实际取得价款小于投资成本	借:资金结存——货币资金 投资预算收益 贷:投资支出(投资成本)	借:银行存款等(实际取得或收回的金额) 投资收益 贷:短期投资/长期债券投资等(账面余额) 应收利息(账面余额)
年末结转	借:其他结余 贷:投资支出	

六、债务还本支出

(一)债务还本支出的概念

债务还本支出是事业单位偿还自身承担的纳入预算管理的从金融机构举借的债务本金的现金流出。

(二)会计科目设置

事业单位应当设置"债务还本支出"科目。本科目应当按照贷款单位、贷款种类、债务本金的现金流出。本科目应当按照贷款单位、贷款种类、《政府收支分类科目》中"支出功能分类科目"的项级科目和"部门预算支出经济分类科目"的款级科目等进行明细核算。本科目年末结转后,应无余额。

(三)会计核算

偿还各项短期或长期借款时,按照偿还的借款本金,借记本科目,贷记"资金结存"科目。年末,将本科目本年发生额转入其他结余,借记"其他结余"科目,贷记本科目。

第四节 其他支出

一、其他支出概念

其他支出是除行政支出、事业支出、经营支出、上缴上级支出、对附属单位补助支出、投资支出、债务还本支出以外的各项现金流出，包括利息支出、对外捐赠现金支出、现金盘亏损失、接受捐赠（调入）和对外捐赠（调出）非现金资产发生的税费支出、资产置换过程中发生的相关税费支出、罚没支出等。

二、其他支出的会计科目设置

单位应当设置"其他支出"科目，本科目应当按照其他支出的类别、"财政拨款支出"、"非财政专项资金支出"、"其他资金支出"、《政府收支分类科目》中"支出功能分类科目"的项级科目和"部门预算支出经济分类科目"的款级科目等进行明细核算。其他支出中如有专项资金支出，还应按照具体项目进行明细核算。

有一般公共预算财政拨款、政府性基金预算财政拨款等两种或两种以上财政拨款的事业单位，还应当在"财政拨款支出"明细科目下按照财政拨款的种类进行明细核算。单位发生利息支出、捐赠支出等其他支出金额较大或业务较多的，可单独设置"7902 利息支出""7903 捐赠支出"等科目。本科目年末结转后，应无余额。

（1）利息支出。支付银行借款利息时，按照实际支付金额，借记本科目，贷记"资金结存——货币资金"科目。

（2）现金资产捐赠。对外捐赠现金资产时，按照捐赠金额，借记本科目，贷记"资金结存——货币资金"科目。

（3）现金盘亏损失，每日现金账款核对中如发现现金短缺，按照短缺的现金金额，借记本科目，贷记"资金结存——货币资金"科目。经核实，属于应当由有关人员赔偿的，按照收到的赔偿金额，借记"资金结存——货币资金"科目，贷记本科目。

（4）接受捐赠（无偿调入）和对外捐赠（无偿调出）是指非现金资产发生的税费支出接受捐赠（无偿调入）非现金资产发生的归属于捐入方（调入方）的相关税费、运输费等，以及对外捐赠（无偿调出）非现金资产发生的归属于捐出方（调出方）的相关税费、运输费等，按照实际支付金额，借记本科目，贷记"资金结存"科目。

（5）资产置换过程中发生的相关税费支出。资产置换过程中发生的相关税费，按照实际支付金额，借记本科目，贷记"资金结存"科目。

（6）其他支出是指发生罚没等其他支出时，按照实际支出金额，借记本科目，贷记"资金结存"科目。

（7）年末结转，将本科目本年发生额中的财政拨款支出转入财政拨款结转，借记"财政拨款结转——本年收支结转"科目，贷记本科目下各财政拨款支出明细科目；将本科目本年发生额中的非财政专项资金支出转入非财政拨款结转,借记"非财政拨款结转——本年收支结转"科目,贷记本科目下各非财政专项资金支出明细科目;将本科目本年发生额中的其他资金支出(非财政非专项资金支出)转入其他结余,借记"其他结余"科目,贷记本科目下各其他资金支出明细科目。其他支出的账务处理如表 17-7 所示。

表 17-7 其他支出账务处理

费用类别		预算会计处理	财务会计处理
利息支出		借:其他支出 　贷:资金结存——货币资金	借:应付利息 　贷:银行存款等
现金资产捐赠		借:其他支出 　贷:资金结存——货币资金	借:其他费用 　贷:银行存款/库存现金/其他应付款
现金盘亏损失	发现现金短缺	借:其他支出 　贷:资金结存——货币资金	借:待处理财产损溢 　贷:库存现金
	责任人赔偿	借:资金结存——货币资金 　贷:其他支出	借:库存现金 　贷:其他应收款
其他支出		借:其他支出 　贷:资金结存——货币资金	借:其他费用 　贷:银行存款/库存现金/其他应付款/零余额账户用款额度
期末结转		借:其他结余 　　非财政资金结转——本年收支结转/财政资金结转——本年收支结转 　贷:其他支出	借:本期盈余 　贷:其他费用

【例 17-3】 某事业单位因专业业务发展的需要从银行借入了一笔 5 年期的长期借款,按规定支付本期借款利息 10 000 元。

　　借:其他支出——利息支出　　　10 000
　　　贷:资金结存——货币资金　　　　10 000
　　借:应付利息　　10 000
　　　贷:银行存款　　10 000

【例 17-4】 某事业单位为支持社会公益事业发展,向某慈善机构捐赠现款 100 000 元。

　　借:其他支出——捐赠支出　　　100 000
　　　贷:资金结存——货币资金　　　　100 000
　　借:其他费用——捐赠费用　　　100 000
　　　贷:银行存款　　　　100 000

【例 17-5】 某事业单位当日现金账款核对中发现短缺 50 元,无法查明原因。经批准予以核销。

　　借:其他支出——现金盘亏损失　　　50
　　　贷:资金结存——货币资金　　　　50
　　借:待处理财产损溢　　50
　　　贷:库存现金　　50
　　借:资产处置费用　　50
　　　贷:待处理财产损溢　　50

第十八章

预算结余的会计核算

预算结余是指政府会计主体预算年度内预算收入扣除预算支出后的资金余额,以历年滚存的资金余额。预算结余包括结余资金和结转资金。结余资金是指年度预算执行终了,预算收入实际完成数扣除预算支出和结转资金后剩余的资金。结转资金是指预算安排项目的支出年终尚未执行完毕或者因故未执行,且下年需要按原用途继续使用的资金。

第一节 资金结存的会计核算

一、资金结存的明细科目设置

资金结存是反映单位纳入部门预算管理的资金的流入、流出、调整和滚存等情况。

(一)零余额账户用款额度

本明细科目核算实行国库集中支付的单位根据财政部门批复的用款计划收到和支用的零余额账户用款额度。年末结账后,本明细科目应无余额。

(二)货币资金

本明细科目核算单位以库存现金、银行存款、其他货币资金形态存在的资金。本明细科目年末借方余额,反映单位尚未使用的货币资金。

(三)财政应返还额度

本明细科目核算实行国库集中支付的单位可以使用的以前年度财政直接支付资金额度和财政应返还的财政授权支付资金额度。本明细科目下可设置"财政直接支付""财政授权支付"两个明细科目进行明细核算。本明细科目年末借方余额,反映单位应收财政返还的资金额度。

二、会计核算

资金结存核算的流入、流出、调整、滚存的资金，仅限于货币资金（包括库存现金、银行存款、其他货币资金以及零余额账户用款额度）和财政应返还额度。因此资金结存的明细科目反映的是资金的形式。

与资金结存相关的业务活动包括资金流入行政事业单位和资金流出行政事业单位，以及不同形式的资金之间的转换。凡涉及财务会计科目"库存现金""银行存款""其他货币资金""零余额账户用款额度"以及"财政应返还额度"的经济业务及事项都属于资金结存的核算范围。

（一）资金流入的会计核算

资金流入的经济业务及事项，一般借记本科目，贷记相关的预算会计科目。同时按财务会计分录，借记"库存现金""银行存款""其他货币资金""零余额账户用款额度"以及"财政应返还额度"等科目，贷记相关科目。

1. 取得预算收入

财政授权支付方式下，单位根据代理银行转来的财政授权支付额度到账通知书，按照通知书中的授权支付额度，借记本科目（零余额账户用款额度），贷记"财政拨款预算收入"科目。以国库集中支付以外的其他支付方式取得预算收入时，按照实际收到的金额，借记本科目（货币资金），贷记"财政拨款预算收入""事业预算收入""经营预算收入"等科目。

【例 18-1】 某行政单位本年度取得财政授权支付方式下的预算收入 1 000 000 元，相应的分录如下。

借：资金结存——零余额账户用款额度　　　1 000 000
　　贷：财政拨款预算收入　　　　　　　　　　　　　1 000 000

同时财务会计涉及的分录为

借：零余额账户用款额度　　　　　　　　　1 000 000
　　贷：财政拨款收入　　　　　　　　　　　　　　　1 000 000

2. 收到调入的财政拨款结转资金

收到调入资金是指收到从其他单位调入的财政拨款结转资金的，按照实际调入资金数额，借记本科目（财政应返还额度、零余额账户用款额度、货币资金），贷记"财政拨款结转——归集调入"科目。

3. 购货退回、差错更正退回

因购货退回、发生差错更正等退回国库直接支付、授权支付款项，或者收回货币资金的，属于本年度支付的，借记"财政拨款预算收入"科目或本科目（零余额账户用款额度、货币资金），贷记相关支出科目；属于以前年度支付的，借记本科目（财政应返还额度、零余额账户用款额度、货币资金），贷记"财政拨款结转""财政拨款结余""非财政拨款结转""非财政拨款结余"科目。

4. 年末，确认未下达的财政用款额度

年末，根据本年度财政直接支付预算指标数与当年财政直接支付实际支出数的差额，借记本科目（财政应返还额度），贷记"财政拨款预算收入"科目。

本年度财政授权支付预算指标数大于零余额账户用款额度下达数的，根据未下达的用款额度，借记本科目（财政应返还额度），贷记"财政拨款预算收入"科目。

（二）资金流出的会计核算

1. 发生预算支出

在财政授权支付方式下，发生相关支出时，按照实际支付的金额，借记"行政支出""事业支出"等科目，贷记本科目（零余额账户用款额度）。

从零余额账户提取现金时，借记本科目（货币资金），贷记本科目（零余额账户用款额度）。退回现金时，做相反会计分录。使用以前年度财政直接支付额度发生支出时，按照实际支付金额，借记"行政支出""事业支出"等科目，贷记本科目（财政应返还额度）。在国库集中支付以外的其他支付方式下，发生相关支出时，按照实际支付的金额，借记"事业支出""经营支出"等科目，贷记本科目（货币资金）。按照规定使用提取的专用基金支付相关项目时，按照实际支付金额，借记"专用结余"科目（从非财政拨款结余中提取的专用基金）或"事业支出"等科目（从预算收入中计提的专用基金），贷记本科目（货币资金）。

【例 18-2】 某事业单位使用本年度财政支付额度购买固定资产支出 300 000 元，以前年度的财政支付额度发生的管理支出为 500 000 元，相应的分录如下。

借：事业支出　　　　　　　　　　　　　　300 000
　　贷：资金结存——零余额账户用款额度　　　　300 000
借：固定资产　　　　　　　300 000
　　贷：零余额账户用款额度　　300 000
借：事业支出　　　　　　　　　500 000
　　贷：资金结存——财政应返还额度　　500 000
借：单位管理费用　　　500 000
　　贷：财政应返还额度　　500 000

2. 上缴或缴回财政资金

按照规定上缴财政拨款结转结余资金或注销财政拨款结转结余资金额度的，按照实际上缴资金数额或注销的资金额度数额，借记"财政拨款结转——归集上缴"或"财政拨款结余——归集上缴"科目，贷记本科目（财政应返还额度、零余额账户用款额度、货币资金）。

按规定向原资金拨入单位缴回非财政拨款结转资金的，按照实际缴回资金数额，借记"非财政拨款结转——缴回资金"科目，贷记本科目（货币资金）。

【例 18-3】 某事业单位按照规定上缴财政拨款结转资金 3 100 000 元，并按规定缴回非财政拨款结转资金 1 500 000 元，相应的分录如下。

借：财政拨款结转——归集上缴 3 100 000

贷：资金结存——货币资金 3 100 000

借：累计盈余 3 100 000

贷：零余额账户用款额度 3 100 000

借：非财政拨款结转——缴回资金 1 500 000

贷：资金结存——货币资金 1 500 000

借：累计盈余 1 500 000

贷：银行存款 1 500 000

【例 18-4】 某单位使用从非财政拨款结余中提取的专用基金购置了价值为 300 000 元的固定资产，相应的分录如下。

借：专用结余 300 000

贷：资金结存——货币资金 300 000

借：固定资产 300 000

贷：银行存款 300 000

借：专用基金 300 000

贷：累计盈余 300 000

3. 缴纳所得税

有企业所得税缴纳义务的事业单位缴纳所得税时，按照实际缴纳金额，借记“非财政拨款结余——累计结余”科目，贷记本科目（货币资金）。

【例 18-5】 某单位本年应缴纳的所得税为 1 1000 00 元，相应的分录如下。

借：非财政拨款结余——累计结余 1 100 000

贷：资金结存——货币资金 1 100 000

借：其他应交税费——单位应交所得税 1 100 000

贷：银行存款 1 100 00

（三）资金形式转换的会计核算资金形式转换的事项仅涉及“资金结存”明细科目之间的结转

（1）零余额账户用款额度注销。年末，单位依据代理银行提供的对账单做注销额度的相关账务处理，借记本科目（财政应返还额度），贷记本科目（零余额账户用款额度）。

（2）年初零余额账户用款额度恢复或收到未下达零余额账户用款额度，单位依据代理银行提供的额度恢复到账通知书做恢复额度的相关账务处理，借记本科目（零余额账户用款额度），贷记本科目（财政应返还额度）。单位收到财政部门批复的上年末未下达零余额账户用款额度的，借记本科目（零余额账户用款额度），贷记本科目（财政应返还额度）。注意上年末未下达的财政直接支付用款额度，因为不需要通过零余额账户支付，因此不再转入“零余额账户用款额度”科目。下年使用上年度未下达的财政直接支付用款额度时，直接借记支付项目相关科目，贷记“财政应返还额度”科目。

【例 18-6】 某单位本年末注销零余额账户用款额度 1 300 000 元，相应的分录如下。

借：资金结存——财政应返还额度 1 300 000

贷：资金结存——零余额账户用款额度　　　　　1 300 000
　　借：财政应返还额度——财政授权支付　　　　　1 300 000
　　　　贷：零余额账户用款额度　　　　　　　　　　1 300 000

资金结存的会计处理如表 18-1 所示。

表 18-1　资金结存的会计处理

内容	会计事项		预算会计分录	财务会计分录
资金流入	取得预算收入	国库集中支付方式下	财政授权支付下： 借：资金结存——零余额账户用款额度 　　贷：财政拨款预算收入 财政直接支付下，代理银行根据支付指令将资金直接支付到收款人，行政事业单位不发生资金流入	借：零余额账户用款额度 　　贷：财政拨款收入
		国库集中支付以外的其他支付方式下	借：资金结存——货币资金 　　贷：财政拨款预算收入/事业预算收入/经营预算收入等	借：银行存款 　　贷：财政拨款收入/事业收入/经营收入等
	收到调入的财政拨款结转资金		借：资金结存——货币资金/零余额账户用款额度/财政应返还额度 　　贷：财政拨款结转——归集调入	借：货币资金/零余额账户用款额度/财政应返还额度 　　贷：累计盈余
	因购货退回、差错更正发生国库直接支付、授权支付款项，或货币资金退回	属于本年度的	借：财政预算收入——（退回国库直接支付资金）/资金结转——货币资金（收回货币资金）/零余额账户用款额度（收回授权支付款项） 　　贷：行政支付/事业支出等	借：财政拨款收入/银行存款/零余额账户用款额度 　　贷：业务活动费用/库存物品等
		属于以前年度	借：财政预算收入/资金结存——货币资金、零余额账户用款额度 　　贷：财政拨款结转/财政拨款结余/非财政拨款结转/非财政拨款结余——年初余额调整	借：财政拨款收入/银行存款/零余额账户用款额度 　　贷：以前年度盈余调整（涉及以前年度收入费用调整）/库存物品等
	上缴或缴回财政资金	上缴财政拨款结转结余资金或注销财政拨款结转结余额度	借：财政拨款结转/财政拨款结余——归集上缴 　　贷：资金结存——财政应返还额度/零余额账户用款额度/货币资金	借：累计盈余 　　贷：财政应返还额度/零余额账户用款额度/银行存款等
		缴回非财政拨款结转资金	借：非财政拨款结转——缴回资金 　　贷：资金结存——货币资金等	借：累计盈余 　　贷：银行存款等
	缴纳所得税		借：非财政拨款结余——累计结余 　　贷：资金结存——货币资金等	借：其他应交税费 　　贷：银行存款等
资金形式转换	零余额账户用款额度注销		借：资金结存——财政应返还额度 　　贷：资金结存——零余额账户用款额度	借：财政应返还额度——财政授权支付 　　贷：零余额账户用款额度
	下年初零余额账户用款额度恢复或收到未下达零余额账户用款额度		借：资金结存——零余额账户用款额度 　　贷：资金结存——财政应返还额度	借：零余额账户用款额度 　　贷：财政应返还额度——财政授权支付

三、结转结余资金的会计核算

（一）结转结余资金概述

根据《中央部门结转和结余资金管理办法》，结转结余资金是指与中央财政有缴拨款关系的中央级行政单位、事业单位（含企业化管理的事业单位）、社会团体及企业，按照财政部批复的预算，在年度预算执行结束时，未列支出的一般公共预算和政府性基金预算资金。结转资金和结余资金的区别如表18-2所示。

表18-2 结转资金和结余资金的区别

对象	定义
结转资金	指预算未全部执行或未执行，下年需按原用途继续使用的预算资金
结余资金	项目实施周期已结束、项目目标完成或项目提前终止，尚未列支的项目支出预算资金。因项目实施计划调整，不需要继续支出的预算资金预算批复后连续两年未用完的预算资金

（二）财政拨款结转

财政拨款结转资金核算行政事业单位取得的同级财政拨款结转资金的调整、结转和滚存情况。本科目年末贷方余额，反映单位滚存的财政拨款结转资金数额。

1. 会计科目设置

1）与会计差错更正、以前年度支出收回相关的明细科目"年初余额调整"

本明细科目核算因发生会计差错更正、以前年度支出收回等原因，需要调整财政拨款结转的金额。年末结账后，本明细科目应无余额。

2）与财政拨款调拨业务相关的明细科目

（1）归集调入。本明细科目核算按照规定从其他单位调入财政拨款结转资金时，实际调增的额度数额或调入的资金数额。年末结账后，本明细科目应无余额。

（2）归集调出。本明细科目核算按照规定向其他单位调出财政拨款结转资金时，实际调减的额度数额或调出的资金数额。年末结账后，本明细科目应无余额。

（3）归集上缴。本明细科目核算按照规定上缴财政拨款结转资金时，实际核销的额度数额或上缴的资金数额。年末结账后，本明细科目应无余额。

（4）单位内部调剂。本明细科目核算经财政部门批准对财政拨款结余资金改变用途，调整用于本单位其他未完成项目等的调整金额。年末结账后，本明细科目应无余额。

3）与年末财政拨款结转业务相关的明细科目

（1）本年收支结转。本明细科目核算单位本年度财政拨款收支相抵后的余额。年末结账后，本明细科目应无余额。

（2）累计结转。本明细科目核算单位滚存的财政拨款结转资金。

本明细科目年末贷方余额，反映单位财政拨款滚存的结转资金数额。本科目还应当设置"基本支出结转""项目支出结转"两个明细科目，并在"基本支出结转"明细科目下按照"人员经费""日常公用经费"进行明细核算，在"项目支出结转"明细科目下按照具体项目进行明细核算；同时，本科目还应按照《政府收支分类科目》中"支出功能分类科目"的相关科目进行明细核算。有一般公共预算财政拨款、政府性基金预算财政拨款等两种或两种以上财政拨款的，还应当在本科目下按照财政拨款的种类进行明细核算。

2. 账务处理

1）与会计差错更正、以前年度支出收回相关的账务处理

因发生会计差错更正退回以前年度国库直接支付、授权支付款项或财政性货币资金，

或者因发生会计差错更正增加以前年度国库直接支付、授权支付支出或财政性货币资金支出,属于以前年度财政拨款结转资金的,借记或贷记"资金结存——财政应返还额度、零余额账户用款额度、货币资金"科目,贷记或借记本科目(年初余额调整)。

因购货退回、预付款项收回等发生以前年度支出又收回国库直接支付、授权支付款项或收回财政性货币资金,属于以前年度财政拨款结转资金的,借记"资金结存——财政应返还额度、零余额账户用款额度、货币资金"科目,贷记本科目(年初余额调整)。

2)与财政拨款结转结余资金调整业务相关的账务处理

按照规定从其他单位调入财政拨款结转资金的,按照实际调增的额度数额或调入的资金数额,借记"资金结存——财政应返还额度、零余额账户用款额度、货币资金"科目,贷记本科目(归集调入)。按照规定向其他单位调出财政拨款结转资金的,按照实际调减的额度数额或调出的资金数额,借记本科目(归集调出),贷记"资金结存——财政应返还额度、零余额账户用款额度、货币资金"科目。

按照规定上缴财政拨款结转资金或注销财政拨款结转资金额度的,按照实际上缴资金数额或注销的资金额度数额,借记本科目(归集上缴),贷记"资金结存——财政应返还额度、零余额账户用款额度、货币资金"科目。

经财政部门批准对财政拨款结余资金改变用途,调整用于本单位基本支出或其他未完成项目支出的,按照批准调剂的金额,借记"财政拨款结余——单位内部调剂"科目,贷记本科目(单位内部调剂)。

3)与年末财政拨款结转和结余业务相关的账务处理

年末,将财政拨款预算收入本年发生额转入本科目,借记"财政拨款预算收入"科目,贷记本科目(本年收支结转);将各项支出中财政拨款支出本年发生额转入本科目,借记本科目(本年收支结转),贷记各项支出(财政拨款支出)科目。

年末冲销有关明细科目余额。将本科目(本年收支结转、年初余额调整、归集调入、归集调出、归集上缴、单位内部调剂)余额转入本科目(累计结转)。结转后,本科目除"累计结转"明细科目外,其他明细科目应无余额。

年末完成上述结转后,应当对财政拨款结转各明细项目执行情况进行分析,按照有关规定将符合财政拨款结余性质的项目余额转入财政拨款结余,借记本科目(累计结转),贷记"财政拨款结余——结转转入"科目。财政拨款结转的会计处理如表 18-3 所示。

表 18-3 财政拨款结转的会计处理

项目	业务活动类型		预算会计分录	财务会计分录
财政拨款结转贷方增加	发生会计差错更正、购货退回、预付款项收回等以前年度调整事项	涉及以前年度收入费用调整	当且仅当业务涉及国库直接支付、授权支付款项,或货币资金退回时: 借:资金结存 贷:财政拨款结转——年初余额调整	借:有关资产或负债科目 贷:以前年度盈余调整
		仅涉及以前年度资产负债科目之间的调整		借:有关资产或负债科目 贷:有关资产或负债科目

续表

项目	业务活动类型		预算会计分录	财务会计分录
财政拨款结转借方增加	从其他单位调入财政拨款结转资金		借：资金结存——财政应返还额度/零余额账户用款额度/货币资金 贷：财政拨款结转——归集调入	借：财政应返还额度/零余额账户用款额度/银行存款 贷：累计盈余
	单位内部调剂财政拨款结余资金		借：财政拨款结余——单位内部调剂 贷：财政拨款结转——单位内部调剂	
	发生会计差错更正、购货退回、预付款项收回等以前年度调整事项	涉及以前年度收入费用调整	当且仅当业务涉及增加国库直接支付、授权支付款项，或货币资金支出时： 借：财政拨款结转——年初余额调整 贷：资金结存	借：以前年度盈余调整 贷：有关资产或负债科目
		仅涉及以前年度资产负债科目之间的调整		借：有关资产或负债科目 贷：有关资产或负债科目
	向其他单位调出财政拨款结转资金	向其他单位调出财政拨款结转资金		
	按照规定上缴财政拨款结转资金或注销财政拨款结转额度		借：财政拨款结转——归集上缴 贷：资金结存——财政应返还额度/零余额账户用款额度/货币资金	借：累计盈余 贷：财政应返还额度/零余额账户用款额度/银行存款
年末结转	结转财政拨款预算收入、支出	结转财政拨款预算收入	借：财政拨款预算收入 贷：财政拨款结转——本年收支结转	
		结转财政拨款预算支出	借：财政拨款结转——本年收支结转 贷：行政支出/事业支出等（财政拨款支出部分）	
	冲销本科目有关明细科目余额		冲销有关明细科目贷方余额： 借：财政拨款结转——年初余额调整（该明细科目为贷方余额时）/归集调入/单位内部调剂/本年收支结转（该明细科目为贷方余额时） 贷：财政拨款结转——累计结转 冲销有关明细科目借方余额： 借：财政拨款转——累计结转 贷：财政拨款结转——归集上缴/年初余额调整（该明细科目为借方余额时）/归集调出/本年收支结转（该明细科目为借方余额时）	
	按照有关规定将符合财政拨款结余性质的项目余额转入财政拨款结余		借：财政拨款结转——累计结转 贷：财政拨款结余——结转转入	

【例 18-7】 某单位年初发生了 500 000 元的预售账款退回至银行账户，该款项属

于以前年度结转资金。其相应的分录如下。

借：财政拨款结转——年初余额调整　　500 000
　　贷：资金结存——货币资金　　　　　　　500 000
借：预收账款　　500 000
　　贷：银行存款　　500 000

【例18-8】　某单位本年从其他单位调入财政授权内拨款结转资金10 000 000元，其相应的分录如下。

借：资金结存——零余额账户用款额度　　10 000 000
　　贷：财政拨款结转——归集调存　　　　　　10 000 000
借：零余额账户用款额度　　10 000 000
　　贷：累计盈余　　　　　　10 000 000

四、财政拨款结余

财政拨款结余核算是指单位取得的同级财政拨款项目支出结余资金的调整、结转和滚存情况。本科目年末贷方余额，反映单位滚存的财政拨款结余资金数额。

（一）会计科目设置

1. 与会计差错更正、以前年度支出收回相关的明细科目"年初余额调整"

本明细科目核算因发生会计差错更正、以前年度支出收回等原因，需要调整财政拨款结余的金额。年末结账后，本明细科目应无余额。

2. 与财政拨款结余资金调整业务相关的明细科目

（1）归集上缴。本明细科目核算按照规定上缴财政拨款结余资金时，实际核销的额度数额或上缴的资金数额。年末结账后，本明细科目应无余额。

（2）单位内部调剂。本明细科目核算经财政部门批准对财政拨款结余资金改变用途，调整用于本单位其他未完成项目等的调整金额。年末结账后，本明细科目应无余额。

3. 与年末财政拨款结余业务相关的明细科目

（1）结转转入。本明细科目核算单位按照规定转入财政拨款结余的财政拨款结转资金。年末结账后，本明细科目应无余额。

（2）累计结余。本明细科目核算单位滚存的财政拨款结余资金。本明细科目年末贷方余额，反映单位财政拨款滚存的结余资金数额。本科目还应当按照具体项目、《政府收支分类科目》中"支出功能分类科目"的相关科目等进行明细核算。

（3）有一般公共预算财政拨款、政府性基金预算财政拨款等两种或两种以上财政拨款的，还应当在本科目下按照财政拨款的种类进行明细核算。

（二）会计核算

1. 与会计差错更正、以前年度支出收回相关的账务处理

因发生会计差错更正退回以前年度国库直接支付、授权支付款项或财政性货币资金，

或者因发生会计差错更正增加以前年度国库直接支付、授权支付支出或财政性货币资金支出,属于以前年度财政拨款结余资金的,借记或贷记"资金结存——财政应返还额度、零余额账户用款额度、货币资金"科目,贷记或借记本科目(年初余额调整)。

因购货退回、预付款项收回等发生以前年度支出又收回国库直接支付、授权支付款项或收回财政性货币资金,属于以前年度财政拨款结余资金的,借记"资金结存——财政应返还额度、零余额账户用款额度、货币资金"科目,贷记本科目(年初余额调整)。

2. 与财政拨款结余资金调整业务相关的账务处理

经财政部门批准对财政拨款结余资金改变用途,调整用于本单位基本支出或其他未完成项目支出的,按照批准调剂的金额,借记本科目(单位内部调剂),贷记"财政拨款结转——单位内部调剂"科目。按照规定上缴财政拨款结余资金或注销财政拨款结余资金额度的,按照实际上缴资金数额或注销的资金额度数额,借记本科目(归集上缴),贷记"资金结存——财政应返还额度、零余额账户用款额度、货币资金"科目。

3. 与年末财政拨款结转和结余业务相关的账务处理

年末,对财政拨款结转各明细项目执行情况进行分析,按照有关规定将符合财政拨款结余性质的项目余额转入财政拨款结余,借记"财政拨款结转——累计结转"科目,贷记本科目(结转转入)。

年末冲销有关明细科目余额。将本科目(年初余额调整、归集上缴、单位内部调剂、结转转入)余额转入本科目(累计结转)。结转后,本科目除"累计结转"明细科目外,其他明细科目应无余额。财政拨款结余的会计处理如表18-4所示。

表18-4 财政拨款结余的会计处理

项目	业务活动类型		预算会计分录	财务会计分录
财政拨款结余贷方增加	发生会计差错更正、购货退回、预付款项收回等以前年度调整事项	涉及以前年度收入费用调整	当且仅当业务涉及国库直接支付、授权支付款项、或货币资金退回时: 借:资金结存 　贷:财政拨款结转——年初余额调整	借:有关资产或负债科目 　贷:以前年度盈余调整
		仅涉及以前年度资产负债科目之间的调整		借:有关资产或负债科目 　贷:有关资产或负债科目
财政拨款结余借方增加	发生会计差错更正、购货退回、预付款项收回等以前年度调整事项	涉及以前年度收入费用调整	当且仅当业务涉及增加国库直接支付、授权支付款项,或货币资金支出时: 借:财政拨款结转——年初余额调整 　贷:资金结存	借:以前年度盈余调整 　贷:有关资产或负债科目
		仅涉及以前年度资产负债科目之间的调整		借:有关资产或负债科目 　贷:有关资产或负债科目
	单位内部调剂财政拨款结余资金		借:财政拨款结余——单位内部调剂 　贷:财政拨款结转——单位内部调剂	
	按照规定上缴财政拨款结余资金或注销财政拨款结余额度		借:财政拨款结余——归集上缴 　贷:资金结存——财政应返还额度/零余额账户用款额度/货币资金	借:累计盈余 　贷:财政应返还额度/零余额账户用款额度/银行存款

续表

项目	业务活动类型	预算会计分录	财务会计分录
年末结转	按照有关规定将符合财政拨款结余性质的项目余额转入财政拨款结余	借：财政拨款结转——累计结转 贷：财政拨款结余——结转转入	
	冲销本科目有关明细科目余额	冲销有关明细科目贷方余额： 借：财政拨款结转——年初余额调整（该明细科目为贷方余额时）/结转转入 贷：财政拨款结转——累计结转 冲销有关明细科目借方余额： 借：财政拨款结转——累计结转 贷：财政拨款结转——年初余额调整（该明细科目为借方余额时）/归集上缴/单位内部调剂	

【例 18-9】 某单位年初发生了 300 000 元的预付账款收回国库直接支付额度，相应的分录如下。

借：资金结存——零余额账户用款额度　　　300 000
　　贷：财政拨款结余——年初余额调整　　　　300 000
借：零余额账户用款额度　　　300 000
　　贷：以前年度盈余调整　　　　300 000

【例 18-10】 某单位本年注销财政拨款财政授权内拨款结余资金 15 000 000 元，相应的分录如下。

借：财政拨款结余——归集上缴　　　15 000 000
　　贷：资金结存——零余额账户用款额度　　　15 000 000
借：累计盈余　　　15 000 000
　　贷：零余额账户用款额度　　　15 000 000

五、非财政拨款结转

（一）概念

非财政拨款结转核算事业单位除财政拨款收支、经营收支以外各非同级财政拨款专项资金的调整、结转和滚存情况。本科目年末贷方余额，反映单位滚存的非同级财政拨款专项结转资金数额。

（二）非财政拨款结转科目

设置"非财政拨款结转"科目，本科目年末贷方余额，反映单位滚存的非同级财政拨款专项结转资金数额。

（1）年初余额调整。本明细科目核算因发生会计差错更正、以前年度支出收回等原因，需要调整非财政拨款结转的资金。年末结账后，本明细科目应无余额。

（2）缴回资金。本明细科目核算按照规定缴回非财政拨款结转资金时，实际缴回的资金数额。年末结账后，本明细科目应无余额。

（3）项目间接费用或管理费。本明细科目核算单位取得的科研项目预算收入中，按照规定计提项目间接费用或管理费的数额。年末结账后，本明细科目应无余额。

（4）本年收支结转。本明细科目核算单位本年度非同级财政拨款专项收支相抵后的余额。年末结账后，本明细科目应无余额。

（5）累计结转。本明细科目核算单位滚存的非同级财政拨款专项结转资金。本明细科目年末贷方余额，反映单位非同级财政拨款滚存的专项结转资金数额。

本科目还应当按照具体项目、《政府收支分类科目》中"支出功能分类科目"的相关科目等进行明细核算。

（三）会计核算

（1）按照规定从科研项目预算收入中提取项目管理费或间接费时，按照提取金额，借记本科目（项目间接费用或管理费），贷记"非财政拨款结余——项目间接费用或管理费"科目。

（2）因会计差错更正收到或支出非同级财政拨款货币资金，属于非财政拨款结转资金的，按照收到或支出的金额，借记或贷记"资金结存——货币资金"科目，贷记或借记本科目（年初余额调整）。因收回以前年度支出等收到非同级财政拨款货币资金，属于非财政拨款结转资金的，按照收到的金额，借记"资金结存——货币资金"科目，贷记本科目（年初余额调整）。

（3）按照规定缴回非财政拨款结转资金的，按照实际缴回资金数额，借记本科目（缴回资金），贷记"资金结存——货币资金"科目。

（4）年末，将事业预算收入、上级补助预算收入、附属单位上缴预算收入、非同级财政拨款预算收入、债务预算收入、其他预算收入本年发生额中的专项资金收入转入本科目，借记"事业预算收入""上级补助预算收入""附属单位上缴预算收入""非同级财政拨款预算收入""债务预算收入""其他预算收入"科目下各专项资金收入明细科目，贷记本科目（本年收支结转）；将行政支出、事业支出、其他支出本年发生额中的非财政拨款专项资金支出转入本科目，借记本科目（本年收支结转），贷记"行政支出""事业支出""其他支出"科目下各非财政拨款专项资金支出明细科目。

（5）年末冲销有关明细科目余额。将本科目（年初余额调整、项目间接费用或管理费、缴回资金、本年收支结转）余额转入本科目（累计结转）。结转后，本科目除"累计结转"明细科目外，其他明细科目应无余额。

（6）年末完成上述结转后，应当对非财政拨款专项结转资金各项目情况进行分析，将留归本单位使用的非财政拨款专项（项目已完成）剩余资金转入非财政拨款结余，借记本科目（累计结转），贷记"非财政拨款结余——结转转入"科目。非财政拨款结转的会计处理如表18-5所示。

表 18-5 非财政拨款结转会计处理

项目	业务活动类型		预算会计分录	财务会计分录

非财政拨款结转贷方增加	发生会计差错更正、购货退回、预付款项收回等以前年度调整事项	涉及以前年度收入费用调整	当且仅当业务涉及收到非同级财政拨款货币资金时：
			借：资金结存
			  贷：非财政拨款结转——年初余额调整
				借：有关资产或负债科目
				  贷：以前年度盈余调整

		仅涉及以前年度资产负债科目之间的调整		借：有关资产或负债科目 贷：有关资产或负债科目

非财政拨款结转借方增加	发生差错更正、购货退回、预付款项收回等以前年度调整事项	涉及以前年度收入费用调整	当且仅当业务涉及货币资金支出时：
			借：财政拨款结转——年初余额调整
			  贷：资金结存
				借：以前年度盈余调整
				  贷：有关资产或负债科目

		仅涉及以前年度资产负债科目之间的调整		借：有关资产或负债科目 贷：有关资产或负债科目

	按照规定从科研项目预算收入中提取项目管理费或间接费用		借：非财政拨款结转——项目间接费用或管理费
			  贷：非财政拨款结余——项目间接费用或管理费
				借：单位管理费用
				  贷：预提费用——项目间接费用或管理费

	按照规定缴回非财政拨款结转资金		借：非财政拨款结转——缴回资金
			  贷：资金结存——货币资金
				借：累计盈余
				  贷：银行存款等

【例 18-11】 某单位从单位的科研项目预算收入中提取项目管理费 200 000 元，其相应的分录如下。

借：非财政拨款结转——管理费　　　　200 000
　贷：非财政拨款结余——管理费　　　　　200 000
借：单位管理费用　　　　200 000
　贷：预提费用——管理费　　　　200 000

【例 18-12】 某单位按照规定缴回非财政拨款结转资金 300 000 元，其相应的分录如下。

借：非财政拨款结转——缴回资金　　　　300 000
　贷：资金结存——货币资金　　　　　　　300 000
借：累计盈余　　　　300 000
　贷：银行存款　　　　300 000

拨款结转下明细科目情况如下：年初余额调整贷方 200 000 元，项目间接费用借方 100 000 元，本年收支结转贷方 300 000 元，其相应的分录如下。

借：非财政拨款结转——年末余额调整　　　　200 000
　　　　　　　　　　——本年收支结转　　　　300 000
　贷：非财政拨款结转——累计结转　　　　　　500 000
借：非财政拨款结转——累计结转　　　　100 000
　贷：非财政拨款结转——项目间接费用　　　　100 000

六、非财政拨款结余

（一）概念

非财政拨款结余核算单位历年滚存的非限定用途的非同级财政拨款结余资金，主要为非财政拨款结余扣除结余分配后滚存的金额。

（二）科目设置

（1）年初余额调整。本明细科目核算因发生会计差错更正、以前年度支出收回等原因，需要调整非财政拨款结余的资金。年末结账后，本明细科目应无余额。

（2）项目间接费用或管理费。本明细科目核算单位取得的科研项目预算收入中，按照规定计提的项目间接费用或管理费数额。年末结账后，本明细科目应无余额。

（3）结转转入。本明细科目核算按照规定留归单位使用，由单位统筹调配，纳入单位非财政拨款结余的非同级财政拨款专项剩余资金。年末结账后，本明细科目应无余额。

（4）累计结余。本明细科目核算单位历年滚存的非同级财政拨款、非专项结余资金。本明细科目年末贷方余额，反映单位非同级财政拨款滚存的非专项结余资金数额。本科目还应当按照《政府收支分类科目》中"支出功能分类科目"的相关科目进行明细核算。

（三）会计核算

（1）按照规定从科研项目预算收入中提取项目间接费或管理费时，借记"非财政拨款结转——项目间接费用或管理费"科目，贷记本科目（项目间接费用或管理费）。

（2）有企业所得税缴纳义务的事业单位实际缴纳企业所得税时，按照缴纳金额，借记本科目（累计结余），贷记"资金结存——货币资金"科目。

（3）因会计差错更正收到或支出非同级财政拨款货币资金，属于非财政拨款结余资金的，按照收到或支出的金额，借记或贷记"资金结存——货币资金"科目，贷记或借记本科目（年初余额调整）。因收回以前年度支出等收到非同级财政拨款货币资金，属于非财政拨款结余资金的，按照收到的金额，借记"资金结存——货币资金"科目，贷记本科目（年初余额调整）。

（4）年末，将留归本单位使用的非财政拨款专项（项目已完成）剩余资金转入本科目，借记"非财政拨款结转——累计结转"科目，贷记本科目（结转转入）。

（5）年末冲销有关明细科目余额，将本科目（年初余额调整、项目间接费用或管理费、结转转入）余额结转入本科目（累计结余）。结转后，本科目除"累计结余"明细科目外，其他明细科目应无余额。

（6）年末，事业单位将"非财政拨款结余分配"科目余额转入非财政拨款结余。"非财政拨款结余分配"科目为借方余额的，借记本科目（累计结余），贷记"非财政拨款结余分配"科目；"非财政拨款结余分配"科目为贷方余额的，借记"非财政拨款结余分配"科目，贷记本科目（累计结余）。

年末，行政单位将"其他结余"科目余额转入非财政拨款结余。"其他结余"科目为借方余额的，借记本科目（累计结余），贷记"其他结余"科目；"其他结余"科目为贷方余额的，借记"其他结余"科目，贷记本科目（累计结余）。非财政拨款结余的会计分录如表18-6所示。

表 18-6 非财政拨款结余会计处理

项目	业务活动类型		预算会计分录	财务会计分录
财政拨款结余贷方增加	发生会计差错更正、购货退回、预付款项收回等以前年度调整事项	涉及以前年度收入费用调整	当且仅当业务涉及国库直接支付、授权支付款项，或货币资金退回时： 借：资金结存 　　贷：非财政拨款结余——年初余额调整	借：有关资产或负债科目 　　贷：以前年度盈余调整
		仅涉及以前年度资产负债科目之间的调整		借：有关资产或负债科目 　　贷：有关资产或负债科目
	按照规定从科研项目预算收入中提取项目管理费或间接费用		借：非财政拨款结转——项目间接费用或管理费 　　贷：非财政拨款结余——项目间接费用或管理费	借：单位管理费用 　　贷：预提费用——项目间接费用或管理费
财政拨款结余借方增加	发生会计差错更正、购货退回、预付款项收回等以前年度调整事项	涉及以前年度收入费用调整	当且仅当业务涉及增加国库直接支付、授权支付款项，或货币资金支出时： 借：财政拨款结余——年初余额调整 　　贷：资金结存	借：以前年度盈余调整 　　贷：有关资产或负债科目
		仅涉及以前年度资产负债科目之间的调整		借：有关资产或负债科目 　　贷：有关资产或负债科目
	实际缴纳企业所得税		借：非财政拨款结余——累计结余 　　贷：资金结存——货币资金	借：其他应交税费——单位应交所得税 　　贷：银行存款等
年末结转	将留归本单位使用的非财政拨款专项剩余资金转入非财政拨款结余		借：非财政拨款结转——累计结转 　　贷：非财政拨款结余——结转转入	
	冲销本科目有关明细科目余额		冲销有关明细科目贷方余额： 借：非财政拨款结余——年初余额调整（该明细科目为贷方余额时）/项目间接费用或管理费/结转转入 　　贷：非财政拨款结余——累计结余 冲销有关明细科目借方余额： 借：非财政拨款结余——累计结余 　　贷：非财政拨款结余——年初余额调整（该明细科目为借方余额时）	
	非财政拨款结余分配科目结转		非财政拨款结余分配为贷方余额时： 借：非财政拨款结余分配 　　贷：非财政拨款结余——累计结余 非财政拨款结余分配为借方余额做反向分录	

【例 18-13】 某单位本年实际缴纳企业所得税为 100 000 元，其相应的分录如下。

借：非财政拨款结余——累计结余　　　　100 000
　　贷：资金结存——货币资金　　　　　　　　100 000
借：其他应交税费——单位应交所得税　　100 000
　　贷：银行存款　　　　　　　　　　　　　　100 000

【例 18-14】 某单位年末非财政拨款结余下明细科目情况如下：年初余额调整贷方 400 000 元，项目管理费借方 100 000 元，其相应的分录如下。

借：非财政拨款结余——年末余额调整　　400 000
　　贷：非财政拨款结余——累计结余　　　　400 000
借：非财政拨款结余——累计结余　　　　100 000
　　贷：非财政拨款结余——项目管理费　　　100 000

第二节 事业单位专有结余资金的会计核算

一、专用结余

(一)概念

专用结余核算事业单位按照规定从非财政拨款结余中提取的具有专门用途的资金的变动和滚存情况。本科目年末贷方余额,反映事业单位从非同级财政拨款结余中提取的专用基金的累计滚存数额。

(二)会计科目设置

设置"专用结余"科目,本科目应当按照专用结余的类别进行明细核算。

根据有关规定从本年度非财政拨款结余或经营结余中提取基金的,按照提取金额,借记"非财政拨款结余分配"科目,贷记"专用结余"科目。

(三)会计核算

根据规定使用从非财政拨款结余或经营结余中提取的专用基金时,按照使用金额,借记本科目,贷记"资金结存——货币资金"科目。专用结余的会计处理如表18-7所示。

表18-7 专用结余的会计处理

内容	预算会计分录		财务会计分录
计提专用基金	从预算收入中按照一定比例计提		借:业务活动费用等 贷:专用基金
	从本年度非财政拨款结余或经营结余中计提	借:非财政拨款结余分配 贷:专用结余	借:本年盈余分配 贷:专用基金
	根据有关规定设置的其他专用基金		借:银行存款等 贷:专用基金
使用专用基金	从预算收入中按照一定比例计提	借:事业支出等 贷:资金结存——货币资金	专用基金用于购置固定资产、无形资产: 借:固定资产/无形资产 贷:银行存款等 借:专用基金 贷:累计盈余 专用基金用于其他用途: 借:专用基金 贷:银行存款等
	从本年度非财政拨款结余或经营结余中计提	借:专用结余 贷:资金结存——货币资金	

【例18-15】 某单位从本年度非财政拨款结余中提取基金150 000元,其相应的分录如下。

借:非财政拨款结余分配　　　　　150 000
　　贷:专用结余　　　　　　　　　　　　150 000
借:本年盈余分配　　　　　　　　150 000

贷：专用基金　　　　　　　　150 000

二、经营结余

（一）概念

经营结余核算事业单位本年度经营活动收支相抵后余额弥补以前年度经营亏损后的余额。

（二）会计科目设置

年末，将经营预算收入本年发生额转入本科目，借记"经营预算收入"科目，贷记本科目；将经营支出本年发生额转入本科目，借记本科目，贷记"经营支出"科目。

完成上述结转后，如本科目为贷方余额，将本科目贷方余额转入"非财政拨款结余分配"科目，借记本科目，贷记"非财政拨款结余分配"科目；如本科目为借方余额，为经营亏损，不予结转。

年末结账后，本科目一般无余额；如为借方余额，反映事业单位累计发生的经营亏损。

（三）会计核算

经营结余的会计处理如图 18-1 所示。

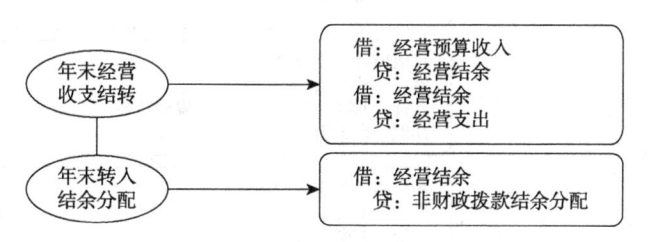

```
年末经营        借：经营预算收入
收支结转  →        贷：经营结余
                借：经营结余
                   贷：经营支出

年末转入        借：经营结余
结余分配  →        贷：非财政拨款结余分配
```

图 18-1　经营结余的会计处理

第三节　其他结余

一、概念

其他结余核算单位本年度除财政拨款收支、非同级财政专项资金收支和经营收支以外各项收支相抵后的余额。年末结账后，本科目应无余额。

二、会计核算

（1）年末，将事业预算收入、上级补助预算收入、附属单位上缴预算收入、非同级财政拨款预算收入、债务预算收入、其他预算收入本年发生额中的非专项资金收入以及投资预算收益本年发生额转入本科目，借记"事业预算收入""上级补助预算收入""附属单位上缴预算收入""非同级财政拨款预算收入""债务预算收入""其他预算收入"科目下各非专项资金收入明细科目和"投资预算收益"科目，贷记本科目（"投资预算收益"科目本年发生额为借方净额时，借记本科目，贷记"投资预算收益"科目）；将行政支出、事业支出、其他支出本年发生额中的非同级财政、非专项资金支出，以及上缴上级支出、对附属单位补助支出、投资支出、债务还本支出本年发生额转入本科目，借记本科目，贷记"行政支出""事业支出""其他支出"科目下各非同级财政、非专项资金支出明细科目和"上缴上级支出""对附属单位补助支出""投资支出""债务还本支出"科目。

（2）完成上述结转后，行政单位将本科目余额转入"非财政拨款结余——累计结余"科目；事业单位将本科目余额转入"非财政拨款结余分配"科目。当本科目为贷方余额时，借记本科目，贷记"非财政拨款结余——累计结余"或"非财政拨款结余分配"科目；当本科目为借方余额时，借记"非财政拨款结余——累计结余"或"非财政拨款结余分配"科目，贷记本科目。其他结余的会计处理如图18-2所示。

```
年末预算         年末预算        借：事业预算收入/上级补助预算收入/附属单位上缴预算
收支结转    →    收入结转            收入/非同级财政拨款预算收入/债务预算收入/其他预
                                    算收入/投资预算收益（贷方余额）
                                贷：其他结余

                 年末预算        借：其他结余
                 支出结转        贷：行政支出/事业支出/其他支出
                                    上缴上级支出/对附属单位补助支出/投资支出/
                                    债务还本支出

年末结转    →    行政单位        其他结余为贷方余额时：
                                借：其他结余
                                贷：非财政拨款结余——累计结余
                                其他结余为借方余额时做相反分录

                 事业单位        其他结余为贷方余额时：
                                借：其他结余
                                贷：非财政拨款结余分配
                                其他结余为借方余额时做相反分录
```

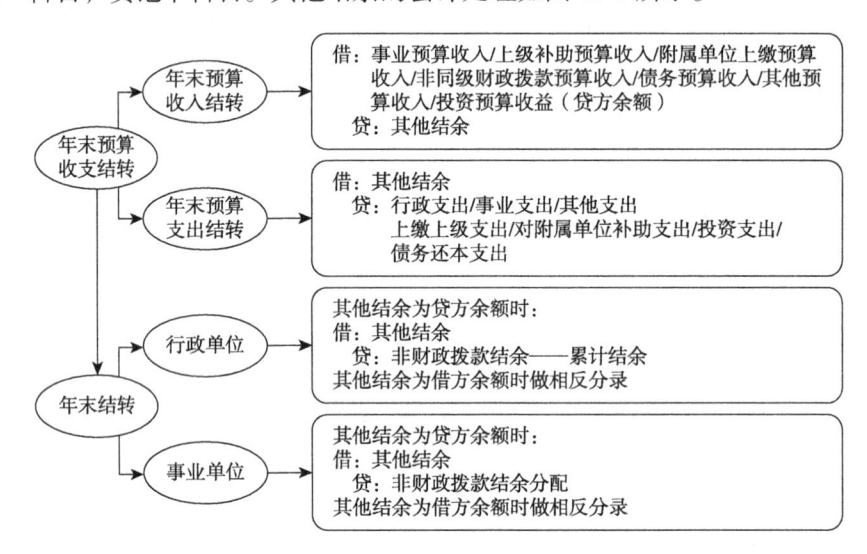

图18-2　其他结余的会计处理

第四节　非财政拨款结余分配

一、概念

"非财政拨款结余分配"科目核算事业单位本年度非财政拨款结余分配的情况和结果。

二、会计核算

（1）年末，将"其他结余"科目余额转入本科目，当"其他结余"科目为贷方余额时，借记"其他结余"科目，贷记本科目；当"其他结余"科目为借方余额时，借记本科目，贷记"其他结余"科目。年末，将"经营结余"科目贷方余额转入本科目，借记"经营结余"科目，贷记本科目。根据有关规定提取专用基金的，按照提取的金额，借记本科目，贷记"专用结余"科目。

（2）年末，按照规定完成上述结转处理后，将本科目余额转入非财政拨款结余。当本科目为借方余额时，借记"非财政拨款结余——累计结余"科目，贷记本科目；当本科目为贷方余额时，借记本科目，贷记"非财政拨款结余——累计结余"科目。

非财政拨款结余分配的会计处理如表 18-8 所示。

表 18-8　非财政拨款结余分配会计处理

业务活动类型	预算会计分录	财务会计分录
其他结余转入	其他结余为借方余额时： 借：非财政拨款结余分配 　贷：其他结余 其他结余为贷方余额时做反向分录	
从非财政拨款结余中计提专用基金	借：非财政拨款结余分配 　贷：专用结余	借：本年盈余分配 　贷：专用基金
事业单位将非财政拨款结余分配转入非财政拨款结余	非财政拨款结余分配为贷方余额时： 借：非财政拨款结余分配 　贷：非财政拨款结余——累计结余 非财政拨款结余分配为借方余额做反向分录	

第十九章 政府会计报表

第一节 会计报表的概述

一、会计报表的概念

（一）财务会计报表的概念

行政事业单位财务会计报表是反映单位一定时期财务状况、收支情况和现金流量的书面文件，是上级部门了解单位情况，指导其预算执行工作的重要资料，也是编制下年度财务收支计划的依据。编制和分析会计报表是会计工作的一个重要环节。

附表和附注是为帮助使用者深入了解主要会计报表的有关内容和项目而以表格的形式对主要会计报表所作的补充说明和详细解释。它们是单位会计报表的有机组成部分。

（二）预算会计报表的概念

行政事业单位预算会计报表是反映单位财务状况和预算执行结果的书面文件。它是由会计报表和报表说明书组成。

行政事业单位预算会计报表是根据日常核算资料，通过整理、汇总而编制的用以反映会计主体一定时期的财务状况和预算执行结果的书面文件。它综合、系统、全面地反映了单位预算收支活动的情况。

二、会计报表的编制要求

为了充分发挥会计报表的应有作用，行政事业单位必须按照财政部门和主管部门统一规定的格式、内容和编制方法编制会计报表，做到数字真实、内容完整、报送及时，会计报表的编制要求如图 19-1 所示。

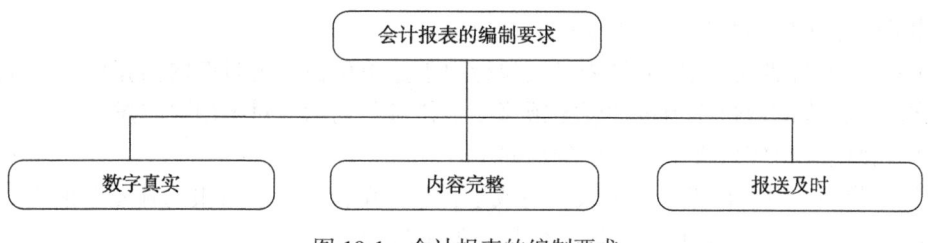

图 19-1　会计报表的编制要求

（一）数字真实

行政事业单位预算会计报表必须真实可靠、数字准确，如实反映单位预算执行情况。编报时要以核对无误的会计账簿数字为依据，不能以估计数、计划数填报，更不能弄虚作假、篡改和伪造会计数据，也不能由上级单位以估计数代编。为此，各单位必须按期结账，一般不能为赶编报表而提前结账。编制报表前，要认真核对有关账目，切实做到账表相符、账证相符、账账相符和账实相符，保证会计报表的真实性。

（二）内容完整

行政事业单位预算会计报表必须内容完整，按照统一规定的报表种类、格式和内容编报齐全，不能漏报。规定的格式栏次不论是表内项目还是补充资料，应填的项目、内容要填列齐全，不能任意取舍，使之成为一套完整的指标体系，以保证会计报表在本部门、本地区以及全国的逐级汇总分析需要。各级主管部门可以根据本系统内的特殊情况和特殊要求，规定增加一些报表或项目，但不得影响国家统一规定的报表和报表项目的编报。

（三）报送及时

行政事业单位预算会计报表必须按照国家或上级机关规定的期限和程序，在保证报表真实、完整的前提下，在规定的期限内报送上级单位。如果一个单位的会计报表不及时报送，就会影响主管单位、财政部门乃至全国的逐级汇总，影响全局对会计信息的分析。为此，应当科学、合理地组织好日常的会计核算工作，加强会计部门内部及会计部门与有关部门的协作与配合，以便尽快地编制出会计报表，满足预算管理和财务管理的需要。

三、会计报表的分类

行政事业单位会计报表为反映不同的经济内容，可以按以下不同的标准进行分类。

（一）按照内容和形式分类

（1）资产负债表。资产负债表是反映行政事业单位在某一特定日期财务状况的报表。资产负债表的项目应当按会计要素的类别分别列示。

（2）收入支出总表。收入支出总表是反映行政事业单位年度收支总规模的报表。收入支出总表按单位实有各项收支项目汇总列示。

（3）支出明细表。支出明细表是反映行政事业单位在一定时期内预算执行情况的报表。支出明细表的项目应当按"国家预算支出科目"列示。对于用财政拨款和预算外资金收入安排的支出应按支出的用途分别列示。

（4）附表。附表是指根据财政部门或主管会计单位的要求编报的补充性报表，如基本数字表。附表按财政部门和上级单位规定的项目列示。

（5）报表说明书。报表说明书包括报表编制技术说明和报表分析说明。报表技术说明主要包括：采用的主要会计处理方法，特殊事项的会计处理方法，会计处理方法的变更情况、变更原因以及对收支情况和结果的影响等。报表分析说明一般包括：基本情况，影响预算执行、资金活动的原因，经费支出、资金活动的趋势，管理中存在的问题和改进措施，对上级会计单位工作的意见和建议。

（二）按照编报时间分类

（1）月报。月报是反映行政事业单位截至报告月度资金活动和经费收支情况的报表。月报要求编报资产负债表、支出明细表。

（2）季报。季报是分析、检查行政事业单位季度资金活动情况和经费收支情况的报表，应在月报的基础上较详细地反映单位经费收支的全貌。各行政事业单位的季报，要求在月报的基础上加报基本数字表。

（3）年报。年报（年度决算）是全面反映年度资金活动和经费收支执行结果的报表。年度决算报表种类和要求等，按照财政部门和上级单位下达的有关决算编审规定组织执行。

（三）按编报层次分类

（1）本级报表。本级报表是反映各单位预算执行情况和资金活动情况的报表。

（2）汇总报表。汇总报表是各主管部门和二级单位对本单位和所属单位的报表进行汇总后编制的报表。

基层会计单位只编制本级会计报表，二级单位和主管会计单位要先编制本级会计报表，然后再编制汇总会计报表。

四、年终清理

年终清理结算和结账，是行政事业单位编报年度决算的一个很重要环节，也是保证行政事业单位决算报表数字准确、真实、完整的一项基础工作。各行政事业单位在年度终了前，应根据财政部门或上级主管部门的决算编审工作要求，对各项收支项目、往来款项、货币资金及财产物资进行全面的年终清理结算，并在此基础上办理年度结算、编报决算。

年终清理是对行政事业单位全年预算资金收支、其他资金收支活动进行全面的清查、核对、整理和结算的工作。对任何一个单位来说，年终清理都包括对本单位财产全面清理及会计、财务活动的总清理。年终清理主要包括以下几个方面。

(一)清理核对年度预算收支数字和预算领拨款数字

年终前,财政机关、上级单位和所属各单位之间,应当认真清理核对全年预算数。同时要逐笔清理核对上、下级之间预算拨款和预算缴款数字,按核定的预算或调整的预算,该拨付的拨付,该交回的交回,保证上、下级之间的年度预算数、领拨款经费数和上交、下拨数一致。

为了保证会计年度按公历年制划期,凡属本年的应拨、应交款项,必须在 12 月 31 日前汇达给对方。主管会计单位对所属各单位的预算拨款,截至 12 月 25 日止,逾期一般不再下拨。凡是预拨下年度的款项,应注明款项所属年度,以免造成跨年错账。

(二)清理核对各项收支款项

凡属本年的各项收入,都要及时入账。本年的各项应缴预算收入和应上缴上级的款项,要在年终前全部上缴。属于本年的各项支出,要按规定的支出渠道如实列报。年度单位支出决算,一律以基层用款单位截至 12 月 31 日止的本年实际支出数为准,不得将年终前预拨下一年的预算拨款列入本年的支出,也不得以上级会计单位的拨款数代替基层会计单位实际支出数。

(三)清理各项往来款项

对行政事业单位的各种暂存、暂付等往来款项,要按照"严格控制,及时结算"的原则,分类清理。对各项应收款和应付款,原则上不宜跨年度挂账,做到人欠收回,欠人归还;对外单位委托代办业务,凡托办业务已结束的,要及时向委托单位清算结报,委托单位不得以拨代支,受托单位不得以领代报。应转为各项收入和应列支出的往来款项,要及时转入有关收支账户,编入本年决算。对没有合法手续的各种往来款项,要查明原因采取措施,该追回的追回,该退还的退还。

(四)清查货币资金和财产物资

年终要及时同开户银行对账。银行存款账面余额要同银行对账单的余额核对相符;现金的账面余额要同库存现金核对相符;有价证券账面数字要同实存的有价证券核对相符。各种财产物资年终都必须全部入账,各单位应配备专人对全部财产物资进行全面的清查盘点。固定资产和材料的盘点结果和账面数如有差异,在年终结账前应查明原因,并按规定做出处理,调整账务,做到账账、账实相符。

第二节 资产负债表

一、资产负债表的概述

资产负债表是反映单位某一特定日期财务状况的报表,反映事业单位在某一特定日期的全部资产、负债和净资产的情况。资产负债表是会计报表的重要组成部分，可以提供反映会计期末事业单位占有或使用的资源、承担的债务和形成的净资产情况的会计信息。事业单位应当定期编制资产负债表，披露事业单位在会计期末的财务状况。

资产负债表是行政事业单位会计报表体系中的主要报表，它能反映行政事业单位在某一时点占有或使用的经济资源和负担的债务情况，以及事业单位的偿债能力和财务前景。通过资产负债表，会计报表使用者可以得到如图19-2所示的信息。

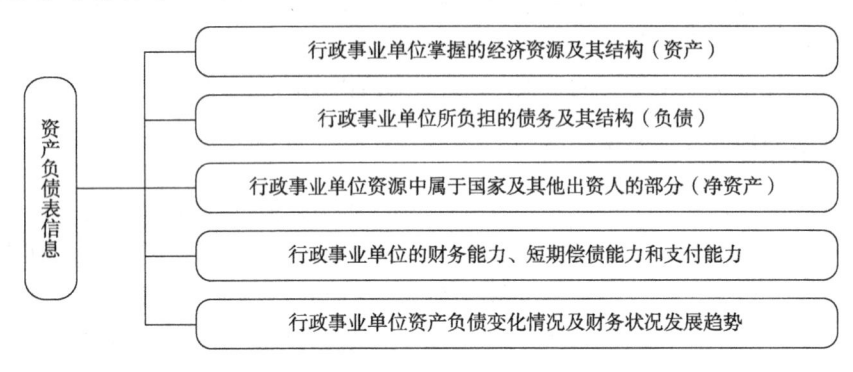

```
                ┌─ 行政事业单位掌握的经济资源及其结构（资产）
                │
                ├─ 行政事业单位所负担的债务及其结构（负债）
资产负债表信息 ──┤
                ├─ 行政事业单位资源中属于国家及其他出资人的部分（净资产）
                │
                ├─ 行政事业单位的财务能力、短期偿债能力和支付能力
                │
                └─ 行政事业单位资产负债变化情况及财务状况发展趋势
```

图 19-2　资产负债表信息

二、资产负债表的内容

行政事业单位的资产负债表由表首标题和报表主体构成。报表主体部分包括编报项目、栏目及金额。

1. 表首标题

资产负债表的表首标题包括报表名称、编号（会政财01表）、编制单位、编表时间和金额单位等内容。资产负债表反映事业单位在某一时点的财务状况，属于静态报表，需要注明是某年某月某日的报表。按编报的时间的不同，资产负债表分为月报资产负债表和年报资产负债表。

2. 编报项目

资产负债表的编报项目包括资产、负债和净资产三个会计要素，按资产（左侧）和负债与净资产（右侧）排列，按资产等于负债加净资产平衡。资产项目按其流动性分为流动资产、非流动资产排列；负债项目按其流动性分为流动负债、非流动负债排列；净资产项目分为基金净资产、结转（余）净资产排列。

3. 栏目及金额

资产负债表包括"期末余额"和"年初余额"两栏数字。"期末余额"栏的数额根据本期各账户的期末余额直接填列，或经过分析、计算后填列；"年初余额"栏的数额根据上年年末资产负债表"期末余额"栏内的数字填列。

三、资产负债表的编制

资产负债表的"年初余额"栏内各项数字，应当根据上年年末资产负债表"期末余额"栏内数字填列。如果本年度资产负债表规定的项目的名称和内容同上年度不一致，应当对上年年末资产负债表项目的名称和数字按照本年度的规定进行调整，填入资产负债表的"年初余额"栏内。资产负债表中"资产总计"项目期末（年初）余额应当与"负债和净资产总计"项目期末（年初）余额相等。

（一）资产类项目"期末余额"的内容和填列方法

资产类项目反映行政事业单位占用或者使用的资产情况，一般根据会计账簿中资产类账户的期末借方余额直接填列、合并填列、分析填列。

（1）"货币资金"项目，反映单位期末库存现金、银行存款、零余额账户用款额度、其他货币资金的合计数。本项目应当根据"库存现金""银行存款""零余额账户用款额度""其他货币资金"科目的期末余额的合计数填列；若单位存在通过"库存现金""银行存款"科目核算的受托代理资产还应当按照前述合计数扣减"库存现金""银行存款"科目下"受托代理资产"明细科目的期末余额后的金额填列。

（2）"短期投资"项目，反映事业单位期末持有的短期投资账面余额。本项目应当根据"短期投资"科目的期末余额填列。

（3）"财政应返还额度"项目，反映单位期末财政应返还额度的金额。本项目应当根据"财政应返还额度"科目的期末余额填列。

（4）"应收票据"项目，反映事业单位期末持有的应收票据的票面金额。本项目应当根据"应收票据"科目的期末余额填列。

（5）"应收账款净额"项目，反映单位期末尚未收回的应收账款减去已计提的坏账准备后的净额。本项目应当根据"应收账款"科目的期末余额，减去"坏账准备"科目中对应收账款计提的坏账准备的期末余额后的金额填列。

（6）"预付账款"项目，反映单位期末预付给商品或者劳务供应单位的款项。本项目应当根据"预付账款"科目的期末余额填列。

（7）"应收股利"项目，反映事业单位期末因股权投资而应收取的现金股利或应当分得的利润。本项目应当根据"应收股利"科目的期末余额填列。

（8）"应收利息"项目，反映事业单位期末因债券投资等而应收取的利息。事业单位购入的到期一次还本付息的长期债券投资持有期间应收的利息，不包括在本项目内。本项目应当根据"应收利息"科目的期末余额填列。

（9）"其他应收款净额"项目，反映单位期末尚未收回的其他应收款减去已计提的坏账准备后的净额。本项目应当根据"其他应收款"科目的期末余额减去"坏账准备"科目中对其他应收款计提的坏账准备的期末余额后的金额填列。

（10）"存货"项目，反映单位期末存储的存货的实际成本。本项目应当根据"在途物品""库存物品""加工物品"科目的期末余额的合计数填列。

（11）"待摊费用"项目，反映单位期末已经支出，但应当由本期和以后各期负担的分摊期在1年以内（含1年）的各项费用。本项目应当根据"待摊费用"科目的期末余额填列。

（12）"一年内到期的非流动资产"项目，反映单位期末非流动资产项目中将在1年内（含1年）到期的金额，如事业单位将在1年内（含1年）到期的长期债券投资金额。本项目应当根据"长期债券投资"等科目的明细科目的期末余额分析填列。

（13）"其他流动资产"项目，反映单位期末除本表中上述各项之外的其他流动资产的合计金额。本项目应当根据有关科目期末余额的合计数填列。

（14）"流动资产合计"项目，反映单位期末流动资产的合计数。本项目应当根据本表中"货币资金""短期投资""财政应返还额度""应收票据""应收账款净额""预付账款""应收股利""应收利息""其他应收款净额""存货""待摊费用""一年内到期的非流动资产""其他流动资产"项目金额的合计数填列。

（15）"长期股权投资"项目，反映事业单位期末持有的长期股权投资的账面余额。本项目应当根据"长期股权投资"科目的期末余额填列。

（16）"长期债券投资"项目，反映事业单位期末持有的长期债券投资的账面余额。本项目应当根据"长期债券投资"科目的期末余额减去其中将于1年内（含1年）到期的长期债券投资余额后的金额填列。

（17）"固定资产原值"项目，反映单位期末固定资产的原值。本项目应当根据"固定资产"科目的期末余额填列。"固定资产累计折旧"项目，反映单位期末固定资产已计提的累计折旧金额。本项目应当根据"固定资产累计折旧"科目的期末余额填列。

"固定资产净值"项目，反映单位期末固定资产的账面价值。本项目应当根据"固定资产"科目期末余额减去"固定资产累计折旧"科目期末余额后的金额填列。

（18）"工程物资"项目，反映单位期末为在建工程准备的各种物资的实际成本。本项目应当根据"工程物资"科目的期末余额填列。

（19）"在建工程"项目，反映单位期末所有的建设项目工程的实际成本。本项目应当根据"在建工程"科目的期末余额填列。

（20）"无形资产原值"项目，反映单位期末无形资产的原值。本项目应当根据"无形资产"科目的期末余额填列。"无形资产累计摊销"项目，反映单位期末无形资产已计提的累计摊销金额。本项目应当根据"无形资产累计摊销"科目的期末余额填列。

"无形资产净值"项目，反映单位期末无形资产的账面价值。本项目应当根据"无形资产"科目期末余额减去"无形资产累计摊销"科目期末余额后的金额填列。

（21）"研发支出"项目，反映单位期末正在进行的无形资产开发项目开发阶段发生的累计支出数。本项目应当根据"研发支出"科目的期末余额填列。

（22）"公共基础设施原值"项目，反映单位期末控制的公共基础设施的原值。本项目应当根据"公共基础设施"科目的期末余额填列。"公共基础设施累计折旧（摊销）"项目，反映单位期末控制的公共基础设施已计提的累计折旧和累计摊销金额。本项目应当根据"公共基础设施累计折旧（摊销）"科目的期末余额填列。

"公共基础设施净值"项目，反映单位期末控制的公共基础设施的账面价值。本项目应当根据"公共基础设施"科目期末余额减去"公共基础设施累计折旧（摊销）"科目期末余额后的金额填列。

（23）"政府储备物资"项目，反映单位期末控制的政府储备物资的实际成本。本项目应当根据"政府储备物资"科目的期末余额填列。

（24）"文物文化资产"项目，反映单位期末控制的文物文化资产的成本。本项目应当根据"文物文化资产"科目的期末余额填列。

（25）"保障性住房原值"项目，反映单位期末控制的保障性住房的原值。本项目应当根据"保障性住房"科目的期末余额填列。"保障性住房累计折旧"项目，反映单位期末控制的保障性住房已计提的累计折旧金额。本项目应当根据"保障性住房累计折旧"科目的期末余额填列。

"保障性住房净值"项目，反映单位期末控制的保障性住房的账面价值。本项目应当根据"保障性住房"科目期末余额减去"保障性住房累计折旧"科目期末余额后的金额填列。

（26）"长期待摊费用"项目，反映单位期末已经支出，但应由本期和以后各期负担的分摊期限在1年以上（不含1年）的各项费用。本项目应当根据"长期待摊费用"科目的期末余额填列。

（27）"待处理财产损溢"项目，反映单位期末尚未处理完毕的各种资产的净损失或净溢余。本项目应当根据"待处理财产损溢"科目的期末借方余额填列；如"待处理财产损溢"科目期末为贷方余额，以负数填列。

（28）"其他非流动资产"项目，反映单位期末除资产负债表中上述各项之外的其他非流动资产的合计数。本项目应当根据有关科目的期末余额合计数填列。

（29）"非流动资产合计"项目，反映单位期末非流动资产的合计数。本项目应当根据资产负债表中"长期股权投资""长期债券投资""固定资产净值""工程物资""在建工程""无形资产净值""研发支出""公共基础设施净值""政府储备物资""文物文化资产""保障性住房净值""长期待摊费用""待处理财产损溢""其他非流动资产"项目金额的合计数填列。

（30）"受托代理资产"项目，反映单位期末受托代理资产的价值。本项目应当根据"受托代理资产"科目的期末余额与"库存现金""银行存款"科目下"受托代理资产"明细科目的期末余额的合计数填列。

（31）"资产总计"项目，反映单位期末资产的合计数。本项目应当根据资产负债表中"流动资产合计""非流动资产合计""受托代理资产"项目金额的合计数填列。

（二）负债类项目"期末余额"的内容和填列方法

负债类项目反映单位承担债务的情况，一般根据会计账簿中负债账户的期末贷方余额直接填列，或分析债务的偿还期后填列。

（1）"短期借款"项目，反映事业单位期末短期借款的余额。本项目应当根据"短期借款"科目的期末余额填列。

（2）"应交增值税"项目，反映单位期末应缴未缴的增值税税额。本项目应当根据"应交增值税"科目的期末余额填列；如"应交增值税"科目期末为借方余额，以负数填列。

（3）"其他应交税费"项目，反映单位期末应缴未缴的除增值税以外的税费金额。本项目应当根据"其他应交税费"科目的期末余额填列；如"其他应交税费"科目期末为借方余额，以负数填列。

(4)"应缴财政款"项目，反映单位期末应当上缴财政但尚未缴纳的款项。本项目应当根据"应缴财政款"科目的期末余额填列。

(5)"应付职工薪酬"项目，反映单位期末按有关规定应付给职工及为职工支付的各种薪酬。本项目应当根据"应付职工薪酬"科目的期末余额填列。

(6)"应付票据"项目，反映事业单位期末应付票据的金额。本项目应当根据"应付票据"科目的期末余额填列。

(7)"应付账款"项目，反映单位期末应当支付但尚未支付的偿还期限在1年以内（含1年）的应付账款的金额。本项目应当根据"应付账款"科目的期末余额填列。

(8)"应付政府补贴款"项目，反映负责发放政府补贴的行政单位期末按照规定应当支付给政府补贴接受者的各种政府补贴款余额。本项目应当根据"应付政府补贴款"科目的期末余额填列。

(9)"应付利息"项目，反映事业单位期末按照合同约定应支付的借款利息。事业单位到期一次还本付息的长期借款利息不包括在本项目内。本项目应当根据"应付利息"科目的期末余额填列。

(10)"预收账款"项目，反映事业单位期末预先收取但尚未确认收入和实际结算的款项余额。本项目应当根据"预收账款"科目的期末余额填列。

(11)"其他应付款"项目，反映单位期末其他各项偿还期限在1年内（含1年）的应付及暂收款项余额。本项目应当根据"其他应付款"科目的期末余额填列。

(12)"预提费用"项目，反映单位期末已预先提取的已经发生但尚未支付的各项费用。本项目应当根据"预提费用"科目的期末余额填列。

(13)"一年内到期的非流动负债"项目，反映单位期末将于1年内（含1年）偿还的非流动负债的余额。本项目应当根据"长期应付款""长期借款"等科目的明细科目的期末余额分析填列。

(14)"其他流动负债"项目，反映单位期末除资产负债表中上述各项之外的其他流动负债的合计数。本项目应当根据有关科目的期末余额的合计数填列。

(15)"流动负债合计"项目，反映单位期末流动负债合计数。本项目应当根据资产负债表"短期借款""应交增值税""其他应交税费""应缴财政款""应付职工薪酬""应付票据""应付账款""应付政府补贴款""应付利息""预收账款""其他应付款""预提费用""一年内到期的非流动负债""其他流动负债"项目金额的合计数填列。

(16)"长期借款"项目，反映事业单位期末长期借款的余额。本项目应当根据"长期借款"科目的期末余额减去其中将于1年内（含1年）到期的长期借款余额后的金额填列。

(17)"长期应付款"项目，反映单位期末长期应付款的余额。本项目应当根据"长期应付款"科目的期末余额减去其中将于1年内（含1年）到期的长期应付款余额后的金额填列。

(18)"预计负债"项目，反映单位期末已确认但尚未偿付的预计负债的余额。本项目应当根据"预计负债"科目的期末余额填列。

(19)"其他非流动负债"项目，反映单位期末除资产负债表中上述各项之外的其他非流动负债的合计数。本项目应当根据有关科目的期末余额合计数填列。

（20）"非流动负债合计"项目，反映单位期末非流动负债合计数。本项目应当根据资产负债表中"长期借款""长期应付款""预计负债""其他非流动负债"项目金额的合计数填列。

（21）"受托代理负债"项目，反映单位期末受托代理负债的金额。本项目应当根据"受托代理负债"科目的期末余额填列。

（22）"负债合计"项目，反映单位期末负债的合计数。本项目应当根据资产负债表中"流动负债合计""非流动负债合计""受托代理负债"项目金额的合计数填列。

（三）净资产类项目"期末余额"的内容和填列方法

净资产类项目反映单位净资产金额的情况，一般根据会计账簿中净资产账户的期末贷方余额直接填列。

（1）"累计盈余"项目，反映单位期末未分配盈余（或未弥补亏损）以及无偿调拨净资产变动的累计数。本项目应当根据"累计盈余"科目的期末余额填列。

（2）"专用基金"项目，反映事业单位期末累计提取或设置但尚未使用的专用基金余额。本项目应当根据"专用基金"科目的期末余额填列。

（3）"权益法调整"项目，反映事业单位期末在被投资单位除净损益和利润分配以外的所有者权益变动中累积享有的份额。本项目应当根据"权益法调整"科目的期末余额填列。如"权益法调整"科目期末为借方余额，以负数填列。

（4）"无偿调拨净资产"项目，反映单位本年度截至报告期期末无偿调入的非现金资产价值扣减无偿调出的非现金资产价值后的净值。本项目仅在月度报表中列示，年度报表中不列示。月度报表中本项目应当根据"无偿调拨净资产"科目的期末余额填列；"无偿调拨净资产"科目期末为借方余额时，以负数填列。

（5）"本期盈余"项目，反映单位本年度截至报告期期末实现的累计盈余或亏损。本项目仅在月度报表中列示，年度报表中不列示。月度报表中本项目应当根据"本期盈余"科目的期末余额填列；"本期盈余"科目期末为借方余额时，以负数填列。

（6）"净资产合计"项目，反映单位期末净资产合计数。本项目应当根据资产负债表中"累计盈余""专用基金""权益法调整""无偿调拨净资产"（月度报表）、"本期盈余"（月度报表）项目金额的合计数填列。

（7）"负债和净资产总计"项目应当按照资产负债表中"负债合计""净资产合计"项目金额的合计数填列。

四、资产负债表的编制实例

【例19-1】 某单位2×20年12月31日结账后各资产、负债和净资产类会计科目如表19-1所示。据此编制该事业单位的资产负债表。

表 19-1 科目余额表

编制单位：×× 　　　　　　　　　　　2×20年12月31日 　　　　　　　　　　　单位：元

资产	期末余额	负债和净资产	期末余额
库存现金	3 500	短期借款	120 000
银行存款	161 500	应交增值税	0
零余额账户用款额度	0	其他应交税费	0
短期投资	22 500	应缴财政款	0
财政应返还额度	36 000	应付职工薪酬	0
应收票据	12 000	应付票据	0
应收账款	40 000	应付账款	8 000
预付账款	13 000	预收账款	1 000
其他应收款	4 500	其他应付款	2 000
存货	331 000	长期借款	320 000
长期股权投资	161 000	长期应付款	0
固定资产	1 957 500	累计盈余	1 106 000
固定资产累计折旧	-507 500	专用基金	1 000 000
在建工程	86 000	权益法调整	28 000
无形资产	266 000		
无形资产累计摊销	-53 000		
待处理财产损溢	51 000		
合计	2 585 000	合计	2 585 000

12月31日编制的资产负债表为年末资产负债表时，年初余额栏内各项数字，应当根据上年年末资产负债表期末余额栏内数字填列。

期末余额栏内各项数字根据各账户的期末余额直接填列、合并填列或分析填列。其主要项目的填列说明如下。

1）货币资金项目

货币资金的数额为库存现金、银行存款和零余额账户用款额度的合计数。

货币资金=3 500+161 500+0=165 000（元）

2）固定资产、无形资产项目

固定资产、无形资产按扣除累计折旧、累计摊销的数额填列。

固定资产=1 957 500-507 500=1 450 000（元）

无形资产=266 000-53 000=213 000（元）

3）长期借款项目

长期借款中，将于1年内（含1年）偿还的借款为85 000元，应列入其他流动负债项目。

长期借款=320 000-85 000=235 000（元）

其他流动负债=85 000（元）

4）其他项目

其他各项目均可根据各账户的期末余额直接填列。资产总计、负债合计、净资产合计等项目的数额按其内容汇总后填列。编制完成的年度资产负债表，如表19-2所示。

表 19-2　资产负债表

编制单位：××　　　　　　　　　　2×19 年 12 月 31 日　　　　　　　　　　单位：元

资产	期末余额	年初余额	负债和净资产	期末余额	年初余额
流动资产：			流动负债：		
货币资金	165 000	142 000	短期借款	120 000	100 000
短期投资	22 500	19 500	应交增值税		
财政应返还额度	36 000	21 000	其他应交税费		
应收票据	12 000	10 000	应缴财政款		
应收账款净额	40 000	60 000	应付职工薪酬		
预付账款	13 000	6 000	应付票据		1 000
应收股利			应付账款	8 000	5 000
应收利息			应付政府补贴款		
其他应收款净额	4 500	3 000	应付利息		
存货	331 000	323 500	预收账款	1 000	
待摊费用			其他应付款	2 000	3 000
一年内到期的非流动资产			预提费用		
其他流动资产			一年内到期的非流动负债		
流动资产合计	624 000	585 000	其他流动负债	85 000	
非流动资产：			流动负债合计	216 000	109 000
长期股权投资	161 000	100 000	非流动负债：		
长期债券投资			长期借款	235 000	270 000
固定资产原值	1 957 500	1 512 000	长期应付款		
减：固定资产累计折旧	507 500	392 000	预计负债		
固定资产净值	1 450 000	1 120 000	其他非流动负债		
工程物资			非流动负债合计	235 000	270 000
在建工程	86 000	150 000	受托代理负债		
无形资产原值	266 000	287 500	负债合计	451 000	379 000
减：无形资产累计摊销	53 000	57 500			
无形资产净值	213 000	230 000			
研发支出					
公共基础设施原值					
减：公共基础设施累计折旧（摊销）					
公共基础设施净值					
政府储备物资					
文物文化资产					

续表

资产	期末余额	年初余额	负债和净资产	期末余额	年初余额
保障性住房原值					
减：保障性住房累计折旧			净资产：		
保障性住房净值			累计盈余	1 106 000	1 000 000
长期待摊费用			专用基金	1 000 000	800 000
待处理财产损溢	51 000		权益法调整	28 000	6 000
其他非流动资产			无偿调拨净资产*		
非流动资产合计	1 961 000	1 600 000	本期盈余*		
受托代理资产			净资产合计	2 134 000	1 806 000
资产总计	2 585 000	2 185 000	负债和净资产总计	2 585 000	2 185 000

*标识项目为月报项目，年报中无须列示

第三节 收入费用表

一、收入费用表概述

（一）收入费用表的含义

收入费用表是反映行政事业单位在一定会计期间的事业成果及其分配情况的会计报表，反映行政事业单位在某一会计期间内各项收入、费用和结转结余情况。

收入费用表是行政事业单位会计报表的重要组成部分，可以提供一定时期行政事业单位收入总额及构成情况、费用总额及构成情况，以及盈余及其分配内容的会计信息。行政事业单位应当定期编制收入费用表，披露行政事业单位在一定会计期间的业务活动成果。

（二）收入费用表的内容

行政事业单位的收入费用表由表首标题和报表主体构成。报表主体部分包括编报项目、栏目及金额。

1. 表首标题

收入费用表的表首标题包括报表名称、编号（会政财02表）、编制单位、编表时间和金额单位等内容。由于收入费用表反映事业单位在某一时期的事业成果，属于动态报表，因此需要注明报表所属的期间，如××××年××月、××××年度。按编报时间的不同，收入费用表分为月报收入费用表和年报收入费用表。

2. 编报项目

收入费用表应当按照收入、费用的构成和盈余分配情况分别列示，按本期收入、本期费用和本期盈余等项目分层次排列。

3. 栏目及金额

月报的收入费用表由"本月数"和"本年累计数"两栏组成，年报的收入费用表由"上年数"和"本年数"两栏组成。收入费用表的各栏数额，应当根据相关收支账户的"本月合计数"和"本年累计数"的发生额填列，或经过计算、分析后填列。

收入费用表反映单位在某一会计期间内发生的收入、费用及当期盈余情况。

收入费用表"本月数"栏反映各项目的本月实际发生数。编制年度收入费用表时，应当将本栏改为"本年数"，反映本年度各项目的实际发生数。

收入费用表"本年累计数"栏反映各项目自年初至报告期期末的累计实际发生数。编制年度收入费用表时，应当将本栏改为"上年数"，反映上年度各项目的实际发生数，"上年数"栏应当根据上年年度收入费用表中"本年数"栏内所列数字填列。

如果本年度收入费用表规定的项目的名称和内容同上年度不一致应当对上年度收入费用表项目的名称和数字按照本年度的规定进行调整，将调整后的金额填入本年度收入费用表的"上年数"栏内。

如果本年度单位发生了因前期差错更正、会计政策变更等调整以前年度盈余的事项，还应当对年度收入费用表中"上年数"栏中的有关项目金额进行相应调整。

二、收入费用表"本月数"栏各项目的内容和填列方法

1. 本期收入

（1）"本期收入"项目，反映单位本期收入总额。本项目应当根据本表中"财政拨款收入""事业收入""上级补助收入""附属单位上缴收入""经营收入""非同级财政拨款收入""投资收益""捐赠收入""利息收入""租金收入""其他收入"项目金额的合计数填列。

（2）"财政拨款收入"项目，反映单位本期从同级政府财政部门取得的各类财政拨款。本项目应当根据"财政拨款收入"科目的本期发生额填列。"政府性基金收入"项目，反映单位本期取得的财政拨款收入中属于政府性基金预算拨款的金额。本项目应当根据"财政拨款收入"相关明细科目的本期发生额填列。

（3）"事业收入"项目，反映事业单位本期开展专业业务活动及其辅助活动实现的收入。本项目应当根据"事业收入"科目的本期发生额填列。

（4）"上级补助收入"项目，反映事业单位本期从主管部门和上级单位收到或应收的非财政拨款收入。本项目应当根据"上级补助收入"科目的本期发生额填列。

（5）"附属单位上缴收入"项目，反映事业单位本期收到或应收的独立核算的附属单位按照有关规定上缴的收入。本项目应当根据"附属单位上缴收入"科目的本期发生额填列。

（6）"经营收入"项目，反映事业单位本期在专业业务活动及其辅助活动之外开展非独立核算经营活动实现的收入。本项目应当根据"经营收入"科目的本期发生额填列。

（7）"非同级财政拨款收入"项目，反映单位本期从非同级政府财政部门取得的财政拨款，不包括事业单位因开展科研及其辅助活动从非同级财政部门取得的经费拨款。

本项目应当根据"非同级财政拨款收入"科目的本期发生额填列。

（8）"投资收益"项目，反映事业单位本期股权投资和债券投资所实现的收益或发生的损失。本项目应当根据"投资收益"科目的本期发生额填列；如为投资净损失，以负数填列。

（9）"捐赠收入"项目，反映单位本期接受捐赠取得的收入。本项目应当根据"捐赠收入"科目的本期发生额填列。

（10）"利息收入"项目，反映单位本期取得的银行存款利息收入。本项目应当根据"利息收入"科目的本期发生额填列。

（11）"租金收入"项目，反映单位本期经批准利用国有资产出租取得并按规定纳入本单位预算管理的租金收入。本项目应当根据"租金收入"科目的本期发生额填列。

（12）"其他收入"项目，反映单位本期取得的除以上收入项目外的其他收入的总额。本项目应当根据"其他收入"科目的本期发生额填列。

2. 本期费用

（1）"本期费用"项目，反映单位本期费用总额。本项目应当根据收入费用表中"业务活动费用""单位管理费用""经营费用""资产处置费用""上缴上级费用""对附属单位补助费用""所得税费用"和"其他费用"项目金额的合计数填列。

（2）"业务活动费用"项目，反映单位本期为实现其职能目标，依法履职或开展专业业务活动及其辅助活动所发生的各项费用。本项目应当根据"业务活动费用"科目本期发生额填列。

（3）"单位管理费用"项目，反映事业单位本期本级行政及后勤管理部门开展管理活动发生的各项费用，以及由单位统一负担的离退休人员经费、工会经费、诉讼费、中介费等。本项目应当根据"单位管理费用"科目的本期发生额填列。

（4）"经营费用"项目，反映事业单位本期在专业业务活动及其辅助活动之外开展非独立核算经营活动发生的各项费用。本项目应当根据"经营费用"科目的本期发生额填列。

（5）"资产处置费用"项目，反映单位本期经批准处置资产时转销的资产价值以及在处置过程中发生的相关费用或者处置收入小于处置费用形成的净支出。本项目应当根据"资产处置费用"科目的本期发生额填列。

（6）"上缴上级费用"项目，反映事业单位按照规定上缴上级单位款项发生的费用。本项目应当根据"上缴上级费用"科目的本期发生额填列。

（7）"对附属单位补助费用"项目，反映事业单位用财政拨款收入之外的收入对附属单位补助发生的费用。本项目应当根据"对附属单位补助费用"科目的本期发生额填列。

（8）"所得税费用"项目，反映有企业所得税缴纳义务的事业单位本期计算应交纳的企业所得税。本项目应当根据"所得税费用"科目的本期发生额填列。

（9）"其他费用"项目，反映单位本期发生的除以上费用项目外的其他费用的总额。本项目应当根据"其他费用"科目的本期发生额填列。

3. 本期盈余

"本期盈余"项目，反映单位本期收入扣除本期费用后的净额。本项目应当根据本表中"本期收入"项目金额减去"本期费用"项目金额后的金额填列；如为负数，以负数填列。

三、收入费用表的编制实例

【例 19-2】 某事业单位（该事业单位无所得税缴纳义务）2×19 年收入、费用类科目发生额如表 19-3 所示。

表 19-3 收入、费用类科目发生额表

2×19 年　　　　　　　　　　　　　　　　　　　　　单位：元

费用	本年累计	收入	本年累计
业务活动费用	11 000 000	财政拨款收入	10 000 000
单位管理费用	200 000	其中：公共预算性收入	8 500 000
经营费用	156 000	政府性基金收入	1 500 000
资产处置费用	280 000	事业收入	6 180 000
上缴上级费用	5 320 000	上级补助收入	1 824 000
对附属单位补助费用	1 512 000	附属单位上缴收入	300 000
所得税费用	0	经营收入	252 000
其他费用	60 000	非同级财政拨款收入	200 000
		投资收益	10 000
		捐赠收入	75 000
		利息收入	20 000
		租金收入	20 000
		其他收入	144 000
合计	18 528 000	合计	19 025 000

编制该事业单位的 2×19 年收入费用表时，省略了上年数一列数字。本年数一列数字主要项目的填列说明如下。

1. 本期收入

本期收入=10 000 000+1 824 000+6 180 000+300 000+252 000+200 000+10 000+75 000
　　　　　+20 000+20 000+144 000=19 025 000（元）

2. 本期费用

本期费用=11 000 000+200 000+156 000+280 000+5 320 000+1 512 000+60 000
　　　　　=18 528 000（元）

3. 本期盈余

本期盈余=19 025 000−18 528 000=497 000（元）

编制完成事业单位 2×19 年度收入费用表,如表 19-4 所示。

表 19-4 收入费用表

编制单位: 　　　　　　　　　　　　2×19年　　　　　　　　　会政财02表
单位:元

项 目	本月数	本年累计数
一、本期收入		19 025 000
（一）财政拨款收入		10 000 000
其中：政府性基金收入		1 500 000
（二）事业收入		6 180 000
（三）上级补助收入		1 824 000
（四）附属单位上缴收入		300 000
（五）经营收入		252 000
（六）非同级财政拨款收入		200 000
（七）投资收益		10 000
（八）捐赠收入		75 000
（九）利息收入		20 000
（十）租金收入		20 000
（十一）其他收入		144 000
二、本期费用		18 528 000
（一）业务活动费用		11 000 000
（二）单位管理费用		200 000
（三）经营费用		156 000
（四）资产处置费用		280 000
（五）上缴上级费用		5 320 000
（六）对附属单位补助费用		1 512 000
（七）所得税费用		0
（八）其他费用		60 000
三、本期盈余		497 000

第四节　净资产变动表

一、净资产变动表概述

（一）净资产变动表的含义

预算收入支出表是反映单位在某一会计年度内各项净资产变动的情况报表,是行政事业单位会计报表的重要组成部分,可以提供一定时期行政事业单位净资产各个组成项目金额的变动情况。行政事业单位应当定期编制净资产变动表,披露行政事业单位在一定会计期间的资产结存状况。

(二）净资产变动表的内容

行政事业单位的净资产变动表由表首标题和报表主体构成。报表主体部分包括编报项目、栏目及金额。

1. 表首标题

净资产变动表的表首标题包括报表名称、编号（会政财 03 表）、编制单位、编表时间和金额单位等内容。由于净资产变动表反映行政事业单位在某一时期的资产情况，属于动态报表，因此需要注明报表所属的期间，如××××年度。

2. 编报项目

净资产变动表应当本年数、上年数等情况分项列示，按本年年初余额、以前年度盈余调整和本年变动金额、本年年末余额等项目分层次排列。

3. 栏目及金额

年报的净资产变动表由"本年数"和"上年数"两栏组成。净资产变动表的各栏数额，应当根据相关账户的"上年数"和"本年数"的发生额填列，或经过计算、分析后填列。

二、净资产变动表的编制原则

净资产负债表"本年数"栏反映本年度各项目的实际变动数。本表"上年数"栏反映上年度各项目的实际变动数，应当根据上年度净资产变动表中"本年数"栏内所列数字填列。如果上年度净资产变动表规定的项目的名称和内容与本年度不一致，应对上年度净资产变动表项目的名称和数字按照本年度的规定进行调整，将调整后金额填入本年度净资产变动表"上年数"栏内。

三、净资产变动表的报表数填列方法

（1）"上年年末余额"行，反映单位净资产各项目上年年末的余额。本行各项目应当根据"累计盈余""专用基金""权益法调整"科目上年年末余额填列。

（2）"以前年度盈余调整"行，反映单位本年度调整以前年度盈余的事项对累计盈余进行调整的金额。本行"累计盈余"项目应当根据本年度"以前年度盈余调整"科目转入"累计盈余"科目的金额填列；如调整减少累计盈余，以负数填列。

（3）"本年年初余额"行，反映经过以前年度盈余调整后，单位净资产各项目的本年年初余额。本行"累计盈余""专用基金""权益法调整"项目应当根据其各自在"上年年末余额"和"以前年度盈余调整"行对应项目金额的合计数填列。

（4）"本年变动金额"行，反映单位净资产各项目本年变动总金额。本行"累计盈余""专用基金""权益法调整"项目应当根据其各自在"本年盈余""无偿调拨净资产""归集调整预算结转结余""提取或设置专用基金""使用专用基金""权益法调整"行对应项目金额的合计数填列。

（5）"本年盈余"行，反映单位本年发生的收入、费用对净资产的影响。本行"累计盈余"项目应当根据年末由"本期盈余"科目转入"本年盈余分配"科目的金额填列；

如转入时借记"本年盈余分配"科目,则以负数填列。

(6)"无偿调拨净资产"行,反映单位本年无偿调入、调出非现金资产事项对净资产的影响。本行"累计盈余"项目应当根据年末由"无偿调拨净资产"科目转入"累计盈余"科目的金额填列;如转入时借记"累计盈余"科目,则以负数填列。

(7)"归集调整预算结转结余"行,反映单位本年财政拨款结转结余资金归集调入、归集上缴或调出,以及非财政拨款结转资金缴回对净资产的影响。本行"累计盈余"项目应当根据"累计盈余"科目明细账记录分析填列;如归集调整减少预算结转结余,则以负数填列。

(8)"提取或设置专用基金"行,反映单位本年提取或设置专用基金对净资产的影响。本行"累计盈余"项目应当根据"从预算结余中提取"行"累计盈余"项目的金额填列。本行"专用基金"项目应当根据"从预算收入中提取""从预算结余中提取""设置的专用基金"行"专用基金"项目金额的合计数填列。"从预算收入中提取"行,反映单位本年从预算收入中提取专用基金对净资产的影响。本行"专用基金"项目应当通过对"专用基金"科目明细账记录的分析,根据本年按有关规定从预算收入中提取基金的金额填列。"从预算结余中提取"行,反映单位本年根据有关规定从本年度非财政拨款结余或经营结余中提取专用基金对净资产的影响。本行"累计盈余""专用基金"项目应当通过对"专用基金"科目明细账记录的分析,根据本年按有关规定从本年度非财政拨款结余或经营结余中提取专用基金的金额填列;本行"累计盈余"项目以负数填列。

"设置的专用基金"行,反映单位本年根据有关规定设置的其他专用基金对净资产的影响。本行"专用基金"项目应当通过对"专用基金"科目明细账记录的分析,根据本年按有关规定设置的其他专用基金的金额填列。

(9)"使用专用基金"行,反映单位本年按规定使用专用基金对净资产的影响。本行"累计盈余""专用基金"项目应当通过对"专用基金"科目明细账记录的分析,根据本年按规定使用专用基金的金额填列;本行"专用基金"项目以负数填列。

(10)"权益法调整"行,反映单位本年按照被投资单位除净损益和利润分配以外的所有者权益变动份额而调整长期股权投资账面余额对净资产的影响。本行"权益法调整"项目应当根据"权益法调整"科目本年发生额填列;若本年净发生额为借方时,以负数填列。

(11)"本年年末余额"行,反映单位本年各净资产项目的年末余额。本行"累计盈余""专用基金""权益法调整"项目应当根据其各自在"本年年初余额""本年变动金额"行对应项目金额的合计数填列。

(12)本表各行"净资产合计"项目,应当根据所在行"累计盈余""专用基金""权益法调整"项目金额的合计数填列。

四、净资产变动表的编制实例

【例 19-3】 某单位 2×19 年 12 月 31 日本年运营增加的累计盈余 106 000 元,政府下拨的专用基金 200 000 元，购买的长期股权投资除净损益和利润分配以外的所有者权益变动份额而调整长期股权投资账面余额 22 000 元。据此编制该单位的净资产变动表，如表 19-5 所示。

表 19-5 净资产变动表

编制单位：　　　　　　　　　　　　　　年　　　　　　　　　　　　　　会政财 03 表
单位：元

项目	本年数				上年数			
	累计盈余	专用基金	权益法调整	净资产合计	累计盈余	专用基金	权益法调整	净资产合计
一、上年年末余额	1 000 000	800 000	6 000	1 806 000				
二、以前年度盈余调整（减少以负数填列）	0	—	—	0		—	—	
三、本年年初余额	1 000 000	800 000	6 000	1 806 000				
四、本年变动金额（减少以负数填列）	106 000	200 000	22 000	328 000				
（一）本年盈余	100 000	—	—	100 000				
（二）无偿调拨净资产	60 000	—	—	60 000				
（三）归集调整预算结转结余	0	—	—	0				
（四）提取或设置专用基金	0	200 000	—	200 000				
其中：从预算收入中提取	—	0	—	0				
从预算结余中提取	0	0	—	0				
设置的专用基金	—	200 000	—	200 000				
（五）使用专用基金	0	0	—	0				
（六）权益法调整	—	—	0	22 000				
五、本年年末余额	1 106 000	1 000 000	28 000	2 134 000				

注："—"标识单元格无须填列

第五节　现金流量表

现金流量表是反映单位在某一会计年度内现金流入和流出的信息。本节依据《政府会计制度——行政事业单位会计科目和报表》，阐述现金流量表的含义、内容，了解现金流量表的编制方法。

一、现金流量表概述

（一）现金流量表的含义

现金流量表是反映单位在某一会计年度内现金流入和流出的情况。

现金流量表是单位会计报表的重要组成部分，可以提供一定时期单位现金流入流出情况和会计信息。单位应当定期编制现金流量表，披露行政事业单位在一定会计期间的现金流入流出情况。

（二）现金流量表的内容

单位的现金流量表由表首标题和报表主体构成。报表主体部分包括编报项目、栏目及金额。

1. 表首标题

现金流量表的表首标题包括报表名称、编号（会政财04表）、编制单位、编表时间和金额单位等内容。由于现金流量表反映行政事业单位在某一时期的现金流入流出情况，属于动态报表，因此需要注明报表所属的期间，如××××年度。

2. 编报项目

现金流量表应当按照本年经营活动、投资活动和筹资活动情况分别列示，按日常活动产生现金流量、投资活动产生现金流量和筹资活动产生现金流量等项目分层次排列。

3. 栏目及金额

年报的预算收入支出表由"本年金额"和"上年金额"两栏组成。现金流量表的各栏数额，应当根据相关账户的"上年金额"和"本年金额"的发生额填列，或经过计算、分析后填列。

现金流量表的编制本表反映单位在某一会计年度内现金流入和流出的信息。本表所指的现金，是指单位的库存现金以及其他可以随时用于支付的款项，包括库存现金、可以随时用于支付的银行存款、其他货币资金、零余额账户用款额度、财政应返还额度，以及通过财政直接支付方式支付的款项。

现金流量表应当按照日常活动、投资活动、筹资活动的现金流量分别反映。本表所指的现金流量，是指现金的流入和流出。

本表"本年金额"栏反映各项目的本年实际发生数。本表"上年金额"栏反映各项目的上年实际发生数，应当根据上年现金流量表中"本年金额"栏内所列数字填列。

单位应当采用直接法编制现金流量表。

（三）"本年金额"栏各项目的填列方法

1. 日常活动产生的现金流量

（1）"财政基本支出拨款收到的现金"项目，反映单位本年接受财政基本支出拨款取得的现金。本项目应当根据"零余额账户用款额度""财政拨款收入""银行存款"等科目及其所属明细科目的记录分析填列。

（2）"财政非资本性项目拨款收到的现金"项目，反映单位本年接受除用于购建固定资产、无形资产、公共基础设施等资本性项目以外的财政项目拨款取得的现金。本项目应当根据"银行存款""零余额账户用款额度""财政拨款收入"等科目及其所属明细科目的记录分析填列。

（3）"事业活动收到的除财政拨款以外的现金"项目，反映事业单位本年开展专业业务活动及其辅助活动取得的除财政拨款以外的现金。本项目应当根据"库存现金""银行存款""其他货币资金""应收账款""应收票据""预收账款""事业收入"等科目及其所属明细科目的记录分析填列。

(4)"收到的其他与日常活动有关的现金"项目,反映单位本年收到的除以上项目之外的与日常活动有关的现金。本项目应当根据"库存现金""银行存款""其他货币资金""上级补助收入""附属单位上缴收入""经营收入""非同级财政拨款收入""捐赠收入""利息收入""租金收入""其他收入"等科目及其所属明细科目的记录分析填列。

(5)"日常活动的现金流入小计"项目,反映单位本年日常活动产生的现金流入的合计数。本项目应当根据本表中"财政基本支出拨款收到的现金""财政非资本性项目拨款收到的现金""事业活动收到的除财政拨款以外的现金""收到的其他与日常活动有关的现金"项目金额的合计数填列。

(6)"购买商品、接受劳务支付的现金"项目,反映单位本年在日常活动中用于购买商品、接受劳务支付的现金。本项目应当根据"库存现金""银行存款""财政拨款收入""零余额账户用款额度""预付账款""在途物品""库存物品""应付账款""应付票据""业务活动费用""单位管理费用""经营费用"等科目及其所属明细科目的记录分析填列。

(7)"支付给职工以及为职工支付的现金"项目,反映单位本年支付给职工以及为职工支付的现金。本项目应当根据"库存现金""银行存款""零余额账户用款额度""财政拨款收入""应付职工薪酬""业务活动费用""单位管理费用""经营费用"等科目及其所属明细科目的记录分析填列。

(8)"支付的各项税费"项目,反映单位本年用于缴纳日常活动相关税费而支付的现金。本项目应当根据"库存现金""银行存款""零余额账户用款额度""应交增值税""其他应交税费""业务活动费用""单位管理费用""经营费用""所得税费用"等科目及其所属明细科目的记录分析填列。

(9)"支付的其他与日常活动有关的现金"项目,反映单位本年支付的除上述项目之外与日常活动有关的现金。本项目应当根据"库存现金""银行存款""零余额账户用款额度""财政拨款收入""其他应付款""业务活动费用""单位管理费用""经营费用""其他费用"等科目及其所属明细科目的记录分析填列。

(10)"日常活动的现金流出小计"项目,反映单位本年日常活动产生的现金流出的合计数。本项目应当根据本表中"购买商品、接受劳务支付的现金""支付给职工以及为职工支付的现金""支付的各项税费""支付的其他与日常活动有关的现金"项目金额的合计数填列。

(11)"日常活动产生的现金流量净额"项目,应当按照本表中"日常活动的现金流入小计"项目金额减去"日常活动的现金流出小计"项目金额后的金额填列;如为负数,以负数填列。

2. 投资活动产生的现金流量

(1)"收回投资收到的现金"项目,反映单位本年出售、转让或者收回投资收到的现金。本项目应该根据"库存现金""银行存款""短期投资""长期股权投资""长期债券投资"等科目的记录分析填列。

(2)"取得投资收益收到的现金"项目,反映单位本年因对外投资而收到被投资单位分配的股利或利润,以及收到投资利息而取得的现金。本项目应当根据"库存现金"

"银行存款""应收股利""应收利息""投资收益"等科目的记录分析填列。

（3）"处置固定资产、无形资产、公共基础设施等收回的现金净额"项目，反映单位本年处置固定资产、无形资产、公共基础设施等非流动资产所取得的现金，减去为处置这些资产而支付的有关费用之后的净额。由于自然灾害所造成的固定资产等长期资产损失而收到的保险赔款收入，也在本项目反映。本项目应当根据"库存现金""银行存款""待处理财产损溢"等科目的记录分析填列。

（4）"收到的其他与投资活动有关的现金"项目，反映单位本年收到的除上述项目之外与投资活动有关的现金。对于金额较大的现金流入，应当单列项目反映。本项目应当根据"库存现金""银行存款"等有关科目的记录分析填列。

（5）"投资活动的现金流入小计"项目，反映单位本年投资活动产生的现金流入的合计数。本项目应当根据本表中"收回投资收到的现金""取得投资收益收到的现金""处置固定资产、无形资产、公共基础设施等收回的现金净额""收到的其他与投资活动有关的现金"项目金额的合计数填列。

（6）"购建固定资产、无形资产、公共基础设施等支付的现金"项目，反映单位本年购买和建造固定资产、无形资产、公共基础设施等非流动资产所支付的现金；融资租入固定资产支付的租赁费不在本项目反映，在筹资活动的现金流量中反映。本项目应当根据"库存现金""银行存款""固定资产""工程物资""在建工程""无形资产""研发支出""公共基础设施""保障性住房"等科目的记录分析填列。

（7）"对外投资支付的现金"项目，反映单位本年为取得短期投资、长期股权投资、长期债券投资而支付的现金。本项目应当根据"库存现金""银行存款""短期投资""长期股权投""长期债券投资"等科目的记录分析填列。

（8）"上缴处置固定资产、无形资产、公共基础设施等净收入支付的现金"项目，反映本年单位将处置固定资产、无形资产、公共基础设施等非流动资产所收回的现金净额予以上缴财政所支付的现金。本项目应当根据"库存现金""银行存款""应缴财政款"等科目的记录分析填列。

（9）"支付的其他与投资活动有关的现金"项目，反映单位本年支付的除上述项目之外与投资活动有关的现金。对于金额较大的现金流出，应当单列项目反映。本项目应当根据"库存现金""银行存款"等有关科目的记录分析填列。

（10）"投资活动的现金流出小计"项目，反映单位本年投资活动产生的现金流出的合计数。本项目应当根据本表中"购建固定资产、无形资产、公共基础设施等支付的现金""对外投资支付的现金""上缴处置固定资产、无形资产、公共基础设施等净收入支付的现金""支付的其他与投资活动有关的现金"项目金额的合计数填列。

（11）"投资活动产生的现金流量净额"项目，应当按照本表中"投资活动的现金流入小计"项目金额减去"投资活动的现金流出小计"项目金额后的金额填列；如为负数，以负数填列。

3. 筹资活动产生的现金流量

（1）"财政资本性项目拨款收到的现金"项目，反映单位本年接受用于购建固定资产、无形资产、公共基础设施等资本性项目的财政项目拨款取得的现金。本项目应当根据"银行存款""零余额账户用款额度""财政拨款收入"等科目及其所属明细科目的记录分析填列。

(2)"取得借款收到的现金"项目，反映事业单位本年举借短期、长期借款所收到的现金。本项目应当根据"库存现金""银行存款""短期借款""长期借款"等科目记录分析填列。

(3)"收到的其他与筹资活动有关的现金"项目，反映单位本年收到的除上述项目之外与筹资活动有关的现金。对于金额较大的现金流入，应当单列项目反映。本项目应当根据"库存现金""银行存款"等有关科目的记录分析填列。

(4)"筹资活动的现金流入小计"项目，反映单位本年筹资活动产生的现金流入的合计数。本项目应当根据本表中"财政资本性项目拨款收到的现金""取得借款收到的现金""收到的其他与筹资活动有关的现金"项目金额的合计数填列。

(5)"收到的其他与筹资活动有关的现金"项目，反映单位本年收到的除上述项目之外与筹资活动有关的现金。对于金额较大的现金流入，应当单列项目反映。本项目应当根据"库存现金""银行存款"等有关科目的记录分析填列。

(6)"筹资活动的现金流入小计"项目，反映单位本年筹资活动产生的现金流入的合计数。本项目应当根据本表中"财政资本性项目拨款收到的现金""取得借款收到的现金""收到的其他与筹资活动有关的现金"项目金额的合计数填列。

(7)"偿还借款支付的现金"项目，反映事业单位本年偿还借款本金所支付的现金。本项目应当根据"库存现金""银行存款""短期借款""长期借款"等科目的记录分析填列。

(8)"偿付利息支付的现金"项目，反映事业单位本年支付的借款利息等。本项目应当根据"库存现金""银行存款""应付利息""长期借款"等科目的记录分析填列。

(9)"支付的其他与筹资活动有关的现金"项目，反映单位本年支付的除上述项目之外与筹资活动有关的现金，如融资租入固定资产所支付的租赁费。本项目应当根据"库存现金""银行存款""长期应付款"等科目的记录分析填列。

(10)"筹资活动的现金流出小计"项目，反映单位本年筹资活动产生的现金流出的合计数。本项目应当根据本表中"偿还借款支付的现金""偿付利息支付的现金""支付的其他与筹资活动有关的现金"项目金额的合计数填列。

(11)"筹资活动产生的现金流量净额"项目，应当按照本表中"筹资活动的现金流入小计"项目金额减去"筹资活动的现金流出小计"金额后的金额填列；如为负数，以负数填列。

4. "汇率变动对现金的影响额"项目

本项目反映单位本年外币现金流量折算为人民币时，所采用的现金流量发生日的汇率折算的人民币金额与外币现金流量净额按期末汇率折算的人民币金额之间的差额。

5. "现金净增加额"项目

本项目反映单位本年现金变动的净额。本项目应当根据本表中"日常活动产生的现金流量净额""投资活动产生的现金流量净额""筹资活动产生的现金流量净额"和"汇率变动对现金的影响额"项目金额的合计数填列；如为负数，以负数填列。

6. 现金流量表的编制附加说明

现金流量表的编制附加说明为方便现金流量表的编制，可以在编制各发生事项的同时再编一笔附加分录说明，然后根据分录填列现金流量表，举例如下。

【例 19-4】 用 1 000 元现金购买一批原材料，分录如下：

借：库存物品　　　　　1 000
　　贷：库存现金　　　　　1 000
借：现金支出　　　　　　　　　　　　1 000
　　贷：购买商品、接受劳务支付的现金　　1 000

二、现金流量表的编制实例

【例 19-5】 某事业单位 2×19 年现金流量日常活动、投资活动、筹资活动事项。从中抽出一些事项，主要发生事项及其相关资料如表 19-6 所示，该事业单位无所得税缴纳义务，无汇率变动影响。

表 19-6　日常活动、投资、筹资类科目发生额表

2×19 年　　　　　　　　　　　　　　　　　　　　　　　　　　　　　　　　　　单位：元

日期	摘要	借	贷	现金流入	现金流出
2月1日	支付工资		11 000		支付给职工以及为职工支付的现金
2月3日	提现金		800		
3月4日	财政基本拨款	100 000		财政非资本性项目拨款收到的现金	
3月4日	购买固定资产		3 000		购建固定资产、无形资产、公共基础设施等支付的现金
3月7日	财政非资本性项目拨款	200 000		财政非资本性项目拨款收到的现金	
3月10日	购买商品		10 600		购买商品、接受劳务支付的现金
4月1日	支付工资		11 000		支付给职工以及为职工支付的现金
4月3日	事业活动收到现金	3 000		事业活动收到的除财政拨款以外的现金	
4月5日	收到3月应收账款	1 030		收到的其他与日常活动有关的现金	
4月6日	支付税金		420		支付的各项税费
4月8日	进行公共基础设施投资		5 000		购建固定资产、无形资产、公共基础设施等支付的现金
4月10日	取得投资收益	120		取得投资收益收到的现金	
4月30日	收回投资	22 000		收回投资收到的现金	

续表

日期	摘要	借	贷	现金流入	现金流出
5月1日	支付工资		11 000		支付给职工以及为职工支付的现金
5月2日	为职工购买电脑		2 600		支付给职工以及为职工支付的现金
5月3日	处置专利权	30 000			购建固定资产、无形资产、公共基础设施等支付的现金
5月5日	投资股票		1 000		对外投资支付的现金
5月10日	上交处置专利权收入		3 000		上缴处置固定资产、无形资产、公共基础设施等净收入支付的现金
5月15日	收到财政资本性项目拨款	10 000		财政资本性项目拨款收到的现金	
5月18日	取得借款	2 000		取得借款收到的现金	
5月28日	偿还借款		1 000		偿还借款支付的现金
5月28日	偿还利息		120		偿还利息支付的现金

编制该事业单位的2×19年现金流量表时，省略了上年数一列数字。本年数一列数字主要项目的填列说明如下。

（1）日常活动现金流入本年经营流入=100 000+200 000+3 000+1 030=304 030（元）

（2）日常活动现金流出

  本年经营流出=11 000+10 600+11 000+420+11 000+2 600=46 620（元）

（3）日常活动现金流量净额

  本年经营活动现金净额=304 030-46 620=257 410（元）

（4）投资活动现金流入

  本年投资流入=120+22 000+30 000=52 120（元）

（5）投资活动现金流出

  本年投资流出=3 000+5 000+1 000+3 000=12 000（元）

（6）投资活动现金流量净额

  本年投资活动现金净额=52 120-12 000=40 120（元）

（7）筹资活动现金流入

  本年筹资流入=10 000+2 000=12 000（元）

（8）筹资活动现金流出

  本年筹资流出=1 000+120=1 120（元）

（9）筹资活动现金流量净额

  本年筹资活动现金净额=12 000-1 120=10 880（元）

编制完成事业单位2×19年度现金流量表，如表19-7所示。

表 19-7 现金流量表

会政财 04 表

编制单位：　　　　　　　　　　　　　2×19 年　　　　　　　　　　　　　　单位：元

项目	本年金额	上年金额
一、日常活动产生的现金流量：		
财政基本支出拨款收到的现金	100 000	
财政非资本性项目拨款收到的现金	200 000	
事业活动收到的除财政拨款以外的现金	3 000	
收到的其他与日常活动有关的现金	1 030	
日常活动的现金流入小计	304 030	
购买商品、接受劳务支付的现金	10 600	
支付给职工以及为职工支付的现金	35 600	
支付的各项税费	420	
支付的其他与日常活动有关的现金	0	
日常活动的现金流出小计	46 620	
日常活动产生的现金流量净额	257 410	
二、投资活动产生的现金流量：		
收回投资收到的现金	22 000	
取得投资收益收到的现金	120	
处置固定资产、无形资产、公共基础设施等收回的现金净额	30 000	
收到的其他与投资活动有关的现金	0	
投资活动的现金流入小计	52 120	
购建固定资产、无形资产、公共基础设施等支付的现金	8 000	
对外投资支付的现金	1 000	
上缴处置固定资产、无形资产、公共基础设施等净收入支付的现金	3 000	
支付的其他与投资活动有关的现金	0	
投资活动的现金流出小计	12 000	
投资活动产生的现金流量净额	40 120	
三、筹资活动产生的现金流量：		
财政资本性项目拨款收到的现金	10 000	
取得借款收到的现金	2 000	
收到的其他与筹资活动有关的现金	0	
筹资活动的现金流入小计	12 000	
偿还借款支付的现金	1 000	
偿还利息支付的现金	120	
支付的其他与筹资活动有关的现金	0	
筹资活动的现金流出小计	1 120	
筹资活动产生的现金流量净额	10 880	
四、汇率变动对现金的影响额		
五、现金净增加额	308 410	

第六节 预算收入支出表

预算收入支出表是反映事业单位预算收支情况的报表。本节依据《政府会计制度——行政事业单位会计科目和报表》，阐述预算收入支出表的含义、内容，了解预算收入支出表的编制方法。

一、预算收入支出表概述

（一）预算收入支出表的含义

预算收入支出表是反映单位在某一会计年度内各项预算收入、预算支出和预算收支差额的情况。

预算收入支出表是行政事业单位会计报表的重要组成部分，可以提供一定时期行政事业单位预算收入总额及构成情况、预算支出总额及构成情况，以及预算收支差额的数额会计信息。行政事业单位应当定期编制预算收入支出表，披露行政事业单位在一定会计期间的预算情况。

（二）预算收入支出表的内容

行政事业单位的预算收入支出表由表首标题和报表主体构成。报表主体部分包括编报项目、栏目及金额。

1. 表首标题

预算收入支出表的表首标题包括报表名称、编号（会政预01表）、编制单位、编表时间和金额单位等内容。由于预算收入支出表反映行政事业单位在某一时期的预算收支情况，属于动态报表，因此需要注明报表所属的期间，如××××年度。

2. 编报项目

预算收入支出表应当按照本年预算收入、本年预算支出的构成和本年预算收支差额情况分项列示，按本年预算收入、本年预算支出和本年预算收支差额等项目分层次排列。

3. 栏目及金额

年报的预算收入支出表由"本年数"和"上年数"两栏组成。预算收入支出表的各栏数额，应当根据相关收支账户的"上年预算数"和"本年预算数"的发生额填列，或经过计算、分析后填列。

二、预算收入支出表的编制

预算收入支出表反映单位在某一会计年度内各项预算收入、预算支出和预算收支差额的情况。本表"本年数"栏反映各项目的本年实际发生数。本表"上年数"栏反映各项目上年度的实际发生数，应当根据上年度预算收入支出表中"本年数"栏内所列数字填列。如果本年度预算收入支出表规定的项目的名称和内容同上年度不一致，应当对上年度预算收入支出表项目的名称和数字按照本年度的规定进行调整，将调整后金额填入本年度预算收入支出表的"上年数"栏。本表"本年数"栏各项目的内容和填列方法如下。

1. 本年预算收入

（1）"本年预算收入"项目，反映单位本年预算收入总额。本项目应当根据本表中"财政拨款预算收入""事业预算收入""上级补助预算收入""附属单位上缴预算收入""经营预算收入""债务预算收入""非同级财政拨款预算收入""投资预算收益""其他预算收入"项目金额的合计数填列。

（2）"财政拨款预算收入"项目，反映单位本年从同级政府财政部门取得的各类财政拨款。本项目应当根据"财政拨款预算收入"科目的本年发生额填列。

"政府性基金收入"项目，反映单位本年取得的财政拨款收入中属于政府性基金预算拨款的金额。本项目应当根据"财政拨款预算收入"相关明细科目的本年发生额填列。

（3）"事业预算收入"项目，反映事业单位本年开展专业业务活动及其辅助活动取得的预算收入。本项目应当根据"事业预算收入"科目的本年发生额填列。

（4）"上级补助预算收入"项目，反映事业单位本年从主管部门和上级单位取得的非财政补助预算收入。本项目应当根据"上级补助预算收入"科目的本年发生额填列。

（5）"附属单位上缴预算收入"项目，反映事业单位本年收到的独立核算的附属单位按照有关规定上缴的预算收入。本项目应当根据"附属单位上缴预算收入"科目的本年发生额填列。

（6）"经营预算收入"项目，反映事业单位本年在专业业务活动及其辅助活动之外开展非独立核算经营活动取得的预算收入。本项目应当根据"经营预算收入"科目的本年发生额填列。

（7）"债务预算收入"项目，反映事业单位本年按照规定从金融机构等借入的、纳入部门预算管理的债务预算收入。本项目应当根据"债务预算收入"的本年发生额填列。

（8）"非同级财政拨款预算收入"项目，反映单位本年从非同级政府财政部门取得的财政拨款。本项目应当根据"非同级财政拨款预算收入"科目的本年发生额填列。

（9）"投资预算收益"项目，反映事业单位本年取得的按规定纳入单位预算管理的投资收益。本项目应当根据"投资预算收益"科目的本年发生额填列。

（10）"其他预算收入"项目，反映单位本年取得的除上述收入以外的纳入单位预算管理的各项预算收入。本项目应当根据"其他预算收入"科目的本年发生额填列。

"利息预算收入"项目，反映单位本年取得的利息预算收入。本项目应当根据"其他预算收入"科目的明细记录分析填列。单位单设"利息预算收入"科目的，应当根据"利息预算收入"科目的本年发生额填列。

"捐赠预算收入"项目，反映单位本年取得的捐赠预算收入。本项目应当根据"其他预算收入"科目明细账记录分析填列。单位单设"捐赠预算收入"科目的，应当根据"捐赠预算收入"科目的本年发生额填列。

"租金预算收入"项目，反映单位本年取得的租金预算收入。本项目应当根据"其他预算收入"科目明细账记录分析填列。单位单设"租金预算收入"科目的，应当根据"租金预算收入"科目的本年发生额填列。

2. 本年预算支出

（1）"本年预算支出"项目，反映单位本年预算支出总额。本项目应当根据本表中"行政支出""事业支出""经营支出""上缴上级支出""对附属单位补助支出""投资支出""债务还本支出"和"其他支出"项目金额的合计数填列。

（2）"行政支出"项目，反映行政单位本年履行职责实际发生的支出。本项目应当根据"行政支出"科目的本年发生额填列。

（3）"事业支出"项目，反映事业单位本年开展专业业务活动及其辅助活动发生的支出。本项目应当根据"事业支出"科目的本年发生额填列。

（4）"经营支出"项目，反映事业单位本年在专业业务活动及其辅助活动之外开展非独立核算经营活动发生的支出。本项目应当根据"经营支出"科目的本年发生额填列。

（5）"上缴上级支出"项目，反映事业单位本年按照财政部门和主管部门的规定上缴上级单位的支出。本项目应当根据"上缴上级支出"科目的本年发生额填列。

（6）"对附属单位补助支出"项目，反映事业单位本年用财政拨款收入之外的收入对附属单位补助发生的支出。本项目应当根据"对附属单位补助支出"科目的本年发生额填列。

（7）"投资支出"项目，反映事业单位本年以货币资金对外投资发生的支出。本项目应当根据"投资支出"科目的本年发生额填列。

（8）"债务还本支出"项目，反映事业单位本年偿还自身承担的纳入预算管理的从金融机构举借的债务本金的支出。本项目应当根据"债务还本支出"科目的本年发生额填列。

（9）"其他支出"项目，反映单位本年除以上支出以外的各项支出。本项目应当根据"其他支出"科目的本年发生额填列。"利息支出"项目，反映单位本年发生的利息支出。

本项目应当根据"其他支出"科目明细账记录分析填列。单位单设"利息支出"科目的，应当根据"利息支出"科目的本年发生额填列。

"捐赠支出"项目，反映单位本年发生的捐赠支出。本项目应当根据"其他支出"科目明细账记录分析填列。单位单设"捐赠支出"科目的，应当根据"捐赠支出"科目的本年发生额填列。

3. 本年预算收支差额

"本年预算收支差额"项目，反映单位本年各项预算收支相抵后的差额。本项目应当根据本表中"本期预算收入"项目金额减去"本期预算支出"项目金额后的金额填列；如相减后金额为负数，以负数填列。

三、预算收入支出表的编制实例

【例19-6】 某事业单位2×19预算收入、支出类科目预算发生额如表19-8所示。

该事业单位无所得税缴纳义务。

表 19-8　2×19 年收入、支出类科目预算发生额表

单位：元

支出类	本年数	收入类	本年数
行政支出	5 000 000	财政拨款预算收入	10 000 000
事业支出	1 500 000	其中：政府性基金收入	1 500 000
经营支出	200 000	事业预算收入	6 000 000
上缴上级支出	1 000 000	上级补助预算收入	1 000 000
对附属单位补助支出	1 000 000	附属单位上缴预算收入	300 000
投资支出	50 000	经营预算收入	250 000
债务还本支出	60 000	债务预算收入	200 000
其他支出	30 000	非同级财政拨款预算收入	70 000
其中：利息支出	13 000	投资预算收益	65 000
捐赠支出	17 000	其他预算收入	70 000
		其中：利息预算收入	20 000
		捐赠预算收入	30 000
		租金预算收入	20 000
支出合计	8 840 000	收入合计	17 955 000

编制该事业单位的 2×19 年预算收入支出表时，省略了上年数一列数字。本年数一列数字主要项目的填列说明如下。

（1）本年预算收入

本年预算收入=10 000 000+6 000 000+1 000 000+300 000+250 000+200 000+70 000
　　　　　　+65 000+70 000
　　　　　　=17 955 000（元）

（2）本年预算支出

本年预算支出=5 000 000+1 500 000+200 000+1 000 000+1 000 000+50 000+60 000
　　　　　　+30 000=8 840 000（元）

（3）本年预算收支差额

本年预算收支差额=17 955 000-8 840 000=9 115 000（元）

编制完成事业单位 2×19 年度预算收入支出表，如表 19-9 所示。

表 19-9　预算收入支出表

会政预 01 表

编制单位：××××　　　　　　　　　2×19 年度　　　　　　　　　单位：元

项目	本年数	上年数
一、本年预算收入	17 955 000	
（一）财政拨款预算收入	10 000 000	
其中：政府性基金收入	1 500 000	
（二）事业预算收入	6 000 000	
（三）上级补助预算收入	1 000 000	

续表

项目	本年数	上年数
（四）附属单位上缴预算收入	300 000	
（五）经营预算收入	250 000	
（六）债务预算收入	200 000	
（七）非同级财政拨款预算收入	70 000	
（八）投资预算收益	65 000	
（九）其他预算收入	70 000	
其中：利息预算收入	20 000	
捐赠预算收入	30 000	
租金预算收入	20 000	
二、本年预算支出	8 840 000	
（一）行政支出	5 000 000	
（二）事业支出	1 500 000	
（三）经营支出	200 000	
（四）上缴上级支出	1 000 000	
（五）对附属单位补助支出	1 000 000	
（六）投资支出	50 000	
（七）债务还本支出	60 000	
（八）其他支出	30 000	
其中：利息支出	13 000	
捐赠支出	17 000	
三、本年预算收支差额	9 115 000	

第七节　预算结转结余变动表

一、预算结转结余变动表概述

（一）预算结转结余变动表的概念

预算结转结余变动表是反映单位在某一会计年度内预算结转结余的变动情况的报表。

预算结转结余变动表是行政事业单位会计报表的重要组成部分，可以提供一定时期行政事业单位预算结转结余各个组成项目金额的变动情况。行政事业单位应当定期编制预算结转结余变动表，披露行政事业单位在一定会计期间的预算结转结存状况。

（二）预算结转结余变动表的内容

行政事业单位的预算结转结余变动表由表首标题和报表主体构成。报表主体部分包括编报项目、栏目及金额。

1. 表首标题

预算结转结余变动表的表首标题包括报表名称、编号（会政预02表）、编制单位、编表时间和金额单位等内容。由于预算结转结余变动表反映行政事业单位在某一时期的资产情况，属于动态报表，因此需要注明报表所属的期间，如××××年度。

2. 编报项目

预算结转结余变动表应当本年数、上年数等情况分项列示，按年初预算结转结存、年度余额调整、本年变动金额、年末预算结转结存等项目分层次排列。

3. 栏目及金额

年报的净资产变动表由"本年数"和"上年数"两栏组成。预算结转结余变动表的各栏数额，应当根据相关账户的"上年数"和"本年数"的发生额填列，或经过计算、分析后填列。

二、预算结转结余变动表的编制原则

预算结转结余变动表"本年数"栏反映各项目的本年实际发生数。本表"上年数"栏反映各项目的上年实际发生数，应当根据上年度预算结转结余变动表中"本年数"栏内所列数字填列。如果本年度预算结转结余变动表规定的项目的名称和内容同上年度不一致，应当对上年度预算结转结余变动表项目的名称和数字按照本年度的规定进行调整，将调整后金额填入本年度预算结转结余变动表的"上年数"栏。本表中"年末预算结转结余"项目金额等于"年初预算结转结余""年初余额调整""本年变动金额"三个项目的合计数。

三、预算结转结余变动表的报表数填列方法

1. "年初预算结转结余"项目

本项目反映单位本年预算结转结余的年初余额。本项目应当根据本项目下"财政拨款结转结余""其他资金结转结余"项目金额的合计数填列。

（1）"财政拨款结转结余"项目，反映单位本年财政拨款结转结余资金的年初余额。本项目应当根据"财政拨款结转""财政拨款结余"科目本年年初余额合计数填列。

（2）"其他资金结转结余"项目，反映单位本年其他资金结转结余的年初余额。本项目应当根据"非财政拨款结转""非财政拨款结余""专用结余""经营结余"科目本年年初余额的合计数填列。

2. "年初余额调整"项目

本项目反映单位本年预算结转结余年初余额调整的金额。本项目应当根据本项目下"财政拨款结转结余""其他资金结转结余"项目金额的合计数填列。

（1）"财政拨款结转结余"项目，反映单位本年财政拨款结转结余资金的年初余额调整金额。本项目应当根据"财政拨款结转""财政拨款结余"科目下"年初余额调整"明细科目的本年发生额的合计数填列；如调整减少年初财政拨款结转结余，以负数填列。

（2）"其他资金结转结余"项目，反映单位本年其他资金结转结余的年初余额调整金额。本项目应当根据"非财政拨款结转""非财政拨款结余"科目下"年初余额调

整"明细科目的本年发生额的合计数填列；如调整减少年初其他资金结转结余，以负数填列。

3. "本年变动金额"项目

本项目反映单位本年预算结转结余变动的金额。本项目应当根据本项目下"财政拨款结转结余""其他资金结转结余"项目金额的合计数填列。

（1）"财政拨款结转结余"项目，反映单位本年财政拨款结转结余资金的变动。本项目应当根据本项目下"本年收支差额""归集调入""归集上缴或调出"项目金额的合计数填列。

"本年收支差额"项目，反映单位本年财政拨款资金收支相抵后的差额。本项目应当根据"财政拨款结转"科目下"本年收支结转"明细科目本年转入的预算收入与预算支出的差额填列；差额为负数的，以负数填列。

"归集调入"项目，反映单位本年按照规定从其他单位归集调入的财政拨款结转资金。本项目应当根据"财政拨款结转"科目下"归集调入"明细科目的本年发生额填列。

"归集上缴或调出"项目，反映单位本年按照规定上缴的财政拨款结转结余资金及按照规定向其他单位调出的财政拨款结转资金。本项目应当根据"财政拨款结转""财政拨款结余"科目下"归集上缴"明细科目，以及"财政拨款结转"科目下"归集调出"明细科目本年发生额的合计数填列，以负数填列。

（2）"其他资金结转结余"项目，反映单位本年其他资金结转结余的变动。本项目应当根据本项目下"本年收支差额""缴回资金""使用专用结余""支付所得税"项目金额的合计数填列。

"本年收支差额"项目，反映单位本年除财政拨款外的其他资金收支相抵后的差额。本项目应当根据"非财政拨款结转"科目下"本年收支结转"明细科目、"其他结余"科目、"经营结余"科目本年转入的预算收入与预算支出的差额的合计数填列；如为负数，以负数填列。

"缴回资金"项目，反映单位本年按照规定缴回的非财政拨款结转资金。本项目应当根据"非财政拨款结转"科目下"缴回资金"明细科目本年发生额的合计数填列，以负数填列。

"使用专用结余"项目，反映本年事业单位根据规定使用从非财政拨款结余或经营结余中提取的专用基金的金额。本项目应当根据"专用结余"科目明细账中本年使用专用结余业务的发生额填列，以负数填列。

"支付所得税"项目，反映有企业所得税缴纳义务的事业单位本年实际缴纳的企业所得税金额。本项目应当根据"非财政拨款结余"明细账中本年实际缴纳企业所得税业务的发生额填列，以负数填列。

4. "年末预算结转结余"项目

本项目反映单位本年预算结转结余的年末余额。本项目应当根据本项目下"财政拨款结转结余""其他资金结转结余"项目金额的合计数填列。

（1）"财政拨款结转结余"项目，反映单位本年财政拨款结转结余的年末余额。本项目应当根据本项目下"财政拨款结转""财政拨款结余"项目金额的合计数填列。本项目下"财政拨款结转""财政拨款结余"项目,应当分别根据"财政拨款结转""财政拨款结余"科目的本年年末余额填列。

(2)"其他资金结转结余"项目,反映单位本年其他资金结转结余的年末余额。本项目应当根据本项目下"非财政拨款结转""非财政拨款结余""专用结余""经营结余"项目金额的合计数填列。本项目下"非财政拨款结转""非财政拨款结余""专用结余""经营结余"项目,应当分别根据"非财政拨款结转""非财政拨款结余""专用结余""经营结余"科目的本年年末余额填列。

四、预算结转结余变动表的编制实例

【例 19-7】 某单位 2×19 年 12 月 31 日结账后各资产、负债和净资产类会计科目如表 19-10 所示。据此编制该事业单位的预算结转结余变动表。

表 19-10 单位预算结转结余变动表

2×19 年　　　　　　　　　　　　　　　　　单位:元

会计科目	年初数	年末数	本年变动数(依据本年明细科目发生数)
财政拨款结转	600 000	1 100 000	500 000
——年初余额调整	0	0	0
——归集调入	0	0	550 000
——归集调出	0	0	20 000
——归集上缴	0	0	30 000
——单位内部调剂	0	0	0
——本年收支结转	0	0	0
——累计结转	600 000	1 100 000	500 000
财政拨款结余	800 000	1 000 000	200 000
——年初余额调整	0	0	200 000
——归集上缴	0	0	0
——单位内部调剂	0	0	0
——结转转入	0	0	0
——累计结转	800 000	1 000 000	200 000
非财政拨款结转	100 000	150 000	50 000
——年初余额调整	0	0	10 000
——缴回资金	0	0	10 000
——项目间接费用或管理费	0	0	0
——本年收支结转	0	0	50 000
——累计结转	100 000	150 000	50 000
非财政拨款结余	250 000	380 000	130 000
——年初余额调整	0	0	130 000
——项目间接费用或管理费	0	0	0
——结转转入	0	0	0
——累计结转	250 000	380 000	130 000

会计科目	年初数	年末数	本年变动数（依据本年明细科目发生数）
专用结余	110 000	120 000	10 000
经营结余	400 000	200 000	200 000
其他结余	100 000	110 000	10 000

上述科目余额表中专用结余、经营结余、其他结余科目的本年变动额均未涉及转入预算收入与预算支出的差额，各项目均可根据各账户的期末余额、发生分析填列。编制完成的年度预算结转结余变动表，如表19-11所示。

表19-11 预算结转结余变动表

编制单位：×××　　　　　　　2×19年　　　　　　　　　　　会政预02表
　　　　　　　　　　　　　　　　　　　　　　　　　　　　　　单位：元

项目	本年数	上年数
一、年初预算结转结余	1 750 000	—
（一）财政拨款结转结余	1 400 000	—
（二）其他资金结转结余	350 000	—
二、年初余额调整（减少以负数填列）	340 000	—
（一）财政拨款结转结余	200 000	—
（二）其他资金结转结余	140 000	—
三、本年变动金额（减少以负数填列）	540 000	—
（一）财政拨款结转结余	500 000	—
1. 本年收支差额	0	—
2. 归集调入	550 000	—
3. 归集上缴或调出	−50 000	—
（二）其他资金结转结余	40 000	—
1. 本年收支差额	50 000	—
2. 缴回资金	−10 000	—
3. 使用专业结余	0	—
4. 支付所得税	0	—
四、年末预算结转结余	2 630 000	—
（一）财政拨款结转结余	2 100 000	—
1. 财政拨款结转	1 100 000	—
2. 财政拨款结余	1 000 000	—
（二）其他资金结转结余	530 000	—
1. 非财政拨款结转	150 000	—
2. 非财政拨款结余	380 000	—
3. 专用结余	0	—
4. 经营结余（如有余额，以负数填列）	0	—

第八节 财政拨款预算收入支出表

一、财政拨款预算收入支出表的概述

（一）财政拨款预算收入支出表的含义

财政拨款预算收入支出表是反映单位本年财政拨款预算资金收入、支出及相关变动的具体情况的报表。

财政拨款预算收入支出表是行政事业单位会计报表的重要组成部分，可以提供一定时期行政事业单位财政拨款收入支出各个组成项目金额的变动情况。行政事业单位应当定期编制财政拨款预算收入支出表，披露行政事业单位在一定会计期间的财政拨款收入支出的变动状况。

（二）财政拨款预算收入支出表的内容

行政事业单位的财政拨款预算收入支出表由表首标题和报表主体构成。报表主体部分包括编报项目、栏目及金额。

1. 表首标题

财政拨款预算收入支出表的表首标题包括报表名称、编号（会政预03表）、编制单位、编表时间和金额单位等内容。由于财政拨款预算收入支出表反映行政事业单位在某一时期的资产情况，属于动态报表，因此需要注明报表所属的期间，如××××年度。

2. 编报项目

财政拨款预算收入支出表应当年初财政拨款结转结余、本年归集调入等情况分项列示，按一般公共预算财政拨款、政府性基金预算财政拨款等项目分层次排列。

3. 栏目及金额

年报的净资产变动表由"本年数"和"上年数"两栏组成。财政拨款预算收入支出表的各栏数额，应当根据相关账户的"上年数"和"本年数"的发生额填列，或经过计算、分析后填列。

二、财政拨款预算收入支出表的编制原则

财政拨款预算收入支出表"项目"栏中，应当根据单位取得的财政拨款种类分项设置。其中"项目支出"项目下，根据每个项目设置；单位取得除一般公共财政预算拨款和政府性基金预算拨款以外的其他财政拨款的，应当按照财政拨款种类增加相应的资金项目及其明细项目。

三、财政拨款预算收入支出表的报表数填列方法

（1）"年初财政拨款结转结余"栏中各项目，反映单位年初各项财政拨款结转结余

的金额。各项目应当根据"财政拨款结转""财政拨款结余"及其明细科目的年初余额填列。本栏中各项目的数额应当与上年度财政拨款预算收入支出表中"年末财政拨款结转结余"栏中各项目的数额相等。

（2）"调整年初财政拨款结转结余"栏中各项目，反映单位对年初财政拨款结转结余的调整金额。各项目应当根据"财政拨款结转""财政拨款结余"科目下"年初余额调整"明细科目及其所属明细科目的本年发生额填列；如调整减少年初财政拨款结转结余，以负数填列。

（3）"本年归集调入"栏中各项目，反映单位本年按规定从其他单位调入的财政拨款结转资金金额。各项目应当根据"财政拨款结转"科目下"归集调入"明细科目及其所属明细科目的本年发生额填列。

（4）"本年归集上缴或调出"栏中各项目，反映单位本年按规定实际上缴的财政拨款结转结余资金，及按照规定向其他单位调出的财政拨款结转资金金额。各项目应当根据"财政拨款结""财政拨款结余"科目下"归集上缴"科目和"财政拨款结转"科目下"归集调出"明细科目，及其所属明细科目的本年发生额填列，以负数填列。

（5）"单位内部调剂"栏中各项目，反映单位本年财政拨款结转结余资金在单位内部不同项目等之间的调剂金额。各项目应当根据"财政拨款结转"和"财政拨款结余"科目下的"单位内部调剂"明细科目及其所属明细科目的本年发生额填列；对单位内部调剂减少的财政拨款结余金额，以负数填列。

（6）"本年财政拨款收入"栏中各项目，反映单位本年从同级财政部门取得的各类财政预算拨款金额。各项目应当根据"财政拨款预算收入"科目及其所属明细科目的本年发生额填列。

（7）"本年财政拨款支出"栏中各项目，反映单位本年发生的财政拨款支出金额。各项目应当根据"行政支出""事业支出"等科目及其所属明细科目本年发生额中的财政拨款支出数的合计数填列。

（8）"年末财政拨款结转结余"栏中各项目，反映单位年末财政拨款结转结余的金额。各项目应当根据"财政拨款结转""财政拨款结余"科目及其所属明细科目的年末余额填列。

四、财政拨款预算收入支出表的编制实例

【例 19-8】 某单位 2×19 年 12 月 31 日结账后各资产、负债和净资产类会计科目如表 19-12 所示。据此编制该事业单位的财政拨款预算收入支出表，如表 19-13 所示。

表 19-12　2×19 年 12 月 31 日会计科目余额表　　　　单位：元

会计科目	年初数	年末数	本年变动数（依据本年明细科目发生数）
财政拨款结转	600 000	1 100 000	500 000
——年初余额调整	0	0	0
——归集调入	0	0	550 000
——归集调出	0	0	20 000
——归集上缴	0	0	30 000

续表

会计科目	年初数	年末数	本年变动数（依据本年明细科目发生数）
——单位内部调剂	0	0	0
——本年收支结转	0	0	0
——累计结转	600 000	1 100 000	500 000
财政拨款结余	800 000	1 000 000	200 000
——年初余额调整	0	0	200 000
——归集上缴	0	0	0
——单位内部调剂	0	0	0
——结转转入	0	0	0
——累计结转	800 000	1 000 000	200 000
非财政拨款结转	100 000	150 000	50 000
——年初余额调整	0	0	10 000
——缴回资金	0	0	10 000
——项目间接费用或管理费	0	0	0
——本年收支结转	0	0	50 000
——累计结转	100 000	150 000	50 000
非财政拨款结余	250 000	380 000	130 000
——年初余额调整	0	0	130 000
——项目间接费用或管理费	0	0	0
——结转转入	0	0	0
——累计结转	250 000	380 000	130 000
专用结余	110 000	120 000	10 000
经营结余	400 000	200 000	200 000
其他结余	100 000	110 000	10 000

表19-13　财政拨款预算收入支出表

会政预03表

编制单位：××××　　　　　　2×19年12月31日　　　　　　单位：元

项目	年初财政拨款结转结余		调整年初财政拨款结转结余	本年归集调入	本年归集上缴或调出	单位内部调剂		本年财政拨款收入	本年财政拨款支出	年末财政拨款结转结余	
	结转	结余				结转	结余			结转	结余
一、一般公共预算财政拨款	200 000	300 000	200 000	250 000	20 000	0	0	100 000	100 000	430 000	500 000
（一）基本支出	100 000	200 000	200 000	0	20 000	0	0	20 000	20 000	80 000	400 000
1. 人员经费	10 000	150 000	0	0	10 000	0	0	10 000	10 000	0	150 000
2. 公用经费支出	90 000	50 000	200 000	0	10 000	0	0	10 000	10 000	80 000	250 000
（二）项目支出	100 000	100 000	0	250 000	0	0	0	80 000	80 000	350 000	100 000
1. ××项目	20 000	100 000	0	150 000	0	0	0	80 000	80 000	170 000	100 000
2. ××项目	80 000	0	0	100 000	0	0	0	0	0	180 000	0
二、政府性基金预算财政拨款	400 000	500 000	0	300 000	30 000	0	0	500 000	500 000	670 000	500 000

续表

项目	年初财政拨款结转结余		调整年初财政拨款结转结余	本年归集调入	本年归集上缴或调出	单位内部调剂		本年财政拨款收入	本年财政拨款支出	年末财政拨款结转结余	
	结转	结余				结转	结余			结转	结余
（一）基本支出	250 000	100 000	0	100 000	0	0	0	300 000	300 000	350 000	100 000
1.人员经费	150 000	100 000	0	0	0	0	0	100 000	100 000	150 000	100 000
2.公用经费支出	100 000	0	0	100 000	0	0	0	200 000	200 000	200 000	0
（二）项目支出	150 000	400 000	0	200 000	30 000	0	0	200 000	200 000	320 000	400 000
××项目	150 000	400 000	0	200 000	30 000	0	0	200 000	200 000	320 000	400 000
总计	600 000	800 000	200 000	550 000	50 000	0	0	600 000	600 000	1 100 000	1 000 000

第九节 附注

一、附注的概念

附注是对在会计报表中列示的项目所作的进一步说明，以及对未能在会计报表中列示项目的说明。附注是财务报表的重要组成部分。凡对报表使用者的决策有重要影响的会计信息，不论《政府会计制度——行政事业单位会计科目和报表》是否有明确规定，单位均应当充分披露。

二、附注的主要内容

附注主要包括以下内容。

（1）单位的基本情况。单位应当简要披露其基本情况，包括单位主要职能、主要业务活动、所在地、预算管理关系等。

（2）会计报表编制基础。

（3）遵循政府会计准则、制度的声明。

（4）重要会计政策和会计估计。单位应当采用与其业务特点相适应的具体会计政策，并充分披露报告期内采用的重要会计政策和会计估计。其主要包括以下内容。

（a）会计期间。

（b）记账本位币，外币折算汇率。

（c）坏账准备的计提方法。

（d）存货类别、发出存货的计价方法、存货的盘存制度，以及低值易耗品和包装物的摊销方法。

（e）长期股权投资的核算方法。

（f）固定资产分类、折旧方法、折旧年限和年折旧率；融资租入固定资产的计价和折旧方法。

（g）无形资产的计价方法；使用寿命有限的无形资产，其使用寿命估计情况；使用寿命不确定的无形资产，其使用寿命不确定的判断依据；单位内部研究开发项目划分研究阶段和开发阶段的具体标准。

（h）公共基础设施的分类、折旧（摊销）方法、折旧（摊销）年限，以及其确定依据。

（i）政府储备物资分类，以及确定其发出成本所采用的方法。

（j）保障性住房的分类、折旧方法、折旧年限。

（k）其他重要的会计政策和会计估计。

（l）本期发生重要会计政策和会计估计变更的，变更的内容和原因、受其重要影响的报表项目名称和金额、相关审批程序，以及会计估计变更开始适用的时点。

第十节 会计报表的审核、汇总

一、会计报表的审核

行政事业单位对已编好的会计报表应认真审核后上报，上级部门对所属单位会计报表应认真审核，然后汇总。会计报表的审核包括技术性审核和政策性审核两个方面。

（一）技术性审核

技术性审核主要审核会计报表的数字是否正确，表内有关项目是否完整，有关数字之间的勾稽关系是否正确，有无漏报和错报的情况，会计报表的报送是否及时等。在审核会计报表时，应注意审核以下四个方面的数字关系。

（1）上下年度有关数字的一致性。如资产负债表、基本数字表、经费拨款收支明细表的年初数和上年年末数是否一致。

（2）审核上下级单位之间的上缴、下拨数是否一致。如上级单位的经费拨款支出和下级单位的经费拨款收入是否一致，上级单位的专项资金拨出和下级单位的拨入专项资金是否一致等。

（3）审核会计报表中的有关数字和业务部门提供的数字是否一致。

（4）审核会计报表之间的有关数字是否一致。如资产负债表中的固定资产年末数要与固定资产统计表（附表）数字相核对等。

（二）政策性审核

政策性审核主要是审核会计报表中反映的各项资金收支是否符合政策、制度，有无违反财经纪律的现象。

（1）对各项收入的审核。应着重审查各项收入是否符合政策性规定，预算资金的取得是否符合预算和用款计划，其他收入的收费标准是否符合有关规定，应缴预算款是否及时、足额上缴，有没有截留挪用等。

（2）对各项支出的审核。着重审查各项支出是否按预算和计划执行，有没有违反国家统一规定的开支范围和开支标准以及其他财务制度的规定，有没有将预算外支出挤入预算内报销，是否存在乱拉资金乱上计划外项目、盲目扩大基本建设规模的问题等。

通过以上各种审核后，将审核无误的会计报表进行汇总，编制本系统或二级会计单位的汇总会计报表。

二、会计报表的汇总

会计报表应当层层汇总编制。基层单位的会计报表，应根据登记完整、核对无误的账簿记录和其他有关资料编制，切实做到账表相符，不得估列代编。主管会计单位和二级会计单位应根据本级报表和经审核后的所属单位会计报表编制汇总会计报表，借以反映全系统的预算执行情况和资金活动情况。汇总会计报表的种类和内容、格式与基层会计报表相同。汇总编制时应将相同项目的金额加计总额后填列，但上下级单位之间对应的上缴、下拨数以及系统内部各单位之间的往来款项应相互冲销。如上级单位拨出经费与所属单位的拨入经费对冲，系统内部本单位的暂收款和所属单位的暂付款冲销等，以免重复计算。

参考文献

刘学华. 2014. 预算会计[M]. 3 版. 上海：立信会计出版社.
刘志翔. 2014. 预算会计[M]. 5 版. 北京：首都经济贸易大学出版社.
邢俊英. 2016. 预算会计[M]. 4 版. 大连：东北财经大学出版社.
赵建勇. 2017. 预算会计[M]. 6 版. 上海：上海财经大学出版社.